研究生教学用书

科学社会主义的理论与实践

Theory and Practice of Scientific Socialism

(第二版)

乔耀章　主　编

陆树程　副主编

苏州大学出版社

图书在版编目(CIP)数据

科学社会主义的理论与实践＝Theory and Practice of Scientific Socialism/乔耀章主编. —2版. —苏州：苏州大学出版社，2009.9

研究生教学用书

ISBN 978-7-81137-369-1

Ⅰ.科… Ⅱ.乔… Ⅲ.科学社会主义理论—研究生—教材 Ⅳ.D0—0

中国版本图书馆CIP数据核字(2009)第175045号

内容提要

本书是在被评为“江苏省优秀研究生课程”(2002)的基础上编写的教材的修订版。在对社会主义作了全新的释义基础上，系统地阐发了马克思、恩格斯、列宁、斯大林、毛泽东、邓小平、江泽民、胡锦涛社会主义观，当代社会主义物质文明、政治文明、精神文明、社会文明、生态文明、执政党(政党文明)“六个文明”建设及全球化与世界社会主义、中国特色社会主义等内容，力求体现该课程的理论性、实践性、现实性、针对性、科学性、思想性、探索性和创新性等特点。

科学社会主义的理论与实践

乔耀章　主编

责任编辑　许周鹣

苏州大学出版社出版发行

(地址：苏州市干将东路200号　邮编：215021)

海门市文教印刷厂印装

(地址：海门市三和工业集中区　邮编：226113)

开本787 mm×960 mm　1/16　印张22.75　字数430千

2009年9月第2版　2009年9月第1次印刷

ISBN 978-7-81137-369-1　定价：38.00元

苏州大学出版社营销部　电话：0512-67258835

苏州大学出版社网址　http://www.sudapress.com

Contents

目录

前　言

1987年，中华人民共和国教育委员会根据1985年《中共中央关于改革学校思想品德和政治理论课程教学的通知》的精神，作出了关于《高等学校研究生马克思主义理论课（公共课）教学的若干规定》，要求“对所有的硕士研究生都要开设‘科学社会主义的理论与实践’课”。随即国家教委政教司在北京组织召开了硕士研究生“科学社会主义的理论与实践”课教学研讨会，并组织部分高校教师编写《“科学社会主义的理论与实践”教学要点》作为指导性的试用本，同时，也作为衡量该课程教学质量的基本规范。开设这门课程很有必要。科学社会主义是马克思主义的重要组成部分之一，是指导我国社会主义建设、推进世界社会主义事业的一门首要科学。科学社会主义的理论与实践是一门思想性、理论性、政治性、学术性、现实性很强的课程。它对研究生在高层次上进一步探究科学社会主义的真谛，通晓社会主义建设、社会主义改革和社会主义运动的发展规律，树立正确的世界观、人生观、价值观，奠定坚实的思想基础，都具有十分重要的意义和作用。可见，这门课程的一个突出特点就在于其教学目的不仅在于讲授相关学科的知识和史实，“授业解惑”，而且更重要的还在于“传道”，锤炼理想和信念，以便真正做到教书与育人的有机统一。然而，苏联解体、东欧剧变的严峻挑战，经济全球化浪潮的冲击，以及国内社会主义市场经济建设过程中出现的一系列尖锐而复杂的问题，加大了这门课程教与学的难度，对教师的政治素质、业务水平提出了更高的要求。但是，这些挑战、冲击、问题、困难和要求，也成为我们推进这门课程的教学改革，加强这门学科的研究和探讨，坚持和发展科学社会主义理论与实践的源泉和动力。

编写一本《科学社会主义的理论与实践》的研究生教学用书是我多年的愿望。1987年秋季，当我承担这门课程的教学任务时，国家教委组织编写的该课程的"教学要点"尚未出版,更没有教材。我手头只有中国人民大学高放教授在张自忠路他的寓所亲自给我的几份主要由北京几所高校教师拟参加"竞标"的本课程的提纲初稿。最初我就是参考它们,边学边教,走上研究生教学的讲坛的。1987 年暑期,为了培训师资队伍,国家教委委托中国人民大学和其他在京高校的有关教师在北京"八达处"举办讲授这门课程的教师研修班,我参加了学习。我还曾参加过两本《科学社会主义的理论与实践》的教材编写工作,分别由湖北人民出版社和泰山出版社出版。1990 年,高放教授主编的《科学社会主义的理论与实践》出版,这本教材更带有权威性,所以,我主要选用它作为这门课程的基本教材。1996 年,我出版了专著《中国社会主义特色纵横谈》,也作为这门课程的主要参考用书。我深知出版一本书、一本教材之不易,需要较为充分的主客观条件。当时,苏州大学的硕士研究生每届还不足 20 人;而现在,包括各种类型的研究生在内,每届将近 2 000 人,增长近百倍,这说明我们的事业在飞速地发展着。由此,这门课程的讲台由我"独唱"的局面自 2000 年苏州大学建校一百年之际,随着苏州医学院加盟组建新苏州大学而有所改观。陆树程教授、施亚东副教授加入我们的"合唱",我们的队伍发展壮大了。还有一个很重要的促成因素就是我校研究生部的曹健副主任和芮国强科长,这两位同志非常关心、支持我们的教学与科研工作。由于他们高质量的服务,使我们多年来认真经营建设的《科学社会主义的理论与实践》课程在 2002 年被评为江苏省优秀研究生课程。这是省内数十所高校中唯一获此殊荣的课程。这是对我们这门课程教学工作的肯定、鼓舞和鞭策。在诸多有益因素的激励下,编写一本课程教材的条件和时机比较成熟了。

为贯彻落实"教学要点"的基本精神,根据研究生的教学对象和特点,我们立足问题意识。2000 年以后,我编写了本课程的讲授提纲。本书就是在这个提纲基础上,分六章构成,努力做到六个突出:突出社会主义是同人类社会与生俱来的这个历史性主题,从理论和实践的结合上,把握社会主义在其发展过程中的历史性、民族性、世界性及其相互关系;突出马克思、恩格斯社会主义观中理论论证与实际运用的相互关系,以既要坚持又要发展的科学态度对待马克思、恩格斯的科学社会主义;突出列宁、斯大林社会主义理论与实践的历史必然性及其对世界社会主义运动的历史性影响,树立一种社会主义模式的挫败不等于社会主义失败的理念;突出中国特色社会主义是马克思列宁主义中国化的产物,毛泽东思想、邓小平理论和"三个代表"重要思想是一脉相承的关系；突出中国社会主义重在建设，重在社会主义的物质文明、政治文明、精神文明"三个文明"一起抓，重在执政党的建设，重在中国社会主义建设道路的探索；突出在经济全球化过程中，中国社会主义现代化建设与世界社会主义未来前景互动关系的求索。在教材编写中，力求体现这门课程的理论性、科学性、实践性、现实性、针对性、思想性、探索性和创新性特点。此外，我们还选介了在当代社会主义运动中有影响的几个主要社会主义流派，作为附录供读者参考，以拓展教与学的视野，以佐证社会主义的思潮、思想及其实践运动的丰富多样性。

本书是在"非典(SARS)"袭击后的"桑拿天"赶写出来的，因而我们对憧憬理想、关爱生命、享受生活另有一番新的体悟。全书由乔耀章主编，编制提纲，统修定稿。由乔耀章撰写第一、第二、第六章；施亚东撰写第三章及附录一，当代社会主义流派简介；陆树程撰写第四、第五章。为反映开设本课程的历史性及规范性的发展过程，我们还把当年国家教委组织编写的《科学社会主义的理论与实践》的教学要点作为附录二列于其后。在编写过程中，我们学习、借鉴和吸收了学界同仁们的一些相关研究成果，以提高本书的学术品位。我们采取这样的编写体例也属一种尝试。由于我们理论、知识水平有限，加之时间仓促，本书中的问题与缺陷一定不少。我们将听取多方面的意见和建议，作进一步修改和补充。

在本书付梓之际，我们对在写作过程中提供相关研究成果的专家、学者，对苏州大学研究生部的领导及有关同志，对苏州大学出版社的有关领导和编辑一并表示诚挚的感谢！

乔耀章

2003 年 8 月

第二版弁言

《科学社会主义的理论与实践》自2003年出版以来已经6年了,在这期间,中国和世界都发生了影响深远的巨大变化:中共第十七次全国代表大会,汶川大地震,北京第29届奥林匹克运动会,改革开放30年的总结与大讨论,《共产党宣言》发表160周年,俄罗斯的变化与反思,以华尔街为源头的全球金融和经济危机,各国政府的联合救市……这些变化引发国人和世人的思考:中国向何处去,人类社会发展的方向,马克思的在场,凯恩斯主义的再现;马克思主义如何进一步中国化,中国化的马克思主义如何大众化、现代化;社会主义和资本主义的关系,中国国内社会主义和资本主义的关系,中国社会主义和国际资本主义的关系;中国能够救资本主义吗?中美经济会走向"两国一制"吗?当代资本主义离社会主义是更近了还是更远了?"姓资"的能让"姓社"的全球化吗?等等。为了尽可能对新变化引发的思考进行再思考,适应新的教学之需要,在基本保证教材主体内容相对稳定的前提下,我们对教材作了有限的微调与补充。

首先,对原教材中的关键字、词、概念、句式等进一步斟酌、勘误,把原版中的《马克思恩格斯选集》、《列宁选集》1972年版的有关引文一律改为1995年版的引文,并加以勘正。

其次,最主要的工作是对教材内容的调整和补充,主要集中在第三、第四、第五章。我们把第三章的标题改为"列宁、斯大林社会主义观",不再将戈尔巴乔夫和列宁、斯大林并列,并在第三节把原"戈尔巴乔夫社会主义观"改为"戈尔巴乔夫'人道的民主的社会主义'",直奔他的主题。在第三章中增加第四节内容:"俄罗斯重新评价斯大林和苏联历史。"限于掌握的文献资料,着重对重新评价斯大林和苏联历史的参与主体、原因作了整理与思考,一般不涉及后戈尔巴乔夫时代的人与事。而且对所关注之事也只是较客观的描述，有些问题需要深入研究，暂不宜作结论与增改。这部分的工作主要是由石镇平博士承担和完成的。第四章的标题将原来的“毛泽东、邓小平、江泽民社会主义观”改为“中国特色社会主义观”，增加第四节“胡锦涛社会主义观”，亦即科学发展观的内容，力求比较完整地表达马克思主义中国化过程中迄今为止的全部内容和最新成果，表明毛泽东、邓小平、江泽民、胡锦涛社会主义观的有机统一和一脉相承。第五章在原有的基础上增加了社会文明、生态文明建设的内容，这样就构成社会主义建设的全景图，侧重于当代中国社会主义建设的重大理论与实践问题。这部分的工作主要是由陆树程教授承担完成的。此外，本想把近年来国外马克思主义研究状况及前沿的相关问题，尤其是西方马克思主义、后马克思主义、拉美社会主义等内容也列入附录，但考虑到教材的篇幅不宜太多，所以对此不作补充增写。

我本人主要负责教材修订工作的谋篇布局，对第三、四、五章结构的微调和新增内容的设定，以及全书的统校及相关论点的润色工作。对原由我撰写的有关章节我作了进一步的推敲和局部改写。

非常感谢陆树程教授、石镇平博士的精诚合作、鼎力支持和辛勤劳动！也一并感谢苏州大学出版社的领导和许周鹏编辑的热情关心和实质性的支持！

由于一些主客观原因，本书的修订工作尚未达到我们预期的水准与目的，留下进一步修改的余地与空间，以期臻于完善。恳请学术界同仁继续关爱、批评与赐教。

乔耀章

2009 年 9 月

第一章 导　论

自从先贤们发明和创造出“社会主义”这个概念，并逐步在全世界范围内被广为传播和使用以后，人们对究竟什么是社会主义或社会主义是什么的思考与解读就一直没有停止过。究其原因之一可能在于：社会主义及其问题是同人类社会与生俱来并且同人类社会共始终的。因此，社会主义问题可以说是人类社会的一个永恒的课题，它不是属于哪个人、哪个群体、哪个阶级、哪个集团、哪个政党、哪个国家所面临的问题，而是属于全人类、属于世界各国所共同面临的问题。既然如此，社会主义及其问题就是一种客观的社会历史存在，它既不能被回避，也不能被否定，人们的历史使命只能在于不断地跟进和直面社会主义问题，认识社会主义问题，分析、研究和逐步解决社会主义问题，从而把人类社会不断地推向前进。在整个人类向社会主义行进的历史过程中，由马克思、恩格斯创立的科学社会主义在人类社会主义思想史上具有划时代的意义，它使社会主义立足于现实的基础之上，实现了社会主义从空想到科学的飞跃，从而为人类社会的文明进步和全面发展作出了并且还将继续作出应有的巨大贡献。160 多年来，科学社会主义经历了由理论到实践的曲折发展过程。自觉认识社会主义在其发展过程中的历史性、民族性、世界性，自觉认识和处理资本主义、社会主义及其相互关系，对于科学社会主义的理论和实践的发展具有极其重要的意义。

重点问题

- 社会主义的基本概念

- 社会主义发展的历史进程
- 社会主义的历史性、民族性及世界性
- 科学社会主义理论与实践的相互关系

第一节　社会主义的基本概念

要搞清楚什么是科学社会主义，首先要搞清楚什么是社会主义。"社会主义"一词与社会主义思潮、社会主义问题紧密相联。社会主义问题的复杂性决定着社会主义思潮的多派别性，进而决定着"社会主义"的多义性。"社会主义"的多义性表明社会主义有许多种。其中，有作为一种思想理论的社会主义，有作为一种社会实践运动的社会主义，有作为一种体制或制度的社会主义，有作为一种社会形态的社会主义。此外，还有空想社会主义、非科学社会主义，等等。每一种社会主义的具体含义和内容也是多种多样的。但每一种社会主义又都不是孤立地存在着的，它们之间既有内在逻辑的历史的相统一的联系，又有具体的时间与空间的本质区别。其联系主要在于：一方面，作为一种思想理论的社会主义，它源于社会实践运动和一定社会体制、社会制度和社会形态的社会主义，是作为一定社会的实践运动、体制、制度和社会形态的社会主义的理性思考和思想理论表现，是特定社会实践运动、体制、制度和社会形态的本质的反映和理论抽象，带有超越时间、空间的特质；另一方面，作为一种思想理论的社会主义，它又能动地反作用于特定社会的实践运动、体制、制度和社会形态的社会主义，它所拥有的科学性、真理性、正确性的程度直接影响到特定的社会实践运动、体制、制度和社会形态的社会主义发展水平、质量及发展方向。其区别主要在于：作为一种思想理论的社会主义主要属于理论的范畴，是一种对社会主义具有本质的抽象性、普遍性和前瞻性的认识；而作为一种社会实践运动、社会制度和社会形态的社会主义则大体上属于实践的范畴，它涉及社会主义的一系列具体的实际问题，是一种对社会主义具有现象性、特殊性和现实性的行为。从"社会主义"多义性的联系与区别看，要完整、准确地把握社会主义的基本概念，必须从社会主义的理论和社会主义的实践有机的辩证统一上下功夫。邓小平在1982年5月曾指出："社会主义是一个很好的名词，但是如果搞不好，不能正确理解，不能采取正确的政策，那就体现不出社会主义的本质。"[1]可见，完整、准确地理解和把握"社会主义"的基本概念是至关重要的。

一、作为一种思想理论的社会主义

存在先于意识，问题早于思潮与主义。从词源学上看，社会主义的概念要晚于社会主义思潮的出现。据考证，"社会主义"一词在欧洲是18世纪中叶才出现的，它来源于古拉丁文 Socialis，原意是"同伴"、"同伙"、"同志"、"同盟"、"善于社交"等。英文中的 Social 意为社会的，再加上 ism 这个后缀，意为比较系统的一种思想、观点，合起来就成为 Socialism，即为社会主义。19世纪30年代，"社会主义"一词在英、法两国流行起来以后，很快就传遍欧洲大多数国家，盛行于西欧各国的书刊中，成为一种时髦的新思潮。与"社会主义"一词同时盛行、流行起来的还有"共产主义"一词，"共产主义"一词来源于拉丁文 Conmunis，意为"公有"，显然它来自原始社会的财产公有制。不过，"社会主义"一词首先是在社会上层和知识分子中、在英国和法国空想社会主义者中使用的，在当时，社会主义是资产阶级和小资产阶级的思潮和派别；而"共产主义"一词则是在社会下层和工人中、在法国工人秘密结社组织中使用的，在当时，共产主义是无产阶级的思潮和派别。正因为"社会主义"和"共产主义"这两个词有这样的区别，所以，后来恩格斯解释说，当《共产党宣言》出版时，我们不能把它叫做社会主义宣言，而叫共产党宣言。随着马克思主义在工人运动中的广泛传播，马克思、恩格斯也有条件（如在前面加"科学"、"革命的"、"无产阶级的"等限制词、修饰语）地使用"社会主义"这一概念，并在此基础上把社会主义和共产主义在社会形态上视为同义语。1916年以后，列宁开始在社会发展阶段或社会形态层面上有区别地使用"社会主义"和"共产主义"这两个词。在中文里，"社会主义"和"共产主义"这两个词既不是古汉语中固有的，也不是近代中国人在翻译外文时创造的新词汇，而是20世纪初才由日文直接移植过来的新词汇。古汉语中"社会"一词是"里社集会"的简称，又指群众结社组成的地方团体之意。古汉语中的"主义"一词其含义与现在殊异。至宋代以后，"主义"一词有"合乎义理的主张"之意。古汉语中没有"共产"这个词汇，只有"共有"、"公财"、"同产"等词汇。日本人在沿用古汉语过程中推陈出新，创造出"社会主义"、"共产主义"这两个新

〔1〕《邓小平文选》第2卷，人民出版社1994年版，第313页。

译名。1902 年以前,中国人自己把英文的"社会主义"、"共产主义"一词意译为"安民新学"、"养民学"、"合群之说"、"人群主义"、"均富言治"、"均产之说"等,可是更多的人还是径直就把当时日文书刊上常用的"社会主义"、"共产主义"二词移植过来。1902～1905 年,"社会主义"、"共产主义"二词在中文书刊中才开始使用并成为约定俗成的词汇。到 1917 年俄国十月革命后,"科学社会主义"、"科学共产主义"理论才真正在我国获得广泛传播[1]。

从字面上看,"社会主义"一词是由"社会"和"主义"构成的专用的抽象名词。按照马克思主义的观点,社会是人们交互作用的产物,是以共同的物质生产活动为基础而相互联系形成的人类生活共同体。社会是由社会的生产系统、经济系统、政治系统和文化系统构成的总体社会系统,发挥着总体社会功能。社会因人而产生,人因社会而存在。或者,社会是人的社会,又是人社会化的结果。从事劳动生产活动的人类,在从自然到社会的发展、进化过程中,造就了人的自由自觉的劳动本质潜能。人以劳动为本,社会以人为本[2]。作为社会的人无时无处不生活在"主义丛林"之中。"主义"本指对于自然、社会以及学术问题等持有的系统理论和主张。这种"主义"和社会的有机结合,构成"社会主义",就是指人们对社会所持有的系统的思想理论和主张,就是指坚守以社会为本位进而以人为本位主义的价值导向、信仰和理念,如公共、公平、公正、正义等。因此,作为一种思想理论的社会主义,可以从三个层面上去理解。

其一是最广义的社会主义,即社会主义及其问题是同人类社会与生俱来的,并且同人类社会共始终的。只要有人类社会存在,就有相应的社会主义的思想、理论和主张,如"原始社会的社会主义"、"奴隶社会的社会主义"、"封建社会的社会主义"、"资本主义社会的社会主义"、"社会主义社会的社会主义"、"共产主义社会的社会主义"。这个层面的社会主义的直接对应面的概念既不是"自然主义",也不是"资本主义",而是"个人主义"。从这个意义上说,社会主义及其问题要比资本主义古老和久远得多。与社会主义相比,资本主义不能不显示出它的历史暂时性。人类社会不会终结于资本主义社会,就如同人类社会并不起源于资本主义社会一样。

其二是广义的社会主义。虽然我们将社会主义界定为人们对社会所持

---

〔1〕 参见高放:《社会主义的过去、现在和未来》,北京出版社 1982 年版,第 58～84 页。
〔2〕 参见《马克思恩格斯选集》第 1 卷,人民出版社 1995 年版,第 1～80 页。

有的系统的思想、理论和主张，但是，这种人们对社会所持有的系统的思想、理论和主张都是具体的、历史的、动态的和发展的。在社会及其人本身的发展还处于极其原始、极其落后、极其不发达、极其不全面的古代社会，人们要想对社会形成相应的比较全面系统的思想、理论和主张是根本不可能也不现实的，只有当社会的发展，归根结底随着人类本身的不断发展，更确切些说，只有当地理大发现以后，人类社会发展到资本主义历史阶段，人们才有可能借助于资本主义现实存在及其科学技术所提供的条件对社会（包括进入阶级、国家历史以后的前资本主义社会和资本主义社会在内）的认识产生比较系统的思想、理论和主张。所以，广义的社会主义既包括所有反对资本主义，又包括保护或巩固资本主义的比较有系统的思想、理论和主张这两个部分。例如，在马克思、恩格斯时代就有封建的社会主义、小资产阶级的社会主义、德国"真正的"社会主义，马克思、恩格斯称这三种社会主义为"反动的社会主义"，因为它们要将资本主义的历史拉向后退，开历史的倒车；保守的或资产阶级的社会主义，因为这种社会主义主张在不改变资本主义统治制度的基础上，克服资本主义的一些弊端，改良或完善资本主义；批判的空想的社会主义、共产主义和科学社会主义，属于反对资本主义的，但又与反动的社会主义不同，这两种社会主义思想的本质内容都是主张在不同程度地消灭剥削制度的基础上消灭阶级，实现社会平等，其区别主要在于空想社会主义、共产主义是没有科学历史观而又主张实现社会平等的学说，而科学社会主义主张实现的社会平等是建立在科学的唯物主义历史观基础之上的。

其三是狭义的社会主义。虽然人类社会发展到资本主义社会的历史阶段，人们对社会才可能有比较系统的思想、理论和主张并且更加系统化了，但是，这些更加系统化了的关于社会的思想、理论和主张不一定都具有符合社会历史发展规律的科学真理性和正确性。通常人们把正确反映并改变资本主义、帝国主义世界和建设社会主义、共产主义世界的一般规律的马克思主义的社会主义理论称作科学社会主义，而把其他一些有关社会的系统的思想、理论和主张称为非科学的社会主义。所谓狭义的社会主义就是指马克思、恩格斯创立的科学社会主义。它是作为资本主义的对立物和继起者的一种思想体系。从本质上说，这种社会主义一方面继承资本主义的成果，吸收资本主义的精华，另一方面又克服资本主义的弊端，解决资本主义的矛盾，它是顺应社会发展规律所创立的，取代资本主义、高于资本主义的一种新的思想体系。这种狭义的社会主义亦即科学社会主义，正如马克思本人所说的也只是为了与空想社会主义相对立时才使用的,以示区别于其他一切非科学的社会主义。

以上三个层面的社会主义含义表明,随着社会的发展,人们对社会主义的认识也不断地深入和发展,从不系统到比较系统,从不全面到比较全面,从不深刻到比较深刻,不断地告别空想性、增进科学性,这是作为一种思想理论的社会主义发展的总的和基本的态势。马克思主义的科学社会主义是关于世界无产阶级解放运动的性质、条件以及由此产生的一般目的的学说。

二、作为一种社会实践运动的社会主义

作为一种社会实践运动的社会主义是作为一种思想理论的社会主义产生和发展的源泉,也是检验作为一种思想理论的社会主义科学真理性的客观标准。没有以社会实践运动为基础的思想理论的社会主义往往是空洞的思想和理论。作为一种社会实践运动的社会主义也是作为一种思想理论的社会主义影响、指引的结果,没有作为一种思想理论的社会主义来影响、指引的社会实践运动又往往是盲目的社会实践活动。一般来说,有多少种作为思想理论的社会主义,就有多少种作为社会实践运动的社会主义,换句话说,有什么样的作为思想理论的社会主义,就有什么样的作为社会实践运动的社会主义。如果上述对社会主义所作的三个层面的理解能够成立的话,那么,就有相应的三个层次的作为社会实践运动的社会主义。但是,相同或相似的作为社会实践运动的社会主义可能产生不同的作为思想理论的社会主义;反之亦然,相同或相似的作为思想理论的社会主义可以作用于不同的社会实践运动的社会主义,而且作为一种社会实践运动的社会主义往往同作为一种思想理论的社会主义相分离或相脱节。正如马克思在《关于费尔巴哈的提纲》中指出的那样,"哲学家们只是用不同的方式解释世界,问题在于改变世界"〔1〕。除了狭义社会主义的科学社会主义以外,其他种种社会主义都是用不同的方式解释社会、解释资本主义世界,而不可能真正地去改变资本主义社会或资本主义世界。如空想社会主义也搞过种种试验,但它们距离一种真正的社会实践运动还相去甚远。唯有科学社会主义为着改变资本主义社会,建设社会主义、共产主义社会。正因为如此,马克思和恩格斯指出,"我们所称为共产

〔1〕《马克思恩格斯选集》第1卷,人民出版社1995年版,第57页。

主义的是那种消灭现存状况的现实的运动"[1]。从这个意义上说,只有科学社会主义这种作为思想理论的社会主义才能真正指导作为社会实践运动的社会主义。这种社会实践运动在早期叫工人运动、国际工人运动,后来叫国际社会主义运动、国际共产主义运动等。随着近代产业无产阶级的出现就形成了初期的工人运动。工人运动在发展过程中,开始是受多种其他社会思潮的影响。工人运动发展到一定阶段才能产生科学共产主义理论。科学共产主义的思想理论与工人运动相结合,才建立了以科学社会主义理论为指导的共产党。第一个以科学社会主义为指导的共产主义政党是在 1847 年 6 月 2 日召开的共产主义者同盟第一次代表大会上正式建立的。学术界一般以此为标志作为国际共产主义运动的起点[2]。

共产主义,这个曾经在欧洲徘徊的"幽灵",经过 160 多年的发展现已成为磅礴于全世界的一种公认的力量。其发展过程大体上分为四个时期或四个 50 年发展阶段。第一时期,从 19 世纪中叶到 19 世纪末,是科学社会主义革命理论的创立及其在欧洲传播的时期,这一时期的主要的历史事件有 1848 年的欧洲资产阶级民主革命、1871 年巴黎公社革命以及第一国际和第二国际的建立与活动;第二个时期,大体上是 20 世纪前半期,这一时期是科学社会主义由理论到现实的时期,主要历史事件有第一次世界大战、俄国十月革命、第三国际、第二次世界大战及反法西斯战争胜利、中国等一批国家走上社会主义道路;第三个时期,大体上是 20 世纪后半期,是中国等社会主义国家的社会主义建设在曲折探索中发展时期,主要历史事件有"冷战",新科技革命,社会主义国家的内外矛盾、分歧、分裂斗争甚至战争以及改革开放,东欧剧变,苏联解体等;第四个时期,大体上是 21 世纪上半叶,这将是在经济全球化背景下,中国特色社会主义事业全面发展的时期。综观国际共产主义运动的历史,如何建党(包括革命党、执政党的建设)、如何夺取政权、如何开展社会主义建设,即建党→夺权→执政建设是整个国际共产主义运动亦即在科学社会主义指导下的作为社会实践运动的社会主义的三部曲。而如何建设取决于如何夺取政权,如何夺取政权又取决于如何建党。可见,如何建党,建设一个什么样的党,这是至关重要的问题。正是从这个意义上说,一部国际共产

---

〔1〕《马克思恩格斯选集》第 1 卷,人民出版社 1995 年版,第 87 页。

〔2〕高放主编:《国际共产主义运动通史教程》(上),北京师范大学出版社 1986 年版,第 21 页。

主义运动的历史实质上就是一部国际共产党的党史。她决定着国际共产主义运动的兴衰成败。

三、作为一种社会制度的社会主义

这是在作为一种思想理论的社会主义亦即科学社会主义指导下的作为一种社会实践运动的社会主义的结果。能否建立作为一种社会制度的社会主义是衡量作为一种社会实践运动的社会主义特别是社会主义革命成败的标志。作为一种社会制度的社会主义一般是指相对于资本主义的社会制度，它是由社会主义的经济制度、社会主义的政治制度、社会主义的文化制度等构成的制度体系。应当指出的是，在马克思、恩格斯的时代，由于客观历史条件的制约，他们关于社会主义制度亦即共产主义制度的探索还只能作为共产主义实践运动未来目的的理论形态而存在，还不能够成为直接的现实的社会制度。所以，他们指出："共产主义对我们说来不是应当确立的状况，不是现实应当与之相适应的理想。我们所称为共产主义的是那种消灭现存状况的现实的运动。这个运动的条件是由现有的前提产生的。"[1]这里的"状况"和"理想"就是与"现实的"运动相对应的理论形态的社会制度，这里的"不应当确立"、"不应当与之相适应"，不是指不要确立、不要与之相适应，而是指还没有条件确立、"不能与之相适应"，作为现实的社会制度的社会主义只有在成功了的或胜利了的现实运动之后才有可能。马克思、恩格斯的这个思想，同后来的伯恩施坦的修正主义划清了界限，因为伯恩施坦只注意"运动"即过程而轻视"目的"或结果，他的一个代表性观点就是："目的是微不足道的，运动就是一切。"这是对马克思主义社会主义观的一种歪曲和否定。同时，马克思、恩格斯的这个思想又与国际社会主义运动中的历次"左"倾错误划清了界限，这种"左"倾错误主要表现为不顾社会主义运动和制度的客观现实条件，一味追求主观的"目的"和"理想"而忽视或超越必要的"运动"或过程、阶段，结果欲速则不达，从而造成社会主义革命运动和社会主义建设事业的失误和挫败。在马克思、恩格斯的著作中，作为理论形态的社会主义制度的论述，主要来自对资本主义制度的揭露和批判，更多的是强调它同资本主义制度的对立（当然不是截然对立）；在他们对未来社会的总体构想中，社会主义社会里没有私有制和剥削现象，没有市场和商品货币关系，没有竞争；他

---

〔1〕《马克思恩格斯选集》第1卷，人民出版社1995年版，第87页。

们当时推断社会主义革命将在西欧几个主要的资本主义国家同时发生并取得胜利，没有想到这种革命在资本主义不发达的国家首先获得胜利，也没有想到社会主义制度会与资本主义制度长期并存。所以，关于现实的社会主义制度以及如何认识和处理社会主义和资本主义两种制度的关系，他们没有为后人提供完整的具体的答案。但是，他们的立场、观点和方法对于我们正确认识和处理社会主义制度和资本主义制度的相互关系仍然具有普遍的指导作用和意义。

1917 年俄国十月革命胜利，第一个社会主义国家建立以后，社会主义制度和资本主义制度“一球两制”的关系问题产生了。应当指出的是，人们已习惯于将 1917 年的俄国革命，以及以后的中国革命等称为“社会主义革命”，认为十月社会主义革命已经将科学社会主义的理论变为现实，马克思、恩格斯的社会主义理论已经变为现实的社会主义，马克思、恩格斯的作为理论的社会主义制度已经变为现实的社会主义制度，甚至以现实的社会主义制度去攀附马克思、恩格斯理论的社会主义制度。历史证明，这在理论上是错误的，在实践上也是有害的。由于俄国、中国等不发达国家首先选择社会主义发展道路的缘故，使得现实的社会主义制度与马克思、恩格斯理论的社会主义制度在发展的成熟程度上有着天壤之别。现实的社会主义制度最多是一种“不合格的社会主义制度”或称之为“以社会主义为定向发展的社会制度”。其实，列宁早在十月革命以后就十分清醒地认为，要把“社会主义国家”、“社会主义制度”、“社会主义社会”这几个概念严格地区分开来，认为“苏维埃社会主义共和国”还不是“苏维埃社会主义制度”，更不是“苏维埃社会主义社会”。认为“苏维埃社会主义共和国”只是表明我们有信心、有决心向社会主义制度、社会主义社会过渡，而决不是表明我们已经建立了社会主义制度，已经进入了社会主义社会〔1〕。历史将继续证明列宁的这一思想至今仍然没有过时。事实上，各种具体的、现实的社会主义制度既有别于马克思、恩格斯理论的社会主义制度，又有别于现实的资本主义制度。从历史和发展的角度看，前者的区别是非本质的“量”的区别，而后者的区别则是根本性的“质”的区别；而从现实的角度看，前者的区别带有部分质的区别，而后者的区别则带有部分非根本性的质的区别，尤其是不在制度层面而在体制层面看更是如此。

〔1〕 参见《列宁选集》第 3 卷，人民出版社 1995 年版，第 409、521 页；乔耀章：《莫把“向社会主义过渡的理论”当作“社会主义建设的理论”》，《国际共产主义运动》1988 年第 5 期。

因此,如果说马克思、恩格斯的理论形态的社会主义制度同资本主义制度的关系是在继承基础上的"质"的对立关系的话,那么,现实中的社会主义制度同资本主义制度的关系则是在对立基础上的"量"的继承相互交流、汲取、借鉴和在某种条件下的合作关系。这种既对立又继承、合作的关系既体现在社会主义国家的一国范围内的"一国两制",也同样体现在经济全球化过程中的世界范围内的"一球两制"。

四、作为一种社会形态的社会主义

社会主义社会是资本主义以后的社会,是在社会化生产基础上建立的新社会。社会制度与社会形态是密切相关的,通常有什么样的社会制度就会有相应的社会形态。但社会制度往往又从属于社会形态,相同的社会形态可能有不同的社会制度,而不同的社会形态也可能有相同或相似的社会制度。当我们从社会制度和社会体制两个层面上来分析其与社会形态的关系问题,就会更加显示出这种复杂的情形。其中,一种社会体制,可以属于不同的社会制度,也可以属于不同的社会形态,带有某种"中介"或"共生"性质。社会制度问题往往偏重于社会主体的主观选择性,而社会形态问题则往往侧重于社会的自然历史过程性。社会形态是一个反映社会整体性特征,研究社会发展阶段、社会实践及社会结构的社会历史观范畴。社会形态也是一个多义性概念,人们可以根据研究问题的不同需要,选用不同的标准来划分社会发展阶段和社会类型。其中,最基本的划分有两种:一种是以生产关系的性质为标准划分社会形态,称为经济社会形态;一种是以生产力和技术发展水平以及与此相适应的产业结构为标准划分社会形态,称为技术社会形态。

前者,在马克思、恩格斯的著作中有多种论述。最为人们所熟悉的是五种社会形态的思想,即原始社会、奴隶社会、封建社会、资本主义社会和共产主义社会(也包括后来列宁较明确划分的第一阶段社会主义)。此外还有两种、三种社会形态论。两种社会形态论是把从原始社会到资本主义社会历史形态结束为止称为人类社会的史前时期,共产主义社会才是真正的人类历史的开端。三种社会形态论又有两种表述法:其一是指人对人的依赖关系的社会,人对物的依赖关系的社会,人的全面自由发展的社会;其二是马克思晚年又提出的人类社会发展的原生形态、次生形态和再次生形态。虽然这几种划分方法都是以历史唯物主义为基础的,有其内在的统一性,但又是从不同角度、不同侧面来考察人类社会历史发展的,各有其侧重点。我们认为最重要的是五种社会形态的划分和《1857—1858年经济学手稿》中提出的三种社会形态的划分。五种社会形态划分的思想比较集中在马克思、恩格斯的主要著作中，如《德意志意识形态》、《共产党宣言》、《雇佣劳动与资本》、《〈政治经济学批判〉序言》、《1857—1858年经济学手稿》、《资本论》、《反杜林论》、《家庭、私有制和国家的起源》等，在这些著作中，马克思、恩格斯以生产力与生产关系的辩证关系为依据，用生产资料所有制形式的变革来划分社会形态。后来，斯大林1938年在《论辩证唯物主义和历史唯物主义》一书中论述的五种基本类型的生产关系，其基本内容是与马克思、恩格斯的五种社会形态论相符合的。三种社会形态论主要见之于《1857—1858年经济学手稿》，原文指出：人的依赖关系（起初完全是自然发生的）是最初的社会形态，在这种形态下，人的生产能力只是在狭窄的范围和孤立的地域内发展着。以物的依赖性为基础的人的独立性，是第二大形态，在这种形态下，才形成普遍的社会物质交换、全面的关系、多方面的需求以及全面的能力的体系。建立在个人全面发展和他们共同的社会生产力成为他们的社会财富这一基础上的自由个性，是第三个阶段。第二个阶段为第三个阶段创造条件[1]。对此，长期以来没有得到学术界应有的重视。其实，三种社会形态理论显示了否定之否定的历史辩证法，它揭示了人类社会形态的依次更替是一个不以人的意志为转移的自然历史过程。随着中共"十六大"重提人的全面发展问题以后，才使这一历史辩证法重放光芒。五种社会形态和三种社会形态都是直接或间接的以生产关系性质为标准来划分的，因而都属于经济社会形态的范畴。五种社会形态论与三种社会形态论是辩证统一的，是衡量社会发展阶段的科学尺度。

而后者，技术社会形态则是以生产力和技术发展水平以及与此相适应的产业结构为标准划分的社会形态。人类社会从古至今依次经历的石器时代、铜器时代、铁器时代、蒸汽时代、电气时代、电子时代等就是对技术社会形态的划分。与此相应的人类历史就有了一个技术社会形态的序列：渔猎社会——农业社会——工业社会——信息社会。如果说经济社会形态中的五种社会形态论与三种社会形态论主要揭示的是人类社会生活的生产关系与交换关系的话，那么，经济社会形态与技术社会形态主要揭示的则是人类社会生活的生产关系与生产力的关系。这两方面的关系需要进一步展开深入的

〔1〕《马克思恩格斯全集》第46卷（上），人民出版社1979年版，第104页。

研究。按照马克思主义的观点,社会形态的发展是一种自然历史过程,社会形态的发展是横向与纵向的统一性,不同国家民族社会形态特点的典型性、多样性、复杂性的辩证统一[1]。总之,马克思主义创始人关于社会形态演进和区分的不同社会形态的主要依据的论述,揭示了人类社会发展的普遍规律,进而为社会主义社会确定了历史方位——五种社会形态中的共产主义社会;两种社会形态中的真正的人类历史阶段;三种社会形态中的人的全面自由发展的社会。然而,问题在于如今这种理论上的关于社会形态演进的自然历史过程给社会主义确立的历史方位面临着来自现实的社会主义究竟处于何种社会形态的严峻挑战。马克思、恩格斯理论上的社会主义制度、社会主义社会从属于共产主义制度及其社会形态,甚至在他们看来是同义语。但现实中的社会主义制度、社会主义社会与马克思、恩格斯理论上的社会主义制度、社会主义社会又不能相提并论。那么,现实的社会主义是继续从属于共产主义社会形态,还是作为介于资本主义和共产主义之间的独立社会形态,抑或是作为从资本主义社会向共产主义社会过渡的社会形态,这是需要我们从理论和实践的结合上着力研究和回答的问题。

第二节 社会主义发展的历史进程

社会主义在乌托邦的荒原上徘徊了千百年以后,是马克思、恩格斯将其置于现实的基础之上,使之从空想发展为科学[2]。对于科学社会主义来说,

---

〔1〕 关于这方面问题的研究可参阅项君源:《马克思恩格斯对社会形态演进的研究》,《当代思潮》2001 年第 2 期;赵家祥等主编:《历史唯物主义原理》,北京大学出版社 1992 年版,第 420 ~ 468 页。

〔2〕 关于社会主义思想认识的几次重大历史性飞跃,一直是学术界关注的问题之一,至今有“未完成论”、“二次飞跃论”、“三次飞跃论”、“四次飞跃论”,见高放等主编:《科学社会主义的理论与实践研究述评》,中国人民大学出版社 2004 年版,第 9 ~ 14 页。我不敢苟同,认为社会主义在其发展的历史进程中只完成了第一次飞跃,即从空想到科学的飞跃。社会主义由理想开始变为实践的现实,现在仍然处在由理想、理论向现实、实践飞跃的历史过程之中,还远没有完成。第一次飞跃前后经过约 330 年;正在进程中的这次飞跃大体需要经历 400 年。见乔耀章:《社会主义的历史性飞跃之我见——社会主义仍处在从理论到现实的飞跃过程之中》,《科学社会主义研究》,1994 年第 8 期第 53 ~ 57 页。

20世纪非同寻常。社会主义由理想开始变为现实发生在20世纪初的俄国，社会主义制度在欧亚许多国家建立以至形成与西方对抗的社会阵营发生在20世纪40~50年代，社会主义国家实现经济文化高速发展发生在20世纪中叶。东欧剧变、苏联解体使社会主义出现严重曲折发生在20世纪80年代末90年代初等。社会主义在不到100年的时间里累积如此丰富的经历，其中蕴含着十分宝贵的经验。然而，在世界历史长河中，科学社会主义的历史毕竟是短暂的，总的来说还处在实践和发展的初期。我们已经走出了一条光明大道，但前面的路并不都是平坦的，还会有各种困难和风险，包括可以预料的和难以预料的，来自国内的和来自国外的，经济生活中的和社会政治生活、文化生活中的。科学地认识社会主义发展的历史进程，总结社会主义发展的经验，对于我们科学地把握人类社会发展的历史轨迹，坚信社会主义最终必将战胜资本主义，从而进一步增强走社会主义道路的决心和信心，具有重要的理论和现实意义。在这里，将概要地从时间的维度和空间的维度展示社会主义从何而来、向何处去以及社会主义如何从西向东发展的历史进程，最终使东西方文明进入存异求同的整合境界[1]。

一、社会主义从空想到科学

社会主义作为人们对社会的一种比较系统的理论和主张，其反映的主题是对人类理想社会的执着追求，如果按其拥有的科学真理性的程度不同，可将社会主义分为空想的社会主义和科学的社会主义。社会主义是怎样从空想发展到科学的？这是研究社会主义发展历史进程的首要问题。

空想社会主义又称“乌托邦社会主义”，是一种普遍的历史现象。所谓普遍的历史现象是指空想社会主义是古今中外都存在着的历史现象，不是某个国家、某个历史阶段，比如只是西欧近代资本主义发展中出现的特有现象。自从人类脱离原始社会进入阶级社会以后，随着原始平等的被破坏和人与人之间经济、政治等方面不平等的发展，在被剥削、被压迫的劳动群众及某些知识分子中，就必然会产生抗议现实社会不平等的思想和对没有剥削和压迫的理想社会的追求。可以认为“乌托邦”是一种精神，这种精神代表着人们对现实的不满意和对未来的憧憬，它是对现实生存世界的一种唤醒和期待，同时也是对改变现实世界可行性作出的主观论证。这些似乎都可以视为空想社

〔1〕 乔耀章：《中国社会主义特色纵横谈》，苏州大学出版社1996年版，第399页。

会主义。当然,只有到了资本主义发展阶段,人们才有可能对理想社会的追求表现得更为突出和强烈。

在中国,空想社会主义则表现为与大同传统的关系。理想是对现实的超越,它寄托着人们的情思和向往。特别是在社会变革时期,各种社会矛盾错综复杂,社会动荡不安,人们也有各自不同的社会追求,于是也就产生了各种超越现实的理想。这也是多种文化思潮异彩纷呈的社会条件。对理想社会的追求与不同文化派别联系起来,就具有更为深刻的社会内容。春秋战国时期是中国社会变革的时期,也是中国文化的原创时期,各派学者纷纷提出自己的救世主张,"欲以其学易天下",因而也就出现了不同风格的对没有剥削、没有压迫、人人平等的理想社会的追求。进入"大一统"的封建社会以后,由于思想文化要与这种体制相适应,那些对理想大同社会的追求也就只能在异端思想中存在,只有在资本主义萌芽产生以后,随着早期启蒙思想的出现,大同思想才有了新的社会内容。譬如,中国古代大同思想有孔子思想中包含的大同因素,孟子"王道仁政"的社会理想,《礼记·礼运》中描绘的大同社会蓝图,《老子》中对"小国寡民"理想社会的描述,《庄子》中对"无何有之乡"的向往,《吕氏春秋》中对"公则天下平"的论述,封建社会中人们对现实社会的批判和对理想社会的追求,农民起义对社会平均的追求;文学作品中对理想社会的向往,封建社会末期启蒙思想的出现及对封建土地制度的批判和平均使用土地的主张,文艺作品中的乌托邦倾向。作为古代大同思想的近代发展的洪秀全的农民社会主义、康有为的大同主义、孙中山的民生社会主义,三者之间在理论形态和具体设想上各不相同,但也存在着内在的必然联系,反映着中国近现代社会发展的要求,反映着在经济发展和社会化生产力发展进程中,作为劳动人民要求的社会理想演变的过程,它们赋予社会主义以鲜明的中国特色,体现了劳动人民对社会理想追求的变化,从思想史发展的角度展示了中国社会主义道路的历史必然性。如前所述,社会主义是一种美好的社会理想,它反映着被压迫、被剥削的劳动群众对没有剥削和压迫的社会的追求和向往。研究中国大同思想及其向社会主义的转变,可以使人们把握中国近现代社会发展的要求,正是从这个意义上说,大同理想是中国社会主义的渊源。然而,大同理想向社会主义特别是向科学社会主义的转变需要一系列的社会条件。从本质上讲,社会主义是与社会化大生产相联系的对理想社会追求的一种理论、运动与社会制度。我们研究中国社会主义发展的历史进程,必须从历史与逻辑相统一的高度,认识其发展规律,从而把握其发展的内在要求;并且不断消除其中的主观空想因素,使之顺应人类文明发展的潮流。只有把握中国社会主义思想发展的内在逻辑,才能正确认识中国社会主义的过去、现在和未来,从而坚定走中国特色社会主义道路的信念。由此可见,中国有属于自己的社会主义思想及其发展的路径。中国社会主义思想发展的历史进程是由古代大同思想传统经过近代洪秀全、康有为、孙中山三种空想社会主义发展到科学社会主义的。这里,我们认为值得深入研究的问题主要有:其一,如果没有马克思主义,包括其中的科学社会主义东进、引入中国,中国的大同思想、空想社会主义能否继续成长发展为科学社会主义,如果不能,其主要受制因素有哪些?其二,我们对引进的马克思主义包括其中的科学社会主义的理解和接受,以及我们自身对理想的社会主义和共产主义社会的勾画,都必然会首先受到我们本民族传统中固有的大同思想影响,即把马克思主义、科学社会主义"中国化"过程中会使之"失真",这种影响的积极面和消极面都已经有了比较充分的展露,如何对之加以科学的清理和分析,以便加深我们对科学社会主义的认识,以科学的态度对待科学社会主义,这无疑更是学术界亟须承担的历史重任。

在西方,空想社会主义思想的出现也远远早于资本主义的产生。恩格斯在谈到古罗马被压迫的奴隶追求理想社会的情况时说过:"这个'社会主义'在当时可能的程度上,确实是存在过的,甚至还取得了统治地位,——那就是基督教……在即将来临的'千年王国'中实现社会改造,而不是在现世里。"〔1〕宗教强调对人的终极关怀,基督教中的天国是上帝统治的地方,上帝的无私决定着社会的公正,这正是人类的善战胜恶的终点,也是一个没有私有财产、人人平等的社会。随着封建社会的发展,某些异教用早期基督教的平等思想,反抗现实的不平等,追求理想的社会制度,只不过是借助神话传统和宗教形式来表达对社会平等的要求,并企图超越现实,幻想建立一个没有剥削和压迫、人人平等的社会。这种最初形成的社会主义思想是现实社会的反映而不是现实社会发展的要求,更没有严格的理论论证,因此也就不能成为代表历史发展要求的群众运动,而且只能是一种空想。到了封建社会末期,随着商品经济的发展和自然经济走向解体,资产阶级人文思想开始出现,这同样也为劳动群众反抗压迫、争取平等提供了思想武器。在16世纪的德国农民起义中,托马斯·闵采尔利用意大利文艺复兴推动下出现的马丁·路

〔1〕《马克思恩格斯选集》第4卷,人民出版社1995年版,第458页。

德在宗教改革中提出的平等思想，进而提出了社会平等的要求，幻想建立一个没有私有财产、没有阶级差别的理想社会。这一理想曾被恩格斯称为"共产主义思想的微光"〔1〕。资本主义的发展促进了社会生产力的加速发展，为古代空想社会主义向近代空想社会主义的转变提供了物质条件，资产阶级启蒙思想又为这种转变提供了理论根据。从 1516 年托马斯·莫尔出版《关于最完善的国家制度和乌托邦新岛的既有益又有趣的金书》（简称《乌托邦》）一书到 19 世纪中叶，是空想社会主义的发展阶段。空想社会主义逐步发展成为比较完整的形态，成为资本主义的直接对立物，成为早期不成熟的无产阶级反抗资本主义剥削、压迫，主张建立理想社会要求的理论表现。

科学社会主义是在西方空想社会主义基础上直接发展起来的。19 世纪 30~40 年代，欧美主要资本主义国家相继过渡到机器大工业阶段，资本主义制度存在的合理性及其发展的局限性都充分显示了出来，这为人们正确认识资本主义向何处去、人类社会向何处去，提供了足够的历史素材。可见马克思主义是应运而生的。以 1848 年 2 月马克思和恩格斯发表的《共产党宣言》为标志，社会主义从空想发展到科学阶段。从此，关于社会主义是社会进步合乎规律的结果的学说代替了乌托邦的幻想，把社会主义思想发展的进程推进到了一个崭新的历史时期，实现了人类思想史上一次巨大的历史性飞跃。社会主义理论和实践也由此掀开了崭新的一页。马克思主义科学社会主义的诞生，使得一切剥削阶级统治的理论根基发生了根本性的动摇，使世界无产阶级由此找到了改变自己历史命运的理论武器和科学指南。人类社会向何处去的问题由此得到明确的科学解答。正如列宁所指出的："许多世纪以来，甚至几千年以来，人类就有过'立即'消灭所有一切剥削的愿望。但是，在全世界千百万被剥削者联合起来进行彻底的、坚决的、全面的斗争，以争取按照资本主义社会自身的发展方向来改变这个社会以前，这样的愿望只是愿望而已。只是当马克思的科学社会主义把改变现状的渴望同一定阶级的斗争联系起来的时候，社会主义的愿望才变成了千百万人争取社会主义的斗争。"〔2〕

必须强调指出的是，社会主义思想认识并没有因为已经发展为科学而历史性地告别了空想，实践无数次证明：只要社会主义的理论与实践违背了科

---

〔1〕 参见《马克思恩格斯全集》第 7 卷，人民出版社 1959 年版，第 405 页。

〔2〕《列宁选集》第 1 卷，人民出版社 1995 年版，第 658 页。

学,即社会发展规律,它就完全有可能重新陷入新式空想。

二、社会主义从理想变为现实

马克思在《〈黑格尔法哲学批判〉导言》中曾指出:“理论一经掌握群众,也会变成物质力量。理论只要说服人,就能掌握群众;而理论只要彻底,就能说服人。所谓彻底,就是抓住事物的根本。”〔1〕科学社会主义之所以科学,一方面,在于它把社会主义置于资本主义的现实的基础之上,使之成为一种彻底的理论,成为一种抓住事物根本的理论。所谓彻底的理论、根本的理论就在于它在分析资本主义基本矛盾运动的基础上,揭示了资本主义必然灭亡、社会主义必然胜利的客观规律;另一方面,在于它是一种能够说服人、掌握群众的理论。科学愈是毫无顾忌和大公无私,它就愈加符合于工人的利益和愿望。社会主义自从由空想变为科学以后,就作为一种现实的运动在世界范围内开展起来。起初是1848年的欧洲资产阶级民主革命中,法国工人阶级举行的六月起义,马克思认为这是“分裂现代社会的两个阶级之间的第一次大规模的战斗。这是为资产阶级制度的存亡而进行的斗争”〔2〕。1871年巴黎公社的成立,在国际共产主义运动中开创了建立工人阶级政权的先例,第一次塑造了社会主义共和国的雏形。它使工人阶级终于发现了可以使劳动人民在经济上获得解放的政治形式。虽然,巴黎公社的伟大尝试失败了,但它的原则和精神则是长存的。此后,欧美各国纷纷建立社会民主政党和工人组织,使马克思主义进一步同群众性的工人运动相结合。但是,由于第二国际领袖恩格斯于1895年逝世后,以伯恩施坦为代表的第二国际右倾机会主义分子公开提出修正马克思主义,机会主义的泛滥,使第二国际大多数领袖人物和大多数政党先后背叛了革命,背叛了无产阶级,国际共产主义运动一度陷入低潮,受到了挫折。

然而,西方不亮,东方亮。以列宁为代表的俄国社会民主党布尔什维克继承和发展了马克思主义,领导并取得了1917年十月革命的胜利,缔造了世界上第一个社会主义国家——苏联,从此把科学社会主义的理想开始变为现实。这一时期,从20世纪初到1945年第二次世界大战结束,大体经历了三个阶段:从20世纪初到1917年俄国二月资产阶级民主革命,这是以列宁为

〔1〕《马克思恩格斯选集》第1卷,人民出版社1995年版,第9页。
〔2〕《马克思恩格斯选集》第1卷,人民出版社1995年版,第398页。

首的俄国共产党人进行建党和进行资产阶级民主革命时期；从1917年十月革命到1924年列宁逝世，这是俄国共产党人和劳动群众夺取政权、巩固政权并探索经济文化落后国家建设社会主义并向社会主义过渡的阶段；从1924年列宁逝世到1945年第二次世界大战结束，这是社会主义制度在苏联一国建立和发展的阶段，是苏联社会主义模式形成的阶段。这一时期最重要的理论成果是科学社会主义发展到列宁主义阶段；最伟大的事件是1917年列宁领导的十月革命取得胜利和在20～30年代斯大林领导苏联人民初步建立起世界上第一个社会主义制度和模式。这是20世纪社会主义的最伟大创举之一，这是无产阶级打碎旧世界、建设新世界的创举。它彻底改变了民主革命后由一个剥削制度代替另一个剥削制度、一个阶级压迫代替另一个阶级压迫的历史，建立了无产阶级和劳动人民的政权，在统一、无所不包的资本主义世界体系中打开了第一个缺口，开辟了第一个阵地，开启了无产阶级社会主义世界革命和人类历史发展的新纪元；它极大地推动了马克思主义科学社会主义在全世界的传播，并在实践中正确运用和发展马克思主义的新纪元。全世界无产者和劳动人民永远不会忘记，科学社会主义从理想开始变为现实是以十月革命开辟的道路——主要是指20世纪经济文化落后的国家先于发达资本主义国家走上社会主义的道路为标志的，从此开启了“一个世界，两种制度”（一球两制）现实的基本格局。

三、社会主义从一国到多国实践

社会主义发展的历史进程表明：资本主义社会的基本矛盾运动是催生社会主义革命的被动因素，战争会造成社会革命的形势，加速社会主义的诞生。第一次世界大战的结果，出现了社会主义国家苏联；第二次世界大战的结果，欧亚一系列国家选择了社会主义道路。社会主义已从一国实践发展为多国实践。从1945年到20世纪60年代末约四分之一世纪中可分为三个阶段。第一阶段从40年代中期到后期，欧洲一系列国家走上社会主义道路，形成了以苏联为首的社会主义阵营。随着苏联红军向德国的推进，东欧大片地区被解放，在此基础上，南斯拉夫、阿尔巴尼亚、波兰、罗马尼亚、匈牙利、保加利亚、捷克斯洛伐克、民主德国等八个国家相继建立了人民民主政权。其中南斯拉夫和阿尔巴尼亚在20世纪40年代初就分别在铁托、霍查的领导下建立了民族解放军，英勇地抗击德国法西斯，配合苏军，解放了本国领土。其余六国，波兰和捷克斯洛伐克是德国的交战国，罗马尼亚、匈牙利和保加利亚一度是德国的仆从，它们基本上是靠苏军解放的。因而在这几个国家中社会主义基础较为薄弱。与此同时，在东方战线，中国人民取得了伟大胜利，成立了中华人民共和国。随着日本法西斯的节节溃败和最后投降，金日成领导下的朝鲜人民军配合苏联红军，在朝鲜北部建立了人民民主政权；越南的胡志明组织和发动的“八月革命”解放了印度支那的大片国土。第二阶段是整个50年代，社会主义向世界继续推进，尤其是拉丁美洲，1956年西半球的古巴，卡斯特罗在墨西哥率领81名战士，乘“格拉玛”号船回到古巴，在东部的马埃斯特腊山区坚持了两年游击战争，终于在1959年元旦凌晨，起义军进入首都哈瓦那，古巴革命胜利成功。由此逐渐形成了一个世界社会主义体系。从20世纪初到50年代，社会主义从无到有、从小到大、从少到多、从弱到强，波浪式地向前发展。世界上三大洲先后有15个国家在共产党的领导下走上社会主义道路。其中欧洲9个（苏联、民主德国、捷克斯洛伐克、波兰、南斯拉夫、罗马尼亚、保加利亚、匈牙利、阿尔巴尼亚）；亚洲5个（中国、朝鲜、蒙古、越南、老挝）；拉丁美洲1个（古巴）。这15个国家形成一个强大的世界社会主义体系，从力量上来说，可以与世界资本主义体系相抗衡。20世纪40～50年代是社会主义胜利大进军的时期。第三阶段是整个60年代，世界形势发生逆转，资本主义从动荡走向稳定与发展，资本主义通过科技革命和自我调节，生产力得到很大发展，步入历史上的“黄金”时期。与此同时，社会主义又从高潮走向低潮，社会主义在探索中出现重大失误，走偏了方向。其中，苏联竭力推行大国主义、霸权主义，与美国进行军备竞赛，国民经济军事化；中国热衷于政治活动，阶级斗争扩大化；国际共产主义运动中的大争论导致大分裂，社会主义的形象令人痛心地受到损害，社会主义处于困难、困惑和徘徊的境地。

社会主义从一国到多国实践的历史已经初步证明：社会主义制度是世界历史发展的必然产物，是迄今为止人类社会最先进的社会制度。它之所以先进是因为它具有资本主义不可比拟的优越性，是因为它实现了劳动者与生产资料的初步结合与统一。尽管这一社会制度在建立初期还存在着一系列不可避免的缺陷，在探索的道路上也不可能一帆风顺，但这一社会制度给人类社会的未来发展带来的历史性启示及其贡献是巨大的。首先，开辟了社会主义新时代。十月革命开辟了人类由资本主义向社会主义逐步过渡的时代，开辟了社会主义同资本主义长期并存和历史性竞争的时代。社会主义体系的形成证明社会主义制度具有旺盛的生命力。其次，战胜了穷凶极恶的法西斯主义。20世纪30年代资本主义经济社会大危机，德、意、日等国的垄断资产阶级在“大萧条”、“大恐慌”、“大崩溃”面前，为了寻找出路，实行了法西斯主义。法西斯主义是资本主义公开的恐怖专政，是最反动、最黑暗、最野蛮的资本主义。法西斯主义就是对内血腥屠杀，对外残酷战争。在战胜德、意、日法西斯强盗的斗争中，苏联红军起了决定性作用，中国共产党领导的人民武装也作出了巨大的贡献。法西斯主义的覆灭，标志着正义战胜了邪恶，光明代替了黑暗。再次，推动了民族解放运动的发展。社会主义革命和民族解放革命运动是我们时代的两大历史潮流。第二次世界大战后，欧亚一系列国家走上了社会主义道路，在它们的支持和影响下，被压迫民族的革命斗争从觉醒时期进入解放时期。国家要独立，民族要解放，已成为不可抗拒的历史潮流。通过多种不同方式的斗争，亚、非、拉先后有一百多个国家宣告独立，帝国主义的旧殖民主义体系彻底崩溃了，这是改变20世纪面貌具有划时代意义的事件，是继十月革命、中国革命之后世界历史中具有决定意义的事件。资本主义、帝国主义的两个最野蛮的产物——殖民主义和法西斯主义，都是在20世纪猖狂一时而后崩溃的。这说明在社会主义的推动下，人民在觉醒，历史在进步，这是不以任何人的意志为转变的，第三世界各国人民正以新的姿态出现在世界历史舞台上。最后，维护了世界和平。帝国主义是现代战争的根源，它在20世纪前半期，给人类带来两次史无前例的世界规模的战争惨祸。第二次世界大战结束后的半个多世纪，之所以没有发生新的世界大战，和平与发展之所以成为当代世界的主题，其中决定性的因素就是社会主义力量的存在和发展及在其影响、支持下的广大第三世界发展中国家的兴起。世界和平已出现了现实的基础和前景。总之，20世纪在马克思主义科学社会主义旗帜下，现实社会主义应运而生，社会制度发生着巨大变革，社会主义和一切进步势力通过同资本主义和一切反动势力的反复搏斗而向前发展，并驱使最反动的法西斯主义、殖民主义退出历史舞台，人民赢得了胜利，赢得了进步，赢得了和平。这是迄今为止人类历史上最伟大的世纪。可以说，如果没有社会主义，就没有今天的资本主义，也就没有今天的世界。没有社会主义的世界，是不完整的世界。

四、社会主义在探索中发展

社会主义发展是一个不断探索的长期而又艰巨的过程。在这个过程中，社会主义既取得了举世瞩目的成就，也有过沉痛的教训。从一定意义上说，社会主义的发展带有某种“被动性”，它并不首先取决于社会主义自身如何发展，而与资本主义的存在和发展及应对社会主义的挑战密切相关。如何认识社会主义，取决于如何认识资本主义。按照马克思主义的观点，资本主义的历史地位、历史使命和历史命运始终都是由资本主义的基本矛盾运动决定的。社会主义之所以会从理想变为现实，从一国到多国实践的发展，都是资本主义社会基本矛盾运动的结果。自从社会主义制度建立并逐步显示出巨大的优越性，西方资本主义国家就采取一切手段，千方百计地同社会主义进行斗争。第二次世界大战后，西方发达资本主义国家在20世纪50~60年代就先发制人，先于社会主义国家干了两件大事。一件是利用科技优势，掀起新的科技革命，即历史上的第三次科技革命。这次科技革命是以微电子技术为核心，包括新能源技术、新材料技术、航天技术、海洋工程技术、生物工程技术等各个领域。新的科技革命极大地促进了生产力的发展和社会生活的变化。据统计，发达资本主义国家战后二十多年生产的产品超过了过去两百多年产品的总和。在此基础上，另一件大事就是适应新科技革命和生产力发展需要，对资本主义自身从生产关系到上层建筑进行了一系列的自我调节、改良和改善，包括借鉴社会主义的一些做法，使之适应社会化大生产的发展。这两件大事使资本主义获得了新发展，给资本主义带来了新变化。主要有：科技的迅猛发展，为生产力的发展开辟了新的空间；产业结构的调整带来就业结构的调整；随着生产社会化程度的提高，企业组织形式发生变化，国家从市场经济的“守夜人”转变为经济发展的干预者；推行雇员持股计划；实施福利政策；加速推进经济全球化，为资本的扩张和增殖开辟了新天地。但是，资本主义这些新发展、新变化有明显的局限性，资本主义的基本矛盾没有被消除而依然存在，并且以新的形式不断加剧。例如，资本更加集中，实物经济和符号（虚拟）经济严重脱节，国家对经济运动的干预未能从根本上克服市场机制的缺陷。阶级关系的实质没有改变。雇员持股不但没有改变股份制的私有性质，反而加剧了资本主义的剥削程度。福利政策不但没有改变资本与雇佣劳动的关系，反而强化了这种关系；税收调节不可能从根本上改变分配不公的现状；等等。当代资本主义也随着经济全球化而把资本主义的基本矛盾扩展到了全球。这就表明资本主义的新变化在其本质上具有腐朽性。例如，资本的日益集中和垄断，阻碍了技术的进步和生产力的发展；经济的发展带来了“食利资本主义”的膨胀；财富的增长导致贫穷、失业和无家可归；垄断资本与权力的结合导致政治上的腐败；繁荣的外表下掩盖着深刻的精神文化危机;帝国主义进行资本扩张的结果是广大发展中国家的巨大灾难;国际资本主义的掠夺和穷奢极欲,严重破坏了人类社会的可持续发展。由此可见,资本主义国家为了维护资本主义制度的生存和发展所采取的自我调节既有必然性,也有可能性,还有其局限性,它没有触动资本主义统治的根基,没有改变资本主义制度的性质,也没有改变马克思主义关于资本主义的基本原理的真理性,最终将不可能摆脱社会发展的客观规律的驱动,社会主义仍然是人类社会发展的方向。

面对现代资本主义的严峻挑战,社会主义国家如不积极主动地进行应战,进行改革,实现从传统社会主义体制向现代社会主义体制的转变,就难以同现代资本主义进行有力的竞争。社会主义制度建立以后,采用什么样的发展机制,推动社会主义社会不断向前发展,这是很长时期没有解决好的重大课题。当社会主义制度在一系列国家确立之后,在如何建设社会主义问题上,在当时除了苏联模式外,没有任何其他的经验可以直接借鉴。因此,后来的各社会主义国家大多照搬或效仿苏联模式构建本国的社会主义制度。苏联模式的最初优势随着社会主义的历史进程而递减。如何对待苏联模式的社会主义,就成为决定日后社会主义的历史命运之关键。斯大林由于主客观原因长期不进行改革,使社会主义失去了许多生存和发展的大好时机。从20世纪50年代中期以后,一些社会主义国家的领导人和学者逐步发现苏联模式的弊端,提出改革的主张。进入60年代,苏联模式的旧体制越来越束缚生产力的发展,社会主义国家越来越丧失同发达资本主义国家的比较优势。在这种形势下,从70年代以后,社会主义国家掀起了改革的浪潮。走在社会主义改革浪潮前列的有南斯拉夫、匈牙利、波兰、捷克斯洛伐克、保加利亚、民主德国。到了70年代末和80年代初,中国、苏联两个社会主义大国相继进行改革。这是一场革命,即革社会主义旧体制的命。改革的初衷是完善社会主义制度。通过这场改革,从传统模式、传统体制变为现代模式、现代体制,使社会主义发展进程进入一个新的历史时期,即从此前的外延式的横向推进转为内涵式的纵深发展。

这场不可逆转的社会主义改革是在极其复杂的历史背景下进行的。在社会主义改革进程中出现了两种不同性质、不同方向、不同结果的改革。一种是苏联、东欧诸国在探索改革的道路上,逐步偏离了正确的方向,有违初衷,改革变成了“改向”、“改制”,最终瓦解了社会主义制度。由此波及世界上其他大部分地区和大多数国家的社会主义也都处于低潮,国际社会主义事业遭受极其严重的挫折。另一种是中国的改革,在实践中具有重大历史意义的是1978年中共十一届三中全会以后中国的改革开放;在理论上的最大成就是在探索中形成了邓小平理论、"三个代表"重要思想和科学发展观的中国特色社会主义理论体系。在这一理论指导下,全面贯彻党的"一个中心、两个基本点"的基本路线,解放思想,实事求是,放开手脚,大胆试验,排除各种干扰,抓住机遇,加快改革开放的步伐,集中精力把经济建设搞上去,不断把中国特色社会主义事业推向前进,取得了令世人瞩目的重大成就。实践证明,改革作为社会主义制度自我完善的必由之路,关系到社会主义的生死存亡和兴衰成败。坚持改革就能发挥社会主义本身所具有的生机与活力,显示出社会主义的优越性;不改革或在改革中不能坚持正确的方向和选择正确的路径,就会导致社会主义事业的挫折和失败。中国社会主义改革成功的经验和苏联解体、东欧剧变的沉痛教训启示人们:社会主义必须改革,改革必须坚持社会主义方向,社会主义事业兴衰成败的关键在党。

总之,资本主义国家有限的自我调节和社会主义国家的改革相继出台,相互影响和制约,构成了当代社会主义发展历史进程的总体画面。20世纪50~60年代西方发达资本主义国家普遍进行的自我调整不能不直接影响社会主义国家。社会主义国家的改革起源于50年代初期的南斯拉夫,到70年代后期形成改革高潮,到80年代中期以后反转过来影响西方发达国家,而拉美国家、南亚国家、部分非洲国家的改革,则出现了世界性全球化的改革浪潮。改革已成为遍及全球化的世界潮流,方兴未艾,势不可挡。资本主义基本矛盾的全球化,资本主义国家的自我调节及其局限性,将进一步表明资本主义的历史暂时性。然而,这种历史暂时性将伴以社会主义发展的长期性和艰巨性。社会主义初级阶段理论的形成,标志着中国共产党人对于社会主义事业长期性、艰巨性的认识进入一个崭新的境界,表明中国人民对社会主义定向性发展矢志不渝的坚定信念和决心。

第三节　社会主义的历史性、民族性、世界性

社会主义是一门大学问。学习、研究、掌握这门学问,树立正确的社会主义观是非常重要的。所谓社会主义观,就是对社会主义的基本看法、基本认识。对社会主义的基本看法和基本认识可以从不同的维度或多维度切入。

我们主张从历史性、民族性和世界性三维向度的有机统一来看待和认识社会主义。由此认为社会主义、爱国主义和国际主义是辩证统一的，而且在特定的情境中，爱国主义是高于一切的。

一、社会主义的历史性

上述关于社会主义发展的历史进程简要论述的是自《共产党宣言》发表160多年来社会主义经历了从空想到科学、从理论到实践、从运动到制度、从一国实践到多国实践、从革命到建设，在改革开放中不断完善和经历严重曲折等一系列复杂的事件与过程，既有凯歌前进的辉煌，也有令人痛心的曲折和挫败。而社会主义的历史性则主要从历史的立场、历史的观点和历史的方法来认识社会主义的存在和发展。所谓历史的立场、观点和方法就是唯物辩证的立场、观点和方法。

广义的历史泛指一切事物的发展过程，包括自然史和社会史。通常仅指人类社会的发展过程。马克思、恩格斯在《费尔巴哈》一文中指出，历史可以从两方面来考察，可以把它划分为自然史和人类史，这两方面是密切联系的。只要有人存在，自然史和人类史就彼此相互制约〔1〕。马克思在《资本论》第一版序言中进一步将历史的这两个方面统一明确表述为这样一个观点：社会经济形态的发展是一种自然历史过程。不管个人在主观上怎样超脱各种关系，他在社会意义上总是这些关系的产物。同其他任何观点比起来，我们的观点是更不能要个人对这些关系负责的〔2〕。马克思在这里所说的社会形态的发展是一种自然历史过程，主要是指人类社会也像自然界一样是客观的、物质的、运动发展的过程，具有不以人的主观意志为转移的客观规律性。这是指人类社会的发展和自然界的发展的共同性。同时，人类社会的发展和自然界的发展又是有区别的。对此，恩格斯明确指出：社会发展史却有一点是和自然发展史根本不相同的。在自然界中，全是没有意识的、盲目的动力，这些动力彼此发生作用，而一般规律就表现在这些动力的相互作用中。在所发生的任何事情中，无论在外表上看得出的无数表面的偶然性中，或者在可以证实这些偶然性内部的规律性的最终结果中，都没有任何事情是作为预期的自觉的目的发生的。"相反，在社会历史领域内进行活动的，是具有意识

〔1〕《马克思恩格斯选集》第1卷，人民出版社1995年版，第66页。
〔2〕《马克思恩格斯全集》第23卷，人民出版社1979年版，第12页。

的、经过思虑或凭激情行动的、追求某种目的的人;任何事情的发生都不是没有自觉的意图,没有预期的目的的。"[1]这就是说自然界事物的变化是盲目的、无意识的,自然界的发展规律就是通过这些盲目的、无意识的事物之间的相互作用表现出来的;人类社会的发展则不同,人类活动是有意识、有目的的,正是人类有意识、有目的的实践活动构成了人类社会的历史。马克思也认为:一个社会即使探索到了本身运动的自然规律,它还是既不能跳过也不能用法令取消自然的发展阶段,但它能够缩短和减轻分娩时的痛苦[2]。就是说在社会形态发展的自然历史过程中,人类不是无能为力、无所作为的,人类有意识、有目的的实践活动可以加速或延缓社会客观规律的实现,可以缩短一种社会形态的发展过程或减轻一种社会形态诞生时的痛苦。但是,这种有意识、有目的的实践活动,必须以一定社会形态所具备的历史条件为前提,人类不能主观或人为地跳过、超越或取消一定社会形态的自然发展阶段。

所谓社会主义的历史性主要就是指作为一种社会形态的社会主义的自然历史过程性、成长性、条件性、必然性及其主体性或主观能动性。社会主义不是依人们的主观好恶随意可以取之、弃之的事物,社会主义也不是因人之思而存在,因人之不思而不存在的事物。按照马克思社会形态理论,从整个人类社会来说,社会主义应该是劳动者和生产资料在更高的社会发展阶段上有机统一的社会。因此,社会主义只有在资本主义创造的前提条件的基础上才能成长建立起来;社会主义应该是人的全面自由发展的社会,因此社会主义应当是历史地摆脱了人对人和人对物的依赖关系的社会。马克思主义的科学社会主义理论大厦就是矗立在"两个必然"即资本主义必然灭亡、社会主义必然胜利(准确些说应该是:资产阶级的灭亡和无产阶级的胜利是同样不可避免的)基础上的。从这个意义上说,两个必然性就是社会主义的历史性。但是,"两个必然"还只是揭示了社会主义历史性即社会主义是一个自然历史过程的一个侧面。为了防止人们对社会主义历史必然性的理解陷入唯意志论的误区,马克思还及时论证了"两个决不会",即"无论哪一个社会形态,在它所能容纳的全部生产力发挥出来以前,是决不会灭亡的;而新的更高的生产关系,在它存在的物质存在条件在旧社会的胎胞里成熟以前,是决不会出

〔1〕《马克思恩格斯选集》第4卷,人民出版社1995年版,第247页。
〔2〕《马克思恩格斯全集》第23卷,人民出版社1979年版,第11页。

现的"[1]。这"两个决不会"的科学论断,说明一种生产关系的消灭和另一种生产关系的产生,都是以生产力发展的一定阶段为基础的。当一种生产关系还能容纳并促进生产力向前发展时,它是决不会灭亡的,即使人为地把它"消灭"了,它还会以多种形式顽强地表现自己;而一种新的生产关系,在没有具备一定的生产力发展水平以前,也是建立不起来的,即使在特定的情况下强行地建立,也是难以持久的。唯有如此,我们对社会主义代替资本主义还是一个相当长的历史过程的认识,我们对社会主义初级阶段的认识之根才能扎在历史的深处。同时,为了防范人们对社会主义历史必然性的理解陷入机械决定论或宿命论的误区,马克思还相应地论证了无产阶级的历史使命学说。这是马克思的伟大贡献。社会主义的历史必然性要诉诸无产阶级的历史主观能动性,资产阶级不会自动退出历史舞台,社会主义也不会自然而然地到来,社会主义的历史必然性变为现实可能性,在很大程度上取决于无产阶级能否自觉地认识并为完成自己的伟大而光荣的历史使命而奋斗。因此,社会主义的历史性,必然要求人们在改造客观世界的同时,也改造自己的主观世界,即将环境和人同时得到改造。这是社会主义历史性同一过程的两个方面,相互作用,缺一不可。但由于这两方面常常处于失衡状态,所以社会主义总是表现为在高潮与低潮相间、波浪式前进。

二、社会主义的民族性

社会主义的历史必然性是一种高度的理论抽象。社会主义历史的必然性是通过各个民族、国家的不同发展道路具体体现出来的。研究社会主义的必然性不是用科学社会主义创始人提出的理论原则去套用各国现实,用既有的理论去规定实践,而是要从各国社会现实发展的特殊性中认识其普遍发展的规律性,用实践去丰富和发展理论。社会主义的民族性实质上体现着社会主义发展的统一性和多样性,普遍性和特殊性的统一,社会主义与爱国主义的统一。社会主义的民族性要求把科学社会主义的基本原理和本民族具体实践相结合,走自己的路,把本民族的社会主义事业搞好,这是世界社会主义发展的先决条件。

社会主义终究要取代资本主义,但具体的民族国家取代资本主义的时间、方式、路径等是不同的。因为不同国家、不同民族在历史发展过程中具有

---

[1] 《马克思恩格斯选集》第2卷,人民出版社1995年版,第33页。

不同的特点，在经济、政治、文化发展上都有自己的民族特色，各国的历史可以说是千差万别的，由此决定着社会发展形式的多样性。同时，不同国家、不同民族的历史又具有共同性、普遍性，即具有共同的、普遍的发展规律，由此决定着社会主义发展本质的统一性。只有从社会主义发展的多样性和统一性的结合上研究社会主义及其发展规律，才能揭示出社会主义所包含的丰富内容，才能具体深入地把握社会主义发展的规律，从而正确认识社会主义发展的历史和正确解决社会主义发展的现实问题。在社会主义发展的统一性和多样性的关系问题上，要反对和防止两种片面性。一种是否定民族个性、特殊性，片面强调社会主义发展的统一性，否认社会主义发展的多样性，把各国社会主义的发展简单化、公式化、模式化。例如，讲社会主义社会，就把马克思、恩格斯根据当时西方发达资本主义国家的情况所作出的对未来社会主义社会的基本特征的设想作为模式，在经济不发达国家也按照这个模式建立社会主义制度。另一种是片面强调社会主义发展的多样性，强调民族的个性、特殊性，否认社会主义发展的统一性，亦即社会主义本质的规定性，或随意降低社会主义标准，自封为社会主义，那就有损社会主义的形象。

社会主义作为一种思潮、思想、理论、学说，社会主义作为一种社会实践运动，社会主义作为一种社会制度和社会形态，必然与一定的地域、一定的国家和一定的民族相联系。这种表现为民族性的社会主义或“民族社会主义”，其中，“社会主义”是民族性的实质内容，它规范着这个民族、这个国家的发展道路和发展方向；“民族”则是“社会主义”的表现形式，它表明这种社会主义必须从这个民族、国家的实际即国情和民情出发。20 世纪，人类社会曾经有过 15 个社会主义国家，它们都体现和代表着那个国家的社会主义的民族性。正是从这个意义上说，“中国特色社会主义”也是一种“民族社会主义”、“地域社会主义”，亦即中国化了的社会主义。它创造性地把社会主义和中国民族性有机地统一起来了。下面，我们对“中国特色社会主义”这个命题的基本含义作些分析。

“特色”本来有别于特点、特别、特征、特殊、独特等概念。如果简单地、笼统地把特点，包括优势、好坏或本质的特点统统说成特色，就会造成理论的随意性，并引起实践的混乱。特色有其科学的含义，所谓特色并不是事物的共性，但往往与共性关联；特色也并不简单地就是事物的个性，但又是个性的升华、扬弃和发展。一般来说，共性包含于一切个性之中，无个性即无共性。特色并不是对共性的排斥，而恰恰是以它的存在为立论的前提的。如果不承认事物的共性,那么也就取消了承认特色的前提条件。研究特色必须研究事物的普遍性即共性,同时研究它的特殊性即个性,它们是紧密相联的。一般来说,特点、特性就是差异性,共性就是联系性、同一性。特色包含共性,但不等于共性;特色从属于个性,但又是个性的升华和发展。特点、特性就是差异性,而特色除差异的内涵外,还有自身的扬弃、自我肯定、自我创造、自我发展、自我完善、自我优化的能力等意义。因此,特色也是不断发展的,人们追求特色的实践活动也不可能有一个尽头。

"中国特色"是指马克思主义基本原理与中国具体实际相结合的产物,是中国共产党和中国人民如何建设社会主义问题上的一次新的历史选择和伟大的历史性创造。"中国特色"不是指"中国特殊"、"中国特有",不是指体现中国国情之一切东西,也不是在国际社会主义实践中独一无二。既不能把中国特色理解为全部是中国特有的,也不能认为凡是别国有的东西,就不再是中国特色,也不能把中国所有的优势、好坏等问题都说成是"中国特色"。中国特色具有整体表现的"单一性"和具体表现的多方面、多层次性,我们可以从多方位、多角度,如从宏观、中观和微观方面考察中国特色的具体表现。同时,中国特色又是不断发展变化的,社会主义初级阶段在生产力、生产关系、经济基础和上层建筑方面所具有的特色,随着社会主义发展到更高阶段就不再存在而被新的特色所代替。因此,我们必须从中外比较中,从普遍与特殊、共性与个性、一般与个别的关系中,从动态的、历史的、发展的观点来看待和解读中国特色。

"中国特色社会主义"体现着社会主义的普遍性、共性与中国社会主义特殊性、个性的辩证统一,而不是社会主义与中国国情的简单、机械的相加。它首先界定了中国社会的性质是属于社会主义的;中国社会的主体是社会主义的,中国社会的发展道路、发展方向是社会主义的,它体现着社会主义之一般。同时它还表明,中国特色的社会主义不同于马克思、恩格斯所设想的社会主义,不同于其他国家的社会主义,不同于非科学的社会主义,它甚至还表明有中国特色的社会主义,尤其是处于社会主义初级阶段的中国特色社会主义并不是纯粹的社会主义,它还将在经济、政治、文化等方面包容着一定程度的非社会主义的成分,但它从根本上排除了非社会主义的发展方向,中国社会的发展前途只能是社会主义化的,而不是非社会主义化的。因此,建设中国特色社会主义必须处理好与四种主义的关系,即中国特色社会主义与国内残存的一些封建主义因素的关系;中国特色社会主义同国内外资本主义的关系;中国特色社会主义与其他民族国家社会主义的关系;中国特色社会主义与社会主义初级阶段以后的社会主义或共产主义的关系。既要坚持社会主义的根本道路和方向,又要防止人为地超越社会主义的自然历史进程中必要的发展阶段。在中国特色社会主义整个发展进程中都要防止"左"、警惕右〔1〕。

三、社会主义的世界性

社会主义不仅具有历史性、民族性,而且还具有世界性。社会主义本质上是世界性的,并且任何一个国家的社会主义革命和建设事业的成功与失败都具有世界性〔2〕。

马克思、恩格斯在《费尔巴哈》一文中提出了一个重要的思想,他们认为共产主义不是地域性而是世界历史性的,是以生产力的普遍发展和与此有关的世界交往的普遍发展为前提的,各民族相互影响的活动范围在这两个普遍发展过程中愈来愈扩大,交往以及因此自发地发展起来的各民族之间的分工因而亦将消失得愈来愈彻底。历史也就在愈来愈大的程度上成为全世界的历史〔3〕。也就是说,没有一个民族和国家能够脱离世界整体而单独生存和发展,各国只有能动地参与世界性的普遍交往,走入世界历史的大潮之中,才能获得存在和发展。而且由各民族历史向世界历史的转变再向全世界历史的转变的程度,完全取决于生产力普遍发展和交往的普遍发展的程度。

社会主义的世界性是由资本主义的世界性决定的。资本主义在西方产生以后,为了实现不断扩大产品销路的需要,驱使资产阶级奔走于全球各地。它必须到处落户,到处开发,到处建立联系,资产阶级由于开拓了世界市场,使一切国家的生产和消费都成为世界性的了。由于资本的扩张性和它从经济上破坏了的社会结构,从而形成了世界性的联系。资本主义把世界联成一体了(经济全球化是它的当代形式)。在此历史过程中,资本主义将其社会的

---

〔1〕 参见乔耀章:《中国特色社会主义市场经济与防止"左"警惕右》,《南京社会科学》1995年第5期。

〔2〕 这里的世界性,不同于那种超越民族、国家的,超越地域或区域,超越人类或地球的"世界主义"(cosmopolitanism),这种世界主义有一个共同特征,即无论何时何地、何人何事,均得以世界为归依、为出发点、为前提,即先考虑世界然后再考虑区域、国家或民族,当区域、民族、国家利益与世界利益发生冲突时均得取世界而舍区域、国家或民族。

〔3〕《马克思恩格斯选集》第1卷,人民出版社1995年版,第86、88页。

基本矛盾也世界性、全球化了。在资本主义不断发展和向全世界扩张的情况下,任何一个民族内部结构的变革,就不仅取决于本民族内部的生产力发展,而且取决于世界范围内生产力发展和交往的状况。然而问题在于在资本主义走向世界的情况下,落后国家不可能再按照发达资本主义国家当年的轨迹发展。落后国家的人民在认识和把握了世界发展的大趋势后,就可以吸收资本主义发展的文明成果,以社会主义为目标,选择自己的发展道路。否则,再去追寻资本主义发展的老路就是一种历史性的错误。无论是革命还是建设都是如此。

马克思、恩格斯在《共产党宣言》中说到一国的无产阶级革命同一般的国际的无产阶级革命的关系时指出:“如果不就内容而就形式来说,无产阶级反对资产阶级的斗争首先是一国范围内的斗争。每一个国家的无产阶级当然首先应该打倒本国的资产阶级。”〔1〕根据这个思想,我们认为中国的社会主义革命和建设是世界走入中国、中国走向世界的结果,是民族性和世界性的统一。民族性是中国特色社会主义的形式,而世界性则是中国特色社会主义的本质内容。中国特色社会主义的民族性和中国特色社会主义的世界性之间的关系,就是形式与内容的统一关系。科学社会主义是一般、是普遍,它通过各民族国家社会主义的民族性体现出来。中国特色社会主义是个别、是特殊,它体现着科学社会主义的一般和普遍。作为个例,作为特殊的中国特色的社会主义它具有中国的民族性、地域性。因此,中国特色社会主义的民族性,从空间上看就是中国的地域性。作为地域性的中国特色社会主义,会随着“两个普遍发展”而越来越带有一般性、普遍性亦即世界性的内容,越来越走向世界。因此,搞好中国特色社会主义建设,把中国的事情办好,不仅是中国自身的事,而且也是世界的事。邓小平指出:我们的改革不仅在中国,而且在国际范围内也是一种试验,我们相信会成功。如果成功了,可以对世界上的社会主义事业和不发达国家的发展提供某些经验。他还说,我们的路子走对了,就可能对人类有比较大的贡献。只要中国社会主义不倒,社会主义在世界将始终站得住〔2〕。我们坚信,中国特色社会主义建设的伟大事业,将不断地实现着人民共和国的缔造者——毛泽东的伟大诺言:中国应当对于人类有较大的贡献!中国特色社会主义建设中的经验和教训都将是对人

〔1〕《马克思恩格斯选集》第1卷,人民出版社1995年版,第283~284页。

〔2〕《邓小平文选》第3卷,人民出版社1993年版,第158页。

类社会的一种贡献,都将具有世界历史性意义,就如同当年十月革命的胜利以及后来的苏联解体、东欧剧变都具有世界性历史意义一样。

第四节　学习研究科学社会主义理论与实践的意义和方法

科学社会主义的含义、研究对象及其在马克思主义体系中的地位,科学社会主义的理论和实践的基本内容及其相互关系,为什么要学习以及如何学习科学社会主义理论与实践,这就是本节要阐明的基本内容。

一、科学社会主义的含义、研究对象及其在马克思主义体系中的地位

作为一门科学的名称,科学社会主义只是为了同空想社会主义相对立时才使用,它既表明同空想社会主义的历史联系又表明同空想社会主义的本质区别。它有广义和狭义之分。广义的科学社会主义,又称科学共产主义,同马克思主义是同义语。狭义的科学社会主义即马克思主义重要组成部分之一的科学社会主义,它既指一种学说、理论,又指一种社会实践、社会制度,还指一种社会形态。作为一门学科是社会主义学的一个主要分支或基础科学。中国人民大学高放教授在他的多处研究成果中建议把"科学社会主义"改为"社会主义科学"或"社会主义学"〔1〕,这样修改的好处有:第一,"社会主义学"与其他科学和学科一样,"学"字也是放在科学名称的后边,这样不仅在名称上与其他科学和学科协调一致,而且更鲜明、更突出地表明,社会主义是一门需要广大群众掌握并参与研究的科学,而不单是几个领袖制定的科学原理的汇编。第二,社会主义学既然是一门科学,那么它就同任何一门科学一样,不可能一诞生就是完满、完善的科学,而必定起初只是具有科学因素的科学,后来才奠定了科学基础,成为显科学,进而逐步丰富、发展起来。而"科学社会主义"这个名称,给人的印象似乎它从诞生时就是完整的科学,后来和后人只是如何具体运用这门科学的问题。第三,社会主义学比科学社会主义包

〔1〕 高放:《社会主义的过去、现在和未来》,北京出版社 1982 年版。高放主编:《科学社会主义的理论与实践》,中国人民大学出版社 1990 年版。

容更大、外延更广。前者既是科学名称又是学科名称,后者只是科学名称而不是学科名称。正如哲学既是科学名称又是学科名称一样。社会主义学除了主要指科学社会主义之外,还包括对其他多种非科学社会主义思潮和派别的研究。第四,采用"社会主义学"有利于今后新学科的建立。如科学哲学、科学经济学、科学社会学、科学法学、科学教育学、科学历史学、科学技术学,等等。从交叉学科发展的未来趋势看,还会形成一门"科学社会主义学",即自然科学与社会主义学的交叉科学,它专门研究自然科学与社会主义制度的双向互动关系。如果把科学社会主义改称为社会主义学,不仅是学科名称的变化,而且要求我们用新的眼光去考察、研究社会主义科学,为其发展开阔视野、拓宽道路。社会主义学是社会主义科学的基础科学,所以加强社会主义学的研究,对于整个社会主义科学的发展是有重大意义的。

恩格斯在论述了社会主义从空想到科学的发展以后指出:"社会主义自从成为科学以来,就要求人们把它当做科学看待,就是说,要求人们去研究它。"[1]这就明确地告诉我们,社会主义是一门科学,它要求人们如实地把它当作科学看待并去研究它。每门科学都有自己特定的研究对象,即它的研究客体是什么?每门科学也都是按自己的研究对象来建立其理论体系。那么,科学社会主义的研究对象是什么呢?这在我国学术界并无定论。

恩格斯在他的著作中曾多次论述到社会主义的研究内容。他说:现代社会主义,就其内容来说,首先是对统治于现代社会中的有产者和无产者之间、资本家和雇佣工人之间的阶级对立和统治于生产中的无政府状态这两个方面进行考察的结果[2]。共产主义意味着深入理解无产阶级所进行的斗争的性质、条件以及由此产生的一般目的[3]。其中,研究无产阶级解放运动的性质,是指研究无产阶级解放运动区别于一切革命运动的特殊性质,即绝大多数人为了绝大多数人利益的运动,同时,还要研究其发展过程中各个不同阶段的质的差别;研究无产阶级解放运动的条件,是指研究实现消灭一切阶级、解放全人类的客观条件和主观条件,以及途径、手段等;研究无产阶级解放运动的一般目的,是指研究无产阶级解放运动的最终奋斗目标——共产主义社会的基本特征及其发展规律。概括地说,科学社会主义是把无产阶级解

〔1〕《马克思恩格斯选集》第2卷,人民出版社1995年版,第636页。
〔2〕《马克思恩格斯选集》第3卷,人民出版社1995年版,第719页。
〔3〕《马克思恩格斯选集》第4卷,人民出版社1995年版,第197页。

放运动的一般规律作为自己的研究对象，也就是从无产阶级解放运动的整体上全面研究资本主义社会转变为社会主义社会，以及从比较不完善和不发达的社会主义到比较完善和发达的社会主义，直至进入共产主义高级阶段的客观规律。当然，恩格斯对科学社会主义研究对象的论述，是和当时资本主义状况相联系的，那时，资本主义统治着整个世界，还没有一个国家的无产阶级夺取了政权并建设社会主义，因此，恩格斯只能把立足点放在无产阶级的解放斗争上。但一个多世纪以来，世界形势发生了巨大变化，需要我们依据新情况和新经验，重新表述科学社会主义的研究对象。

资本主义制度自 16 世纪在西欧一些国家产生，到 19 世纪已扩展为囊括全球的世界体系。资产阶级曾经在历史上起过非常革命的作用。但随着资本主义发展到帝国主义阶段，其基本矛盾愈来愈具有世界性、全球化。资产阶级的压迫与剥削也愈来愈成为无产阶级和广大人民群众获得解放的根本障碍。以生产资料社会公有制和人民当家作主为基本特征的社会主义社会代替资本主义社会，是人类社会发展的必然，同时也是长期的历史发展过程和复杂的社会系统工程，这就需要从宏观上和总体上研究这一发展进程的科学社会主义的指导。依据时代发生的新情况和新变化，特别是社会主义作为一种思潮和运动以及社会制度发展特色已成为当代最引人注目的世界潮流的新形势，我们认为应该把科学社会主义的研究对象表述为：无产阶级和进步人类改变资本主义、帝国主义世界并建设社会主义、共产主义世界的一般规律。侧重点在于改变旧世界，建设新世界。我们作出这样新的表述，并不意味着恩格斯关于科学社会主义研究对象的提法已经过时。恩格斯从无产阶级解放斗争的角度和我们表述的角度有所不同，但两者的根本点是一致的，即无产阶级解放斗争的胜利，就是社会主义和共产主义在全世界范围的实现。科学社会主义不是从社会生活的某一方面，而是从总体上和从社会生活的各个方面即经济、政治、文化、社会等方面及其相互关系去研究社会主义代替资本主义以及社会主义、共产主义发展的一般规律。

马克思主义是完整的科学的理论体系，它的主要组成部分：哲学、经济学和科学社会主义是相互联系的统一整体，难以截然分割为互不关联的各个部分。但由于它们都有各自的研究对象，所以它们在马克思主义理论体系中又有各自的独特地位。其中，马克思主义哲学是无产阶级的世界观和方法论，给无产阶级的解放指明了摆脱精神奴役的出路，它是马克思主义全部学说的理论基础；马克思主义经济学是关于社会生产关系，特别是资本主义和社会主义生产关系发展一般规律的科学，它分析了无产阶级的历史地位，揭示了资本主义必然灭亡、社会主义必然胜利的规律，为无产阶级的解放提供了科学依据，它是马克思主义的重要内容；而科学社会主义或社会主义学则是马克思主义的核心。恩格斯曾如此说过，科学社会主义是我们“主张的观点的一个核心问题”[1]。为什么呢？这主要是因为科学社会主义是马克思主义哲学和经济学的理论归宿，是全部马克思主义理论的终结。如果没有科学社会主义，马克思主义哲学和经济学就失去了理论的落脚点和归宿点，就不可能成为变革现实的强大思想武器。马克思、恩格斯研究哲学和经济学的目的，归根到底是为了指导无产阶级解放斗争，给无产阶级指明改变资本主义，实现社会主义、共产主义的具体条件和途径的一般规律，得出社会主义的科学结论。还因为科学社会主义是无产阶级解放斗争的伟大旗帜，科学社会主义同马克思主义哲学和经济学相比较，它和实践的联系最直接、更全面，它直接指导无产阶级及其政党的全部活动，包括建设以科学社会主义为指导的政党；在党的领导下进行夺取政权的斗争；在党的领导下进行社会主义、共产主义建设。因此，科学社会主义这门科学的又一个特点在于它是一门直接、全面指导社会主义革命和建设的行动科学。科学社会主义是行动中的马克思主义。

二、科学社会主义的理论和实践及其相互关系

在探讨了科学社会主义的内涵、研究对象及在马克思主义体系中的地位以后，一个关键的问题是如何理解马克思主义及科学社会主义的理论与实践，这个问题事关如何构建本书的理论体系。

我们认为马克思主义有广义和狭义之分，马克思主义也有一般与特殊之别。狭义的马克思主义，按照列宁的定义就是指马克思和恩格斯的观点和学说的体系；广义的马克思主义是指由马克思和恩格斯创立，被他们的拥护者、继承者所发展了的思想理论，或指马克思、恩格斯身后的马克思主义，包括社会主义国家的马克思主义和非社会主义国家的马克思主义两部分。狭义的马克思主义又可称为“原来”的或“本来”的马克思主义或称为“马克思主义一般”，它对各民族国家的社会主义理论与实践都有指导作用。把广义的马克思主义或把马克思主义同各国的具体实际相结合而实现了民族化了的马

---

〔1〕《马克思恩格斯选集》第3卷，人民出版社1995年版，第348页。

克思主义称为“马克思主义特殊”，它对各民族国家都有相互启发和借鉴作用[1]。这就是说马克思、恩格斯的思想或马克思、恩格斯的马克思主义同马克思主义是不能等同和混淆的。马克思、恩格斯的马克思主义主要是个体智慧的产物，是相对静止的，具有鲜明的阶段性，而马克思主义是集体智慧的结晶，是绝对变化的，因而愈来愈具有普适性[2]。

对马克思主义的理解不同，直接关系到对科学社会主义理论的理解及其体系的建构。过去，毛泽东曾概括为“五论”即无产阶级阶级斗争论、无产阶级革命论、无产阶级专政论、无产阶级政党论、无产阶级战略策略论。后来有人概括为：社会主义科学论，社会主义本质论，社会主义革命论，无产阶级政党论，过渡时期论，统一战线论，社会主义民主政治论、建设论、改革论，等等。根据我们对马克思主义的理解，我们认为可以对科学社会主义理论进行分类。如果按其创始人和继承人来划分，大体可分为马克思和恩格斯、列宁、斯大林、毛泽东、邓小平、江泽民、胡锦涛等领袖人物的理论以及他们同时代人和学生、后来人的理论；如果按其历史发展的阶段来划分，大体可分为历史的或传统的理论、现实的或现代的理论和未来的理论；如果按无产阶级完成历史使命的进程来划分，大体可分为革命理论、建设理论、改革开放的理论；如果按其科学真理性的程度来划分，大体可分为正确的理论、不完全正确的理论或带有某种空想成分的甚至错误的理论；如果按其层次划分，大体可分为基本理论、应用理论、行动理论或最高层理论、方向目标层理论、基本特征层理论、具体途径层理论，等等。根据我们的思维传统和现实可能，基于领袖个人智慧和集体智慧的关系，本书以马克思、恩格斯的社会主义理论为基础，以列宁、斯大林、毛泽东、邓小平、江泽民、胡锦涛的社会主义理论为重点，以中国全面建设社会主义理论为中心，以经济全球化的社会主义理论为趋势等问题进行探析。

如果说科学社会主义理论回答的是什么、为什么的问题，那么科学社会主义实践则是回答怎么办、如何干的问题。科学社会主义实践主要是指在马克思主义科学社会主义理论指导下的社会主义革命斗争的实践、社会主义建设的实践。它既是检验科学社会主义理论科学性、真理性的标准，又是科学

---

〔1〕 参见乔耀章：《中国社会主义特色纵横谈》，苏州大学出版社1996年版，第15～20页。

〔2〕 在纪念马克思逝世120周年之际，陈学明和唐德荣先后发表了《反对制造马克思》和《谁在制造马克思》两文，随之王子奇又发表了《在思想与主义之间》一文，参见《社会科学报》2003年6月12日第3版。

社会主义理论发展的源泉，它是科学社会主义理论的出发点、落脚点和归宿点，最终归结到解决实际问题。根据不同的划分标准大体可以分为几类。如果按其历史发展阶段可分为历史的实践（如夺取政权、破坏旧世界）、现实的实践（如建设、改革、开放）和未来的实践（在世界范围内实现社会主义、共产主义）；如果按照实践主体可分为：个人的实践、群体的实践、群众的实践、阶级的实践、政党的实践、领袖的实践，但最重要的是千百万人民群众的社会主义实践；如果按其领域或范围可分为经济的实践、政治的实践、思想文化的实践，它们事关人的全面解放和全面发展；如果按其国别可分为中国的实践、其他社会主义国家的实践、发达资本主义国家和发展中国家无产阶级和劳动人民的实践；如果按其正确与否、成败程度可分为正确的成功的实践，错误的失败的实践，正确与错误参半、成败相伴的实践。正确和错误的实践都有自己的国度，别国难以论定，成败的实践须经历史长波来定论，一切归由实际民情、国情、世情来裁决。这就是说还要引入实际概念或范畴。同样也可分为历史的实际、现实的实际和未来的实际，理论联系实际，理论与实际相结合，要通过实践这个中介环节。在科学社会主义理论与实践相互关系问题上，要处理好的关系主要有：首先从纵向历时态的关系看，作为历史的理论与现实的理论以及未来的理论的三种时态理论相互关系，如马克思主义、列宁主义、毛泽东思想、邓小平理论可视为历史的理论，“三个代表”重要思想、科学发展观可视为现实的理论，它们的关系是一脉相承的继承和发展的关系。“三个代表”重要思想也还是要发展的。同样，科学发展观也还是要发展的。未来的理论同现实的理论的关系，就如同现实的理论同历史的理论的关系一样，以确保科学社会主义理论的可持续发展。作为历史实践和现实实践以及未来三种时态的实践的关系同三种时态的理论相互关系一样，是一种互检、互动的关系，历史的实践决定着现实的实践，现实的实践反观历史实践；现实实践同未来实践的关系亦然，以确保科学社会主义实践的可持续发展。其次，从横向共时态的关系看，历史的实践只能产生历史的理论，历史的理论也反作用于历史的实践，任何历史实践中的问题，都可能是历史理论问题所致；同样，现实的理论与现实的实践关系以及未来理论与未来实践的关系亦然。再次，从纵横交叉关系来看，马、恩、列、斯、毛、邓的历史理论对现实实践仍有双向互动作用，“三个代表”重要思想以及科学发展观对于历史实践也是一种双向互动关系。此外，现实的理论对未来的实践和未来的理论对现实的实践都客观地存在着双向互动关系。因此，由科学社会主义理论和实践构成的非常复杂的关系,它要求在时空交叉的历史维度上正确处理好前人的社会主义理论和实践,今人的社会主义理论和实践,后人的社会主义理论和实践的相互关系,只有这样,才能保证社会主义事业的可持续发展[1],永葆常青特色。

三、学习研究科学社会主义理论与实践的意义与方法

学习研究科学社会主义的理论有无意义及其意义的大小,一方面主要取决于科学社会主义理论本身的科学价值之有无和科学价值之大小;另一方面,科学社会主义理论的价值在一个国家的实现程度决定于它满足这个国家的需要程度,取决于人们对它的情感、态度和目的。恩格斯指出,社会主义自从成为科学以来,就要求人们把它当作科学看待,就是说,要求人们去研究它。他还指出,社会主义已经成为科学,现在的问题首先是对这门学说的一切细节和联系作进一步的探讨[2]。列宁也指出,自从马克思主义出现以后,即科学社会主义诞生以来,每个时代都使它获得了新的证明和新的胜利。对于觉悟的工人来说,社会主义是一个庄严的信念[3]。160 多年以来,国际社会主义、共产主义运动的历史已经证明,科学社会主义是世界近代以来探索人类理想最有科学根据、最有生命力、最有群众影响的社会理论。掌握科学社会主义,为探索和实现人类理想而奋斗,是时代的需要,是社会主义事业的需要,是人生的最大价值。

学习研究科学社会主义是增强对资本主义分析能力及再认识的需要,也是深化对社会主义再认识的需要。它有助于我们树立科学世界观、革命人生观和正确价值观;有助于我们学好各门具体科学;有助于我们提高执行中国共产党在社会主义初级阶段基本路线的自觉性,更好地为实现我国社会主义现代化而贡献自己的力量;有助于我们认清当代世界社会主义与世界资本主义的关系,明确我们在改革开放中对世界资本主义应采取的方针,洞察今后世界发展的趋势,坚定共产主义必胜的信念,并为之而努力奋斗。

学习研究科学社会主义,不仅要认识其重要意义,以提高学习研究的自觉性,而且要有正确的方法,这样才可以收到事半功倍的效果。中国人民大学高放教授本着从纵向总结过去、把握现在、展望未来,从横向立足中国、考

---

〔1〕 参见乔耀章:《中国社会主义特色纵横谈》,苏州大学出版社 1996 年版,第 33 ~44 页。
〔2〕《马克思恩格斯选集》第 2 卷,人民出版社 1995 年版,第 636 页;第 3 卷,第 740 页。
〔3〕《列宁选集》第 2 卷,人民出版社 1995 年版,第 308、454 页。

察外国、总揽世界的设想,认为学习科学社会主义在方法上要注意五个联系的要点,即理论联系实践,世界联系中国,成功联系挫折,现实联系历史,现在联系未来[1]。我们认为这种方法很有特色,也切实可行,值得我们借鉴。

第一,理论联系实际。这是最基本、最重要的方法。理论来源于实际,又用以指导实际。但是客观存在的实际的事物或情况不可能自发地转化、上升为理论,总要通过人们有意识的实践活动,对认识和改造客观世界取得实践经验,再把它系统化、条理化,才能形成理论。历史上最先形成的空想社会主义只是最初实践、认识的产物。科学社会主义思想认识的历史性飞跃是人们通过在新的实际中的伟大实践,经过一些社会主义思想家的总结才使科学社会主义的理论不断向前发展。这些社会主义思想家当时所处的世情、国情以及本人的经历、素质和特点,在很大程度上决定了他们所创立的社会主义理论的科学性有多强。只有如实地了解当时的实际情况,才能准确地评估当时形成的社会主义理论。西欧 19 世纪 40 年代以前的历史条件和实际,只能产生空想社会主义理论。正如恩格斯所指出的:空想社会主义这种"不成熟的理论,是同不成熟的资本主义生产状况、不成熟的阶级状况相适应的"[2]。至于他们之间每个人社会主义理论的特点与科学性的量的差别,则与每个人的主观条件有关。19 世纪 40 年代以后,欧洲和国际资本主义、工人运动的新发展,为创立科学社会主义创造了客观条件。由于马克思、恩格斯的主观努力,才创立了科学社会主义,为无产阶级和全人类的解放指明了方向。后来列宁逝世得过早(享年仅 54 岁),斯大林思想认识的片面性,使苏联的社会主义实践和理论发生了较大的偏差。科学社会主义理论,现在有待于社会主义各国的领导人在改革中拨乱反正,得到新的更大的发展。在人民群众参与社会主义实践的新时代,普通劳动者只要刻苦钻研,悉心探索,也能对发展社会主义理论作出自己的贡献。

第二,世界联系中国。作为资本主义继承物、对立物、取代物、创新物的社会主义,是随着资本主义在西欧的产生而出现的,又随着资本主义在全球的发展而传遍世界。各种社会主义思潮在 20 世纪初传入中国,中国无产阶级排斥了空想社会主义和各种非科学社会主义,自觉地选择了科学社会主

---

〔1〕 参见高放主编:《科学社会主义的理论与实践》,中国人民大学出版社 1994 年第 2 版,第 35 ~ 38 页。

〔2〕《马克思恩格斯选集》第 3 卷,人民出版社 1995 年版,第 608 页。

义。中国共产党以科学社会主义为指导,结合中国实际创造性地发展了科学社会主义,领导中国人民经过新民主主义革命在社会主义道路上取得了重大成就。但是在30~50年代的世界社会主义背景下,中国不能不受苏联模式社会主义的深刻影响,1957年以后,因受"左"的指导思想之害,更显现了这一模式的弊端。50年代以来,世界社会主义国家改革的成就和经验对我国大有影响。1978年以后,我们党端正了思想路线,又借鉴世界社会主义的正反两方面经验,促进我国的改革开放,同时也对世界社会主义作出自己独特的贡献。20世纪的历史实践证明:没有世界社会主义,也就不会有中国社会主义;中国社会主义的发展不能不受世界社会主义的影响;要了解中国应该如何建设社会主义,首先就要深入研究世界实现社会主义的经验教训,要立足中国,考察外国,借鉴世界;还要争取社会主义的中国能够在多方面为推进世界社会主义作出自己的贡献。千万不能脱离了中国,孤立地去研究科学社会主义在世界的实现与发展。

第三,成就联系挫折。从世界到中国,实现科学社会主义的历程都不是一帆风顺的,而是波浪式地迂回前进的。总的看来,是社会主义的成就越来越大,挫折是暂时的、局部的。"吃一堑,长一智",只要我们善于从挫折中认真总结并真正汲取经验教训,社会主义从实践到理论又会重新取得重大成就。正是在空想社会主义试验屡遭失败之时,科学社会主义拔地而起,叱咤风云。凡是社会主义的理论正确反映了客观实际,经过社会主义政党的努力,制定了正确的政策,组织广大人民群众正确地开展斗争,主观与客观相一致就必能取得胜利。许多国家革命的胜利使社会主义从理论变为实际,就是生动的明证。凡是主客观相脱节,在敌强我弱的情况下就会遇到挫折。越是陶醉于成就,越是把自己的成就绝对化,看不到不足与缺陷,看不到别人的进步,就越是容易遭受挫折。苏联模式的社会主义在实践中长期造成的广泛失误就是值得记取的深刻教训。如果不能从挫折中真正汲取经验教训,不能改弦更张,加快改革开放,那就难以摆脱挫折,难以在社会主义理论与实践方面取得新的成就。有的社会主义国家在改革方面还没有迈步或者没有迈出大步,或者摇摇摆摆,时进时退,或者急剧右转,丧失社会主义成果,主要原因就在于对长期以来"左"的错误缺乏深刻认识,纠正不力。有的挫折是内部和外部多方面原因造成的,如果不善于总结和纠正,对挫折束手无策或者处理失策,那就可能遇到更大的挫折。总之,掌握成功与挫折互相联系的辩证法,是研究社会主义理论与实践的一个重要方法。

第四，现实联系历史。社会主义理论与实践发展到当今这个态势，是社会主义历史长期发展的必然产物。要深入了解社会主义的现实，就必须认真联系社会主义的历史进行系统的考察。西欧历史上在资本主义不发达的条件下产生的空想社会主义，在另外一些后起国家类似的条件下有可能部分地再现。所以不发达国家在实现社会主义过程中某些空想因素的再现是有其社会历史原因的。科学社会主义之所以未能首先在发达的资本主义国家取得胜利，这也是有历史原因的。这些国家的资产阶级有从海外掠夺的大量超额利润为后盾，富于统治经验，善于及时采取对付危机的措施，善于用军事镇压、经济收买、政治妥协、组织渗透、思想腐蚀等手段对付革命的无产阶级。所以每一次危机和革命风暴都被它躲避过去了，而无产阶级通往社会主义的切实可行的道路至今还在探索之中。反之，不发达国家尽管社会主义革命的客观条件不是十分成熟，但是由于众多社会矛盾的积聚，加上世界大战促使这些社会矛盾激化，当时只有无产阶级及其政党有力量解决这些矛盾，多种历史因素的推进使这些国家首先走上社会主义道路。然而，不发达国家沉重的封建主义历史包袱，加上险恶的国际环境，又使它们难以在短期内建成典型的社会主义。可以说，正是历史的惰性成为社会主义发展的阻滞因素，正是历史的非线性造成了社会主义发展的曲折性。

第五，现在联系未来。社会主义发展到当今，尽管还只是在几个不发达国家取得了胜利，还有约 30 个发达资本主义国家是其对手，还面临着资本主义世界汪洋大海般的包围，然而它已经不再是孤岛，而是巍然屹立的大陆。尤其是强大的中国约占世界人口的五分之一，我国现在煤、水泥、粮食、棉花、猪牛羊肉的产量均居世界第一位，我国的综合国力已从 1949 年时居世界第 13 位上升到当今居世界第 6 位。从世界历史的发展进程来看，社会主义还处于幼年时期。世界从封建主义过渡到资本主义，经历了大约 500 年，即从 16 世纪到 20 世纪；而从资本主义过渡到社会主义，从十月革命算起，迄今还不到 100 年。人类历史上每一次重大的科学技术革命，总要引起并加速社会制度的变革。一般来说，青铜器的出现促进了奴隶制社会的确立，铁器的使用促进了封建制社会的到来，机器生产的推广促进了资本主义社会的繁荣，当今电子、光子、机器人、化学材料、生物工程等群体性的新科技革命难道不是正在促进社会主义社会的实现吗？当今的社会主义国家，只要加快体制改革，在发展新科技革命方面急起直追，迎头赶上，就能更充分地体现出社会主义的优越性。放眼世界，我们还要看到，当今资本主义世界正在悄悄地发生重大的新变化。只要无产阶级及其政党善于总结历史经验,把握现实特点,采取正确对策,通往社会主义之路比之过去应该说是更加宽广顺畅。只要现在联系未来,就能开阔视野,豁达胸怀,更加明了世界社会主义今后发展的轨迹。

内容提要

"社会主义"是一个多义词,又是一个非常好的名词。人们对它有多种理解。社会主义既指一种思想、理论、学说,又指一种社会实践运动,还指一种社会制度和社会形态。作为一种思想、理论、学说的社会主义是指人们对社会的一种比较系统的理论和主张。它同人类社会与生俱来并共始终。社会主义有最广义的社会主义、广义的社会主义和狭义的社会主义之分。这种比较系统的理论和主张是一种历史的演进过程,不断地系统化、科学化,告别空想是其发展演进的总的基本态势。马克思主义的科学社会主义实现了人们对社会主义认识的历史性飞跃,但它也只是为社会主义的进一步发展奠定了科学的理论基础。作为一种社会实践运动的社会主义,主要是指马克思主义科学社会主义指导下的国际社会主义、国际共产主义运动,包括如何建党、如何革命、如何建设等实践内容,其中,如何建党是作为社会实践运动的社会主义之关键。作为一种社会制度的社会主义亦即社会主义制度,是同资本主义制度相对应的,是科学社会主义理论指导社会主义实践运动取得革命胜利后建立和发展、完善起来的。这种现实的社会主义制度同马克思主义理论上的社会主义存在着发展成熟程度上的质的差别。但是1917年俄国十月革命,开辟了现实的社会主义制度同资本主义制度并存的"一球两制"的历史新纪元。作为一种社会形态的社会主义,在理论上似乎是古代理想社会观的历史性回归,但这却是在历史的否定之否定规律作用下,亦即在更高的历史发展阶段上的回归。马克思、恩格斯在对社会形态的演进进行科学的研究后,认为建立自由人的联合体、人的自由的全面发展是人类社会的最高境界。

社会主义发展的历史进程经历了从空想到科学、从理想到现实、从一国实践到多国实践、从一种模式到多种模式的探索过程。空想社会主义是一种普遍的历史现象。西方的空想社会主义的发展经过马克思、恩格斯革命性的改造,实现了从空想到科学的发展。中国的空想社会主义在自身发展的基础上，经过引进马克思主义科学社会主义才实现了从空想到科学的转变。中国化了的马克思主义对如何科学正确地理解马克思主义科学社会主义产生了历史性影响，它决定着马克思主义在中国的历史命运。社会主义从理想变为现实，是以1917年俄国十月革命胜利为历史坐标的，它开辟了20世纪社会主义历史的新纪元。我们非常强调“开始”变为现实，但现实的并不就是理想的。第二次世界大战以后至20世纪60年代，社会主义从一国实践发展到多国实践，人类社会曾经出现过15个国家选择社会主义的发展道路。它们为改变国际政治力量的对比，为维护世界公平、正义与和平作出了历史性的贡献。社会主义发展是一个不断探索的长期而又艰巨、曲折的过程。社会主义国家正在改革、开放的实践中探索新的成长发展的道路。

社会主义的发展是一种自然历史过程。社会主义的发展是历史地形成主客观条件相互作用的结果。资本主义必然灭亡和社会主义必然胜利这“两个必然”同资本主义在它所能容纳的全部社会生产力发挥出来以前是决不会灭亡的以及在社会主义所需要的历史条件具备以前是决不会最终胜利的这“两个决不会”是相辅相成的。社会主义的历史必然性要求人们在改造客观世界的同时改造自己的主观世界，使环境和人同时得到改造。社会主义的历史必然性是通过各个民族、国家的不同发展道路具体体现出来的。社会主义本质内容的统一性与多民族国家社会主义的表现形式的多样性是辩证的统一。中国特色社会主义就是这种辩证统一关系的典型范例。社会主义在本质上又是世界性的，任何一个国家的社会主义革命和建设中的成功经验和失败教训都具有世界性意义。我们应当善于处理好世界社会主义与民族国家社会主义之间的辩证关系，把中国的社会主义事业搞好。中国应当对世界社会主义作出较大的贡献。

科学社会主义是同空想社会主义相比较而言的。科学社会主义既是马克思主义的同义语，又是马克思主义的重要组成部分。科学社会主义在马克思主义理论体系中处于核心地位，是行动中的马克思主义。科学社会主义的创立需要主观和客观的条件。马克思主义有广义和狭义之分，马克思主义也有一般与特殊之别，不可等同视之。在科学社会主义理论和科学社会主义实践之间要引进“实际”范畴，作为科学社会主义理论和实践的出发点和归宿点，应从时空多维视角来构建和研究科学社会主义理论、实践与实际之间的多重关系；在认识和解决实际问题的基点上推进科学社会主义理论和实践的可持续发展。要把科学社会主义当作科学来看待，以科学的态度对待科学社会主义的理论与实践。明确学习研究的目的和意义，注意学习和研究的方法，提高学习和研究科学社会主义理论与实践的效果。

关键概念

社会主义　空想社会主义　科学社会主义　大同传统　理想社会观　资本主义　共产主义　马克思主义　民族　国家　世界历史　社会主义发展　民族社会主义　地域共产主义　中国特色社会主义　世界社会主义　社会主义理论　社会主义实践　社会主义革命　社会主义建设　社会主义改革　理论联系实际　可持续发展

复习思考题

1. 你是怎样理解社会主义的？
2. 大同传统与社会主义是什么关系？
3. 空想社会主义与科学社会主义的关系怎样？
4. 空想社会主义是否仅同资本主义社会相联系，并且又终止于资本主义社会？
5. 科学社会主义有没有终结对科学真理的认识？为什么？
6. 怎样理解“两个必然”和“两个决不会”的相互关系？
7. 怎样认识社会主义的历史性、民族性与世界性及其相互关系？
8. 如何学好《科学社会主义的理论与实践》这门课程？

参考文献

1. 马克思、恩格斯：《共产党宣言》，《马克思恩格斯选集》第1卷，人民出版社1995年版。
2. 恩格斯：《社会主义从空想到科学的发展》，《马克思恩格斯选集》第3卷，人民出版社1995年版。
3. 高放：《社会主义的过去、现在和未来》，北京出版社1982年版。
4. 高放：《科学社会主义理论与实践》，中国人民大学出版社1994年版。
5. 董四代：《大同传统与社会主义》，现代知识出版社2001年版。

6. 乔耀章:《中国社会主义特色纵横谈》,苏州大学出版社 1996 年版。
7. 黄宗良等主编:《社会主义与资本主义两制关系史论》,红旗出版社 1993 年版。
8. 赵曜,秦刚主编:《科学社会主义: 从马克思到邓小平》,江苏人民出版社 1998 年版。
9. 江流,徐崇温主编:《当代社会主义的若干问题——国际社会主义的历史经验和中国特色社会主义》,重庆出版社 1999 年版。

第二章 马克思、恩格斯社会主义观

马克思、恩格斯社会主义观是马克思和恩格斯对社会主义的整体的、总体的、基本的认识。在人类对一个没有剥削、没有压迫，能够保障人人都过上自由、平等和幸福生活的理想社会的追求和向往的历程中，只有当人类社会发展到资本主义，而且只有当资本主义发展到机器大工业阶段，无产阶级以全新的面貌出现在历史舞台上，才使社会主义有了坚实的社会基础；只有在马克思、恩格斯找到解开历史发展之谜的答案之后，社会主义才成为科学。马克思、恩格斯创立科学社会主义是时代提出的要求，是历史发展的必然。科学社会主义创立的直接思想来源是批判的、空想的社会主义和共产主义；科学社会主义创立的社会历史条件是资本主义生产力的发展、资本主义社会基本矛盾的激化和无产阶级反对资产阶级斗争的日益高涨；科学社会主义创立的理论基础是唯物史观和价值学说的重大发现。马克思、恩格斯的科学社会主义理论是科学性和实践性高度统一的科学体系，它从宏观上揭示和描述了不同类型的国家社会主义代替资本主义的一般历史进程。科学社会主义之所以是科学，不仅因为它来源于社会实践，并且反映了人类社会发展的客观规律，从而实现了人类思想史上的一次划时代的伟大革命，是人们对社会主义认识的第一次飞跃，而且还因为它是一门开放性的科学，它并没有终结人们对社会主义科学真理性的认识，它只是为人们进一步认识社会主义奠定了科学的理论基础，开辟了更加宽广的发展道路。它所拥有的强大的生命力就在于它能够同每个时代的实践紧密结合，与时俱进，并随着实践的发展而不断得到检验、充实，逐步臻于完善，它正日益成为世界各国无产阶级和劳动人民争取解放斗争的思想理论基础和行动指南。

重点问题

- 科学社会主义的创立
- 西方先进国家实现社会主义的途径
- 东方落后国家通向社会主义的特殊道路
- 对未来社会主义社会的设想

第一节 科学社会主义的创立

恩格斯曾在《反杜林论》和《社会主义从空想到科学的发展》两书中指出：任何一种新的学说，它必须首先从已有的思想材料出发，虽然它的根源深藏在物质的、经济的事实之中。社会主义从空想到科学的发展是一个历史过程。科学社会主义的创立也有其直接的思想来源和现实的社会历史条件。科学社会主义的创立是人们对社会主义认识的一次巨大飞跃，为人们进一步认识资本主义、社会主义奠定了科学的理论基础。

一、科学社会主义创立的直接思想来源

在我国理论界，一般认为狭义的科学社会主义的直接思想来源是空想社会主义。如前所述，空想社会主义也是一个历史的概念，也有它的产生和发展过程。正确认识空想社会主义的历史发展过程及其历史作用和历史局限性是很有必要的，也是很有意义的。

首先，关于空想社会主义的发展过程。空想社会主义，作为一种批判、否定资本主义的社会思潮是随着资本主义的产生、演变而发展起来的。空想社会主义在欧洲的传播大体上经历了资本主义原始积累、手工工场和产业革命三个时期。资本主义的发展程度越高，矛盾暴露得越充分，空想社会主义者对资本主义的揭露和批判就越深刻而全面，对未来的理想社会的描绘和设想也越加接近实际。

资本主义原始积累时期是乌托邦的早期空想社会主义，以莫尔和康帕内拉为代表。莫尔（1478—1535），英国人，出身富人家庭，大学毕业后担任律师、国会议员、伦敦市法官、下议院议长，直至当时英国政界最显赫的大法官。

他深受柏拉图《理想国》的影响，同情当时英国在原始资本积累时期圈地运动中流离失所的劳动人民。他在1516年写成并出版了《关于最完美的国家制度和乌托邦新岛的既有益又有趣的全书》，即著名的《乌托邦》一书。该书以文学游记的形式出现，第一部分是对现实社会的批判，第二部分是对理想社会的空想的描写。这是人类思想史上第一部比较完整的空想社会主义著作，对后来空想社会主义的发展产生了深远的影响。康帕内拉(1568—1639)，意大利人，出身贫苦农民家庭，曾在修道院当过僧侣，知识渊博，思想深刻，因参加反对西班牙占领者的斗争而被捕，在狱中度过了27个春秋，受过7次酷刑。他在1602年于狱中写成《太阳城》一书。该书以对话的形式，虚构了热那亚航海家在遥远的海岛上看到光明的社会制度的故事。《乌托邦》和《太阳城》都是采用文学游记的形式，对理想的社会制度予以空想的描写，这是这个时期空想社会主义著作的特点，这种"乌托邦"思想，虽然表达了无产阶级先驱者对未来美好社会制度的憧憬，但在当时的历史条件下，资本主义还处在萌芽时期，其自身矛盾尚未得到充分发展和暴露，还不可能被人们认识，因而也不可能找到改造现实社会、实现新社会的道路。

资本主义工场手工业时期传播的是平均共产主义，以摩莱里和马布利为代表。摩莱里，法国人，平民出身，当过教员，生卒年代不详。他在1775年出版《自然法典》一书。这部著作猛烈地抨击了私有制，认为它是造成贪欲、敌对、贫富差别和不平等的根源，是一切罪恶之母，同时论证了公有制是符合人类天性的制度，规定了财产公有，主张平均主义和禁欲主义，规定节制饮食和不得穿着华美。马布利(1709—1785)，法国人，与摩莱里同时生活在法国大革命前，贵族出身，受过高等教育，著有《论公民的权利和义务》、《论法制》等书。他不仅批判了专制政体，而且抨击了议会制度，揭露了资本主义民主的虚伪性和欺骗性。和摩莱里一样，他也把私有财产看成是一切罪恶的根源。摩莱里和马布利都是法国大革命前夜出现的空想社会主义思想家。他们的空想社会主义的特点，是以比较严密的法理论证代替童话般的文学游记对话的形式，主张用公正的法律条文的形式废除财产私有制，建立一个"人人都是富人、人人都是穷人"的平等理想社会。他们提出，平等的要求已经不再限于政治权利方面，应当扩大到个人的社会地位方面；必须加以消灭的不仅是阶级特权，而且是阶级差别本身。摩莱里和马布利的著作"已经有了直接共产主义的理论”[1]。但是,当时处在资本主义工场手工业阶段,还没有机器大工业生产,无产阶级尚未成熟,他们只能用普遍平均的办法来消灭阶级和提出平等的要求,他们的学说还带有明显的平均主义和禁欲主义。

资本主义产业革命时期传播的是批判的空想的社会主义和共产主义,以法国的圣西门、傅立叶和英国的欧文为代表。圣西门(1760—1825)出身于法国巴黎的一个封建贵族家庭,青年时代经历过法国大革命,作为青年军官,他投身过北美独立战争,对资本主义制度带来的种种罪恶有比较深刻的了解。他的主要著作都是在他最后20年生活极度困难的环境中写出的,如《一个日内瓦居民给当代人的信》、《论实业制度》、《新基督教》等。他在这些著作中,提出了法国大革命不仅是封建贵族和市民等级之间的政治斗争,而且是封建贵族、市民等级同无产阶级之间的阶级斗争,论述了实业制度必然要代替资本主义制度,并以工人阶级代言人的身份提出了他所努力的最终目的是工人阶级的解放。傅立叶(1772—1837)生于法国一个富商家庭,受过中等教育,当过长达三十多年的店员,因而对资本主义商业的欺骗性了解得透彻,揭露批判得深刻。他的主要著作是《新的工业世界和协作的世界》等。他猛烈抨击资本主义,指出资本主义制度是“复活的奴隶制”,资本主义工厂是“温和的地狱”和“贫困的温床”,认为资本主义的分散性、竞争、投机,不可避免地导致经济危机。恩格斯高度评价说,在马克思主义以前,对资本主义社会能够进行这种批判的只有傅立叶一人。傅立叶预言资本主义社会必然为“和谐制度”及其社会基层组织“法朗吉”所代替。欧文(1771—1858),英国人,出身于手工业者家庭,读书不多,当过一段时间的学徒和雇员,从1800年起担任苏格兰的新拉纳克大棉纺厂经理。他在这个工厂中实行了一系列改革:缩短劳动工时,改善劳动条件,限制童工劳动,提高工资,设立公共食堂,开办工厂商店,发放抚恤金,建立模范小学,创立世界上第一个幼儿园,等等。欧文的这些改革,使其在欧洲声誉鹊起,得到了慈善家的称号。他的主要著作是《新社会观》、《人类思想和实践中的革命》等。他认为私有制、宗教、资本主义婚姻制度是妨碍社会改造的三大障碍,指出私有制使人变成魔鬼,使世界变成地狱;主张劳动果实应当属于劳动阶级,作为社会财富为共同福利服务;设想未来社会实行劳动公社制度。为了实践这种共产主义理想,欧文于1824年到美国,购买了8万英亩土地,建立了共产主义劳动公社,称为“新和

---

〔1〕《马克思恩格斯选集》第3卷,人民出版社1995年版,第721页。

谐村”,但只办了4年就垮台了。欧文倾家荡产,于1829年返回英国,此时已年近六旬。此后,他就直接转向工人运动,受到工人的爱戴。他是英国合作社运动的创始人,英国职业工会最早的组织者之一。1833年,他主持了英国工会第一次代表大会,并被选为英国总工会第一任主席。恩格斯说:当时英国的有利于工人的一切社会活动,一切实际成就,都是和欧文的名字联系在一起的。总之,三大空想家继承了前辈空想社会主义的思想成果,吸收了18世纪法国启蒙学者的理论形式来表述自己的学说,无情地揭露和批判了资本主义制度的罪恶,提出了关于未来社会的许多合理设想,有的还进行了典型示范,在社会主义思想史上取得了前所未有的成就。因此,马克思、恩格斯把他们称为“第一批社会主义者”、“社会主义的创始人”,而把他们的学说称为“本来意义上的社会主义和共产主义体系”。他们是社会主义的先驱者。

其次,关于三大空想社会主义者的历史作用和积极贡献。19世纪初,三大空想家的学说在社会主义思想史上占有重要地位。恩格斯说:“德国的理论上的社会主义”,即科学社会主义,“永远不会忘记,它是站在圣西门、傅立叶和欧文三个人的肩上”建立起来的[1]。三大空想家的学说内容非常丰富和广泛,其积极的思想成果主要表现在以下两个方面。

其一,是对新产生的资本主义制度的揭露和批判,提供了启发工人觉悟的宝贵材料。圣西门认为,资本主义制度是“新的奴役形式”,不得温饱的人们每天都用自己一部分必要的生活资料去增加大财主的多余的财产。无知、懒惰和穷奢极欲的一小撮“游手好闲者”统治着占人口大多数的劳动者,这是一个“黑白颠倒的世界”。傅立叶指出,资本主义雇佣制度是“复活的奴隶制度”,是“富人的天堂,穷人的地狱”。他还历数了投机倒把、囤积居奇、证券交易、贩卖黑奴等36种商业罪行。欧文则一针见血地指出,私有制使人变成魔鬼,使世界变成地狱,它造成社会贫困、欺诈、犯罪和无数次侵略战争。他认为,宗教造成群众愚昧无知,婚姻制度充满欺骗和暴力,两者和私有制一起,构成资本主义社会的三大障碍。三大空想家还抨击资本主义社会政治黑暗、思想空虚、道德堕落,揭露资产阶级利己主义,资本主义社会人与人之间的关系是赤裸裸的利害关系,个人利益以损害他人的利益为前提,等等。这些揭露和批判说明,资本主义制度决不是劳动群众的“自由、平等、博爱”的乐园,对于人们认识资本主义制度的罪恶有重要的启发意义。

---

〔1〕《马克思恩格斯选集》第2卷,人民出版社1995年版,第635页。

其二,是对未来新社会的设想以及对社会真理的某些猜测,包含了科学社会主义思想的萌芽。三大空想家都设计了一套未来理想社会制度的方案。关于未来理想社会制度的名称,圣西门称之为"实业制度",傅立叶把它叫作"和谐制度",欧文则将它命名为"公社制度"。欧文认为,公有制是"公社制度"的基础。圣西门和傅立叶的理想社会虽然还保留着某些私有制成分,但他们主张人人都有劳动的权利和义务。圣西门主张个人的收入应跟他的才能和贡献成正比,这是按劳分配思想的最原始的表述。欧文则主张按需分配。三大空想家都认为,社会生产要有计划有组织地进行。傅立叶规定"和谐制度"要把工业、农业、商业、家务、教育、科学和艺术七种劳动有机地组织起来。欧文是生活在经过工业革命的英国,他强调要发挥先进机器和科学技术的作用。傅立叶和欧文在描绘理想社会时,还表达了消灭社会差别的思想,主张工农结合、城乡结合,每个成员既从事工业劳动,又从事农业劳动;既从事生产劳动,又从事科学和艺术活动。欧文认为,"公社制度"的最高权力属于全体社员,圣西门则提出在理想社会中废除国家,主张把国家变成纯粹的生产管理机构,等等。三大空想家这些积极的主张和天才的设想,尽管还缺乏科学的论证,"含有十分虚幻和空想的性质,但他们终究是属于一切时代最伟大的智士之列的"〔1〕。科学社会主义也正是在批判地继承他们的优秀成果的基础上而创立起来的。

再次,关于三大空想家的社会主义学说的历史缺陷、成因及其地位。19世纪初,三大空想家的社会主义学说存在着三个方面的根本缺陷:一是他们不了解资本主义雇佣劳动制的本质和发展规律,得不出社会主义必然代替资本主义的科学结论。他们无论是对资本主义制度的批判,还是对未来新社会的设想,都是从"人类理性"、"永恒正义"出发的,而不以社会生产方式的辩证运动为客观依据。二是他们不了解无产阶级真正的历史地位和历史使命,找不到变革资本主义制度的社会力量。他们只是把无产阶级看作一个需要拯救的穷苦阶级,看不到它是埋葬资本主义、实现社会主义的伟大社会力量,而把希望寄托在个别统治者或开明富豪的支持上面。三是他们不了解阶级斗争是阶级社会发展的直接动力,找不到实现社会主义的正确道路。他们反对无产阶级的革命斗争,幻想通过宣传、示范、向统治者呼吁等和平途径,实现他们的社会改革方案。空想社会主义的理论基点并没有越出资本主义的

〔1〕《马克思恩格斯选集》第2卷,人民出版社1995年版,第635~636页。

思想体系，甚至直接借助于资产阶级的社会观念。他们均不能正确认识资本主义社会的历史性和社会发展的规律性，不能实事求是地分析资本主义社会的历史必然性以及它与社会主义之间的辩证关系。他们把社会主义浪漫地设想为与资本主义“实然”状况毫无历史联系的“应然”状态。他们对资本主义的谴责和对未来世界的展望，往往建立在对社会发展及其规律性的非科学认识的基础上，充满浪漫主义的良好愿望和主观臆想构成了他们的基本特点〔1〕。这些基本特点和历史缺陷主要是由当时的社会经济、政治条件的局限造成的。在他们创立社会主义学说的时候，法国还没有大机器工业，英国也没有完成产业革命，资本主义生产方式的发展还不够充分，资本主义的基本矛盾尚未得到充分暴露。无产阶级只是刚刚从无财产者群众中分离出来，还无力采取独立的政治行动。正像恩格斯所指出的：“不成熟的理论，是同不成熟的资本主义生产状况、不成熟的阶级状况相适应的。”〔2〕三大空想家的学说是建立在唯心主义基础上的。他们把资产阶级的理性原则作为理论基础，天才论、人性论支配着他们的世界观。这也是他们学说陷入空想的重要原因。三大空想家的社会主义学说的意义是同历史发展成反比的。当资本主义生产方式尚未充分发展的时候，他们的学说曾起过进步作用；但是，随着资本主义的发展，无产阶级反对资产阶级斗争的不断高涨，三大空想家的社会主义学说就逐渐失去其进步意义。因为它脱离工人运动，反对阶级斗争，危害工人运动的健康发展。这一切说明空想社会主义已经走到了尽头，必须对它进行革命的改造。只有把空想变成科学，才能指导无产阶级推翻资本主义，实现社会主义。这是时代发展的要求，历史提出的任务。这个任务，就历史地落在马克思和恩格斯的肩上了。

二、科学社会主义创立的社会历史条件

科学社会主义创立的社会历史条件包括经济的、政治的、科学的、文化的等方面。

科学社会主义产生的社会经济条件，是欧洲资本主义大工业的发展和资本主义基本矛盾的暴露。从 18 世纪 60 年代由英国开始，并以后相继在西欧各国发生的工业革命，标志着资本主义生产从手工工场阶段向大机器工业阶

〔1〕 周宏：《试论空想社会主义的浪漫主义特征》，《江苏社会科学》2003 年第 2 期。

〔2〕《马克思恩格斯选集》第 3 卷，人民出版社 1995 年版，第 608 页。

段的过渡。以蒸汽机为动力的大机器,逐渐取代了手工劳动,工厂制度代替了手工工场制度,使社会生产力得到迅速发展。19 世纪 40 年代,英国不仅基本完成了工业革命,而且被称为"资本主义的首都"、"世界工厂"。在英国工业革命的推动和影响下,法国资本主义大工业也迅速发展起来,成为仅次于英国的主要资本主义国家。德国从 19 世纪 30 ~ 40 年代开始进行工业革命,柏林等大城市先后建立机械制造厂,萨克森和西里西亚成为纺织工业中心,邻近法国的莱茵区成了德国工业最发达的地区。

随着大机器的采用和工厂制度的建立,资本主义生产越来越社会化,生产资料越来越集中在少数资本家手里。于是,资本主义生产社会化和生产资料私人占有之间的基本矛盾日益尖锐,并一再引起经济危机的爆发。在经济危机中,社会化生产和资本主义私人占有之间的矛盾达到白热化的地步,资本主义生产方式的全部机构在它自己创造的生产力压力下失灵了。资本主义制度本身无法彻底解决自身固有的矛盾。资本主义生产关系同日益发展的生产力激烈冲突,充分表明社会化生产力排斥私人占有,要求恢复它的社会本性,这就在客观上提出用公有制代替私有制的要求。这就使人们有可能透过资本主义的弊病,从资本主义的经济运动中去认识资本主义社会的本质和发展规律,从而得出资本主义必然要被社会主义所代替的科学结论,产生科学社会主义的思想。这说明科学社会主义的根源是深藏在物质的经济事实中的。正像列宁所说的:"科学社会主义是以资本主义使生产社会化这一事实为依据的。"[1]

科学社会主义产生的阶级基础,是欧洲资本主义发达国家无产阶级作为一支独立的政治力量登上历史舞台。随着社会化大生产的发展,资本主义社会生产力和生产关系的矛盾日益激化,表现在阶级关系上,就是无产阶级和资产阶级的斗争发展为公开的对抗。19 世纪 30 ~ 40 年代,无产阶级已从早期自发地反对个别企业主、破坏机器的斗争,发展到有组织的大规模的政治罢工和武装起义。1831 年 11 月和 1834 年 4 月,法国里昂工人起义;1836 年至 1848 年,英国工人掀起的宪章运动;1844 年 6 月,德国西里西亚纺织工人起义,都是工人阶级采取独立的政治行动的鲜明标志。这三次大规模的工人起义和工人运动虽然都失败了,却开辟了无产阶级反对资产阶级斗争的新纪元。它和早期工人运动相比,有着显著的不同:首先,斗争不仅是为了改善

〔1〕《列宁全集》第 25 卷,人民出版社 1988 年版,第 53 页。

生活条件,而且是为了争取工人阶级的政治权利,提出明确的政治要求,矛头指向整个资产阶级和资本主义制度;其次,抛弃了破坏机器等原始斗争手段,采取群众性的罢工、示威游行,直至武装起义等斗争方式;再次,工人的组织性也日益增长。为了适应斗争的需要,不仅建立了工会,而且还出现了许多政治组织,如英国的宪章派全国协会,法国的四季社,德国的流亡者同盟、正义者同盟,等等。这些事实表明,工人阶级形成了一种独立的政治力量。无产阶级同资产阶级的斗争,在欧洲主要的资本主义国家上升到了首要地位。但是,这些工人运动的失败又说明,无产阶级没有革命的科学理论作为指导思想,就不能达到最终的胜利。因此,把社会主义由空想变成科学,已经成为时代提出的要求。

科学社会主义的产生与19世纪上半叶自然科学的成熟和飞跃有着密切的联系。资本主义大工业的发展促进了自然科学的进步。近代自然科学是从15世纪下半叶开始发展起来的。那时,自然科学还处在收集材料的阶段,居于支配地位的是形而上学唯物主义自然观,到19世纪上半叶自然科学取得了许多突破性的进展,进入整理材料阶段,成为研究自然界发展过程及其规律的科学。尤其是自然科学的三大发现,即19世纪30~40年代能量守恒和转化定律的发现,1838年和1839年的细胞学的提出,1859年物种进化论的提出,使人们对自然过程及其规律的认识大大地前进了一步。三大发现和其他重大的科学成就加速了科学技术的进步,从而一方面促进了资本主义社会的生产社会化和组织管理形式的社会化,使资本主义的基本矛盾更进一步地暴露出来,资本主义为社会主义所代替的物质条件更趋成熟;另一方面又为科学的认识论和方法论的形成,为科学社会主义世界观的建立奠定了坚实的基础,提供了有说服力的自然科学依据。

科学社会主义的产生又是同19世纪初期在欧洲形成的特定的哲学社会科学环境密不可分的。19世纪初,欧洲的哲学社会科学达到了人类理论思想的高峰,科学社会主义的创始人——马克思和恩格斯正是站在比他们的前人所处的更高的文化背景下开始自己的理论活动的。当时欧洲的历史学、经济学、哲学的优秀成果集中在英、法、德三个国家。英国是资本主义发展最快、最典型的国家,产生了古典政治经济学。马克思吸收了英国政治经济学所提供的有价值的思想材料,以英国资本主义经济发展为典型,揭示了资本主义雇佣劳动制度的本质。法国的资产阶级革命进行得最彻底,经历了十分复杂而又曲折的政治变革,也相应地产生了许多优秀的历史科学成果,为分析资本主义社会中的阶级斗争及其发展趋势提供了丰富的资料。同时,在空想社会主义方面,法国还有像圣西门、傅立叶这样卓越的人物。德国当时在经济上虽然落后于英、法两国,但它“属于欧洲最有理论修养的民族”,产生了以黑格尔和费尔巴哈为主要代表的古典哲学。恩格斯在谈到德国古典哲学对科学社会主义创立的意义时指出:“如果不是先有德国哲学,特别是黑格尔哲学,那么德国科学社会主义,即过去从来没有过的唯一科学的社会主义,就决不可能创立。”〔1〕

三、科学社会主义创立的理论基础

客观历史条件只是为社会主义从空想发展为科学提供了物质前提和实在根据,但是,真要使社会主义从空想变为科学,还必须有科学的世界观和方法论,即辩证唯物主义和历史唯物主义。19世纪40年代,马克思和恩格斯由于不断地参加无产阶级革命斗争的实践和进行艰苦的理论研究,不仅各自完成了世界观和立场的转变,从唯心主义转向唯物主义、从革命民主主义转向共产主义,而且进一步实现了历史观的革新和经济学上的革命性突破,发现和创立了唯物主义历史观和剩余价值学说,从而为社会主义从空想变为科学奠定了理论基础。

唯物史观的发现,是科学社会主义创立的一块理论基石。马克思和恩格斯在参加无产阶级革命斗争和进行理论研究中,批判地吸收了德国古典哲学中的辩证法和唯物主义思想,形成了辩证唯物主义,并运用辩证唯物主义考察人类历史,进而形成了唯物主义历史观。唯物主义历史观就是从人们的物质生产活动和人们之间的物质生产关系出发来解释人类社会历史的。“这种观点认为一切重要历史事件的终极原因和伟大动力是社会的经济发展,是生产方式和交换方式的改变,是由此产生的社会之划分为不同的阶级,是这些阶级彼此之间的斗争。”〔2〕

唯物史观揭示了人类社会基本矛盾的运动是社会发展的根本动力,从而找到了社会主义必然代替资本主义的物质经济根源。唯物史观认为,人类社会存在和发展的基础是社会物质资料的生产,社会存在决定社会意识,一切社会变革的终极原因应当从物质生产方式的社会存在中去寻找,从而揭示了

〔1〕《马克思恩格斯选集》第2卷,人民出版社1995版,第635页。
〔2〕《马克思恩格斯选集》第3卷,人民出版社1995年版,第704~705页。

生产力和生产关系、经济基础和上层建筑之间的矛盾运动,推动着社会形态由低级向高级的发展和更替。这种社会形态的发展和更替,是一种自然历史的过程,是人类社会发展的一般规律。正是在这个规律的作用下,人类社会已经从原始社会、奴隶社会、封建社会发展到了资本主义社会。同样,在这个规律的支配下,现代资本主义社会也必然为更高级的社会形态即社会主义、共产主义社会所代替。这样,就使社会主义摆脱了空想的性质,成为人们对社会历史发展的科学认识。

唯物史观揭示了阶级斗争是阶级社会发展的直接动力,找到了社会主义代替资本主义的正确途径。唯物史观认为,以往的人类社会,除原始社会外的全部历史都是阶级斗争的历史,阶级斗争推动着社会向前发展。在阶级社会里,生产力与生产关系、经济基础与上层建筑之间的基本矛盾集中表现为阶级矛盾和阶级斗争。当旧的生产关系已经成为束缚生产力进一步发展的镣铐时,反动统治阶级总是千方百计地维护旧的生产关系和为它服务的上层建筑,这一切都是通过阶级斗争实现的。社会主义代替资本主义也不例外,只有通过无产阶级反对资产阶级的斗争,才能实现。这样,就克服了空想社会主义者企图通过阶级合作道路实现社会主义的幻想,从而找到了实现社会主义的根本途径。

唯物史观揭示了人民群众是历史的创造者,找到了社会主义代替资本主义的社会力量。唯物史观认为,人民群众不仅是物质财富的创造者,而且是社会变革的决定力量。在推翻资本主义、实现社会主义的伟大事业中,只有依靠无产阶级和广大人民群众才能取得胜利。这样,不仅同空想社会主义否定无产阶级和人民群众伟大历史作用的唯心史观划清了界限,而且科学地阐明了实现社会主义的社会力量。

由于马克思、恩格斯发现和创立了唯物主义历史观。“用人们的存在说明他们的意识,而不是像以往那样用人们的意识说明他们的存在这样一条道路已经找到了。”〔1〕找到了这条正确的思想路线,就把以往的社会主义从唯心主义的束缚下解放出来,使社会主义不再是空想,而是立足于现实的基础上。这就解决了社会主义从空想到科学的发展的一个关键性问题,从而为科学社会主义奠定了科学世界观的基础。

剩余价值学说的发现,是科学社会主义创立的另一块理论基石。马克

〔1〕《马克思恩格斯选集》第3卷,人民出版社1995年版,第739页。

思、恩格斯在参加无产阶级革命斗争的实践和进行理论研究的过程中,还批判地继承了英国古典政治经济学所提供的积极思想成果,并运用唯物主义历史观分析、考察了资本主义生产关系,创立了剩余价值学说,揭示了资本主义发展的特殊规律,从而为科学社会主义提供了科学论证直接的理论依据。

剩余价值学说揭示了资本主义剥削的秘密和雇佣劳动制的本质,直接论证了社会主义代替资本主义的客观必然性。马克思通过对资本主义雇佣劳动的分析,科学地论证了资本家付给工人的工资,形式上偿付了工人劳动所创造的全部价值,但实际上却只偿付了其中的一小部分。因为资本家通过增加劳动强度或延长劳动时间,使工人创造出超过劳动力价值的价值,这部分剩余劳动所创造的价值被资本家以利润的形式无偿占有了。这就一针见血地揭露了资本家剥削工人的秘密。它说明资本主义生产方式和其他私有制社会的生产方式一样,本质上都是剥削制度。因此,资本主义生产方式也和奴隶社会、封建社会一样,有它产生、发展的历史必然性,也有它灭亡的历史必然性。同时,剩余价值学说还表明,资本主义生产的唯一目的就是剩余价值的生产和增殖。剩余价值规律是资本主义的基本经济规律。资本家为了追逐剩余价值,必然盲目扩大生产规模,更新技术装备,使生产不断社会化,这样就必然加深资本主义社会的基本矛盾,从而导致社会主义公有制必然代替资本主义私有制。所以,社会主义代替资本主义不是幻想家的臆想,而是根据资本主义经济运动规律得出的科学结论。

剩余价值学说阐明了无产阶级在整个资本主义社会中的地位和历史使命,直接论证了无产阶级是变革资本主义的社会力量。在资本主义社会里,无产阶级是一个不占有任何生产资料的劳动阶级,为了生存,工人不得不出卖自己的劳动力,为资本家创造剩余价值,成为受资产阶级剥削的雇佣奴隶。剩余价值是资本主义社会一切剥削集团的利润总来源。从工人身上榨取的剩余价值,不只是为工业资本家占有,而且是要在全体资本家阶级和土地所有者之间瓜分。工商资本家的利润、银行资本家的利息、土地所有者的地租等,都是剩余价值的表现形式。由此说明,在资本主义制度下无产阶级受整个资产阶级的剥削和压迫,无产阶级只有推翻整个资本主义制度,才能获得解放。无产阶级的这种社会地位决定其不仅受压迫最深、受剥削最重,因而是最富有革命彻底性的阶级,而且是最先进、最有前途的阶级。因此,推翻资本主义、实现社会主义的重任,就历史地落在无产阶级的身上。剩余价值学说表明,资本主义不仅造就了自身灭亡的物质基础,而且造就了自己的掘墓人。

剩余价值学说还揭示了资产阶级与无产阶级对立的经济根源，进而指出了无产阶级的革命斗争是推翻资本主义的根本途径。剩余价值学说阐明了资产阶级和无产阶级是剥削与被剥削的关系，是经济利益根本对立的两个阶级。资本家追逐剩余价值是无止境的，工人只要还有一块肉、一根筋、一滴血可供榨取，就决不肯罢休。同时，作为统治阶级的资产阶级为了榨取剩余价值，还要利用国家机器对无产阶级的反抗进行残酷镇压。这样，也就从根本上摒弃了空想社会主义关于和平改造社会的说教，为实现无产阶级的解放指明了道路。

科学社会主义就是建立在这两块理论基石基础之上的。恩格斯说："这两个伟大的发现——唯物主义历史观和通过剩余价值揭开资本主义生产的秘密，都应当归功于马克思。由于这些发现，社会主义变成了科学。"[1]

四、科学社会主义的形成和发展

社会主义在发展进程中实现的第一次历史性飞跃是社会主义从空想变为科学，科学社会主义的创立、传播并成为欧美地区工人运动指导思想的时期，是从19世纪40年代初到19世纪末。在这半个多世纪中，科学社会主义的产生和发展经历了三个阶段。第一阶段，从1842～1844年马克思、恩格斯实现从唯心主义到唯物主义、从民主主义到共产主义"两个转变"起，至1847年《哲学的贫困》的发表，这是科学社会主义的孕育和准备阶段。马克思、恩格斯共同撰写的《德意志意识形态》，发现了唯物史观，解开了人类"历史之谜"。第二阶段，从1848年《共产党宣言》发表，到1871年巴黎公社革命，这是科学社会主义从诞生到走向成熟的阶段。《共产党宣言》的发表，标志着马克思主义的正式诞生，它是科学社会主义的"出生证"。《共产党宣言》发表以后，欧洲发生了两次革命风暴，即1848～1850年的欧洲革命和1871年的法国巴黎公社革命。这两次性质不同的革命风暴，既检验了科学社会主义，又以新的实践充实和丰富了科学社会主义。马克思经过15年的艰辛理论探索，于1867年发表的《资本论》第一卷，发现了剩余价值学说。这部被人们称为"工人阶级圣经"的巨著出版的意义，正如恩格斯所说："自从世界上有资本家和工人以来，没有一本书像我们面前这本书那样，对于工人具有如此重

---

[1]《马克思恩格斯选集》第3卷，人民出版社1995年版，第740页。

要的意义。”[1]《资本论》不只是政治经济学巨著,也是科学社会主义的重要著作。第三阶段,从 1871 年巴黎公社失败到 1895 年恩格斯逝世,这是科学社会主义理论体系的最后完成阶段。这个阶段发表的马克思的《法兰西内战》、《哥达纲领批判》,恩格斯的《反杜林论》、《社会主义从空想到科学的发展》、《家庭、私有制和国家的起源》,阐述了一系列重要原理,使科学社会主义理论体系得以最终完成。总之,这个阶段,科学社会主义得到广泛传播,并通过不断同工人运动中各种机会主义、无政府主义的斗争,到 19 世纪 70 年代,它已经从原来的一个流派发展成为欧美工人运动的指导思想。这就为 20 世纪社会主义的伟大实践作了充分的理论准备。这一阶段,最重要的理论成果就是马克思在“两大发现”的基础上,创立了科学社会主义这一崭新的社会理论;最重大的政治实践就是 1871 年法国的巴黎公社革命。

科学社会主义是一个科学的理论体系,它包括一系列相互联系的理论原理,但其核心则是社会主义代替资本主义的历史必然性。如同马克思主义哲学是从“哲学基本问题”出发一样,科学社会主义是围绕一个“核心”展开,并在这个基础上形成若干层次的原理、原则的。恩格斯在 1885 年《反杜林论》的序言中说:本书第三编第二章“理论”,“这里所涉及的仅仅是我所主张的观点的一个核心问题的表述”[2],这个“核心”包括双重含义:一是科学社会主义是马克思主义的核心;二是社会主义代替资本主义的历史必然性是科学社会主义的核心。这个论断,说明社会主义的历史必然性是马克思主义核心的核心。这个核心也可以称为主题,整个科学社会主义都是围绕这个“核心”论证这个“主题”的。科学社会主义之所以是科学,就在于它令人信服地揭示和阐明了人类历史发展的这个总趋势。

在创立科学社会主义的过程中,马克思、恩格斯进行了科学的合作,他们都作出了独立的贡献,但比较起来,马克思的贡献更为突出,后人公正地指出:“把马克思和恩格斯两个人的名字作为现代社会主义奠基人的名字并列在一起是很公正的。”[3]在 1883 年马克思逝世之后,被誉为“科学社会主义之父”、“欧洲社会主义顾问”的恩格斯,在他的晚年,当他听到欧洲的一些社会主义活动家不断称赞他的功绩时,对这个问题作了如下的说明和澄清。他

---

〔1〕《马克思恩格斯选集》第 2 卷,人民出版社 1995 年版,第 589 页。

〔2〕《马克思恩格斯选集》第 3 卷,人民出版社 1995 年版,第 348 页。

〔3〕转引自赵曜、秦刚主编:《科学社会主义:从马克思到邓小平》,江苏人民出版社 1998 年版,第 13 页。

说："我不能否认，我和马克思共同工作四十年，在这以前和这个期间，我在一定程度上独立地参加了这一理论的创立，特别是对这一理论的阐发。但是，绝大部分基本指导思想（特别是在经济和历史领域内），尤其是对这些指导思想的最后的明确的表述，都是属于马克思的。我所提供的，马克思没有我也能够做到，至多有几个专门的领域除外。至于马克思所做到的，我却做不到。马克思比我们大家都站得高些，看得远些，观察得多些和快些。马克思是天才，我们至多是能手。没有马克思，我们的理论远不会是现在这个样子。所以，这个理论用他的名字命名是理所当然的。"[1]这段话表明恩格斯虚怀若谷而又实事求是。

第二节　西方先进国家实现社会主义的途径

马克思、恩格斯创立的科学社会主义是一个完整的理论体系，这个理论体系有一个"核心"、两块理论基石、八个方面的基本原理。这个理论体系的核心是：在揭示资本主义必然被社会主义所代替的客观规律的基础上，阐明无产阶级作为资本主义社会掘墓人和社会主义社会、共产主义社会创造者的历史使命；这个理论体系的两块理论基石是：唯物史观和剩余价值学说。这个理论体系所包含的基本原理有：关于资本主义必然灭亡和社会主义必然胜利的理论；关于无产阶级世界历史使命的理论；关于无产阶级革命的理论和策略；关于殖民地问题和民族解放运动的理论；关于过渡时期和无产阶级专政的理论；关于农业社会主义改造的理论与政策；关于未来共产主义社会的理论；关于无产阶级政党建设的理论。那么，这个理论首先从哪儿变为现实呢？根据马克思、恩格斯的理论分析，认为首先在西方发达资本主义国家同时发生社会主义革命，这种革命可采取暴力的与和平的或议会的两条道路或方式，革命胜利后，经过一个过渡时期，这个过渡时期实行无产阶级革命专政，然后进入共产主义社会的第一阶段。

---

〔1〕转引自赵曜、秦刚主编：《科学社会主义：从马克思到邓小平》，江苏人民出版社 1998 年版，第 13 页。

一、先进国家社会主义革命同时发生的可能性

马克思、恩格斯在提出“两个必然”的基础上，思索未来的社会主义将在哪里突破，把注意力和着眼点始终放在西欧发达资本主义国家。他们曾经设想，社会主义革命将首先在西欧北美那些资本主义比较发达的国家发生。因为那里生产力发展水平很高，狭隘的生产关系已经容纳不了它，从而使生产社会化和资本主义私人占有这个资本主义的基本矛盾激化起来，导致社会主义革命的发生。而且由于社会主义革命是“世界性的革命”，因此革命将是“同时发生”的。他们在创立唯物史观的重要著作《德意志意识形态》中就提出了“共产主义只有作为占统治地位的各民族‘一下子’同时发生的行动，在经验上才是可能的”思想〔1〕。不久，恩格斯在《共产主义原理》中又重申，“共产主义革命将不是仅仅一个国家的革命，而是将在一切文明国家里，至少在英国、美国、法国、德国同时发生的革命”〔2〕，然后再扩大到其他各国。他们之所以把实现社会主义的设想放在欧、美资本主义比较发达的国家，并提出革命“同时发生”的设想，其原因有三。

第一，马克思、恩格斯生活在资本主义自由发展时期。他们提出革命“同时发生”的设想，是以生产力的普遍发展和与此相联系的世界交往为前提的。因为只有随着生产力的普遍发展，人们的交往才能建立起来。而普遍交往的建立，就可以发现“一切民族中同时都存在着‘没有财产的’群众”的事实，其中每一个民族的变革存在着“依赖于其他民族的变革”的关系〔3〕。因此，共产主义只有作为占统治地位的民族同时发生的行动，在实践上才是可能的。

第二，马克思、恩格斯的这种设想，是与欧洲工人阶级的斗争和胜利联系在一起的。因为资本主义大工业的发展，“使所有文明国家的社会发展大致相同，以致在所有这些国家，资产阶级和无产阶级都成了社会上两个起决定作用的阶级，它们之间的斗争成了当前的主要斗争”〔4〕。因此，“欧洲工人阶级的胜利，不是仅仅取决于英国。至少需要英、法、德三国的共同努力，才能保证胜利”〔5〕。而一国无产阶级革命将受到各国资产阶级的联合镇压和

〔1〕《马克思恩格斯选集》第1卷，人民出版社1995年版，第86页。
〔2〕《马克思恩格斯选集》第1卷，人民出版社1995年版，第241页。
〔3〕《马克思恩格斯选集》第1卷，人民出版社1995年版，第86页。
〔4〕《马克思恩格斯选集》第1卷，人民出版社1995年版，第241页。
〔5〕《马克思恩格斯选集》第3卷，人民出版社1995年版，第718页。

扼杀。

第三，马克思、恩格斯的这种设想，是与他们研究人类社会历史发展总进程相关的。1859 年，马克思在《〈政治经济学批判〉序言》中谈到人类社会历史发展总进程时写道："大体说来，亚细亚的、古代的、封建的和现代资产阶级的生产方式可以看作是经济的社会形态演进的几个时代。资产阶级的生产关系是社会生产过程的最后一个对抗形式，这里所说的对抗，不是指个人的对抗，而是指从个人的社会生活条件中生长出来的对抗；但是，在资产阶级社会的胎胞里发展的生产力，同时又创造着解决这种对抗的物质条件。因此，人类社会的史前时期就以这种社会形态而告终。"〔1〕对这一思想，后来马克思在《资本论》第一卷中又进一步阐发。直到 1881 年马克思还说，他在《资本论》第一卷中，关于资本主义产生和发展道路的"历史必然性"的分析，"明确地限于西欧各国"〔2〕，即英、法、德发达的资本主义国家。

马克思、恩格斯在世时，分析了欧洲当时的现实，认为资本主义基本矛盾及各种矛盾已开始激化，革命很快就在欧洲各国发生。在 1848 年欧洲革命时期，在 19 世纪 70 ~ 90 年代工人运动高涨时期，马克思、恩格斯曾经怀着喜悦的心情一再预言，社会主义革命已经迫近了，伟大的决战已经开始，资本主义的灭亡和社会主义的胜利将会很快到来。后来的事态表明，这种估计过于乐观了。他们的主要依据在于，资本主义生产的无政府状态造成了经济危机的周期出现，这表明资产阶级的生产关系已经太狭窄了，再也容纳不了它本身所创造的财富了，资产阶级因而不能再统治下去了。应该承认，他们的这种预言和依据是不准确的。马克思、恩格斯过于看重了资本主义经济危机在资本主义崩溃和无产阶级革命爆发中的作用。经济危机的周期性爆发，仅仅说明了资本主义生产方式的历史性，即它迟早要被新的生产方式所代替，但还不能表明资本主义生产方式灭亡的现实性。在资本主义还没有走到它的尽头的时候，当无产阶级革命的主观条件还没有完全成熟的时候，经济危机并不能造成资本主义的彻底崩溃，而每一次危机的出现，会导致企业的破产、工人被解雇、生产力受到破坏。但同时，资本主义生产关系和管理体制也往往实现一次调整。应该说，当时马克思、恩格斯已看到资本主义生产关系能够根据生产力的发展要求作出一定的调整，但他们对这种调整余地估计不

〔1〕《马克思恩格斯选集》第 2 卷，人民出版社 1995 年版，第 33 页。
〔2〕《马克思恩格斯全集》第 19 卷，人民出版社 1963 年版，第 268 页。

足；他们看到了生产力的发展对资本主义生产关系的严重冲击，却没有充分注意到这种生产力的高度发展也为资产阶级修补资本主义大厦提供了相应的物质手段，为资产阶级缓和阶级矛盾提供了较大的回旋余地。

马克思、恩格斯深刻地揭示了资本主义的基本矛盾和资本主义的历史地位，充分阐述了资本主义的世界性发展使社会主义革命成为各国无产阶级的共同事业，社会主义也就成为普遍性的世界进程。但他们对世界革命进程的估计却大大超前了。而这两个方面同样都与早期资本主义的发展现实有关。正是由于资本主义发展初期社会组织的不完备，使它的基本矛盾以缺少控制的、尖锐冲突的形式暴露出来，才为马克思、恩格斯这样伟大的人物剖析它的固有弊端提供了可能。而资本主义向世界扩展，又把它的基本矛盾带到了受它控制和影响的国家，从而使资本主义发展比较落后的国家卷入无产阶级革命的潮流。而这一点又为马克思、恩格斯把社会主义看作世界性的进程提供了依据。同样的现实，却又在另一方面局限了他们的眼光，使资本主义灭亡和社会主义革命的同时爆发、共同胜利在他们面前呈现为一个十分迫近的过程。

马克思、恩格斯在运用自己所创立的学说过程中作出的某些具体结论或预言，难免会过时或原来就有不符合实际情况。对于这一点，他们在世时就时常提醒人们注意。揭示真理与运用真理及所作出的具体结论、预言，不是一回事。我们不能因为马克思、恩格斯有关对革命进程的预言落空而否定他们基本理论的科学性。马克思、恩格斯所揭示的资本主义生产方式的基本矛盾，资本主义发展带来的普遍联系将促成社会主义革命的普遍性，以其严密的逻辑力量和远大的世界历史感而具有长久的认识价值。而他们对这种矛盾在资本主义发展中发挥作用的方式、性质和后果分析，则应根据我们今天对世界历史进程的新认识予以更精确的估价。

二、暴力革命的必要性与革命和平发展的可能性

实现社会主义，必须进行无产阶级革命。无产阶级革命的根本问题是国家政权问题，这就是彻底打碎资产阶级国家机器，运用新型的无产阶级专政的国家机器来代替它。这个科学的结论，是马克思、恩格斯在全面考察了资产阶级国家机器演进、发展过程及其实际作用，总结 1848 年欧洲革命和 1871 年巴黎公社革命经验的基础上得出来的。马克思指出："工人阶级不能简单

地掌握现成的国家机器，并运用它来达到自己的目的。”〔1〕这就是说，无产阶级要取得革命的胜利，就必须彻底摧毁资产阶级国家机器，建立无产阶级自己的革命专政。那么，为什么无产阶级革命必须彻底打碎资产阶级国家机器，建立自己的革命专政呢？

首先，这是由无产阶级革命的性质和特点决定的。无产阶级革命和历史上的一切革命不同。历史上的革命是以一种剥削制度代替另一种剥削制度，国家政权是从一个剥削阶级手中转到另一个剥削阶级手中，掌握政权的仍然是经济上、政治上占统治地位的剥削阶级。为了维护传统的私有制和剥削制度，新的统治阶级只要对原有的国家机器作某些改变，使它更加完备，就能适应自己的阶级统治和新的经济形式，根本不需要彻底打碎旧的国家机器。而无产阶级革命是要消灭一切剥削制度，消灭一切阶级和阶级差别，用公有制代替私有制，用社会主义战胜资本主义，最终实现共产主义。资产阶级国家机器是维护私有制、维护剥削制度的暴力工具，无产阶级根本不可能运用它来达到自己的目的，只有彻底打碎它，用代表无产阶级和劳动人民利益的无产阶级国家机器代替它，才能建立以公有制为基础的社会主义生产关系，发展生产力，最终完成自己的历史使命。

其次，这是由资产阶级国家机器的反动本质决定的。资产阶级国家机器是资本奴役的工具。它的主要成分是军队、警察和官僚机构。军队是资本主义最顽固的工具，是维护资本统治、镇压劳动人民的最顽固的柱石；庞大的官僚机构是整个资本主义社会的“寄生赘瘤”。正是这个反动国家机器，把无产阶级和广大劳动人民压在社会的最底层。因此，马克思说，奴役无产阶级的政治工具不能当成解放自己的政治工具来使用，无产阶级要获得解放，就必须彻底摧毁资产阶级的军事的、司法的、官僚的压迫性机构，建立新型的无产阶级专政的国家机器。

暴力革命是无产阶级革命的一般规律。马克思和恩格斯一向非常重视暴力革命的作用，认为“暴力是每一个孕育着新社会的旧社会的助产婆”〔2〕；“无产阶级不通过暴力革命就不可能夺取自己的政治统治”〔3〕。他们关于暴力革命不可避免的学说是针对资产阶级国家说的。资产阶级国家由无产阶

---

〔1〕《马克思恩格斯选集》第3卷，人民出版社1995年版，第117页。

〔2〕《马克思恩格斯选集》第2卷，人民出版社1995年版，第266页。

〔3〕《马克思恩格斯选集》第4卷，人民出版社1995年版，第685页。

级专政来代替，“根据一般规律，只能通过暴力革命”[1]，暴力将必然伴随着整个资本主义的彻底崩溃和社会主义社会的诞生。

为什么暴力革命是无产阶级革命的一般规律呢？第一，国家本身就是一种暴力，是一个阶级压迫另一个阶级的特殊力量。资产阶级国家是一种反革命暴力，资产阶级凭借这种暴力维护自己的统治，镇压无产阶级和劳动人民的反抗，特别是当无产阶级的革命斗争威胁到他们的统治时，资产阶级总是首先使用反革命暴力，残酷镇压革命运动，资产阶级越走向反动和没落，就越要强化反革命暴力。因此，无产阶级只有拿起武器，用革命的暴力对付反革命暴力。第二，资产阶级和历史上一切反动阶级一样，决不会自动交出政权，退出政治舞台。迄今为止，世界上还没有一个不经过武装斗争就自动下台的统治阶级。因此，无产阶级和广大劳动人民只有通过暴力革命，才能推翻资产阶级的统治，夺取政权，获得解放。国际无产阶级革命斗争的实践证明，暴力革命是无产阶级革命的一般规律。1871 年巴黎公社革命，是法国工人通过武装起义推翻了资产阶级政权；而公社失败的重要原因之一，就是革命暴力运用得不够，没有直捣凡尔赛反革命巢穴，致使凡尔赛反革命军队能够卷土重来，把公社扼杀在血泊之中。1917 年十月革命的胜利是暴力革命的辉煌胜利。“在中国，离开了武装斗争，就没有无产阶级的地位，就没有人民的地位，就没有共产党的地位，就没有革命的胜利。”[2]总之，从无产阶级革命斗争的实践看，到目前为止还没有一个国家无产阶级的革命胜利不是通过暴力革命取得的。

关于革命和平发展的可能性问题。暴力革命是无产阶级革命的一般规律。这里说的“规律”是指“典型的东西”，但它并不排斥个别的、特殊的例外情况。马克思、恩格斯在论述暴力革命不可避免的同时，都曾经根据各个国家的具体历史条件，设想过革命和平发展的可能性问题。19 世纪 70 年代，马克思曾经认为英国、美国等国家有和平发展到社会主义的可能性。1872 年，他在《关于海牙代表大会》的演说中，谈到工人总有一天必须夺取政权时说：“我们从来没有断言，为了达到这一目的，到处都应该采取同样的手段。”他认为像美国、英国，加上荷兰，“工人可能用和平手段达到自己的目的”。但是即

〔1〕《列宁选集》第 3 卷，人民出版社 1995 年版，第 127 页。

〔2〕《毛泽东选集》第 2 卷，人民出版社 1991 年版，第 610 页。

使如此,“在大陆上的大多数国家中,暴力应当是我们革命的杠杆”[1]。1886年,恩格斯也说过:“至少在欧洲,英国是唯一可以完全通过和平的和合法的手段来实现不可避免的社会革命的国家。”[2]

为什么当时的英国会出现革命和平发展的可能呢?对此,列宁曾作过深刻的分析:第一,当时的英国还没有军阀机构和在很大程度上没有官僚机构;第二,英国工人在全国人口中占完全的优势,工人运动有相当的发展,工人阶级有较高的组织程度和文化程度;第三,英国资产阶级长期惯于用妥协的办法去解决政治和经济问题。但是,到了20世纪初,英、美等国也完全滚到官僚机构和军阀机构支配一切、镇压一切的污浊、血腥的泥潭中去了,革命和平发展的可能性已完全消失,无产阶级要取得胜利,也必须用暴力革命夺取国家政权。

总之,从革命导师的论述和历史经验来看,无产阶级对待革命和平发展的正确观点应该是:第一,不一般地反对和排斥采取和平发展的方式;第二,一旦出现了这样的历史机会,就应当抓住它,尽最大的努力争取实现革命的和平发展,当然,不能用例外的情况来否定暴力革命是无产阶级革命的一般规律;第三,必须随时准备两手,既准备暴力革命,又准备革命的和平发展;第四,各国的政治、经济、文化和历史传统不同,各国无产阶级革命斗争究竟采取什么样的方法、形式和道路,要由各国无产阶级根据本国的实际选择。

三、向社会主义社会过渡时期的无产阶级革命专政

马克思、恩格斯在分析资本主义必然灭亡的基础上,设想无产阶级在夺取政权后必须首先经过一个消除旧社会痕迹的过程,即过渡时期,尔后,才能实现社会主义社会。因此,关于过渡时期的理论,是研究未来新社会产生和发展学说的重要组成部分。

马克思、恩格斯在1847年底撰写的《共产党宣言》中,就已经阐明了关于过渡时期的基本思想。后来,恩格斯又指出:“工人阶级应当首先掌握有组织的国家政权并依靠这个政权镇压资本家阶级的反抗和按新的方式组织社会。”[3]后来,他们经过总结1848年欧洲革命和1871年巴黎公社革命的经

---

[1] 《马克思恩格斯全集》第18卷,人民出版社1964年版,第179页。
[2] 《马克思恩格斯全集》第23卷,人民出版社1972年版,第37页。
[3] 《马克思恩格斯全集》第36卷,人民出版社1974年版,第10页。

验,以及在1875年帮助德国党制定哥达纲领和1894年纠正法、德两国党在农民问题上错误的过程中,对这个理论有了很大的发展和补充。

过渡时期的国家是无产阶级的阶级专政,这是马克思、恩格斯在总结1848年欧洲革命经验教训时得出的科学结论。但是,过渡时期的国家究竟应当建立什么样的国家形式的问题,1871年巴黎公社革命为马克思研究巴黎公社式的新型无产阶级国家形式提供了实践经验。他在《法兰西内战》等著作中指出,人民当家作主,有权对公职人员实行选举、监督和罢免;取消官吏的高薪和特权,公职人员只领取相当于工人的工资;公社不是议会式的,而是同时兼管立法和行政的工作机关;公社应当成为全国各地的政治形式并组织民族的统一,等等。总之,"这次革命的新的特点还在于人民组成了公社,从而把他们这次革命的真正领导权握在自己手中,同时找到了在革命胜利时把这一权力保持在人民自己手中的办法,即用他们自己的政府机器去代替统治阶级的国家机器、政府机器"[1]。因此,巴黎公社是帝国的"直接对立物",是社会共和国的"毫不含糊的形式"[2]。巴黎公社实质上是工人阶级的政府,是生产者阶级同占有者阶级斗争的产物,"是终于发现的可以使劳动在经济上获得解放的政治形式"[3]。

马克思根据巴黎公社的实践经验,还比较深入和系统地论述了关于过渡时期的长期性和必要性的问题。马克思指出,巴黎公社虽然是无产阶级夺取政权并建立了自己的政治统治,但敌人还没有消灭,旧社会组织还没有改造,还存在着阶级和阶级斗争的经济基础。因此,公社并不取消阶级斗争,工人阶级正是通过阶级斗争致力于消灭一切阶级,从而消灭一切阶级统治。马克思认为,在过渡时期,未来新社会的自由的、联合的劳动条件去代替资本主义社会的经济条件,只能随着时间的推进而逐步完成。这种改造,不仅需要改变分配,而且需要一种新的生产组织,从而使各种生产形式摆脱资本主义的阶级性质,即建立社会主义生产关系。但是要完成这些任务,还需要在全国范围内和国际范围内进行协调合作。因为这个伟大的复兴事业将不断地遭到既得利益和阶级自私心理的抗拒,因而被延缓、被阻挠。另外,马克思还从经济规律上说明过渡时期的长期性和必要性。马克思说,在过渡时期,资本

〔1〕《马克思恩格斯选集》第3卷,人民出版社1995年版,第106~107页。
〔2〕《马克思恩格斯选集》第3卷,人民出版社1995年版,第55页。
〔3〕《马克思恩格斯选集》第3卷,人民出版社1995年版,第59页。

主义社会的资本和地产的自然规律的自发作用，只有经过新条件的漫长发展过程才能被自由的联合的劳动的社会规律的自发作用所代替。这就像过去奴隶制经济规律的自发作用被农奴制经济规律的自发作用所代替一样。

马克思还进一步从社会发展规律上，揭示了过渡时期的长期性和必要性。他说，工人阶级"为了谋求自己的解放，并同时创造出现代社会在本身经济因素作用下不可遏止地向其趋归的那种更高形式，他们必须经过长期的斗争，必须经过一系列将把环境和人都加以改造的历史过程。"〔1〕在这里，马克思从理论上一方面指出了共产主义社会的必将到来，是由于现代资本主义社会"本身经济因素"发展所造成的必然结果，它是人类社会历史发展的客观规律；另一方面，他又把关于过渡时期的长期性和必要性思想精辟地概括为必须经过长期的斗争，必须经过一系列将把环境和人都加以改造的历史过程。

1875 年，马克思在《哥达纲领批判》中，不仅运用了《资本论》中的伟大科研成果，而且把巴黎公社的经验普遍化，从理论上把过渡时期和无产阶级专政的国家作为统一的、不可分割的历史过程进行了科学的论证。他说："在资本主义社会和共产主义社会之间，有一个从前者变为后者的革命转变时期。同这个时期相适应的也有一个政治上的过渡时期，这个时期的国家只能是无产阶级的革命专政。"〔2〕这是马克思对过渡时期理论的经典表述。在这里，马克思说的共产主义社会是指包括共产主义"第一阶段"和共产主义"最高阶段"在内的整个共产主义社会形态。这段话实际上说的是从资本主义向社会主义的过渡时期。马克思主义者认为，社会主义和共产主义是同一个社会形态，是共产主义社会经济发展成熟程度不同的两个阶段，"社会主义和共产主义之间的科学区别，只在于第一个词是指从资本主义生长起来的新社会的第一阶段，第二个词是指它的下一个阶段，更高的阶段"〔3〕。那种把过渡时期看作是从资本主义到共产主义高级阶段的过渡的观点，混淆了社会主义与过渡时期的界限，不符合经典作家的原意。

在无产阶级夺取政权后的过渡时期，应当怎样巩固和发展工农联盟，引导农民走向社会主义道路呢？马克思、恩格斯在 19 世纪 70 年代以后，特别是恩格斯在 1894 年针对第二国际各国党，尤其是法、德两国社会民主党在解

〔1〕《马克思恩格斯选集》第 3 卷，人民出版社 1995 年版，第 60 页。

〔2〕《马克思恩格斯选集》第 3 卷，人民出版社 1995 年版，第 314 页。

〔3〕《列宁选集》第 4 卷，人民出版社 1995 年版，第 10 页。

决农民土地问题上的错误而撰写的《法德农民问题》和有关的书信中，对农业社会主义改造的问题作了深入、系统的阐述。这是恩格斯晚年对过渡时期理论的重要补充。

恩格斯在这篇著作和有关书信中认为，解决农民土地问题，必须坚持生产资料公有制的原则。合作社的生产是向完全的共产主义经济过渡的“中间环节”。因为这种合作社是农民“把自己的土地结合为一个大田庄，共同出力耕种”。社员是“按入股土地、预付资金和所出劳动力的比例分配收入”〔1〕。恩格斯还提出关于农业社会主义改造的具体措施和政策，如对完全靠剥削生存和发展的大土地占有者实行剥夺或赎买；对介于小农和大土地所有者之间的中农，要具体分析，区别对待。一般地说，对待这类农民不宜实行暴力的剥夺。应当相信，随着经济的发展，特别是合作社优越性的显露，这类农民也会改变态度；小农即小土地的所有者或租佃者，他们既是私有者又是“未来的无产者”，所以，无产阶级在掌握政权的时候，对他们应当采取宣传、示范、教育、等待和帮助的措施和政策，引导他们自愿地走向合作化的道路。对待他们不能操之过急，也不能强迫命令，更不能采取暴力的剥夺，只能坚持自愿的原则，等等。

第三节　东方落后国家通往社会主义的特殊道路

马克思、恩格斯在论证社会主义革命在几个主要的资本主义国家同时发生并先后取得胜利的同时，并没有忽略社会主义革命在资本主义不发达的国家取得胜利的可能性问题的探讨。他们认为，在世界交往普遍发展的情况下，在先走上社会主义道路的西方先进国家无产阶级的帮助下，经济文化较不发达或较落后的国家可以越过资本主义的充分发展阶段而进入社会主义，亦即走一条非资本主义到达社会主义的道路。

一、马克思、恩格斯对中国、印度社会革命进程的分析

1848 年欧洲革命失败后，中欧、东欧的民族独立运动同西欧法、德、英等国的民主革命一样，也沉寂了下去。而这时，在东方亚洲的殖民地半殖民地

〔1〕《马克思恩格斯选集》第 4 卷，人民出版社 1995 年版，第 499 页。

国家却掀起了民族解放革命的浪潮。马克思、恩格斯从东方看到了“新纪元的曙光”〔1〕。他们在致力于研究西方无产阶级革命问题的同时,把视野也扩展到了欧洲以外的世界,对东方的民族解放革命运动给予了热切的关注。他们把殖民地和附属国的民族解放革命称作为宗主国无产阶级革命的催化剂、引爆物、同盟军。他们当时已经认识到民族解放革命和无产阶级革命是同一革命过程的两个方面,并认为西方的无产阶级革命与东方的民族解放革命会相互影响,尤其是东方被压迫民族的解放斗争对西方资本主义国家无产阶级革命将起到促进作用。

鸦片战争以后,中国开始沦为半殖民地半封建社会。也就是在外国资本主义势力已侵入中国的时候,1851 年中国爆发了太平天国起义。这是一次反对封建专制的农民革命,但同以往历史上的农民革命相比,它又具有新的内容、新的特点,包含着反抗外国资本主义侵略、争取民族解放的斗争内容。从实质上说,太平天国革命,是反对封建统治和外国资本主义侵略的革命,这次革命引起了马克思的注意,他专门写了《中国革命和欧洲革命》一文,对这次革命的意义和影响作了分析和论述。

马克思把太平天国起义看作是动摇古老帝国基础的一场革命,称它是殖民地和附属国人民争取民族独立自由斗争的先声。马克思认为,中国鸦片战争失败后被迫向英国赔款、鸦片贸易所引起的金银外流、外国工业品的大量输入所引起的经济平衡的破坏,强化了清王朝的腐败无能,是引起革命发生的重要原因。马克思说:“中国的连绵不断的起义已经延续了约 10 年之久,现在汇合成了一场惊心动魄的革命……推动了这次大爆发的毫无疑问是英国的大炮,英国用大炮强迫中国输入名叫鸦片的麻醉剂。”〔2〕

马克思在论证了由于英国资本主义殖民侵略引起了中国的革命以后,还提出了这样一个问题:“当英国引起了中国革命的时候,便发生一个问题,即这场革命将来会对英国并且通过英国对欧洲发生什么影响?”〔3〕马克思通过列举事实说了太平天国革命对英国的影响。他说,在一般情况下,市场的扩大仍然赶不上英国工业的增长,而这种不相适应的情况也将像过去一样,不可避免地要引起新的危机。如果有一个大市场突然缩小,那么危机的来临必

---

〔1〕《马克思恩格斯选集》第 1 卷,人民出版社 1995 年版,第 712 页。

〔2〕《马克思恩格斯选集》第 1 卷,人民出版社 1995 年版,第 690 ~ 691 页。

〔3〕《马克思恩格斯选集》第 1 卷,人民出版社 1995 年版,第 692 ~ 693 页。

然加速。他认为,中国的太平天国革命对英国正会起这种影响。英国的危机随后就会在欧洲引起连锁反应,从而促使欧洲革命的爆发。“中国革命将火星抛到现今工业体系这个火药装得足而又足的地雷上,把酝酿已久的普遍危机引爆,这个普遍危机一扩展到国外,紧接而来的将是欧洲大陆的政治革命。”[1]这一中国革命对欧洲革命的影响,正是马克思所揭示的中国革命与欧洲革命之间的内在联系。从这里可以看出,马克思已经预见到了东方民族解放革命与西方无产阶级革命这两股洪流相汇合的历史趋势。他甚至指出:“欧洲人民下一次的起义,他们下一阶段争取共和自由、争取廉洁政府的斗争,在更大的程度上恐怕要决定于天朝帝国(欧洲的直接对立面)目前所发生的事件,而不是决定于现存其他任何政治原因。”[2]

继中国太平天国起义之后,1857~1859 年印度爆发了大规模的反抗英国殖民统治的革命运动。马克思从 19 世纪 50 年代起就十分关注印度这块英国最大的殖民地。印度这场声势浩大的民族解放革命运动自然要引起马克思的格外关注。关于印度革命,马克思写了《不列颠在印度的统治》、《印度起义》等一系列文章,阐述了印度革命的进步作用,探讨了印度革命的原因,论证了印度革命对英国革命和欧洲革命的影响。

马克思认为,长期以来,英国对印度的征服和统治,采取了最野蛮、最残酷的手段,它在印度的殖民政策反映了资本主义最丑恶和最血腥的一面。这样的征服和统治,必然要引起全民族的反抗。印度人民反对英国殖民统治的革命,有着重要的历史进步作用。马克思在探讨印度革命爆发的原因时,提出了一个极其深刻的论点。他认为,英国在造成印度革命的时候,“充当了历史的不自觉的工具”。马克思是这样说的:“英国在印度斯坦造成社会革命完全是受极卑鄙的利益所驱使,而且谋取这些利益的方式也很愚蠢。但问题不在这里。问题在于,如果亚洲的社会状态没有一个根本的革命,人类能不能实现自己的命运?如果不能,那么,英国不管干了多少罪行,它造成这个革命毕竟是充当了历史的不自觉的工具。”[3]

马克思还深刻分析了英国在印度实行殖民统治所造成的后果。他指出:“英国在印度要完成双重的使命:一个是破坏的使命,即消灭旧的亚洲式的

---

〔1〕《马克思恩格斯选集》第 1 卷,人民出版社 1995 年版,第 695 页。
〔2〕《马克思恩格斯选集》第 1 卷,人民出版社 1995 年版,第 690 页。
〔3〕《马克思恩格斯选集》第 1 卷,人民出版社 1995 年版,第 766 页。

社会;另一个是重建的使命,即在亚洲为西方式的社会奠定物质基础。"[1]英国殖民主义者破坏了印度的农村公社,摧毁了印度的工业,夷平了印度社会中伟大和崇高的一切,从而毁灭了印度的文明。英国殖民主义者除了破坏以外,也做了一些建设性的工作,如训练了印度军队,培植了新知识分子,引进了自由报刊,发展了通讯,修筑了铁路,采用了现代工业机器,等等。在马克思看来,这是英国殖民统治为印度革命和人民的解放准备下的物质前提。马克思指出:"英国资产阶级将被迫在印度实行的一切,既不会使人民群众得到解放,也不会根本改善他们的社会状况,因为这两者不仅仅决定于生产力的发展,而且还决定于生产力是否归人民所有。但是,有一点他们是一定能够做到的,这就是为这两者创造物质前提。"[2]

马克思在分析和论述印度革命的过程中,阐发了这样一个思想,那就是已与世界资本主义发展接轨的殖民地和附属国的民族解放运动,不可避免地要对整个资本主义体系产生影响,并加速其矛盾的发展。东方的民族解放革命将削弱资本主义的阵地,打击资本主义在世界的统治,有利于西方无产阶级革命的发展。他还特别强调了东方革命是西方革命的同盟军。马克思这样写道:"在大不列颠本国现在的统治阶级还没有被工业无产阶级取代以前,或者在印度人自己还没有强大到能够完全摆脱英国的枷锁以前,印度人是不会收获到不列颠资产阶级在他们中间播下的新的社会因素所结的果实的。"[3]马克思的这段话说明,被压迫民族要获得解放,只有两条道路,或者是通过宗主国的无产阶级革命,或者是通过被压迫民族自身的革命。这两条道路是相互联系、相互促进的,是反对资本主义统治、争取解放的革命过程的两个方面。

二、跨越"卡夫丁峡谷"的可能性和前提条件

马克思通过对中国、印度革命的兴起以及有关经济和政治问题的研究,提出了东方革命与西方革命是相互联系、相互促进的思想。那么,东方落后国家或资本主义不发达的国家,能否通过社会主义革命建立社会主义制度?或者说,东方落后国家是否一定要经过资本主义的充分发展以后再向社会主

[1]《马克思恩格斯选集》第1卷,人民出版社1995年版,第768页。
[2]《马克思恩格斯选集》第1卷,人民出版社1995年版,第771页。
[3]《马克思恩格斯选集》第1卷,人民出版社1995年版,第771~772页。

义过渡？关于这个问题，马克思、恩格斯根据历史的辩证法，以实事求是的科学精神，从对俄国农村公社的具体研究中，得出了落后国家在特定历史条件下不一定要走西欧国家老路的结论，并提出了东方社会可以跨越资本主义的“卡夫丁峡谷”[1]直接进入社会主义的著名论断。这一结论性的论断集中而又反复地出现在《给〈祖国纪事〉杂志编辑部的信》、《给查苏利奇的信》以及三个草稿、《〈共产党宣言〉俄文第二版序言》中。一方面他们非常明确地提出了《资本论》中关于资本主义社会生产发生发展的必然性论述只适用于西欧诸国，而不适用于东方社会，并严厉地批评了那种把对西欧社会的研究成果视为一种万能的历史哲学理论套用于一切国家的做法；另一方面他们又反复分析了在俄国农村公社基础上建立新社会的可能性，对其社会发展前景作出了独特的判断，并强调了在跨越“卡夫丁峡谷”的同时必须积极吸收一切资本主义的新成果，从而阐明了跨越的可能性和条件，体现了历史的必然与可能的辩证结合。马克思、恩格斯的这一思想，与他们关于社会主义是资本主义发展之必然结果的基本原理之间，体现了历史发展的普遍性与特殊性的辩证统一关系。

19 世纪 70～90 年代的俄国，虽然从 1861 年宣布废除农奴制后走上了资本主义发展道路，但和西欧国家比较起来它的经济发展程度还相当落后，广大农民仍然遭受农奴制残余的残酷压榨，直到 19 世纪末，俄国还是一个农业人口占多数的封建专制国家。但是，俄国的经济条件和政治条件表现出特殊性，从经济上看，19 世纪 70 年代以后，资本主义土地所有制虽然开始形成，但广大农村还存在着“农村公社”（是原始公社末期，公有制向私有制过渡的一种生产组织和社会组织）；从政治上来说，从 1815 年俄、普、奥三国结成反动的“神圣同盟”开始，直到 19 世纪 70 年代俄国还是欧洲联合的“专制制度”的柱石、一个庞大的军事强国。在 19 世纪 80 年代以后，由于工人阶级的觉醒、农民运动的高涨，沙皇才像被革命势力禁锢起来的“俘虏”。针对俄国这种特殊的条件，马克思、恩格斯在批判民粹派特卡乔夫、米海洛夫斯基等人的错误中，在同查苏利奇、考茨基、丹尼尔逊的通信中，对俄国未来革命的道路问题，

---

[1] “卡夫丁峡谷”指的是公元前 321 年第二次萨谟奈战争时期，萨姆尼特人在古罗马卡夫丁城附近的卡夫丁峡谷打败了罗马军队，并强迫他们负着“牛轭”通过峡谷。这在当时被认为是最大的羞辱。马克思、恩格斯引用这个典故比喻说，俄国等东方国家有可能跨越资本主义制度的“卡夫丁峡谷”，即避开资本主义制度及其灾难而吸收资本主义创造的文明成果和巨大成就，实现向社会主义过渡。——编者注。

进行了非常有意义的、极为宝贵的探索。

在研究俄国革命前途的问题时，马克思、恩格斯特别强调指出，必须把理论运用于俄国的实际。1877年，俄国民粹派思想家米海洛夫斯基在《祖国纪事》杂志上撰文，他机械地照搬马克思关于西欧资本主义发展过程的理论，断定"一切民族，不管他们所处的历史环境如何，都注定要走这条道路"，才能实现共产主义。对此，马克思在《给〈祖国纪事〉杂志编辑部的信》中指出："我要请他原谅。他这样做，会给我过多的荣誉，同时也会给我过多的侮辱。"[1]马克思在信中说，每个民族的历史环境不同，不作具体分析，把一般的历史哲学理论当作万能的钥匙，是无法解决问题的。恩格斯在同查苏利奇研究俄国革命发展的问题时，也同样强调指出，必须把马克思的历史理论，应用于本国的经济条件和政治条件，只有这样，才能正确地制定革命的策略，解决俄国的问题。

马克思、恩格斯认为，由于俄国特殊的历史环境，它有可能超越完备的资本主义发展阶段而直接走向社会主义。从1875年开始，恩格斯在批判特卡乔夫时就提出，俄国公社虽然正趋于解体，但是也不可否认有可能使这一社会形式转变为高级形式(即社会主义形式)。1877年11月，马克思在《给〈祖国纪事〉杂志编辑部的信》中，明确表示同意关于俄国非资本主义发展的观点。信中说，车尔尼雪夫斯基(俄国民粹派的奠基人)研究了这样一个问题：俄国应当像它的自由派经济学家们所希望的那样，首先摧毁农村公社以过渡到资本主义制度呢，还是与此相反，发展它所特有的历史条件，就可以不经过资本主义制度的一切苦难而取得它的全部成果？车尔尼雪夫斯基赞成后一种解决办法。马克思明确表示："我同意他对这个问题的观点。"[2]1881年，马克思在《给查苏利奇的信》及其复信的三个底稿中说，俄国农村公社，"它目前处在这样的历史环境中：和它同时并存的资本主义生产在给它提供集体劳动的一切条件。它有可能不通过资本主义制度的卡夫丁峡谷，而享用资本主义制度的一切肯定成果"[3]。马克思是说，俄国有可能不通过资本主义制度的卡夫丁峡谷，即有可能不通过资本主义制度及其灾难而汲取资本主义所创造的巨大成就，取得历史的进步。到了1893年，恩格斯还说："公社，在

---

〔1〕《马克思恩格斯全集》第19卷，人民出版社1963年版，第130页。

〔2〕《马克思恩格斯全集》第19卷，人民出版社1963年版，第129页。

〔3〕《马克思恩格斯全集》第19卷，人民出版社1963年版，第438页。

某种程度上还有劳动组合，都包含了某些萌芽，它们在一定条件下可以发展起来，拯救俄国不必经受资本主义制度的苦难。”[1]

但是，马克思、恩格斯提出俄国直接走向社会主义是有条件的。他们多次论述了这些条件。

一是必须为农村公社的进化和发展创造正常的条件。马克思认为，俄国当时的历史环境，资本主义生产的存在和资本主义制度正在经历的危机，既有利于又不利于农村公社的发展。马克思主张通过农村公社的“进一步发展来保存”农业公社。公社的进化和发展是逐步进行的，首先应当做的是，在目前的基础上“为它创造正常的条件”[2]。那么，怎样创造正常的条件呢？马克思认为，俄国只能通过本国农村公社的发展来摆脱它的农业现在所处的绝境；用英国式的资本主义租佃来摆脱这种绝境的尝试，是徒劳无功的。因为这种制度同俄国国内的整个农村条件相抵触，英国资本主义农业发展的模式不适合俄国的特殊条件。俄国农民习惯于劳动组织关系，这便于它从小土地经济过渡到集体经济。“但是，要使集体劳动在农业本身中能够代替小土地劳动这个私人占有的根源，必须具备两样东西：在经济上有这种改造的需要，在物质上有实现这种改造的条件。”[3]经济上的需要，就是除掉压在农村公社肩上的重担，获得正常数量的耕地，组织大规模的合作劳动，至于实现这种改造的物质条件，和公社并存的资本主义生产可以提供。只要把农村公社放在正常的条件下，它是能够向集体所有制和集体生产的最高级形式发展的。但是，问题是当时的俄国农村公社正处在危险的境地。

二是必须有俄国革命。马克思说：“威胁着俄国公社生命的不是历史的必然性，不是理论，而是国家的压迫，以及渗入公社内部的、也是由国家靠牺牲农民培养起来的资本家的剥削。”[4]国家的压迫与正在产生和发展的资产阶级的剥削几乎把农村公社推向灭亡的边缘。根据俄国社会的基本矛盾和基本状况，马克思得出了这样一个重要的结论：“要挽救俄国公社，就必须有俄国革命。”[5]这就是说，马克思认为，如果革命在适当的时候发生，如果它能把自己的一切力量集中起来以保证农村公社的自由发展，那么农村公社就

〔1〕《马克思恩格斯全集》第39卷，人民出版社1974年版，第38页。
〔2〕《马克思恩格斯全集》第19卷，人民出版社1963年版，第436～437页。
〔3〕《马克思恩格斯全集》第19卷，人民出版社1963年版，第438页。
〔4〕《马克思恩格斯全集》第19卷，人民出版社1963年版，第446页。
〔5〕《马克思恩格斯全集》第19卷，人民出版社1963年版，第441页。

会很快地变为俄国社会复兴的因素,变为使俄国比其他还处在资本主义制度压迫下的国家优越的因素。至于俄国革命与西方无产阶级革命的关系及其在俄国发展道路上的作用,马克思、恩格斯明确写道:"假如俄国革命将成为西方无产阶级革命的信号而双方互相补充的话,那么现今的俄国土地公有制便能成为共产主义发展的起点。"〔1〕

三是要有发达国家无产阶级革命胜利作保证。恩格斯在晚年的《论〈俄国的社会问题〉跋》中写道:只有"当西欧人民的无产阶级取得胜利和生产资料转归公有之后,那些刚刚踏上资本主义生产道路而仍然保全了氏族制度或氏族制度残余的国家,可以利用这些公社所有制的残余和与之相适应的人民风尚作为强大的手段,来大大缩短自己向社会主义社会发展的过程,并可以避免我们在西欧开辟道路时所不得不经历的大部分苦难和斗争"。因为只有西欧无产阶级革命的胜利,才能使这些落后国家从实例中看到"这是怎么回事";也才能使这些落后国家的成功"是有保证的"〔2〕。

在研究俄国的客观发展趋势时,马克思还谈到,如果俄国发生了民主革命,在欧洲就意味着一个庞大的封建专制制度的军事强国俄国的消灭,就意味着德意志从受俄国封建专制庇护的普鲁士统治下解放出来,就意味着波兰得到解放。它还意味着俄国人民本身积极的民主生活的开始,同时还意味着俄国的真正工人运动的开始。"总之,它意味着欧洲整个形势发生变化,这种变化一定会受到各国工人兴高采烈的欢迎,把它看做是向他们的共同目标——劳动的普遍解放大大迈进了一步。"〔3〕

在探索俄国直接走向社会主义可能性的同时,马克思、恩格斯也看到了"如果俄国继续走它在1861年所开始走的道路",即发展资本主义,"那它将会失去当时历史所能提供给一个民族的最好的机会,而遭受资本主义制度所带来的一切极端不幸的灾难"〔4〕。事实上,到了1894年1月,恩格斯已经认定,"目前的俄国无论是在公社的基础上还是在资本主义的基础上,都不可能达到对社会的社会主义改造。"〔5〕

马克思、恩格斯探索和研究像俄国这样资本主义经济不发达的国家,在

---

〔1〕《马克思恩格斯选集》第1卷,人民出版社1995年版,第251页。
〔2〕《马克思恩格斯全集》第22卷,人民出版社1965年版,第502页。
〔3〕《马克思恩格斯全集》第19卷,人民出版社1963年版,第158页。
〔4〕《马克思恩格斯全集》第19卷,人民出版社1965年版,第129页。
〔5〕《马克思恩格斯全集》第22卷,人民出版社1965年版,第510页。

特定的历史环境下有可能超越完备的资本主义发展阶段，免除资本主义制度所必然带来的灾难而直接走向社会主义的问题。这说明，他们认为通往社会主义的道路，并不一定要走西方道路，由于特殊的历史环境，还存在着东方社会发展的特殊道路。他们的这个思想，与社会主义必然代替资本主义的原理是一致的，又是对它的补充的深化。马克思、恩格斯对俄国直接走向社会主义可能性所提出的条件说明，他们把实现社会主义的着眼点始终放在西欧发达的资本主义国家。西方发达国家首先取得无产阶级革命胜利，然后再扩大到其他国家。这同列宁的"一国胜利论"是有区别的。马克思、恩格斯当时对俄国客观发展趋势的分析不只是一种可能性，既估计到走向社会主义的可能性，又估计到有可能发生民主革命。因此，不能把马克思、恩格斯的思想无限制地拔高，认为他们已经系统地解决了资本主义经济不发达国家实现社会主义的理论。事实上，当资本主义发展到帝国主义阶段，是列宁从理论和实践上解决了这个问题。

三、正确认识不发达国家走社会主义道路的争论、理论和实践〔1〕

在19世纪中叶，马克思、恩格斯根据他们所处时代的条件，曾经有过一种设想：社会主义应当首先在一些资本主义比较发达的国家，通过无产阶级共同的行动，同时取得胜利。恩格斯还点了一些国家的名，说"至少在英国、美国、法国、德国同时发生"。可是，后来走上社会主义道路的国家，并不是原来资本主义发达的国家，恰恰是原来资本主义不很发达和很不发达的国家。这就是说，历史所走的路，同马克思、恩格斯原先的设想是不大相同的。

如果这些社会主义国家在建国以后，能够一帆风顺，那么，也许今天就不会有人怀疑资本主义不很发达的国家可以搞社会主义。可是，自从十月革命以来，世界上仅有的几个社会主义国家，虽然取得过很大成绩，但的确道路坎坷，特别是苏联的解体、东欧的剧变，更是引起了人们的深思。比如，前保加利亚共产党最高领导人在反思苏联解体、东欧剧变时就说：为什么看起来十分强大和可靠的社会主义制度一下子就崩溃了呢？这首先是因为忘记了马克思主义奠基者的结论，即只有在发达资本主义国家里，社会主义才能取得胜利。在我国，不论过去和现在，都有人提出这样的看法：我国的生产力比资本主义国家落后，却建立了先进的生产关系，这违背了生产力发展的要求。

〔1〕 参见张祖千：《不发达国家究竟能否走社会主义道路》，《当代思潮》2001年第2期。

也有人说:中国搞社会主义,是早了。不发达国家搞社会主义,如同石板上栽花——无根。那么,对不发达国家走社会主义道路问题,究竟该怎么看呢?这是我们必然要认真思考的一个重大问题。

关于不发达国家可不可以搞社会主义这个问题,历史上早就有过多次争论。概言之主要有三次争论。

第一次发生在19世纪40年代马克思主义刚刚产生的时期。在当时的德国,有人主张,只有等到资本主义充分发展起来之后,等到无产阶级在人口中占大多数的时候,才能进行社会主义革命,走社会主义道路。在这同时,也有人主张,在小农经济基础上,也可以进行社会主义革命,走社会主义道路。马克思、恩格斯当时的看法是:社会主义应当建立在现代资本主义所提供的社会化大生产的基础上。但是,他们后来的思想有了新的发展,认为不一定要等到最后一个小手工业者和最后一个小农都变成资本主义大生产的牺牲品的时候,才来实现这个变革。他们在《共产党宣言》中指出:"只要在无产阶级及其政党积极的参与之下,德国的资产阶级民主革命,可以成为无产阶级革命的直接序幕。"而且,他们还进一步设想,像德国和法国这样存在相当数量小农的国家里,可以通过组织合作社,引导农民走上社会主义道路。到了19世纪70年代后期,马克思通过和俄国革命家的接触以及对东方国家的观察,认为如果有外部力量的支持,俄国等东方国家有可能"不经受资本主义制度的一切苦难而取得它的全部成果"。恩格斯也认为,只要抓住机会,创造条件,俄国可能成为新社会发展的起点。马克思、恩格斯对东方社会发展道路的探索,为后来东方落后国家先于西方发达国家进入社会主义提供了重要的理论准备。

第二次是20世纪初期。由于经济政治形势的变化,围绕着能不能在工业已有一定程度发展,但还称不上发达资本主义的俄国进行社会主义革命,进行了持久的、激烈的争论。当时,以普列汉诺夫为代表的一派认为"俄国的生产力还没有发展到足以实现社会主义的水平","只有在资本主义生产方式高度发达的地方",才能搞社会主义。以列宁为代表的一派则认为,既然俄国已经有了一定数量的现代工业,有了无产阶级及其政党的领导,又有广大的农民做同盟军,那么,在资产阶级民主革命胜利之后就可以不停顿地转变为社会主义革命。这个问题一直争论到十月革命的前夕,当布尔什维克已经决定用武装起义来夺取政权的时候,仍遭到反对派的强烈反对。反对派认为,俄国的生产力还没有发展到足以实现社会主义的水平,无产阶级就不应该用革命手段去推翻资产阶级的统治，去建立自己的政权，这是十月革命前的一次争论。

第三次是在十月革命胜利以后。那时有个苏汉诺夫，他是俄国的政论家、农业经济学家，十月革命后在苏维埃经济机关工作。他作为当时一股思潮的代表认为，十月革命搞早了，搞得不对。列宁在看了苏汉诺夫的言论以后，非常生气，专门写了《论我国革命》一文，批评苏汉诺夫。列宁指出，苏汉诺夫之流对马克思主义的了解迂腐到了极点，他们对革命的辩证法一窍不通。列宁责问说："面对第一次帝国主义大战所造成的那种革命形势的人民，在毫无出路的处境逼迫下，难道他们就不能奋起斗争吗？"[1]列宁说："既然建立社会主义需要有一定的文化水平……我们为什么不能首先用革命手段取得达到这个一定水平的前提，然后在工农政权和苏维埃制度的基础上赶上别国人民呢？"[2]这是又一次争论。

所以，这是一个老问题，历史上有过多次争论，今天这个问题又突出起来。应该肯定，不发达国家在特定历史条件下，是可以建设社会主义的，它的理论根据，概括起来主要有以下几条。

第一，世界历史发展的一般规律，不仅不排斥个别发展阶段在发展顺序上表现出特殊性，反而是以此为前提的。马克思主义揭示了人类社会历史发展的一般进程，揭示了五种社会形态，那是从整体上说的。作为某个国家，在一定条件下是可以跳跃的。比如，美国的主要地区北方，就不曾有过封建制度，为什么？因为从英国到那里去的殖民者，主要是小资产阶级。而美国南方的情况就不同，到那里去的殖民主义者是英国的贵族，他们在那里经营烟草种植园、棉花种植园，奴隶贩子从非洲运来黑人，于是奴隶制的种植园经济一度成了美国南方的经济基础，南北有很大差异，南方的奴隶制，北方的资本主义经济。后来，经过四年南北战争，资本主义的美国北方获得全胜，宣布废除奴隶制。这样一来，不仅北方没有经过封建社会，南方也没有经过封建社会。又比如，我国的西藏地区，原来是奴隶制经济，在全国大陆解放的条件下，就不必要再按部就班去经历各种社会形态了。所以，世界历史发展的一般规律，不排斥在发展阶段的顺序上表现出特殊性，当然，这是有条件的。

第二，政治经济发展不平衡规律的作用。当资本主义由自由竞争阶段发展到了垄断阶段以后，这个规律的作用比过去更明显了。它的表现就是有些

〔1〕〔2〕《列宁选集》第4卷，人民出版社1995年版，第776～777页。

资本主义国家赶上并排挤原来走在它前面的国家。这样就导致了资本主义体系内部冲突的加剧,第一次和第二次世界大战,就都是由这种矛盾引起的。经济发展的不平衡,决定了各资本主义国家各种矛盾尖锐程度很不一样。政治发展的不平衡,决定了不同国家无产阶级革命的政治条件不会同时成熟,各国无产阶级的革命觉悟、组织程度、领导水平必然会有很大差异。这些因素便决定了社会主义可能在个别国家获得胜利,决定了社会主义革命只能一个一个地发生,而不可能在所有的国家同时发生。

第三,在整个资本主义世界体系中,统治力量的分布是不平衡的。在它们统治的链条上会出现薄弱环节,从而使无产阶级可能冲破这一薄弱环节而首先取得胜利。而统治链条上的最薄弱环节常常不是资本主义最发达的那些国家,而是经济上不很发达,但各种矛盾非常集中、非常尖锐的国家。

第四,生产力的一定发展是引起社会革命的决定性条件,但革命又不是一种单纯的经济过程,还需要其他条件的配合。各国迟早都会进入社会主义,这是一般规律,是由资本主义的基本矛盾决定的。而各个国家在什么时候、以什么方式进入社会主义,却要由各国的具体历史条件来决定。所以,当客观的革命形势已经成熟,无产阶级可以夺取政权的时候,就不应该放弃夺取政权,可以通过夺取政权去造成发展生产力的条件。如认为生产力落后而不去夺取政权,那也是不对的。为什么?因为不发达国家赢得社会主义胜利,并不是推迟,而是加速人类历史发展的总进程,就整个来说,同样是生产力、生产关系矛盾的结果,是合乎规律的现象。

当然,资本主义越发展,建设社会主义就越容易。因为资本主义是构成社会主义的基础和出发点,社会主义是继资本主义之后出现的,比资本主义更先进、更合理的新的社会形态,两个社会形态之间存在着一种自然发展的历史过程。不发达国家搞社会主义,由于它的起点低,必然要面临许多复杂和特殊的困难,既有内部的困难,也有外部的困难,因而在一定时间里,不发达国家所搞的社会主义,只可能是"不够格"的社会主义。可是,经济上不发达国家建设社会主义必然要比发达国家建设社会主义艰难得多,这是一回事;经济上不发达国家在特定条件下可能搞社会主义,这是另一回事。

从实践来看,20世纪有一个醒目的事实,就是一些落后国家突破帝国主义的薄弱环节,首先动手建设社会主义。从此,社会主义就不只是一种理论,而是打破了资本主义统治的一统天下,形成和发展为一种社会制度。然而,当代实践中的社会主义和马克思主义学说中的社会主义是有很大不同的。

不发达国家建设社会主义的实际发展,比人们所想像的要复杂得多。于是人们会问,怎么搞的,半个多世纪了,就某些方面来说,还在强迫我们再一次地重新建立资本主义的东西。

现在,一方面,资本主义还在发展,还有力量通过它内部的调整统治着世界舞台,而且看来还比较稳定;另一方面,社会主义国家的经济建设没有搞得很好,社会主义的榜样力量并没有发挥出来,还没有实现历史对它的期待和希望。因而就世界范围来说,就导致不少人对社会主义发生怀疑。比如日本,在20世纪50年代向往社会主义的人就很多,而到70年代末,他们当中的不少人,就不那么向往社会主义了。美国也是如此,原来有一部分人信仰社会主义,特别是在知识分子里面更多一些,但后来听说苏联搞的是修正主义,便把希望寄托在中国的"文化大革命"上,之后,"文化大革命"真相大白了,对社会主义的向往也就冷下来了。特别是人类历史上第一个社会主义国家经历了74年之后垮台了,这又给世界各国一部分向往社会主义的人造成一种自我怀疑的气氛。比如,美国有少数原来的共产党员甚至这样说:历史事件证明,资本主义是正确的,社会主义则是一种妄想。这说明,社会主义国家的事情没有做好,影响到一部分人对社会主义的信仰,帮了资本主义的大忙。

但是,尽管如此,资本主义决不会独霸天下,社会主义取代资本主义,仍将是历史发展的趋势。历史说明,任何一种新的社会制度代替旧的社会制度,都要经历成功与失败的艰难曲折的斗争,才能取得最后胜利。资本主义代替封建主义,不过是一种私有制代替另一种私有制,尚且要经过长期的反封建的资产阶级革命。赫赫有名的英国资产阶级革命,是一次不彻底的资产阶级革命,从1640年发动到1688年确立资产阶级专政为止,经历了半个世纪的斗争。法国资产阶级革命动荡的时间就更长。从1789年到1875年整整86年,在这期间,交织着进步与反动、复辟与反复辟的反复斗争,最后资产阶级革命才取得了成功。而实行社会主义,最终意味着对资产阶级的剥夺,意味着对资本主义私有制的否定,这当然需要更长的时间。同时,我们还必须清醒地估计到:第一,资本主义是决不会对社会主义的发展袖手旁观的。第二,不发达国家搞社会主义,不得不面对仍旧由资本主义统治着的世界市场。而世界市场的规则、秩序,对不发达国家是不利的。第三,在一定时期内,资本主义仍将是人类经济的最发达部分。所以,在社会主义代替资本主义的过程中,两种制度的斗争与合作将是整整一个历史时代。不发达国家可能首先动手建设社会主义，但并不必定能首先建成合格的社会主义社会。在不发达国家建设社会主义的过程中，出现曲折、反复是在所难免的、合乎规律的，没有曲折，反倒是不合规律的。历史从来就不是直线发展的，社会主义制度的发展也必然是曲折发展的世界性进程。因为有曲折，就说成是失败，就说不可能成功，那是不科学的，也是不公正的。

第四节　对未来社会主义社会的设想

马克思、恩格斯在对经济文化等发展成熟程度不同类型的国家如何进行社会主义革命的问题进行理论论证的同时，也对高于现存资本主义社会的共产主义社会进行了宏观设想。

一、马克思、恩格斯关于未来社会主义基本特征的阐述

马克思、恩格斯毕生为共产主义的理想而奋斗，但除了在短暂的72天中存在过的巴黎公社之外，他们没有能够见到社会主义、共产主义社会的实现，而只能在资本主义社会的社会化大生产的物质基础上，对未来的社会主义社会的特征作一些预测。根据他们的设想，社会主义社会的基本特征是:

首先是生产力的高度发展。

早在《德意志意识形态》一书中，马克思、恩格斯就指出，人们所达到的生产力的总和决定着社会状况。在社会主义社会尤其如此，这是因为，从正面来说，消灭异化的“两个实际前提”，“都是以生产力的巨大增长和高度发展为前提的”；从反面来说，生产力的这种发展之所以是绝对必需的实际前提，是因为“如果没有这种发展，那就只会有贫穷、极端贫困的普遍化，而在极端贫困的情况下，必须重新开始争取必需品的斗争，全部陈腐污浊的东西又要死灰复燃”〔1〕；在《共产党宣言》中，他们又指出，无产阶级在夺取政权以后，要“尽可能快地增加生产力的总量”〔2〕。在《反杜林论》中，恩格斯指出，阶级划分是“被现代生产力的充分发展所消灭”的，“是以生产高度发展的阶段为前提的”。在社会主义社会，由于把生产力从束缚它的桎梏中解放出来，因

〔1〕《马克思恩格斯选集》第1卷，人民出版社1995年版，第86页。
〔2〕《马克思恩格斯选集》第1卷，人民出版社1995年版，第293页。

而"通过社会生产,不仅可能保证一切社会成员有富足的和一天比一天充裕的物质生活,而且还可能保证他们的体力和智力获得充分的自由的发展和运用"[1]。在《哥达纲领批判》中,马克思又指出,生产力的高度发展,是由社会主义过渡到共产主义的一个重要前提,因为只有消灭分工和脑力劳动、体力劳动的差别,劳动成为生活第一需要之后,"在随着个人的全面发展,他们的生产力也增长起来,而集体财富的一切源泉都充分涌流之后,——只有在那个时候,才能完全超出资产阶级权利的狭隘眼界,社会才能在自已的旗帜上写上:各尽所能,按需分配"[2]!

其次是消灭私有制,全部生产资料归社会直接所有。

在《共产主义原理》中,恩格斯曾预测"新的社会制度"将"剥夺相互竞争的个人对工业和一切生产部门的经营权,而代之以所有这些生产部门由整个社会来经营",但在同时,他又指出"正像不能一下子就能把现有的生产力扩大到为实行财产公有所必要的程度一样","只有创造了所必需的大量生产资料之后,才能废除私有制"[3];在《反杜林论》中,恩格斯指出,在推翻资产阶级的革命过程中,"无产阶级将取得国家政权,并且首先把生产资料变为国家财产",与此同时,他又再次强调社会对于全部生产资料的"这种占有只有在实现它的物质条件已经具备的时候,才能成为可能,才能成为历史的必然性","这种占有之所以能够实现","是由于具备了一定的新的经济条件"[4]。

第三是生产将有计划地进行,不再存在商品和货币。

《共产主义原理》预测社会主义社会在剥夺了资本家对一切生产力和交往工具的支配权以及对其产品的交换和分配权以后,"社会将按照根据实有资源和整个社会需要而制定的计划来管理这一切","由社会全体成员组成的共同联合体来共同地和有计划地利用生产力",就是说,"为了共同的利益、按照共同的计划、在社会全体成员的参加下来经营"[5];马克思在《论土地国有化》中也预测:在社会主义社会,"生产者将按照共同的合理的计划自觉地从

〔1〕《马克思恩格斯选集》第3卷,人民出版社1995年版,第632~633页。
〔2〕《马克思恩格斯选集》第3卷,人民出版社1995年版,第305~306页。
〔3〕《马克思恩格斯选集》第1卷,人民出版社1995年版,第237、239页。
〔4〕《马克思恩格斯选集》第3卷,人民出版社1995年版,第630~632页。
〔5〕《马克思恩格斯选集》第1卷,人民出版社1995年版,第241、243、237页。

事社会劳动"[1],并在《资本论》第二卷中强调指出:"在社会公有的生产中,货币资本不再存在了。社会把劳动力和生产资料分配给不同的生产部门。生产者也许会得到纸的凭证,以此从社会的消费品储备中,取走一个与他们的劳动时间相当的量。这些凭证不是货币。它们是不流通的。"[2]而恩格斯在《反杜林论》中则论证说,一旦社会占有了生产资料,商品生产就将被消除,而产品对生产者的统治也将随之消除。社会生产内部的无政府状态将为有计划的、自觉的组织所代替。他还指出:"社会一旦占有生产资料并且以直接社会化的形式把它们应用于生产,每一个人的劳动,无论其特殊的有用性质是如何的不同,从一开始就直接成为社会劳动。那时,一个产品中所包含的社会劳动量,可以不必首先采用迂回的途径加以确定","社会也不会赋于产品以价值",因为"人们可以非常简单地处理这一切,而不需要著名的'价值'插手其间"[3]。

第四是在消费品的分配上实行按劳分配原则。

在《哥达纲领批判》中,马克思详尽地阐述了在共产主义社会的初级阶段,即社会主义社会中个人消费品的分配原则。他指出,在那里,每一个生产者,在作了各项扣除之后,从社会领回的正好是他给予社会的。他给予社会的,就是他人的劳动量,他从社会方面领到一张凭证,证明他提供了多少劳动(扣除他为社会基金而进行的劳动),而他根据这张凭证,从社会储存中领得一份耗费同等劳动量的消费资料。他以一种形式给予社会的劳动量,又以另一种形式领回来。马克思说,"显然,这里通行的是调节商品交换(就它是等价的交换而言)的同一原则","所以,在这里平等的权利按照原则仍然是资产阶级权利,虽然原则和实践在这里已不再互相矛盾",尽管"有这种进步,但这个平等的权利总还是被限制在一个资产阶级的框框里。生产者的权利是同他们提供的劳动成比例的;平等就在于以同一尺度——劳动——来计量","这种平等的权利,对不同等的劳动来说是不平等的权利。它不承认任何阶级差别,因为每个人都像其他人一样只是劳动者;但是它默认,劳动者的不同等的个人天赋,从而不同等的工作能力,是天然特权。所以就它的内容来讲,它像一切权利一样是一种不平等的权利"。然而,在社会主义社会,这种弊病

---

〔1〕《马克思恩格斯全集》第18卷,人民出版社1964年版,第67页。

〔2〕《马克思恩格斯全集》第24卷,人民出版社1972年版,第397页。

〔3〕《马克思恩格斯选集》第3卷,人民出版社1995年版,第660~661页。

还是不可避免的,因为“权利决不能超出社会的经济结构以及由经济结构制约的社会的文化发展”,只有到了共产主义社会的高级阶段才能实行各尽所能、按需分配原则[1]。

第五是消灭阶级和阶级差别。

在《哲学的贫困》中,马克思就说过,“劳动阶级解放的条件就是要消灭一切阶级”,因此,“劳动阶级在发展进程中将创造一个消除阶级和阶级对立的联合体来代替旧的市民社会”[2];在《1848 年到 1850 年的法兰西阶级斗争》中,马克思又强调说,“革命的社会主义”“就是宣布不断革命,就是无产阶级的阶级专政,这种专政是达到消灭一切阶级差别,达到消灭这些差别所由产生的一切生产关系,达到消灭和这些生产关系相适应的一切社会关系,达到改变由这些社会关系产生出来的一切观念的必然的过渡阶段”[3];恩格斯在《共产主义原理》中,则从消灭私有制所产生的结果上,来论证在社会主义社会中阶级和阶级差别的消灭。他说,在摆脱了生产资料私有制的束缚以后,社会就将生产出足够的产品,可以组织分配以满足全体成员的需要。因此,社会划分为各个不同的相互敌对的阶级就是多余的了,这种划分不仅是多余的,甚至是和新的社会制度互不相容的。“根据共产主义原则组织起来的社会……一方面不容许阶级继续存在,另一方面这个社会的建立本身为消灭阶级差别提供了手段”[4];在《反杜林论》中,恩格斯又重申“社会分裂为剥削阶级和被剥削阶级、统治阶级和被压迫阶级,是以前生产不大发展的必然结果”,正因为阶级的“这种划分是以生产的不足为基础的,它将被现代生产力的充分发展所消灭”[5]。

第六是国家的逐步消亡。

马克思认为,到了社会主义社会,“阶级统治一旦消失,目前政治意义上的国家也就不存在了”[6]。恩格斯把国家的消亡看作是无产阶级取得国家政权、把生产资料变为国有财产的必然结果。他写道:“这样一来,它就消灭了作为无产阶级的自身,消灭了一切阶级差别和阶级对立,也消灭了作为国

---

[1] 《马克思恩格斯选集》第 3 卷,人民出版社 1995 年版,第 304 ~ 305 页。
[2] 《马克思恩格斯选集》第 1 卷,人民出版社 1995 年版,第 194 页。
[3] 《马克思恩格斯选集》第 1 卷,人民出版社 1995 年版,第 462 页。
[4] 《马克思恩格斯选集》第 1 卷,人民出版社 1995 年版,第 243 页。
[5] 《马克思恩格斯选集》第 3 卷,人民出版社 1995 年版,第 632 页。
[6] 《马克思恩格斯全集》第 18 卷,人民出版社 1964 年版,第 699 页。

家的国家。”这是因为,当国家由资产阶级的国家“终于真正成为整个社会的代表时,它就使自己成为多余的了”,“国家真正作为整个社会的代表所采取的第一个行动,即以社会的名义占有生产资料,同时也是它作为国家所采取的最后一个独立行动”。但是,恩格斯强调说“国家不是‘被废除’的,它是自行消亡的”〔1〕。总之,随着阶级的消失,国家也不可避免地要消失,在生产者自由平等的联合体的基础上,“按新方式来组织生产的社会,将把全部国家机器放到它应该去的地方,即放到古物陈列馆去,同纺车和青铜斧陈列在一起”。但是,“为了达到未来社会革命的这一目的以及其他更重要更多的目的,工人阶级应当首先掌握有组织的国家政权并依靠这个政权镇压资本家阶级的反抗和按新的方式组织社会”〔2〕。

第七是人的全面自由的发展。

在《共产党宣言》中,马克思、恩格斯指出:“代替那存在着阶级和阶级对立的资产阶级旧社会的,将是这样一个联合体,在那里,每个人的自由发展是一切人的自由发展的条件。”〔3〕这里所说的每个人的自由发展是和集体分不开的,因为事情正如马克思、恩格斯在《德意志意识形态》中所指出的那样:“只有在共同体中,个人才能获得全面发展其才能的手段,也就是说,只有在共同体中才可能有个人自由”,“在真正的共同体的条件下,各个人在自己的联合中并通过这种联合获得自己的自由”〔4〕。与此同时,人的全面、自由的发展,又是以生产力的高度发展作为自己的物质前提和基础的。在《资本论》第一卷中,马克思指出,资本家为追求价值的增殖,“肆无忌惮地迫使人类去为生产而生产,从而去发展社会生产力,去创造生产的物质条件;而只有这样的条件,才能为一个更高级的、以每个人的全面而自由的发展为基本原则的社会形式创造现实基础”〔5〕。

二、正确认识马克思、恩格斯对未来社会的预测和设想

怎样科学认识和对待马克思主义创始人关于未来社会的某些预测,这不仅是研究19世纪社会主义思想史的重要课题,而且是正确总结20世纪社会

〔1〕《马克思恩格斯选集》第3卷,人民出版社1995年版,第630、631页。
〔2〕《马克思恩格斯选集》第4卷,人民出版社1995年版,第174、656页。
〔3〕《马克思恩格斯选集》第1卷,人民出版社1995年版,第294页。
〔4〕《马克思恩格斯选集》第1卷,人民出版社1995年版,第119页。
〔5〕《马克思恩格斯全集》第23卷,人民出版社1972年版,第649页。

主义历史经验的前沿问题。从20世纪到现在，对此始终有两种截然不同的回答，一种认为是"空想"、"梦想"，不可能实现的"乌托邦"，另一种认为是科学。

恩格斯早在1880年所写的《社会主义从空想到科学的发展》这部名著中就曾明确指出：由于马克思的"两大发现"即唯物史观和剩余价值学说，"社会主义变成了科学"〔1〕。恩格斯的这个论断，通过一个多世纪的实践证明，是完全正确的。我们在探讨科学社会主义创始人关于未来社会的预测时应当注意到：

第一，在他们的著作中对未来社会的预测极少。马克思、恩格斯为了给工人阶级一个新的世界观和理论武器，一生著作甚丰。他们总是将自己的理论"置于现实的基础之上"，著作的大部分是论述资本主义发生发展规律、社会主义代替资本主义的历史必然性和无产阶级的历史使命以及无产阶级革命问题，而对资本主义以后的未来社会始终慎之又慎，论述极少。他们不愿意做"未来学家"，认为空想社会主义大师们对未来社会描绘得愈细，他们的学说就愈陷入空想。他们还批评荷兰、法国的一些社会主义者热衷于在党的文献中提出"终极目标"，写上夺取政权后的具体经济、政治措施，认为那是"虚无缥缈"的"幻想"。1893年，恩格斯在回答法国《费加罗报》记者关于德国社会民主党对未来社会组织方面详细情况的预定看法时说："您在我们这里连它们的影子也找不到。"〔2〕

但是，这并不是说在马恩著作中没有从宏观上对未来社会作出某些预测。这种预测主要反映在如下几本著作中。一本是《共产党宣言》第二章，在同资产阶级进行论战时，渗透了他们对未来社会的某些特征的认识。第二本是《哥达纲领批判》，这是马克思所写的一封党内通信，主要是为了批判当时德国社会民主党的机会主义首领拉萨尔的"不折不扣的劳动所得"、"公平分配"、"平等的权利"、"自由国家"等教条和"空洞的废话"，因而涉及的仅是未来社会"第一阶段"和"高级阶段"个人消费品分配制度的特征，并未全面论述未来社会。第三本是《社会主义从空想到科学的发展》，这本书的第三章在分析资本主义社会基本矛盾的基础上，对未来社会进行了比较全面的论述。除此之外，其他著作则很少涉及。

---

〔1〕《马克思恩格斯选集》第3卷，人民出版社1995年版，第740页。
〔2〕《马克思恩格斯全集》第22卷，人民出版社1965年版，第629页。

第二,马克思、恩格斯关于未来社会预测的基本点是什么? 基本内容主要是:(1) 未来社会要划分阶段,即"第一阶段"和"高级阶段"(后来列宁称之为社会主义社会和共产主义社会);(2) 生产力将得到高度发展;(3) 实行生产资料公有制,消灭私有制;(4) 对个人消费品,第一阶段实行按劳分配,高级阶段实行按需分配;(5) 必须对社会生产实行有计划的指导和调节;(6) 在满足全体社会成员物质和精神方面合理要求的基础上实现人的全面发展。经过实践检验,这些基本内容、基本原理是正确的。当然,也应指出,由于历史条件所限,他们的某些个别论断,如在未来社会的第一阶段,商品和货币将退出历史舞台,国家也将消亡,以及将来要消灭社会分工等,这些应当通过实践有所修正。马克思、恩格斯是辩证唯物主义者,他们从来不把自己关于未来社会的预测当作终极真理。恩格斯强调说:"我们还差不多处在人类历史的开端,而将来会纠正我们的错误的后代,大概比我们有可能经常以十分轻蔑的态度纠正其认识错误的前代要多得多。"[1]他们一旦发现自己的认识有误,便立即纠正。我们不能苛求前人,不能要求马克思主义创始人所讲的句句是真理。马克思主义创始人和他们的继承者著作中某些个别论断中的理想化的"空想因素"并不等于空想社会主义。空想社会主义是个特定的概念。

第三,马克思、恩格斯关于未来社会的预测带有一种前瞻性和典型性,要求我们辩证地理解和运用。前瞻性是指,在没有社会主义实践时,他们运用唯物辩证法的发展观,从分析资本主义的发展趋势出发,对未来社会作出科学预见。典型性是指,他们在分析未来社会时,并不是一般地论述生产关系,而是紧紧抓住具有代表性的生产关系加以论证。如同他们在剖析资本主义社会时,着重分析资本主义私有制一样,他们在预见未来社会时则始终注意把握住社会主义公有制。他们这样做,并不意味着他们把未来社会看得那么纯而又纯。任何社会都不可能纯而又纯,除了占统治和主体地位的所有制外,一般来说还有前一种社会形态所有制的残余和后一种社会形态所有制的萌芽。过去,我们曾经搞过一段纯粹的公有制,这是出自我们对马列著作的教条化和苏联模式的神圣化,责任在我们,而不在马克思主义创始人。

---

〔1〕《马克思恩格斯选集》第3卷,人民出版社1995年版,第426页。

三、珍视马克思的两大发现[1]

马克思，这位以其理论有力地掌握了广大群众、深刻地改变了世界面貌、影响了历史进程的伟人，离开我们愈远，他的形象就显得愈加高大，用他的名字命名的主义就愈加放射出真理的光辉。

在马克思逝世后的第三天，恩格斯发表了《在马克思墓前的讲话》。他指出，马克思一生的成就是多方面的，最伟大的发现有二，即唯物史观和剩余价值学说。前者揭示了人类历史的发展规律，后者揭示了资本主义生产方式及其社会形态的运动规律。正是由于这两大发现，才使社会主义从空想变成了科学。自那时以来的社会实践已经充分证明，恩格斯的这个论断是极其精辟的，他所概括的马克思的这两大发现没有过时，它仍然是颠扑不破的真理。如果背离了其中的任何一个，就背离了整个马克思主义。

值得注意的是，现在这两个发现都遭到种种挑战和诘难，我们理应对此作出应战和回答。

第一，关于唯物史观。

正像达尔文发现了有机界的发展规律一样，马克思发现了人类历史发展的规律，这就是唯物史观。如今，有些人却把马克思主义的唯物史观贬称为"传统唯物史观"，备加责难。有人指责说，它的"严重缺陷"是"忽视作为社会主体的人及其实践活动"。诘难者振振有词：一种忽视社会主体人的历史观又怎么能指导人们全面系统地揭示出人类历史发展的完整图景呢？有的甚至把一切错误的根源归结为唯物史观，说我们在实际工作中和历史研究中反复出现的这种根深蒂固的教条主义顽症，原因当然有多种，其最深刻的认识根源恰恰在于存在着严重理论缺陷的传统唯物史观。此类危言耸听的说法并不能给唯物史观带来丝毫的伤害，相反，却暴露了论者自身的唯心史观的实质。

唯物史观忽视作为社会主体的人吗？否。正是在马克思的《关于费尔巴哈的提纲》，这个被恩格斯称作"包含着新世界观的天才萌芽的第一个文件"，又称为"历史唯物主义的起源"中，马克思揭示了历史唯物主义与旧唯物主义的根本区别。马克思指出："从前的一切唯物主义（包括费尔巴哈的唯

---

〔1〕 转引自马蓥伯：《珍视马克思的两大发现——纪念马克思诞辰185周年、逝世120周年》，《当代思潮》2003年第2期。

物主义)的主要缺点是,对对象、现实、感性,只是从客体的或者直观的形式去理解,而不是把它们当作感性的人的活动、当作实践去理解,不是从主体方面去理解。因此,和唯物主义相反,能动的方面却被唯心主义抽象地发展了,当然,唯心主义是不知道现实的、感性的活动本身的。"这就清楚地告诉我们,唯物史观,即历史唯物主义,是新的科学的世界观,它既不同于唯心主义,又不同于旧唯物主义,它十分重视作为社会主体的人,十分重视人的实践活动。《关于费尔巴哈的提纲》指出:"人的思维是否具有客观的真理性,这不是一个理论的问题,而是一个实践的问题。""环境的改变和人的活动或自我改变的一致,只能被看作是并合理地理解为革命的实践。"这才是真正对于作为社会主体的人的重视,对于人的实践活动的重视。

实践活动,是主观见之于客观的东西。人的实践及其作用,是社会发展史与自然发展史的重大区别。在自然界中,如果我们把人对自然界的反作用撇开不谈,起作用的因素,毫无例外,都是没有意识的、盲目的力量,自然界的客观规律就表现在这些力量的相互作用之中。社会发展史则不然,在社会历史领域里进行活动的,是具有意识的、追求某种目的的人,任何事情的发生都不是没有自觉的意图、没有预期的目的的。这个区别往往使人产生严重的错觉,以为社会历史的发展完全受人的主观意志所支配,并没有客观规律可循。在马克思主义诞生以前,众多哲学家尽管在对待精神与物质的一般关系上是唯物主义的,但是在对待人类社会历史的发展上,却坠入了唯心主义的泥坑,他们正是在这里失足的。

社会历史领域纷繁复杂,扑朔迷离,各个民族、各个国家、各种制度、各种宗教、各类思想、各类学说,林林总总,五光十色,似乎很难看到重复性和常规性,而这种重复性和常规性是探寻客观规律所必需的。马克思的伟大创造在于,他从社会生活的各种领域中划分出经济领域,这是决定整个社会生活的基础;从一切社会关系中划分出生产关系,这是决定其余一切关系的最基本的关系。这样,人类历史便显示出了重复性和常规性,社会形态,包括由生产力决定的生产关系,由经济基础决定的上层建筑,以及它们彼此之间的作用和反作用,便空前清晰地呈现在人们的面前,人类历史发展的一般规律终于被找到了。当然,人的实践活动都是有意识、有目的的,但是这丝毫不能改变这样一个事实:历史进程是受内在客观规律支配的。例如,资本主义要被社会主义所代替,并最终走向共产主义,这是历史发展的客观规律,你承认它也罢,否认它也罢,这个必然性总是要通过种种偶然性为自己开辟道路。人的实践活动，人的主观努力，只有符合社会历史的发展规律，才能获得真正的成功，推动历史的进程，否则，即使得逞于一时，甚至煊赫于一代，迟早要遭受灭顶之灾，最终扮演的只是螳臂挡车的角色。

唯物史观既有生产方式的骨骼，又有上层建筑各个领域的血肉，既揭示历史发展的客观规律性，又承认并高扬人的实践主观能动性，舍弃了唯物史观，还有什么东西能够"指导人们全面系统地揭示出人类历史发展的完整图景"呢？这岂不是要舍骐骥而择驽马、弃瑰宝而取顽石吗？除了把我们的事业引入歧途而外，还能有什么别的结果呢？某些提倡"主体性实践哲学"的人，把"主体性"膨胀到万物皆备于我的程度，走向了主观唯心主义、非理性主义、个人中心主义，教训难道还不深刻吗？还是让我们留在"传统唯物史观"的旗帜下面吧，这比争奇骛怪地追逐种种时髦思潮来，对于我们的事业要有益得多。

第二，关于剩余价值学说。

马克思不仅发现了人类历史发展的一般规律，而且运用这个规律性的认识来实际分析最复杂的一种社会形态，即资本主义社会，从而发现了资本主义生产方式及其社会形态的特殊的运动规律。这里，起着关键作用的是剩余价值的发现，由于这个发现，资本剥削劳动的秘密才第一次被揭示出来，使人们茅塞顿开、迷雾尽散，而先前，资产阶级经济学家在这方面所做的一切研究，正如恩格斯所说的，"都只是在黑暗中摸索"。

然而，现在有些人却竭力贬低和否定剩余价值学说。有的说：剩余价值理论曾被视为马克思的重大发现，仿佛是神圣不可侵犯的领地……但是，这个理论与历史唯物论不能相提并论。这只是经济学中的一个学派，可称为马克思经济学派。剩余价值理论不能作为马克思主义的世界观去看待，也不是马克思主义的本源。这样一来，马克思揭示资本剥削劳动的秘密的科学真理，同那些掩盖资本剥削劳动的秘密的歪理邪说至多只能具有同等的地位和价值，马克思主义的两大基石之一也就从根本上被抽掉了。

有人直截了当否认资本主义存在剥削，说："资本不必然带来剥削，剥削与其说是一个经济关系不如说是一个政治关系。真正的市场经济则是劳资双方在法治的基础上彼此妥协、合作，通过互相同意尊重了对方的权利，也就在消除了压迫的同时也消除了剥削。"劳工按合约工作，拿工资，资方以其成本和经营获得利润，双方都是按其投资获取对应的回报，因而都体现了当事人的合法权益，天经地义。如果有什么问题，双方仍然有权利提出交涉，直到出现新的互相同意;同时,投资风险与收益都属于出资方,这也理所当然,何来剥削之理?总不能说任何人还有不满意,就证明还有剥削吧,哪里有人人都心满意足的社会?因此,如果说没有剥削的话,恰恰只有这样的资本社会,才是没有剥削的,否则,人们又能够到哪里找别人投资、我当老板的"大同主义"?居然说恰恰是资本主义不存在剥削,多么美妙、多么惬意的资本主义啊!

可敬的论者并不以这样的辩护为满足,再看妙文:"我不相信任何'初级小同主义'、'高级大同主义',我相信权利平等的资本与劳动平权主义。只要我的人权、公民权利得到保障,什么都好说,因为我知道社会政治再也不可能比这更进步了,没有比这更美好的社会了(在这个意义上历史不是无限发展的,而是可以终结的)!"谁都明白,他这里所说的"初级小同主义"和"高级大同主义"分别是指初级阶段的社会主义和共产主义。他正是拿社会主义和共产主义同资本主义作对比,说他不相信前者,只相信后者,他认为人类历史将终结于资本主义社会,因为再也不可能有更加进步、更加美好的社会了!从否认资本主义存在剥削入手,唱出如此最高调的资本主义赞歌。如果笔者不是从一家省级刊物上亲自读到这段高论,我们会认为这纯属讹传。这恰恰从反面证明了马克思的剩余价值学说不仅具有科学的客观真理性,而且具有强烈的现实针对性!

资本家与雇佣劳动者彼此订立劳动合约(没有劳动合约的超经济剥削姑且不论),难道就不存在剥削了吗?还是让我们来读一读马克思的论述吧!马克思在《资本论》中说:"劳动力的买和卖是在流通领域或商品交换领域的界限内进行的,这个领域确实是天赋人权的真正乐园。那里占统治地位的只是自由、平等、所有权和边沁(指英国伦理学家边沁所主张的利己主义原则是保证利他主义原则的手段——引者)。自由!因为商品例如劳动力的买者和卖者,只取决于自己的自由意志。他们是作为自由的、在法律上平等的人缔结契约的。契约是他们的意志借以得到共同的法律表现的最后结果。平等!因为他们彼此只是作为商品占有者发生关系,用等价物交换等价物。所有权!因为他们都只支配自己的东西。边沁!因为双方都只顾自己,使他们连在一起并发生关系的唯一力量,是他们的利己心,是他们的特殊利益,是他们的私人利益。正因为人人只顾自己,谁也不管别人,所以大家都是在事物的预定的和谐下,在全能的神的保佑下,完成着互惠互利、共同有益、全体有利的事业。"笔者相信,读者决不会嫌这里的引文太长,因为这段话太精彩了,它把现在那些自以为高明的辩护士们挖空心思找出来的“理论”早就囊括无遗，谁说马克思主义过时了？这样极其严肃的问题，却以讽刺和幽默的笔墨出之，令人百读不厌。

更精彩的还在后面。马克思紧接着说：“一个离开这个简单流通领域或商品交换领域，——庸俗的自由贸易论者用来判断资本和雇佣劳动的社会的那些观点、概念和标准就是从这个领域得出的，——就会看到，我们的剧中人的面貌已经起了某些变化。原来的货币占有者作为资本家，昂首前行；劳动力占有者作为他的工人，尾随于后，一个笑容满面，雄心勃勃；一个战战兢兢，畏缩不前，像在市场上出卖了自己的皮一样，只有一前途——让人家来鞣。”这里接触到了问题的实质，在流通领域，资本与劳动力确似等价交换；但一旦进入生产领域，就毫无等价可言，因为工人出卖给资本家的是劳动力，而不是劳动。劳动力与一般商品不同，它在使用过程中能够创造价值，这个价值比资本家支付给工人的劳动力自身的价值要大得多，多出来的部分即是剩余价值。这就是“让人家来鞣”的内涵，这就是资本家剥削工人的秘密！如此抽象深刻的道理，偏偏以极其形象生动的语言出之。这便是我们无产阶级的伟大导师马克思！恩格斯指出：这个问题的解决是马克思著作的划时代的功绩。它使明亮的阳光照进了经济学领域，而在这个领域中，从前社会主义者像资产阶级经济学家一样曾在深沉的黑暗中摸索。科学社会主义就是以此为起点，以此为中心发展起来的。剩余价值学说既然是科学社会主义的起点和中心，难道能够贬之曰仅仅是“经济学中的一个学派”，而同马克思主义的世界观、马克思主义的“本源”没有关系吗？

雇佣劳动者所创造的剩余价值之所以能够被无偿占有，其源盖出于资本主义私有制。一端是资本家，占有生产资料；一端是雇佣劳动者，除了自己的劳动力而外，一无所有。于是就出现了生产的社会化与生产资料的资本主义的私人占有之间的矛盾，这就是资本主义生产方式的基本矛盾，由此派生出无产阶级与资产阶级之间的矛盾、个别企业中生产的组织性和整个社会中生产的无政府状态之间的矛盾、生产的不断扩张和消费的相对萎缩之间的矛盾，等等，解决这些矛盾的唯一出路便是以社会主义代替资本主义，舍此别无他途。列宁曾经指出：“自从《资本论》问世以来，唯物主义历史观已经不是假设，而是科学地证明了的原理。”这就画龙点睛地揭示了唯物史观与剩余价值学说这两大发现的内在联系，怎么能够把二者割裂开来呢？那些把二者割裂开来的人，表面上还承认唯物史观，似乎他们否定的只是剩余价值学说，其实,在他们否定剩余价值学说的同时,把唯物史观也一股脑儿抛到九霄云外去了。

第三,马克思主义屹立着、战斗着、发展着。

应该看到,现在舆论界出现的对于马克思主义的种种挑战和诘难并不稀奇,因为马克思主义在其生命的征途中,每走一步都得经过战斗。尽管资产阶级学者曾经一百次、一千次地宣告马克思主义已被驳倒,已经破产,他们还在一百零一次、一千零一次地继续向它提出挑战和诘难。这不恰恰证明了马克思主义并没有被驳倒,并没有“破产”,而是在屹立着、战斗着、发展着吗?

毋庸讳言,在马克思逝世以后这 120 多年来,特别是第二次世界大战结束以来,资本主义国家在其生产方式的框架内作了某些调节,使其内在矛盾得到一定程度的缓和,但是,这些矛盾绝对不可能从根本上得到解决,而且随着经济全球化的发展,这些矛盾正被推向全世界,调节的手段越来越少,缓和的空间越来越小。据美国联邦储备委员会 2003 年 1 月 22 日发表的报告称,美国财富排行榜前 10% 与后 20% 的人之间的差距在拉大:1992 年至 1998 年间,差距拉大了 9%,而 1998 年至 2001 年间拉大了 70%。这也从一个侧面反映出资本主义制度的内在矛盾。资本主义决不如我们这里某些人所宣传的那样,是臻于至善的社会,是人类历史的终结。另据英国《卫报》2002 年 8 月 12 日的文章称:“目前撼动美国大企业的种种丑闻不会使马克思感到惊讶……的确,现代世界经济与他 1848 年在《共产党宣言》中描述的资本主义比以往任何时候都更为相像。”这篇文章的作者加雷思 · 斯特德曼 · 琼斯并不是共产主义者,但是他比我们这里那些散布美化资本主义的奇谈怪论的“共产党人”更能直面现实。

在资本主义的矛盾得到某些缓和的同时,社会主义在世界上一些地方却遇到了挫折,甚至是严重的挫折。于是,敌视社会主义的人就高兴起来了,热爱社会主义的人就难过起来了。其实,这种高兴和难过都是没有充足的理由的。应当看到,那些原来的社会主义国家蜕变为资本主义国家以后,并没有给人民带来原先承诺的种种美满、幸福,却出现了经济衰退、两极分化、社会治安恶化、居民生活水平降低、平均寿命缩短、国家实力和国际地位下降等令人担忧的现象。面对这种情况,人们越来越不满现实,越来越怀念过去。据法新社 2002 年 12 月 30 日来自莫斯科的报道,在该日,也就是苏联建立 80 周年纪念日那天公布的一项新的民意测验显示,75% 的俄罗斯人怀念苏联时代,对苏联解体表示遗憾。这不是也能多少说明一些问题吗?

风物长宜放眼量。国际共产主义运动在经过严重的挫折之后，将总结自身的经验教训，从而变得更为成熟，发展得更加健康。列宁说过：对于运动，“不仅要从过去的观点来看，而且要从将来的观点来看，并且不是像‘进化论者’那样庸俗地理解，只看到缓慢的变化，而是要辩证地理解”。在国际共产主义运动的历史进程中，有退潮也有来潮，有低潮也有高潮，既有 20 年等于 1 天的时期，也会有 1 天等于 20 年的时期。在纪念马克思的时候，我们比任何时候都更加坚信这一点。

内容提要

一般来说，社会主义是伴随着资本主义的产生和发展而产生和发展起来的，有什么样的资本主义发展程度就有什么样的社会主义发展程度。历史证明，在资本主义机器大工业出现以前只能产生空想的、非科学的社会主义，只有到了资本主义机器大工业阶段才有可能产生科学社会主义，因为资本主义的发展为科学社会主义的创立准备着越来越充分的经济、政治、思想、文化、科学等方面的客观条件。但要将这种可能性变为现实性，还要取决于思想家的主观努力。马克思、恩格斯在完成了世界观和政治立场的转变以后，在广泛继承前人思想成果的基础上，深入社会实践，特别是深入国际工人运动的实践进行艰苦的科学研究，把社会主义立足于资本主义现实的基础之上，终于创立了科学社会主义的理论，实现了人类对社会主义认识的从空想到科学的历史性飞跃。科学社会主义是一个完整的理论体系，它以“两个必然”为理论核心，以“两大发现”为理论基础，在此基础上构建了一系列科学社会主义的基本原理。把理论论证和实际运用有机地结合起来，特别是关于不同类型国家通往社会主义道路的推测，关于未来社会人的全面发展的设想，显现着唯物主义和辩证法的整体世界社会主义观的光辉。马克思、恩格斯社会主义科学性、开放性的特质为后人奠定了进一步认识资本主义和社会主义的科学理论基础。我们应当正确地认识马克思、恩格斯关于社会主义革命道路和未来社会的设想。百倍珍视马克思的“两大发现”。“两大发现”不仅是变革空想社会主义，使社会主义从空想发展为科学的理论基础，而且也是坚持和发展科学社会主义的理论基础。如果动摇和否定了“两大发现”，就等于否定了科学社会主义的产生和发展，就等于否定了整个马克思主义。

关键概念

资本原始积累　工场手工业　机器大工业　早期空想社会主义　平均共产主义　批判的空想的社会主义、共产主义　思想来源　历史条件　发达国家　共同胜利　暴力革命　和平发展　东方社会　跨越卡夫丁峡谷　民族革命　世界革命　马克思恩格斯科学社会主义　"两个必然"　"两大发现"　过渡时期　无产阶级专政　社会主义社会　自由人的联合体　人的全面发展

复习思考题

1. 如何认识空想社会主义的历史功绩及其局限性?

2. 为什么说社会主义从空想到科学的发展是一次历史性的飞跃?

3. 科学社会主义的核心问题和理论基础是什么?

4. 科学社会主义有哪些基本原理?

5. 怎样理解西方发达国家尚未发生成功的社会主义革命这一历史现象?

6. 东方经济文化比较落后的国家首先走上社会主义道路是不是历史的必然?

7. 我们应以何种态度对待马克思和恩格斯关于未来社会的设想?

8. 谈谈马克思唯物史观和剩余价值理论的当代意义。

参考文献

1. 恩格斯:《社会主义从空想到科学的发展》,《马克思恩格斯选集》第3卷,人民出版社1995版。

2. 高放主编:《科学社会主义的理论与实践》,中国人民大学出版社1994年版。

3. 赵曜主编:《科学社会主义:从马克思到邓小平》,江苏人民出版社1998年版。

4. 江流主编:《当代社会主义若干问题》,重庆出版社1999年版。

第三章

列宁、斯大林社会主义观

列宁、斯大林社会主义观是列宁和斯大林对社会主义的整体的、总体的、基本的认识。科学社会主义从一种科学理论、理想变为现实是从 1917 年十月革命开始的。当资本主义发展到帝国主义时代,一个经济文化相对落后的国家如何搞革命,如何搞建设,如何向社会主义过渡?列宁和斯大林对苏联社会主义国家的建立和发展作出了不可磨灭的贡献。列宁和斯大林继承和发展了马克思主义关于社会主义的基本理论和原则,并在建立和发展社会主义的过程中结合苏联的实际,把马克思主义发展到了列宁主义阶段。斯大林关于社会主义发展的模式是在特定历史条件下的产物,它对现实社会主义的存在和发展产生过积极的历史作用,但又有其体制性的缺陷和弊端,未能得到及时的认识、修错和纠正,这在很大程度上决定了斯大林以后苏联社会主义的历史命运。赫鲁晓夫、勃列日涅夫、安德罗波夫、契尔年科、戈尔巴乔夫等人的为政,只是这种体制惯性的结果。按一般常理,戈尔巴乔夫的"人道的民主的社会主义"是不能同列宁、斯大林的社会主义观相提并论的。这里之所以把他列于列宁、斯大林社会主义观之后,主要表明苏联现实社会主义的历史过程性,表明列宁开创的社会主义事业是怎样在戈尔巴乔夫那里招致挫败的,表明戈尔巴乔夫对苏联的解体和苏共失去执政地位有不可推卸的历史责任,为其国家和社会的改弦易帜铺平了道路。他的社会主义观是对科学社会主义的背叛。苏联解体和苏共垮台的原因是复杂深层的,教训是深刻的,影响是深远的。这些原因、教训和影响不仅是国内的也是国际的,很值得世人反思与借鉴。

重点问题

- 列宁一国胜利理论和新经济政策
- 斯大林模式的基本内容及其评价
- 戈尔巴乔夫社会主义观及其评价
- 俄罗斯重新评价斯大林和苏联历史

第一节　列宁社会主义观

20世纪初,无产阶级革命在巴黎公社革命失败以后又重新活跃起来。首先掀起无产阶级革命高潮并取得成功的是俄国。十月革命揭开了20世纪无产阶级革命和民族解放运动伟大风暴的序幕。俄国十月革命的成功成为经济文化相对落后的国家选择社会主义道路的典范。以列宁为首的布尔什维克党,把马克思主义的普遍真理同时代和俄国的具体实际相结合,把马克思主义推进到列宁主义阶段。列宁社会主义观主要体现在"一国胜利"理论、战时共产主义政策和新经济政策等方面。

一、列宁关于一国胜利理论

19世纪末20世纪初的俄国仍然是一个封建专制浓重的国家。但是,在1861年废除了农奴制度以后,俄国的资本主义开始迅速发展,资产阶级和无产阶级也随之发展壮大起来。从19世纪末到20世纪初,俄国加速了生产集中化的过程,当时俄国最大工厂的规模已经超过了德国。在生产集中的同时,资本的集中也有了发展。而在生产集中和资本集中的基础上,垄断组织也迅速发展起来,俄国开始进入帝国主义国家的行列。但是,同西欧、北美的一些帝国主义国家相比,俄国仍然是一个经济文化落后、贫穷的国家。它在经济上仍然存在着严重的封建农奴制残余,农业在国家经济中占主要地位,农民占人口的绝大多数。工业生产技术相当落后,主要重工业部门多为外国资本所控制。在政治上,人民毫无政治权利,继续遭受沙皇专制的统治。俄国既然是一个经济文化比较落后的国家,为什么能够成为世界革命的中心?为什么能够取得十月革命的胜利呢?其主要原因有以下两个方面:

首先,从世界范围来看,19 世纪末 20 世纪初,资本主义进入了垄断阶段,世界社会主义运动出现初步分化。

由于第二次科技革命的冲击,随着大工业的发展,生产力有了巨大的进步,欧美资本主义国家都实现了经济上的工业化和都市化。随着科技的进步、生产力的发展,生产的社会化程度不断提高,主要表现为:其一,生产和资本集中化。当生产和资本的集中达到一定程度的时候,出现了垄断。所以,到 19 世纪末 20 世纪初,垄断组织在发达的资本主义国家中建立起来,并成为全部经济活动的基础,资本主义就进入了帝国主义阶段。其二,社会分工专业化。专业化是实现劳动科学化的基础,专业化分工越来越细,越来越广泛,协作就显得越来越重要,产品的社会化程度就越高。其三,社会交往国际化。经济交往国际化是社会交往国际化的基础。在垄断资本主义的条件下,资产阶级为了实现利润的最大化,就把剩余资本大量地输出到殖民地、半殖民地国家和经济落后的国家,争夺销售市场、原料市场和投资市场,这必然导致各垄断组织从经济上瓜分世界。因此,随着科技革命的兴起与发展,资本主义的生产力得到巨大的发展,资本主义的生产方式也随之发生了重大的变化,开始从自由资本主义走向垄断资本主义阶段。

在垄断资本主义新阶段,资本主义发生了两个显著的变化:一是资本主义的社会矛盾发生了重大的变化,这个变化为社会主义准备了更加充分的物质条件。垄断在一定程度上减少了资本主义生产的无政府状态,但是,从自由竞争到垄断,一方面使生产社会化的程度大大提高,另一方面却使生产资料更加集中,使资本主义生产社会化和生产资料私人占有之间的矛盾进一步加深。也就是说,垄断代替自由竞争并没有消灭竞争和经济危机,整个资本主义生产仍然处于无政府状态,这是当时资本主义社会无法消除的社会矛盾。二是在垄断阶段各资本主义国家之间的发展不平衡进一步加剧。在第二次科技革命中,德、美、日等后起的资本主义国家由于比较早地采取了新技术,使其生产能力和水平超过了老牌资本主义国家英国和法国。由于帝国主义世界霸权的基础是经济、政治和军事实力,所以,新经济、政治势力和旧国际霸权格局之间的矛盾就日益突出,最终导致了要求按照经济、政治实力重新瓜分世界的战争。而帝国主义战争导致了帝国主义体系中薄弱环节的明显化和严重化,从而引起无产阶级革命。

与此同时,随着资本主义社会矛盾的深化而引起的帝国主义战争的出现,一些国家的社会主义者则变成了社会沙文主义者。特别是 19 世纪 90 年代后期,随着有些国家的党在合法斗争中取得成功,就开始宣扬社会改良主义,甚至公开要求修正马克思主义。爱德华·伯恩施坦(1850—1932)就是一个主要代表。1898年,伯恩施坦出版了《社会主义的前提和社会民主党的任务》一书,书中对伯恩施坦主义进行了系统概括,提出了一系列修正主义观点。在哲学上,伯恩施坦用康德主义来否定辩证唯物主义,他认为马克思主义是一种没有事实根据的"决定论",反对"根据客观的历史必然性论证社会主义"和"不可避免的预测",同时他还反对社会的革命性发展。在政治经济学方面,伯恩施坦认为马克思的劳动价值论只是一种"思维的公式或科学的假设",剩余价值论"更加不过成了单纯的公式,成了一个以假说为根据的公式"。他认为,随着交通工具的发展,世界市场的扩大,信用制度的"伸缩性"增强,各种垄断组织的出现,军备的增长等等可以提高资本主义的"适应能力",从而使"过去发生的危机不再重演了"。总的来说,伯恩施坦通过对马克思主义的"修正",提出了一套完整的改良主义理论体系——伯恩施坦主义,即社会主义不是两大阶级最后决战的结果,而是工人阶级在现成的政治经济制度下通过合法的、改良的运动而获得的一种社会进步。

伯恩施坦主义出现以后,其影响很快波及世界社会主义运动。当时考茨基、普列汉诺夫等人明确反对伯恩施坦主义。考茨基在看了《社会主义的前提和社会民主党的任务》一书后,意识到伯恩施坦在全面攻击马克思主义的整个思想体系,于是他以理论家的身份投入了反对伯恩施坦修正主义的斗争,他在《新时代》上发表了大量文章,系统地论证了马克思主义的基本观点,批驳伯恩施坦的观点。尤其是在1899年9月出版的《伯恩施坦和社会民主党的纲领》一书中,他详细地批驳了伯恩施坦在哲学和政治经济学方面对马克思主义的"修正",反对伯恩施坦提出的要把社会民主党变成资产阶级改良党的主张。列宁也曾专门写了一篇书评向俄国革命者介绍《伯恩施坦和社会民主党的纲领》一书的内容,充分肯定了考茨基同机会主义、伯恩施坦主义的斗争。1914年8月,第一次世界大战爆发,第二国际大多数社会民主党都在"保卫祖国"、"保卫国内和平"的旗帜下支持本国政府。欧洲社会主义运动内部的争论终于以行动上的公开冲突而结束。以列宁为首的布尔什维克党公开提出了"变现时的帝国主义战争为国内战争"的口号。

其次,世界革命的中心转移到俄国。

从19世纪40年代到90年代,科学社会主义是在西欧产生并发展起来的,而到19世纪末20世纪初,革命的中心从西欧逐渐转移到了俄国。俄国既然是一个经济文化比较落后的国家，为什么它能够成为革命的中心呢？因为当时的俄国已经成为帝国主义各种矛盾的集合点。首先，俄国农奴制的废除不但没有消除农民和地主之间的矛盾，反而使这种矛盾进一步激化，同时又产生了新的矛盾。因为农奴制在“解放”农奴的时候，用割地、赎金的办法对农民进行了惨无人道的掠夺，以后又用工役制、对分制等形式继续奴役农民。而随着俄国农村资本主义的发展，农民又受到富农的剥削。因而，农民同地主的矛盾十分尖锐，农民同富农的矛盾也日益加剧。其次，俄国的无产阶级同资产阶级的矛盾也很尖锐。俄国工人的处境十分恶劣，每天工作时间长达 12 ~ 13 小时，多的乃至 15 ~ 16 小时，根本没有劳动保障，工资待遇又非常低。因此，工人同资本家的矛盾日益加剧。再次，沙皇俄国是各民族的监狱。沙皇政府实行民族压迫政策，在俄国占 57% 的非俄罗斯民族完全处于没有权利的地位，他们受尽侮辱和欺凌，因此民族矛盾也日益尖锐。第四，严重的农奴制残余阻碍着资本主义的发展，资产阶级和封建地主阶级的矛盾也不断加深。第五，沙皇俄国实行对外扩张政策，同其他国家、民族的矛盾日益加深。最后，俄国帝国主义同日本、德国等帝国主义国家的矛盾也日益加深。为了争夺殖民地、原料市场和产品市场，俄国与其他帝国主义国家加紧争夺，矛盾尖锐。总之，当时的俄国已经成为帝国主义各种矛盾的集合点，沙皇制度集中了帝国主义各种最坏的因素，并使之变本加厉。1900 ~ 1903 年的经济危机，使俄国的阶级斗争更加尖锐，工人运动走向高涨，农民运动风起云涌，学生运动蓬勃开展，甚至连自由派资产者和自由派地主也“抗议”沙皇政府的“极端行为”而要求实行“改革”。这一切都表明了俄国当时正处于资产阶级民主革命的前夜。

同时，当时的俄国还具备了用革命方法来解决帝国主义矛盾的现实力量，这就是俄国的无产阶级。当时俄国的无产阶级比其他任何国家的无产阶级更具有革命性，因为俄国的无产阶级所受的剥削和压迫最为深重。首先，俄国的无产阶级集中程度较高，便于把无产阶级组织起来、团结起来。其次，俄国的无产阶级除了起来革命去推翻沙皇统治，没有其他生路。再次，俄国的农民不同于其他国家的农民，他们不仅遭受封建农奴制残余的压迫，而且还受到资本主义的奴役，因此，他们就成为俄国革命的深厚的基础和团结、依靠的力量。

由于俄国既是帝国主义各种矛盾的集合点，又具备了解决这些矛盾的现实力量和依靠力量，因此，在特定的历史背景下就成为世界革命的中心。但是,俄国革命又有其自身的特点和条件,所以,如果照搬照抄马克思、恩格斯的革命理论和西欧革命的经验是行不通的。因此,发展革命理论,发展科学社会主义就成为当时俄国无产阶级革命家的首要任务。

1905 年,列宁使用“帝国主义”这一概念来说明资本主义垄断阶段的特征,来分析帝国主义和殖民掠夺、夺取世界市场及其与战争之间的联系。1914 年 8 月,各帝国主义列强长期酝酿的世界大战爆发。第一次世界大战是人类历史上首次在全世界范围内进行的大厮杀,战争是帝国主义国家之间的掠夺性战争,它是资本主义经济、政治发展不平衡规律的必然产物。但是,在这种背景下,出现了如何分析和对待这场战争,如何正确处理世界的基本矛盾,如何认识帝国主义的本质,怎样处理帝国主义战争与无产阶级革命问题,等等一系列需要回答的问题。这些问题也是工人运动和科学社会主义面临的新课题。战争爆发以后,第二国际的机会主义领袖们公开变节,他们站在本国政府和资产阶级的立场上,打着“保卫祖国”、“拯救民族”的大旗帮助资产阶级去挑动各交战国的工人群众互相残杀。而列宁在领导布尔什维克反对帝国主义和机会主义的斗争中,对这些问题都作了精辟的论述,提出了许多光辉的思想,创立了无产阶级革命的新理论。

第一次世界大战爆发后,马克思主义者和机会主义者的争论集中在如何对待帝国主义战争的问题上,而且进一步发展为如何看待帝国主义本身的争论上。帝国主义的问题是 19 世纪末 20 世纪初出现的一个新问题。由于马克思、恩格斯生活在自由资本主义阶段,他们只能对资本主义的一般规律进行全面而深入的分析,还不可能对垄断资本主义这个特殊的阶段进行分析。因此,对帝国主义的本质、帝国主义的矛盾和历史地位虽然有过一些分析,但在列宁以前还没有形成作为科学社会主义理论基础的帝国主义论。战争爆发以后,考茨基抛出了“超帝国主义论”,他把帝国主义政策同帝国主义的经济基础割裂开来,说帝国主义不是资本主义的一个特殊阶段,而是金融资本采取的一种政策。他认为帝国主义是“高度发达的工业资本主义的产物。帝国主义就是每个工业资本主义民族力图吞并或征服愈来愈多的农业区域,而不管那里居住的是什么民族”〔1〕。考茨基反对用革命斗争来反对帝国主义,主张在不触动帝国主义经济基础的情况下同帝国主义的政策作斗争。考茨基的“超帝国主义论”实质上抹杀了帝国主义最深刻的矛盾,使人们不去注意

〔1〕《列宁选集》第 2 卷,人民出版社 1995 年版,第 652 页

现实的尖锐的矛盾和问题，而去注意所谓的“超帝国主义”的前途，有很大的危害性。所以，如何看待帝国主义，就成为一个根本性的问题，创立马克思主义的帝国主义理论就成为时代的最迫切需要。

第一次世界大战爆发以后，列宁开始全面研究帝国主义问题。他在1915年阅读了大量的材料，做了大量的摘录。从战争爆发到1916年初，列宁在论述帝国主义战争、殖民地民族问题和批判修正主义时，就阐述了帝国主义方面的一些问题，如他已经指出了帝国主义是资本主义发展的最高阶段。但是，当时他还没有系统地阐述帝国主义理论。从1916年1月起，列宁着手写作《帝国主义是资本主义的最高阶段》一书，并于1916年6月完成、1917年4月出版。《帝国主义是资本主义的最高阶段》一书是列宁研究帝国主义问题的一个全面总结。列宁在该书中对帝国主义作了全面系统的科学分析，剖析了帝国主义的实质、特征和基本矛盾，揭示了帝国主义形成、发展和灭亡的客观规律。该书创造性地解决了资本主义新阶段对科学社会主义提出的新课题，为揭示新的历史时代的性质、特征、主要内容和发展方向，为无产阶级在新的历史时代制定政治战略和策略奠定了理论基础。《帝国主义是资本主义的最高阶段》一书的诞生，标志着马克思主义关于帝国主义理论的创立。列宁在书中批判了考茨基的“超帝国主义论”的理论观点，提出了20世纪初世界已经进入了一个新的历史时代即帝国主义和无产阶级革命的时代。列宁认为，垄断是帝国主义的本质。他把帝国主义的基本经济特征概括为五个方面，即：(1) 生产和资本的集中发展到这样高的程度，以致造成了在经济生活中起决定作用的垄断组织；(2) 银行资本和工业资本已经融合起来，并且在这个基础上形成了金融寡头；(3) 和商品输出不同的资本输出已具有特别重要的意义，成了帝国主义对外剥削和压迫的基础；(4) 瓜分世界的资本家国际垄断同盟已经形成；(5) 最大的资本主义列强已把世界上的领土瓜分完毕。由此，列宁把帝国主义定义为：“帝国主义是发展到垄断组织和金融资本的统治已经确立、资本输出具有突出意义、国际托拉斯开始瓜分世界、一些最大的资本主义国家已把世界全部领土瓜分完毕这一阶段的资本主义。”[1]

列宁在分析了帝国主义经济实质以后，进一步指出了帝国主义的寄生性、腐朽性。列宁指出，帝国主义在经济上的垄断，决定了它的寄生性和垂死性。他说，帝国主义最深厚的经济基础是垄断，而垄断必然要引起停滞和腐

〔1〕《列宁选集》第2卷，人民出版社1995年版，第651页。

朽的趋势,阻碍技术的进步和生产力的发展。随着资本的输出,食利者阶层大大增加,增长了帝国主义的寄生性。

列宁还深刻地揭示了帝国主义的历史地位,指出,帝国主义是垂死的资本主义,是无产阶级革命的前夜。因为,竞争变为垄断,没有也不可能消除资本主义的固有矛盾,垄断的进一步发展反而使资本主义的矛盾进一步激化。第一,从经济方面看,垄断组织的发展,使生产的社会化有了进一步的发展,然而生产资料仍然为资本主义私人占有,因而生产社会化和生产资料私人占有之间的矛盾会进一步加剧,这就严重阻碍生产力的发展。而帝国主义这些经济上的矛盾,只有实现了社会主义才能解决。同时,垄断的发展,生产社会化的发展,又为社会主义准备了物质基础。第二,从国内阶级矛盾来看,由于垄断资本剥削程度的加剧,贫富差距的加大,因而使帝国主义国内的阶级矛盾进一步尖锐,从而加剧了无产阶级和资产阶级的矛盾和斗争。第三,从帝国主义和殖民地之间的矛盾来看,帝国主义时代是少数大国对世界各民族压迫的时代。帝国主义的不断扩张和对殖民地的加剧掠夺,必然使民族解放斗争不断加强。第四,从帝国主义国家之间的矛盾来看,帝国主义一个重要的特点就是几个大国都想争夺霸权。帝国主义列强之间为了争夺原料、产品市场和势力范围,为了重新瓜分世界,必然展开激烈的斗争,最后必然导致帝国主义战争,从而加速社会主义革命的到来。因此,列宁得出结论:帝国主义是无产阶级革命的前夜。

这里要指出的是,列宁所讲的帝国主义是垂死的资本主义,是无产阶级革命的入口,他是从整个历史阶段的规律上来说的,是指帝国主义在历史地位上已经是资本主义的最后阶段,再向前走就是社会主义,而不是说帝国主义立刻走向社会主义。帝国主义灭亡、社会主义胜利的时间有多长,列宁从来没有作过预测。与此相反,列宁曾经指出:“如果以为这一腐朽趋势排除了资本主义的迅速发展,那就错了。不,在帝国主义时代,个别工业部门,个别资产阶级阶层,个别国家,不同程度地时而表现出这种趋势,时而又表现出那种趋势。”

1915 年,列宁在《论欧洲联邦口号》中指出:“经济和政治发展的不平衡是资本主义的绝对规律。由此就应得出结论:社会主义可能首先在少数甚至在单独一个资本主义国家内获得胜利。”〔1〕1916 年 9 月,他在《无产阶级革

〔1〕《列宁选集》第 2 卷,人民出版社 1995 年版,第 554 页。

命的军事纲领》中又指出:"资本主义的发展在各个国家是极不平衡的。而且在商品生产下也只能是这样。由此得出一个必然的结论:社会主义不能在所有国家内同时获得胜利。它将首先在一个或者几个国家内获得胜利,而其余的国家在一段时间内将仍然是资产阶级的或资产阶级以前的国家。"〔1〕这就是列宁著名的"一国胜利论"。

总之,列宁关于社会主义革命可以在一国首先取得胜利的理论,是对马克思主义关于无产阶级世界革命理论,尤其是对"共同胜利"理论的继承和重大发展,它是创造性地运用马克思主义具体分析帝国主义时代的实际情况而得出的新结论。这一理论揭示了在战争与革命的世界时代特征的基础上,社会主义革命在帝国主义时代爆发和取得胜利的客观规律,指明了社会主义革命的光辉前景,成为引导社会主义革命胜利的理论基础。

二、列宁关于战时共产主义政策

1917 年十月革命成功以后,俄国进入了向社会主义过渡的建设时期。以列宁为首的布尔什维克党经过工业国有化、土地改革、镇压反革命,特别是巧妙地运用妥协策略于 1918 年 3 月与德国签订了《布列斯特和约》,使苏俄退出了帝国主义战争,为俄国的社会主义建设赢得了一个暂时的国内外和平喘息的时机。列宁根据当时的国际形势,不失时机地提出了把党和国家的工作重点转移到经济建设上来的战略。他在 1918 年 3 ~4 月写成的《苏维埃政权的当前任务》中提出了无产阶级政党的一个重要任务是管理国家,提出了要把提高劳动生产率放到很重要的地位。而且,列宁还认为,十月革命后的俄国有多种经济成分:宗法式的自然经济、小商品经济、私人资本主义、国家资本主义和社会主义。其中占统治地位的是小商品经济。苏维埃政权是在不发达的资本主义经济的基础上建设社会主义的。列宁认为这是俄国的困难,也是俄国的实际和国情。

但是,当时的列宁和布尔什维克党中央对在俄国怎样建设社会主义的指导思想还不十分明确,主要是在当时是直接过渡到社会主义还是间接过渡到社会主义的问题上还不明确。此时,列宁基本上是把马克思、恩格斯关于社会主义社会的设想应用于俄国。认为社会主义社会是生产力高度发展、将创造出高于资本主义社会的劳动生产率并保证最终过渡到共产主义的社会;消

〔1〕《列宁选集》第 2 卷,人民出版社 1995 年版,第 722 页。

灭私有制，一切生产资料归全体人民所有的公有制；实行计划经济，消灭商品、货币；对个人消费品实行按劳分配原则；消灭阶级和阶级差别；实现国家向非国家过渡，等等。例如，列宁在《四月提纲》中曾经明确讲过：我们的直接任务并不是实行社会主义，而是要把发展真正革命民主国家中的国家垄断资本主义作为实现社会主义的过渡性措施。列宁在十月革命前也曾经说过，国家资本主义是走向社会主义的一个步骤，俄国革命胜利后可以利用资本主义先进的科学技术和生产管理经验。所以，他在1918年4月曾经提出了一个非常著名的社会主义公式，即“乐于吸取外国的好东西＝苏维埃政权＋普鲁士的铁路管理制度＋美国的技术和托拉斯组织＋美国的国民教育等等＋＋＝总和＝社会主义”[1]。这个思想十分明确地表达了列宁要学习资本主义的先进科学技术而为社会主义服务的思想。而且，列宁在《苏维埃政权的当前任务》中更明确地讲：“无论如何都要采用这方面一切有价值的科学技术成果。社会主义能否实现，就取决于我们把苏维埃政权和苏维埃管理组织同资本主义最新的进步的东西结合得好坏。”[2]而对于将来的社会主义，列宁也明确认为应当是剥夺资本家、实行生产资料公有制、按劳分配，等等。列宁指出，在小农经济占优势的国家，不能一下子跳到社会主义。这是列宁关于间接过渡的思想。但是，1918年3月，列宁在《党纲草案》中提出要用社会主义方式组织全国范围内的生产，用有组织、有计划的分配来完全彻底地代替贸易。在《苏维埃政权的当前任务》中也明确讲过：“消灭商品生产和资本主义。”这些又反映了列宁直接过渡的思想。

然而，到1918年春天，大规模的外国武装干涉和国内战争开始威胁新生的苏维埃政权。苏维埃俄国四面被封锁，四分之三的国土被侵占，苏维埃政权进入了为期三年的反对帝国主义武装干涉和国内战争时期。在这种非常严酷的条件下，以正常的手段和方式进行经济建设，事实上已经不可能，而保证战争的胜利和政权的生存成为首要任务。这时，列宁提出了通过战时共产主义即军事共产主义的方法直接过渡到社会主义。由此，苏维埃政权采取了一整套非常措施，就是俄国社会主义建设初期不得不采取的一种政策——战时共产主义政策。

外国武装干涉和国内战争开始以后，苏维埃政权首先遇到的困难是粮食

---

〔1〕《列宁文稿》第3卷，人民出版社1978年版，第94页。

〔2〕《列宁选集》第3卷，人民出版社1995年版，第492页。

问题。因为随着大片主要生产粮食的地区如乌克兰、北高加索、伏尔加河流域等地被敌人占领以后，粮食问题就更加尖锐。列宁在1918年8月2日写的《关于粮食问题的提纲》中，提出了解决粮食问题而必须采取的一些措施，提出了应该制定一系列紧急措施为交换粮食而征购全部城市工业品。并明确提出，凡粮食超过本身消费量一倍或以上的，都算作富裕农民，而富裕农民必须用实物即粮食纳税。又进一步提出关于对农民应当遵守的基本原则，即"不剥夺富裕农民，但征收合理的重税"；"中农——征轻税"；"贫农——免税"。但是，列宁关于实行实物粮食税的设想没有实施，原因在于外国武装干涉的形势十分严峻，苏维埃国家成了一个四面受敌的"统一的军营"。为了摆脱这种极度危机，1919年1月11日通过了《关于在产粮省份收集国家支配的粮食和饲料》的法令。这个法令规定国家不仅对粮食实行垄断，而且对一切食品都进行垄断。这个法令就是实行余粮征集制的真正开端。而随着余粮征集制的逐步实施，以此为核心的战时共产主义政策就基本形成。战时共产主义政策的主要内容是：(1) 国家不仅对大工业实行国有化，而且把中小企业也收为国有，并对企业实行高度的集中管理，原料和产品均由国家实行调拨和分配；(2) 国家对粮食实行贸易垄断，禁止私人买卖粮食，在农村实行余粮征集制，全部余粮由国家收购；(3) 禁止自由贸易，取消市场，对主要消费品实行配给制；(4) 实行普遍的义务劳动制，强迫剥削阶级分子参加劳动。

战时共产主义政策是一种随着客观形势的发展而不得不采取的特殊政策，它实施了三年，既带来了积极的效果，也产生了一些消极影响。按照列宁的本意，实行余粮征集制是要求农民留下口粮、饲料、种子之后的剩余粮食全部交给国家，但是，实际上从农民手中拿走的不仅是全部余粮，而且还拿走了农民的一部分必需的粮食。尽管如此，列宁还是肯定了战时共产主义政策，列宁认为，战时共产主义这个政策在一个遭到破坏和落后的国家中保全了无产阶级专政，"应当说我们实行'战时共产主义'是一种功劳"〔1〕。当时，苏维埃政权面临的关键问题是争取战争的胜利，战时共产主义政策使国民经济首先为革命战争服务，保证了前线粮食和武器等的供应，保证了后方居民的最低生活要求，因而保证了国内战争的胜利。但是，列宁也非常清醒地看到战时共产主义政策的消极作用，他曾经非常郑重地指出："必须知道这个功劳的真正限度。"〔2〕而且他还说明了战时共产主义政策的错误和失败。他指

〔1〕〔2〕《列宁全集》第41卷，人民出版社1986年版，第208页。

出,战时共产主义政策不是无产阶级社会主义革命在经济上必不可免的发展阶段,它是在战争和经济困难的条件下被迫实行的,战时共产主义政策在粮食政策上有不少问题,它不利于巩固工农联盟,甚至破坏了工农联盟。事实上,战时共产主义政策的一些做法,如工业国有化、贸易垄断化等政策还严重违背了经济发展的客观规律,它忽视了俄国当时低下的生产力状况,否定了商品、货币关系,这对于经济落后的俄国是不利的。特别是到了1921年春,战时共产主义政策实行的结果造成了农业生产停顿、工业生产下降、货币制度崩溃,使本来就落后的俄国经济处于崩溃的边缘。实践证明,这种战时共产主义政策并不完全符合俄国的客观实际。列宁的社会主义观面临改革。

三、列宁关于新经济政策

1920年底,新生的苏维埃政权终于战胜了外国武装干涉和国内反动分子的叛乱。列宁认为,这对苏维埃政权来说,"不仅有了喘息时机,而且进入了一个新的阶段:尽管存在着资本主义国家的包围,我们已经基本上能够在国际上生存下去"[1]。在这个时候,列宁又不失时机地提出要把经济建设作为苏维埃政权的重要任务。而且,从1920年下半年起,列宁也开始认识到战时共产主义政策的弊端,他总结了实施战时共产主义政策的经验教训,开始了对苏维埃俄国走向社会主义道路的新探索。1921年2月8日,列宁在《农民问题提纲初稿》中,第一次提出要用粮食税代替余粮征集制,并扩大农民将纳税后的余粮投入地方经济周转的自由,试图通过交换、商业来建立工农业之间的联系。3月,俄共(布)第十次代表大会通过《关于以实物税代替余粮收集制》的决议,这标志着向新经济政策的转变。新经济政策的主要措施是:(1)用实物税代替余粮征集制;(2)允许国家调节下的贸易自由,大力振兴商业;(3)实行租借制和租让制;(4)在国营企业恢复实行计件工资和奖金制;(5)充分利用外国资本和技术加快经济的恢复和发展。新经济政策的核心是以粮食税代替余粮征集制。列宁认为,在国内战争时期实行战时共产主义政策时,从农民那里拿得太多了,而粮食税则是从极度贫苦、经济破坏和战争迫使我们所实施的战时共产主义向正常的社会主义过渡的一种形式。新经济政策就在于通过市场、商品把社会主义工业经济和农民经济结合起来,在此基础上建设牢固的工农联盟。因此,列宁说,以实物税代替余粮征集制

---

〔1〕《列宁全集》第40卷,人民出版社1986年版,第24页。

"首先而且主要是一个政治问题,因为这个问题的本质在于工人阶级如何对待农民"〔1〕。列宁把新经济政策看作是一种"退却",指出,这个退却任务的实质是:同农民经济结合起来,满足其最迫切的经济需要,建立牢固的经济联盟,首先提高生产力,恢复大工业。

1921年春开始实施的新经济政策,迅速恢复了国民经济,使工农联盟在新的经济基础上得到了巩固,苏俄的国内政治局势也比较稳定,巩固和发展了苏维埃社会主义制度。在这个过程中,列宁也相应改变了他的社会主义观。

列宁在十月革命以后,特别是在战时共产主义政策和新经济政策的实践中,以高度的历史责任感和时代紧迫感,认真总结经验和教训,探索并提出了一系列关于不发达国家过渡到社会主义的新的理论观点,主要体现在经济建设、政治建设和文化建设方面的探索。

在探索经济建设方面,主要是工作重心由政治斗争和革命转到经济建设;把实现公有化为中心转到把发展生产力作为主要的和根本的任务;由排斥商品货币市场转到利用商品货币市场;从消灭资本主义转到不完全排斥资本主义和利用国家资本主义。具体包括以下五方面内容:

第一,不发达国家能够在一国建设社会主义,但要充分估计向社会主义过渡的复杂性和长期性。列宁认为,十月革命以后的俄国具备了向社会主义过渡的必要条件,但是,列宁又从俄国的经济实际出发,认为俄国当时的经济中存在着五种经济成分,即宗法式的农业、小商品生产、私人资本主义、国家资本主义、社会主义。在这五种经济成分中,小商品经济占优势。因此,在一个私有制、农业占统治地位与小资产阶级占优势的俄国向社会主义过渡,所需要的过渡时间相对较长。

第二,社会主义必须建立在高度社会化的生产力基础上,为此必须实现社会主义工业化和电气化。列宁指出,社会主义的唯一物质基础就是同时能改造农业的机器大工业。在一个农民国家里建设社会主义,必须从落后的农业国变为先进的工业国,没有高度发达的大工业生产,就根本谈不上社会主义。列宁还把国家工业化的任务具体化为一个具有先进水平的全国电气化计划,称为党的"第二纲领",提出了一个著名公式:共产主义就是苏维埃政权加全国电气化。

〔1〕《列宁全集》第41卷,人民出版社1986年版,第50页。

第三，在过渡时期，充分利用商品、货币关系建设社会主义。列宁根据俄国的具体情况，指出："只有在我们有了强大的大工业，能够给小生产者好处，使他们实际看到这种大经济的优越性的时候，才能保证实现这个过渡。"[1]这就是说，要把小农经济引向社会主义，必须完成双重任务，一是必须发展大工业，用先进的技术把农业武装起来；二是必须把分散的个体农民引上集体经济的道路。但是，怎样实现社会主义工业经济同小农经济的结合？1921年春，列宁设想通过商品交换来实现工业和农业的结合。他认为这种形式的结合可以直接过渡到社会主义。同时，为了确保国家调节商业和货币流通的顺利进行，列宁还要求公有制企业之间实行商品交换和经济核算制的原则，要把经济效益放在第一位。而国家来调节商业和货币流通，必然要涉及计划和市场的关系。因此，列宁提出社会主义的经济成分必须在实行统一的经济计划同利用商品货币关系、利用市场作用相结合的条件下，才能战胜一切非社会主义的经济成分，只有通过计划的综合平衡和经济手段的调节，把企业的生产经营控制在计划要求的范围内，才能更好地恢复和发展国民经济。

第四，正确看待资本主义，特别是国家资本主义在经济落后国家向社会主义过渡中的作用。列宁从苏维埃俄国由战时共产主义政策过渡到新经济政策的实践中认识到，在小农经济占优势的国家里，不能直接过渡到社会主义，而必须采取"改良主义"的、逐渐的、审慎的、迂回的方法，即"不摧毁旧的社会经济结构——商业、小经济、小企业、资本主义，而是活跃商业、小企业、资本主义，审慎地逐渐地掌握它们，或者说，做到有可能只在使它们活跃起来的范围内对它们实行国家调节"[2]。列宁从落后国家向社会主义过渡必须创造物质条件、改造小生产占优势这种落后的经济结构的任务出发，提出了资本主义、特别是国家资本主义是小生产过渡到社会主义的中间环节的重要思想。他在批驳"左派共产主义者"攻击的时候说："国家资本主义较之我们苏维埃共和国目前的情况，将是一个进步。如果国家资本主义在半年左右能在我国建立起来，那将是一个很大的胜利，那将极其可靠地保证社会主义一年以后在我国最终地巩固起来而立于不败之地。"[3]实行新经济政策以后，列宁更是明确地提出要通过租让制、合作制、租借制等国家资本主义的形式，

〔1〕《列宁全集》第32卷，人民出版社1958年版，第174页。
〔2〕《列宁选集》第4卷，人民出版社1995年版，第611页。
〔3〕《列宁选集》第3卷，人民出版社1995年版，第521页。

作为向社会主义过渡的步骤。

第五，通过合作制过渡到社会主义。十月革命以后，列宁对发展合作经济的问题是很重视的，经过几年的探索，他终于找到了通过合作制使小生产者过渡到社会主义的道路。列宁认为，在俄国这样一个经济落后、小生产占优势的国家，处理好同农民的关系是十分重要的。1923 年 1 月，他在《论合作制》一文中首先强调了合作社的重要意义，指出只要通过合作制，在城市和乡村发展各种类型的合作社，就可以逐步把全体居民吸收到合作社这种集体经济中来，就可以在新经济政策条件下使小生产者过渡到社会主义。其次，列宁指出合作社是小生产者过渡到社会主义的最好形式。他从理论上明确地指出在新经济政策的条件下合作制是对农业进行社会主义改造的一种有利形式，认为合作社是使农民感到简便和容易接受的方法，它对于过渡到社会主义具有十分重要的意义。其三，列宁还反复强调在苏维埃制度下合作社同社会主义制度的一致性。他说，合作社在不同的社会制度下它的社会性质和发展方向是不同的。在资本主义条件下具有资本主义性质，在社会主义公有制条件下就具有社会主义性质。最后，列宁认为，为了建立和发展合作制，无产阶级国家应该给合作社以财政上的支持。他认为这对于任何新生的社会制度的产生是必需的。

在探索政治建设方面，主要是加强无产阶级执政党建设的思想和理论。

首先，列宁强调必须坚持党的集体领导原则、健全党的集体领导体制。俄国共产党(布尔什维克)是国际共产主义运动史上第一个工人阶级的执政党，如何加强党的自身建设？如何更好地完成执政党的历史使命？对此，列宁提出必须坚持党的集体领导原则和健全党的集体领导体制。列宁认为，集体领导是无产阶级政党领导的最高原则。就是在反对外国武装干涉和国内战争期间，军事斗争的任务非常紧张、斗争环境非常恶劣的情况下，列宁仍然强调要实行党的集体领导。为了加强集体领导，俄共(布)八大在《关于组织问题》的决议中还规定：中央委员会设政治局、组织局、书记处，政治局由五名中央委员组成，但所有其他中央委员都可以参加政治局会议并享有发言权。为了避免中央书记个人决定一切重大问题而削弱党的集体领导，列宁强调“党中央书记只执行中央作出集体决议的，即由组织局或政治局、或中央全会作出决议的那些任务”〔1〕。列宁还反对搞个人崇拜，“不论在会议上或报刊

〔1〕《列宁全集》第 30 卷，人民出版社 1957 年版，第 405 页。

上,列宁都不允许对他个人或他的功绩作任何颂扬或夸张,他反对违背马克思主义的个人迷信,只要稍有这样的苗头出现,他就非常生气"〔1〕。

其次,列宁强调要维护党的团结和统一,严禁党内派别活动。列宁总结了十月革命以后党内历次派别活动的教训,指出党必须团结,不允许有反对派存在,他说:"不管过去派别活动表现在哪里,表现得怎么样,也要使派别活动完全绝迹。"〔2〕列宁向党的十大提出了一个《关于党的统一》的决议草案,指出任何派别活动都是有害的,都是不能允许的。当然,列宁在强调党的团结和统一的时候,还特别强调了禁止党内派别的存在不是削弱党内民主,也不是阻止党员对中央工作的缺点提出批评。

其三,列宁强调必须建立无产阶级执政党的监督制度。作为无产阶级执政党,它的党员中的一部分人担任苏维埃政权中央和地方各级领导机构的领导工作。在这种情况下,列宁认为,必须对各级党组织和党员干部进行严格的监督。早在 1920 年 9 月,当外国武装干涉和国内战争还没有结束的时候,列宁就提出有必要成立一个同党中央委员会平行的监察委员会,而且,这个监察委员会的成员"应由受到党的培养教育最多、经验最多、最大公无私并能够严格执行党的监督的同志组成"。"党的代表大会选出的监察委员会应有权接受一切申诉和审理(经与中央委员会协商)一切申诉,必要时可以同中央委员会举行联席会议或把问题提交党代表大会。"〔3〕后来,列宁又指出,监察委员会的任务是同侵入党内的官僚主义和升官发财思想,同党员滥用自己在党内和苏维埃中的职权的行为,同破坏党内关系、散布毫无根据的侮辱党的个别党员的谣言以及其他破坏党的统一和威信的现象作斗争。直到列宁临终前,他还十分关心如何进一步改善党的监督制度的问题,他在 1923 年 1 月病中口授的《怎样改组工农检查院》一文中,建议把工农检查院和中央监察委员会结合起来,认为这样一方面可以提高工农检查院的威信,另一方面使中央委员会更紧密地联系群众。

在探索文化建设方面主要是:继承已有的科学技术、文化传统,大力发展文化事业,适时地加强社会主义、共产主义教育。

首先,列宁强调必须取得资本主义遗留下来的全部科学技术为社会主义

---

〔1〕《回忆列宁》第 4 卷,人民出版社 1982 年版,第 28 页。

〔2〕《列宁全集》第 41 卷,人民出版社 1986 年版,第 3 页。

〔3〕《列宁全集》第 39 卷,人民出版社 1986 年版,第 288 页。

服务。十月革命以后列宁反复强调,共产主义是在资本主义的基础上成长起来的,只有充分利用资本主义遗留下来的有用的东西,才能建成社会主义。列宁针对俄国是一个落后的资本主义国家这一特点,强调指出,为了建设社会主义就必须取得资本主义遗留下来的全部文化,必须吸收外国的科学技术成果和先进的管理经验。而且,吸收资本主义科学技术问题,核心是利用资本主义所培养出来的专家问题,因为这些科学技术掌握在专家手中,在他们的头脑中。当然,这些专家在他们的资产阶级世界观没有得到转变以前,总还带有一些资产阶级的习惯和偏见。但是,他们中的绝大部分是教育改造的问题,他们世界观的改变,"将通过自己那门科学所达到的成果来接受共产主义"〔1〕。

其次,列宁强调要大力发展文化教育事业。为了建设社会主义,必须大力发展文化教育事业,提高劳动群众的文化教育水平,特别是对于原来经济文化落后的俄国来说,显得尤为重要。列宁多次指出:在一个文盲充斥的国家里是不能建设社会主义的。因此,列宁在十月革命后为俄共(布)八大起草的《俄共(布)党纲草案》中指出,苏维埃政权应坚定不移地继续进行一项最重要的工作,即在实际上使被剥削劳动者能够真正享受文化、文明和民主的福利。同时,他号召必须把重新教育群众、组织和训练群众、普及知识的工作做好,以便同旧社会遗留下来的愚昧落后、不文明、粗野现象作斗争。列宁在确定发展社会主义文化的任务时,特别提出要创造性地利用过去时代一切进步的文化遗产。他认为,社会主义文化不可能脱离过去时代的一切文化从空地上创造出来,而必须汲取旧社会遗留下来的全部优秀文化成果,用来为建设社会主义服务。

其三,列宁强调加强共产主义教育是建成社会主义的重要保证。列宁在领导苏维埃俄国进行社会主义革命和建设中,非常重视共产主义思想的教育,十月革命胜利后不久,在他起草的党纲草案中就把开展最广泛的宣传共产主义思想的工作列为最迫切的任务之一。1919 年 5 月 10 日,莫斯科—喀山铁路分局的工人参加了第一次群众性的星期六义务劳动,列宁高度评价了这一件事,他在《伟大的创举》一文中指出:"共产主义星期六义务劳动非常可贵,它是共产主义的实际开端。"〔2〕1920 年 10 月,列宁在俄国共产主义青

〔1〕《列宁选集》第 4 卷,人民出版社 1995 年版,第 442 页。
〔2〕《列宁选集》第 4 卷,人民出版社 1995 年版,第 17 页。

年团第三次全国代表大会上发表了《青年团的任务》的演讲。在这个演讲中，他号召青年要学习马克思主义，要用人类创造的全部知识财富来丰富自己的头脑。他认为，只有这样才能成为共产主义者。列宁还曾多次指出，必须对群众特别是青年进行共产主义道德教育。他强调说，应该使培养、教育和训练现代青年的全部事业，成为培养青年共产主义道德的事业。列宁还特别提出要以共产主义精神教育广大工农群众的问题。1920 年 11 月，他在全俄省、县国民教育厅政治教育委员会工作会议上的讲话中指出，教育工作者和共产党的基本任务，就是帮助培养和教育劳动群众，使他们克服旧制度遗留下来的旧习惯、旧风气，要把工农群众团结在自己的周围，用共产主义精神来教育他们。列宁还特别强调超越大多数民众的觉悟程度，过早地向他们灌输社会主义、共产主义是有害而无益的。

正是基于上述经济、政治、文化诸方面对如何建设社会主义进行了全面的、新的探索，所以，在 1923 年的《论合作制》一文中，列宁强调说，我们对社会主义的整个看法根本改变了。

第二节　斯大林社会主义观

列宁逝世以后，苏联面临着十分复杂的国际环境，欧洲的社会主义革命进入低潮；帝国主义国家之间的矛盾正在发展但还没有全面激化；东方殖民地、半殖民地国家的革命斗争有所发展但还没有找到符合本国实际的革命道路。在这种形势下，苏联能否建成社会主义和如何建设社会主义？苏联如何在向社会主义过渡中走出一条工业化的新路？斯大林在领导苏联社会主义建设的 30 年中，在实践列宁社会主义建设的思想方面，尽管也犯了严重的错误，但他还是形成了自己的建设社会主义思想、理论和实践模式，也为科学社会主义的理论和实践作出了重大的贡献。斯大林社会主义观主要体现在他对列宁一国胜利理论、新经济政策的阐释和“斯大林模式”这两个方面。

一、斯大林对一国胜利理论和新经济政策的阐发

列宁逝世以后，苏共党内关于社会主义建设道路的争论集中在一国能否建成社会主义，如何对待新经济政策这两个问题上。

关于一国能否建成社会主义问题的争论。经济上、技术上落后的俄国，

能不能在资本主义汪洋大海的包围圈中,依靠自己的力量建成社会主义?这是关系到俄国社会主义革命和建设的根本问题。1922 年,托洛茨基从“不断革命论”出发,认为俄国无产阶级掌握政权以后,同广大的农民群众会发生“敌对冲突”,而要解决这个矛盾,只有在国际范围内即在无产阶级世界革命的舞台上,才能得到解决,否则,社会主义就不能在苏联建成。因此,托洛茨基认为:不顾世界经济的统一性,在苏联一国建成社会主义乃是空想。关于一国能否建成社会主义的问题,1924 年 4 月斯大林在《论列宁主义基础》中曾经讲过,没有几个先进国家无产者的共同努力,在单独一个国家内无法解决组织社会主义生产的任务。但是,1925 年 5 月,斯大林改变了自己的观点,他认为,苏联正面临着两种矛盾:一种是农民与无产阶级之间的内部矛盾,另一种是当时唯一的社会主义国家和其他资本主义国家之间的外部矛盾。斯大林认为,第一种矛盾完全可以用一个国家的努力来克服,第二种矛盾却需要几个国家无产阶级的努力才能解决。到 1925 年 12 月,关于“一国社会主义”的争论逐渐明朗化,1926 年 1 月斯大林在《论列宁主义的几个问题》中就“一国社会主义”问题作了完整而明确的阐述,提出应当把“一国能否建成社会主义”和“社会主义能否在一国获得最终胜利”作为两个问题区分开来。这样就战胜了托洛茨基的“一国不可能建设社会主义”的观点。

斯大林在全面地批判托洛茨基等人的关于俄国一国不能建成社会主义社会的观点的基础上,系统地阐明了俄国一国能够建成社会主义社会的观点和理论。

首先,他继承并进一步发展了列宁关于社会主义可能首先在个别资本主义国家获得胜利的理论。社会主义有可能首先在单独一个国家取得胜利的理论,是苏联一国可能建成社会主义的理论前提。托洛茨基等人反对社会主义首先在一国取得胜利以及苏联一国建成社会主义,他们贬低列宁关于帝国主义政治经济发展不平衡规律的决定性作用和意义,认为资本主义不平衡的规律在帝国主义阶段以前就有了,而且这种不平衡在 19 世纪比 20 世纪更加尖锐、深刻,而到了帝国主义阶段,资本主义的发展反而比过去更具有“平衡”的趋势。斯大林根据列宁关于帝国主义的论述,阐明了垄断资本主义同垄断资本主义前的资本主义之差别,而正是在这种差别中产生了帝国主义时期资本主义发展的不平衡性。在这基础上,斯大林又正确地解释了列宁关于社会主义可能在个别国家获得胜利的论断。

其次,斯大林阐明了在苏联一国建成社会主义问题和社会主义最终胜利问题的实质。斯大林指出,应当把"一国能否建成社会主义"同"社会主义能否在一国获得最终胜利"作为两个问题区别开来。他认为,在苏联一国能不能建成社会主义,实际上就是苏联能不能依靠自己的力量解决苏联的内部矛盾,战胜资本主义成分。他指出,十月革命以后,资产阶级在政治上已经被战胜,因此,建成社会主义的问题主要是在经济上战胜资本主义,建立社会主义的经济基础。而苏联虽然处于资本主义的包围之中,经济技术仍然比较落后,但是,苏联有过而且发展过资本主义,有一定数量的大工业,有一定数量的无产阶级,有领导无产阶级的政党,因此,在无产阶级专政的条件下,完全能够依靠自己内部的力量建成社会主义的经济基础,取得社会主义在苏联一国的胜利。而社会主义的完全胜利或最终胜利,则要保证正在建设社会主义的国家没有任何外来的危险,这实际上是解决苏联外部矛盾的问题,是战胜世界资产阶级的问题,而一个国家的无产阶级靠本身的力量是不能战胜世界资产阶级的,也就是社会主义不可能单独在一个国家内取得完全的最终的胜利。

其三,斯大林阐明了工人阶级能够同农民阶级建立巩固的工农联盟,建设成社会主义。斯大林认为,建成社会主义经济的问题是组织整个国民经济的问题,所以,它既包括工业,也包括农业,是使两者正确、合理的结合。为了巩固工农联盟,斯大林认为,必须采取符合工农群众利益的政策,包括合理的财政政策、税收政策和价格政策,从而迅速发展工农业生产,实现国家的社会主义工业化。

其四,斯大林阐明了苏联一国建成社会主义经济基础的国际条件。斯大林根据苏联当时的国际环境指出,苏联一国能不能建成社会主义,不仅取决于苏联自己,而且也取决于苏联的外部条件,取决于苏联有没有一个摆脱战争的环境。而这个环境和条件主要有:一是帝国主义国家之间的矛盾并没有减弱,使它们难以勾结起来反对苏联;二是帝国主义和殖民地半殖民地国家的矛盾,殖民地半殖民地国家和附属国解放运动的发展;三是资本主义国家中无产阶级和资产阶级的矛盾与革命运动的发展,各国无产阶级对苏联的同情日益增长;四是苏联工人阶级的强大有力,苏联社会主义建设的胜利,苏联红军的组织力量。

关于如何对待新经济政策问题的争论。1921 年春天开始实施的新经济政策,如列宁所说:"新经济政策在经济上和政治上都充分保证我们有可能建成社会主义经济的基础。"[1]列宁去世以后,斯大林在领导苏联社会主义建设的过程中,对新经济政策作了自己的阐述。

第一,斯大林进一步阐明了新经济政策的意义。列宁在1921年说明新经济政策的意义时曾经指出,俄国共产党人正在解决的任务,不仅是俄国的,而且也是全世界的。斯大林进一步发展了列宁的这个思想,他指出,这种新经济政策,在资本主义国家甚至最发达的国家,在从资本主义过渡到社会主义时期都要实行。他说,新经济政策是无产阶级专政的政策,其目的在于利用市场,通过市场,而不是直接的产品交换,不要市场,在市场以外战胜资本主义成分并建立社会主义经济。

第二,斯大林把新经济政策的重点放在发展重工业上。列宁在实行新经济政策的时候,强调从发展农业着手扩展工业,并通过一定范围内的自由贸易来促进国民经济的发展。而斯大林则认为,到1926年新经济政策已经进入新的时期,即直接实现工业化并依靠工业的扩展来发展经济的时期。所以,斯大林认为经过了新经济政策的第一个时期,整个国民经济有了一定的恢复和发展,城乡对工业品的需求增加了,这就使工业品的生产和对工业品的需求之间出现了不相适应的现象。因此,扩大工业,把工作重心转向工业,这是建设社会主义经济基础、推进整个经济发展所必需的。而事实上,从1925年十四大以后,苏共就把高速度发展重工业作为加速整个经济发展的关键。

第三,斯大林把新经济政策转向对资本主义的进攻,强调要限制和消灭资本主义。斯大林认为,新经济政策有两个方面:一是反对战时共产主义政策,目的是保证私人贸易有一定的自由;二是反对私人贸易的完全自由,其目的是保证国家对市场起调节作用,而这个作用更加重要。而且,由于新经济政策的实施,虽然社会主义有了发展,但是,产生了社会主义同资本主义两种经济成分的激烈竞争,大批私人资本投入了商业,占领了市场,农村信贷直接落入富农和高利贷者手中,从而威胁着社会主义工业同农民经济的结合。因此,斯大林强调指出,必须大力发展国营商业、合作社商业,缩小私人商业活动的范围,从而相对地和绝对地缩减资本主义成分。同时,斯大林又指出,新经济政策是为了使社会主义战胜资本主义,是建成社会主义的经济基础。社会主义在对资本主义的进攻中,主要是加快工业发展的速度,加快国营农场

[1] 《列宁全集》第33卷,人民出版社1957年版,第220页。

和集体农场的发展速度，加快从经济上排挤资本主义的速度，用新的经济形式代替旧的资本主义经济形式。而到了1929年下半年，斯大林认为社会主义向资本主义进攻的时机已经成熟，便发起了社会主义对资本主义的进攻，由限制、排挤资本主义转变为消灭资本主义。在向资本主义的进攻中，斯大林采取了没收富农财产的办法来消灭富农阶级，通过开展国营商业和集体农庄贸易的方法来把私人商业排挤出商品流通领域。斯大林就是按照他对新经济政策的解释，组织和领导了社会主义对资本主义的斗争，所以，从斯大林执行新经济政策的实际情况来看，新经济政策实际上已经失去了它原有的意义。

二、高度集权的社会主义建设模式——"斯大林模式"

1. 斯大林模式的形成

斯大林模式，一般是指斯大林执政以后所形成的苏联社会主义建设的社会发展模式。它的形成可以分为两个发展阶段：

第一阶段：斯大林社会主义建设模式初步形成的阶段，从1924年斯大林开始执政到20世纪30年代初。这个阶段中，斯大林开始的时候仍然继续执行列宁的新经济政策。但是，也在这个阶段，苏共党内发生了几次斯大林同反对派的争论，争论的结果是斯大林关于工业化理论的指导地位得到确立，一个高度集中的计划经济体制开始形成。在这个时期苏共党内的争论，第一次是斯大林、布哈林同党内反对派的争论，主要起因是1923年10月俄国出现了实行新经济政策以后的第一次经济危机即工业品销售危机。在怎样看待和解决危机的问题上，托洛茨基认为解决这个问题要靠加快工业化的速度，并最大限度地从农业中抽调资金到工业中来，以加快工业的发展。而布哈林则反对托洛茨基的超工业化主张，并从维护列宁的新经济政策出发，提出了一个均衡发展的思想，即农—轻—重的辩证思想，他认为，农民在俄国社会和经济的结构中占大多数，应该把支持和加强工农联盟放在第一位，把处理好国营经济同个体经济的关系作为经济政策的总出发点。斯大林的观点同布哈林的观点基本相似。1925年苏共十四大的召开，否定和批判了托洛茨基的"速胜论"观点。但是，到了1927年底至1928年初，苏联又发生了粮食收购危机，在怎样对待和解决这个问题上，斯大林和布哈林之间发生了严重的分歧。斯大林认为，造成粮食收购危机的原因主要是苏联小农经济占优势、富农的破坏和粮食收购机关的松懈。而布哈林却认为粮食收购危机主要是由于基本建设投入增加过快过多、农产品价格不合理、货币不稳定等因素造成的。怎样解决这个问题？斯大林认为要加速农业集体化、加快社会主义工业化的速度，并对城乡资本主义实行限制。而布哈林则强调加强经济杠杆的作用。到1928年4月，斯大林和布哈林的分歧进一步公开化，争论的问题主要集中在三个方面：一是如何建设社会主义工业化的问题；二是如何改造社会主义农业的问题；三是如何判断社会主义经济建设的动力问题。但是，斯大林和布哈林争论的结果是布哈林被指控为人民公敌，并以叛国的罪名被处决。于是，苏共党内的争论以斯大林的彻底胜利而结束。到1929年5月，苏联第五次苏维埃代表大会批准通过了具有指令性质的《苏联第一个五年国民经济建设计划》，并全面实施。与此同时，苏联对工业管理体制作了调整。这就标志着斯大林模式的计划经济体制开始形成。在经济体制形成的过程中，斯大林又在政治体制上把反对派领导人的权力予以解除，并配合政治斗争，在文化意识形态领域实施了改组。

第二阶段：斯大林模式的全面形成阶段。1934年，苏共召开了第十七次代表大会，工农检查院被撤销，并把原来与中央委员会平行的中央监察委员会降为中央委员会的一个附属机构，进一步加强了中央书记处的权力。1936年苏联新宪法的颁布，标志着高度集中的苏联政治、经济体制被宪法所确认，斯大林社会主义模式基本上得到全面的确立。在斯大林模式的形成过程中，斯大林又进行了肃反运动，并把党内的斗争阶级斗争化，原来党内反对派的主要领导人、持不同政见者以及一些军队的领导人都被定为“人民公敌”加以迫害。1938年，由斯大林本人提出分期纲要并亲自撰写部分章节的《联共(布)党史简明教程》出版，该书在一系列基本问题上统一了党内的思想，推进了马克思主义的研究，又全面地阐明了当时苏联的意识形态的准则，确立了一元化的思想模式。至此，斯大林社会主义模式在政治、思想、经济、文化等方面全面形成。它不同于马克思、列宁社会主义观的地方主要在于：它降低了社会主义具有超过资本主义的生产力发展水平要求；离开了生产力的发展水平，片面追求公有化程度的提高；宣称社会主义生产关系同生产力状况完全适合，堵塞了改革的道路；提出了两个平行的世界市场，使社会主义国家在发展经济中闭关自守；把社会主义的计划原则发展成指令性计划；认为商品生产、价值规律不适用于生产资料；认为社会主义社会阶级斗争越来越尖锐，通过残酷斗争来消灭阶级；主张通过最大限度地加强国家政权来削弱国家政权。

2. 斯大林模式的主要内容

斯大林模式是在特定的历史条件和思想理论指导下形成的苏联社会主义建设道路所采取的路线、方针、方法和政治、经济管理体制的总和。它的基本内容和基本特征主要表现在经济、政治、思想文化以及外交关系等四个方面。

经济方面主要表现在:

其一,生产资料所有制采取单一的社会主义公有制,全民所有制和集体所有制经济占绝对优势。社会主义生产资料所有制是社会主义的经济基础,所有制对人类社会形态的变化起到决定性的作用。苏联从20世纪30年代开始,形成了生产资料公有制的两种基本形式:全民所有制即国家所有制和集体所有制。苏联宪法规定:国家所有制是社会主义所有制的基本形式,集体农庄合作社所有制是劳动者的集体所有制,是公有制的另一种形式。在斯大林时代,社会主义公有制在国民经济中占有极高的比例,虽然在社会生活中还存在着极少量的居民和集体农庄庄员个人所有的辅助经济,但是,这只是公有经济的补充,而且,其数量和规模都受到严格的限制,它们的存在根本不会改变苏联生产资料所有制的比例。

其二,实行国家高度集中的指令性计划经济体制。社会主义公有制和社会主义大生产要求实行计划经济,包括马克思、恩格斯、列宁都有这样的思想和主张。但是,什么是计划经济?斯大林明确了指令性计划经济体制。斯大林认为,资本主义国家也有某种类似计划的东西,但这是一种臆测的计划,想当然的计划,这种计划谁也不执行。我们的计划不是臆测的计划,不是想当然的计划,而是指令性计划,这种计划各领导机关都必须执行。所以,苏联从1926年起就开始制定国民经济年度控制数字。但是,当时这个数字还局限在对一年后经济发展的"简单预见",是一种指导性计划。因此,斯大林严厉批评了这种做法,他要求制定更为详尽的具体计划。于是,苏共十五大制定了第一个五年计划。到1929年4月,苏联第一个指令性计划获得通过,该计划规定了近50个工业部门的具体任务,还规定了关于劳动、商品流转、文化建设和财政方面的具体任务。所以,在苏联,强调的是"国家计划就是法律",有关机关、组织、人员都必须执行,否则要承担行政和法律责任。苏联的计划体制由三个部分组成:一是计划管理机构,包括政府和部门的计划系统;二是指标体系,包括生产指标、财务指标和技术指标;三是审批程序。

其三,实行高度集中的中央管理体制。在指令性计划经济体制下,苏联把大批原属地方管理的企业收归中央工业部门管理，实行高度集权的中央管理体制。中央通过部门对国家的经济活动进行垂直领导，严格控制着从生产到分配的全过程。中央的集中领导不仅包括宏观经济，也包括微观经济，甚至连地方一些自产自销的企业也收归中央管理。在实行中央—企业两级和中央—托拉斯—企业三级管理体制后，中央经济管理部门直接控制着企业的人、财、物和产、供、销大权。

其四，采取优先发展重工业的战略方针。苏联优先发展重工业的战略，是与当时俄国的国情和所处的国际环境相联系的。因为，俄国在第一次世界大战前工业生产十分落后，而且由于世界大战和外国的武装干涉使它的工业遭受到严重的破坏。在这种情况下，高速度发展工业特别是重工业是保证苏联经济独立和增强国防实力、保卫苏维埃政权的重要条件。所以，在苏共十四大上决定把实现工业化作为全党的中心任务，作为党的总路线。而且，斯大林说，不是发展任何一种工业都算工业化，工业化的中心，工业化的基础，就是发展重工业。因此，从1926年开始，苏联采取了重点发展重工业、力求国民经济高速增长的发展战略。但是，苏联当时的工业化道路的实现，重工业的迅速增长，是以牺牲农业和农民的利益为代价的。在很长一段时间里，苏联一直采取剥夺农民的办法筹集工业化所需要的资金。农民不仅要缴直接税和间接税，而且要缴一种超额税，用工农业产品“剪刀差”的办法，使资金流入工业。而且，由于苏联长期推行这一战略，也造成了国民经济比例关系的严重失调，反过来影响了国民经济的发展。

政治方面主要表现在：

其一，实行高度集权的政治体制。斯大林模式的政治体制是从列宁构建的过渡时期无产阶级专政体系发展演变而来的。列宁认为，苏维埃“它能够把议会制的长处和直接民主制的长处结合起来，就是说，把立法的职能和执法的职能在选出的人民代表身上结合起来”〔1〕。苏联最高权力机关是由劳动者代表组成的全苏维埃代表大会，它拥有立法权；同时，为了体现联邦制，最高苏维埃由按照人口比例选出的联盟院和按照加盟共和国相同数额代表组成民族院。中央执行委员会(1936年开始改为最高苏维埃主席团)是代表大会的常设机构。国家的最高行政机关是人民委员会(1946年改为部长会议)。但是，从实践来看，这个体制是一个权力高度集中的政治体制，因为最

〔1〕《列宁选集》第3卷，人民出版社1995年版，第296页。

高苏维埃的权力逐渐缩小,而行政机关的权力日益扩大。在中央和地方的权力关系上,中央的权力日益扩大且掌握在少数领导人甚至个别领导人的手中。

其二,高度集中的一党领导制度。在政党制度方面,苏联实行的是一党制,即共产党一党执政,并且实行一党独存,不允许其他政党的存在。苏联实行一党独存的体制是有它特定的背景的,在1918年的内战中,右派社会革命党人由于参加了反革命暴乱而被逐出了苏维埃政府。而1936年的新宪法对共产党的一党存在制度给予了充分的肯定,斯大林也多次论述了苏联实行一党制的社会基础,从而最终使一党制在苏联得到牢固的确立。在确立一党制的同时,在党政关系上,苏联还实行了以党代政制。斯大林早期也反对过以党代政,但是,后来他认为执政党的口号"具有法律效力,应当立即予以执行",他还认为,如果国家组织和社会团体的作用大了,它们对党的压力就会变大,就会削弱党的领导,因此,党不能是一般的领导,而要实行具体的领导,就是管理国家。所以,从实践看,苏联实行了以党代政制。

其三,实行权力高度集中的党内领导体制。列宁曾经认为苏俄的党的领导体制应当是民主集中制,强调党的最高领导要实行集体领导。但是,列宁逝世以后,党内斗争十分激烈,党的集体领导制度受到削弱。而随着斯大林在党内斗争中的胜利和反对派的消失,他在党内的地位日益突出,权力越来越大,最后达到至高无上的程度。虽然斯大林在党内的崇高地位有它的历史原因,而且在特定的条件下,这种地位有利于党的工作和决策。但是,从深层次上看,它不仅同高度集中的计划经济体制相联系,而且长期如此,就必然会严重地削弱党内民主,破坏党的集体领导和民主集中制,造成个人崇拜和个人集权。

其四,实行干部委任制和干部职务终身制。十月革命以后,列宁考虑到工人的文化素质比较低,管理能力和水平有限,特别是考虑到战争时期的特殊情况,所以就在一定时期实行了自上而下的干部委派制和任命制。但是,列宁同时还认为,随着形势的发展和苏维埃政权的巩固,要逐步改变干部的委任制,用干部的选举制来代替委任制。1936年,苏联的新宪法也规定要实行普遍的、平等的、直接的和不记名的选举制度。但实际上,苏联的各级干部都实行自上而下的层层委任制和任命制。这种做法使干部只对上负责而不对下负责。同时,实行干部职务的终身制使干部队伍失去了竞争力和活力,也妨碍了年轻干部的提拔和成长。

其五，强化无产阶级专政的镇压职能，国家安全机关凌驾于一切权力之上。实行无产阶级专政是马克思主义理论的一个基本原理，社会主义必须实行无产阶级专政，这是无产阶级为了维护自己政权的需要。在十月革命以后的一段时间里，俄国国内外的阶级斗争十分复杂和严峻，不强化无产阶级专政的镇压职能就不能有效地保护新生的苏维埃政权。同时，作为一个国家政权，专政和民主从来是它的两个基本职能。但是，斯大林对苏联阶级斗争形势的分析和判断却发生了严重的偏差。他认为，我们的进展愈大，胜利愈多，被击溃了的剥削阶级残余也会愈凶恶，他们愈要采用更尖锐的斗争形式，他们愈要危害苏维埃国家。也就是说，斯大林认为，社会主义愈取得胜利，阶级斗争就愈激烈。根据这样的判断，斯大林作出了不断强化无产阶级专政职能的决定，并认为这是最终达到共产主义、消灭国家的合适途径。而且，斯大林在判断阶级斗争形势的时候，还把党内的斗争看作阶级斗争，以阶级斗争的办法来处理党内斗争，造成了阶级斗争扩大化。斯大林强化无产阶级专政职能的另一个措施和手段是不断加强国家安全机关的职能和权力。苏联国家安全部门实际上成了凌驾于党和国家之上的、拥有绝对权力的机构，它不受任何国家法律的约束，拥有种种特权，可以集中行使国家的公、检、法三种职权。

思想文化方面主要表现在：

其一，通过开展政治批判，形成一个舆论一律、思想单一、意识形态一元化的思想文化体制。20 世纪 20 年代末，苏俄开展了政治斗争和文化大批判，30 年代又进行了大清洗，由此形成了在思想领域全党只有一个声音，而不允许有其他思想理论和观点的存在，也不允许有其他不同的科学文艺派别存在。在意识形态领域，实行政治第一、舆论高度一致，实行严格的新闻检查制度。在科学领域确立了哲学的支配地位，哲学强行干预自然科学，自然科学研究也被贴上了政治标签。

其二，对各种文化单位实行由国家包下来的管理制度，并采取高度集中的领导形式。在文化管理体制上，苏联对社会科学研究、文学艺术方面进行过多的行政干预，而且，往往根据政治标准去肯定或否定科学研究、文艺创作的成果，特别是根据国家领导人的意志作为评判的标准。在苏联文化体制不断集中化、计划化的过程中，大量的民间学术团体被取缔，少数生存下来的都被转为官方或准官方机构。所以，30 年代以后，苏联的各种学术团体都具有官方和半官方性质，这些学术团体行政化的倾向十分明显，它们必须依靠党和政府的决定和命令进行组建。学术团体的领导人要么由党和政府机关与事业单位的负责人兼任,要么由上级委派。

其三,对斯大林大搞个人崇拜。对斯大林进行个人崇拜从20世纪20年代就开始了。特别是随着党内各反对派被击败,全国上下开始对斯大林进行歌功颂德。斯大林被称颂为"当代的列宁",是"列宁最好的学生",是"一切时代最伟大的人物",等等。

对外关系方面主要表现在:

其一,在苏联与西方资本主义国家的关系上,斯大林坚持反对资本主义的侵略政策,坚持反帝斗争,维护世界和平。在第二次世界大战爆发前,苏联同一些国家建立了外交关系,战争爆发以后,斯大林领导苏联人民集中一切力量,同法西斯进行了艰苦卓绝的斗争,并支援其他一些国家同帝国主义进行斗争。但斯大林在维护世界和平、同法西斯进行斗争的过程中,也做了一些不适当的妥协和让步,甚至牺牲了一些弱国的利益。

其二,在处理同社会主义国家的关系上,在积极支援这些社会主义国家的同时,也犯了严重的大党主义和大国沙文主义的错误。一方面,苏联给予了一些社会主义国家积极的国际主义援助,在国际舞台上积极地通过外交活动捍卫社会主义国家的利益,如加强同东欧社会主义国家的经济合作,通过签订一系列的协定使东欧各国的经济得到恢复和发展。但是,斯大林在支持社会主义国家的同时,在实践中不仅对各社会主义国家的纲领、路线以及领导机构的组成有最后的决定权,而且还派出人员直接监督各国党的一切活动。自20世纪20年代末到30年代初,就通过共产国际的名义撤换了五十多个国家共产党的领导人。在处理同其他国家共产党的关系上,总是以老子党自居。总之,苏联共产党与其他共产党和社会主义国家之间交往时不能平等地交往,导致后来与各社会主义国家之间发生严重的冲突和矛盾。

怎样评价斯大林模式?在苏联政权垮台以后,人们纷纷对这种体制进行了深刻的分析,学者们也有自己的观点和评说。我们认为,评价一种社会发展模式,首先要坚持历史唯物主义的基本原则,要对其进行客观、公正的评价。因此,首先我们要分析斯大林模式产生的历史条件。应当说,斯大林模式是一定社会历史条件下的产物,这种社会历史条件,主要表现为:其一,十月革命后苏联较长时间处于帝国主义的包围之中,集中力量发展自身的经济和军事力量是新生的苏维埃政权获得生存和发展的基本前提。作为世界上第一个社会主义国家和政权,苏联长时间处于资本主义的包围之中,而且,资本主义世界一再挑起反对苏联的事件。例如,1918 年春到 1920 年底的为期三年的帝国主义国家武装干涉,1927 年英国与苏联断交,苏联驻波兰大使被刺,苏联在中国的外交代表遭到袭击等事件,以及后来爆发的第二次世界大战,等等。这些都表明苏联在国际上承受了沉重的压力和挑战,而要应对这些困难和挑战,就有必要集中全部的人力、物力、财力,以超常规的办法加紧进行社会主义经济建设,增强自身的实力。因此,在这种历史条件下,实行高度集中的计划经济发展模式是必然的,也是必要的。

其二,苏联社会主义是以经济文化落后为建设前提的,苏联又是一个有着漫长封建专制主义历史的国家。十月革命前,苏联虽然进行了资本主义生产关系的变革,资本主义在一定程度上有所发展,但是,当时的沙俄仍然是个军事封建帝国主义国家,封建生产关系仍然占优势。十月革命摧毁了封建生产关系,实现了社会主义变革。但是,封建主义的思想残余和影响不可能在短时间内消除,特别是封建专制主义的思想和影响、封建家长制的残余和影响还根深蒂固。同时,普通老百姓的文化水平普遍低下,整体的国民素质还不高,且缺乏管理国家的能力和水平。所以,革命后少数人管理国家事务也有其必然性。在这种情况下,也就使集中和集权统治的管理模式有了产生的可能性。再加上十月革命后由于复杂的形势而在苏共党内产生了不同意见和不同派别,党内斗争比较复杂,虽然列宁同托洛茨基等的错误思想进行了坚决的斗争,但苏共的党内斗争一直没有停止过。斯大林执政以后,先后战胜了各个反对派,使党趋于统一。然而,随着斯大林在党内斗争的胜利、地位的提高、权力的增强,权力集中乃至集中在少数人手中的情况就随之出现,党内民主的氛围受到削弱,集中制进一步发展,最后促进了高度集中、集权体制的形成。

其三,苏联缺乏社会主义建设和管理的经验。苏联是世界上第一个社会主义国家,怎样建设社会主义?社会主义的管理模式应当是什么样子的?在这些问题上没有任何经验可以借鉴和学习,而只能在实践中逐步探索。列宁时期,他虽然能够根据实际情况不断制定和调整建设和管理的政策和做法,如及时调整战时共产主义政策,实行新经济政策;但是由于当时的情况十分复杂,而且列宁能够实践的时间太短,也就不可能找到一个理想的社会发展和管理模式。斯大林虽然继承了马克思、恩格斯、列宁等关于社会主义发展的思想,但是,他教条主义地理解马克思主义关于社会主义发展的一般特征的设想和列宁初期的思想(集中体现在 1906 年斯大林写的《无政府主义还是社会主义》一书中)，而没有从苏联的实际出发，没有从社会主义发展的基本规律出发，片面追求社会主义的纯粹形式，否定商品经济和商品生产，消灭一切非公有制经济，建立了高度集中和集权的政治和经济管理体制。因此，在没有任何现成的经验可以借鉴的情况下，形成了这样的体制和模式应当说是可以理解的。然而这种体制和模式为以后的苏联社会主义发展乃至整个社会主义发展模式带来了不可估量的消极影响。

3. 斯大林模式的历史影响

斯大林模式对于苏联的社会主义建设和发展具有重大的历史进步性，在苏联社会主义发展史上起过积极的作用。这种历史进步性和积极作用主要体现在：

一是开创了苏联社会主义建设事业的新局面。斯大林领导苏联共产党和苏联人民，在十分艰苦和困难的条件下，在资本主义世界的包围中，依靠自己的力量，从政治、经济和文化等各个方面建立了世界上第一个社会主义制度的体制和发展模式，成功地开始和实现了社会主义的建设和发展。这种社会主义体制和发展模式的建立，不仅在理论上是对马克思主义社会主义理论的继承和发展，而且在实践上开创了社会主义建设的新局面，对世界社会主义运动是一个伟大的贡献。

二是在短时期内实现了社会主义工业化，是落后国家建设社会主义的典范。斯大林模式的历史作用在很大程度上在于这种模式能够在较短的时间里摆脱落后的面貌，实现社会主义工业化。苏联在第一个五年计划中，工业总产值递增了19%；在第二个五年计划中，工业总产值递增了19%；全部工业生产从1928年到斯大林去世为止几乎增加了20倍，而且其中还经历了几乎耗尽苏联三个五年计划的全部积累的第二次世界大战。苏联工业化的实现，使苏联这个落后的国家走向现代化，为其后的社会主义建设和发展奠定了坚实的基础。而且，苏联不仅实现了工业化，在此期间，它的文化教育事业和科学技术水平也都有了飞速的发展。十月革命前，沙俄的文盲超过了人口的四分之三，但是，到了1936年，苏联人口中的识字率达到了87%以上，到1955年受过高等教育的人数达到218万，是1913年13万的16.7倍。1913年，俄国的科学工作者只有1.16万人，到1940年达到9.83万人，增加了7.4倍。到二战后期，苏联的科技水平已经发展到同当时的美国不相上下。

三是苏联社会主义模式为反法西斯战争的胜利奠定了物质基础。斯大林曾经讲过，苏联战前的三个五年计划的实施，为打败法西斯创造了绝对必要的物质条件。战争的胜负是由多种因素决定的,但经济实力是绝对必要的条件。在二战中,苏联红军能够打败军事实力强大的德国法西斯,其中一个重要的原因就是战前建立起来的工农业体系提供了战争所必需的物质保障。而且,这种高度集中的计划体制在战争中也发挥了巨大的作用,二战的后三年,苏联平均每年生产坦克3万多辆、飞机4万多架、大炮12万门,军事装备的优势为战争的最后胜利奠定了坚实的基础。

四是对其他社会主义国家的建设和发展产生了积极的作用。东欧和亚洲一些社会主义国家在二战结束以后纷纷建立,但是,这些社会主义国家都缺乏建设的经验。于是,苏联社会主义发展的经验和教训对这些社会主义国家的建设和发展起了十分重要的作用。这些国家包括中国几乎照搬了苏联模式,建立了高度集中的计划经济体制和政治体制。这种体制对这些新生的社会主义国家初期的政权巩固和经济发展起了积极的作用。

但是,斯大林模式也存在着历史局限性和严重的弊端,对整个社会主义运动产生了消极影响。斯大林模式的历史局限性和弊端主要表现在:

一是这种体制在一定时期、一定程度上推动了生产力的发展,但对生产力的进一步、持久的发展起了阻碍作用。高度集中和集权的计划体制在特定情况下,特别是在战争条件下,其积极作用是十分重要和明显的。然而,随着整个社会主义制度的建立、战争的结束,这种以高度集中为主要特征的经济和政治、文化、思想体制的弊端和缺陷就逐渐突现出来,尤其是对生产力进一步、持久性的发展带来了严重的阻碍。最突出的是表现在计划经济对部门和企业统得太多、管得太死,更主要的是出现了生产资料占有权、支配权以及产品的分配权同生产者之间在很大程度上相脱离,大锅饭、平均主义严重,生产者没有积极性。片面追求公有制成分的单一化,企业没有自主权,缺乏活力,经济效益差。加上以牺牲农业、轻工业为代价片面发展重工业,造成国民经济比例严重失调,轻工业产品匮乏,农民负担过重、生活水平低下。

二是这种体制在政治上虽然实现了高度统一,但是,由于权力过分集中、社会主义民主和法制不健全,给苏联社会主义的进步和发展带来了巨大的损失。斯大林模式在政治体制上的高度集中,在备战和战时发挥了巨大的作用,也有利于组织上得到统一。但是,这种政治体制由于实行的是共产党一党独存而不允许其他党派存在的合法性,由于它名义上实行的是联邦制而实质上为单一制,由于人民的民主权利很小、监督机制不健全,由于党内的民主不健全、民主集中制得不到真正的实行,由于个人崇拜盛行,等等,造成了苏联在社会主义建设和发展中的一些重大决策失误,正常的政治生活得不到保证,教条主义盛行,社会文化事业窒息,给苏联的社会主义事业带来了巨大的损失,也为后来苏联社会主义模式的失败埋下了隐患。

第三节　戈尔巴乔夫"人道的民主的社会主义"

戈尔巴乔夫已注定是一个历史性转折点上的人物。当他走上苏联政治历史舞台之时,"苏联体制"自创建以来快70年了。前有列宁、斯大林,中经马林科夫、赫鲁晓夫、勃列日涅夫、安德罗波夫、契尔年科。虽然前有赫鲁晓夫"半途而废"的改革,中有由盛而衰的勃列日涅夫时期,后有安德罗波夫企图励精图治的改革小试,但终究难以从根本上解决苏联多年积累的体制性问题。从1985年3月11日戈尔巴乔夫当选为苏共中央总书记,到1991年苏联解体,苏联经历了一个改革、失败和最终解体的过程。在这过程中,戈尔巴乔夫作为一个党的总书记,对苏联的解体、苏共失去执政党的地位负有不可推卸的责任。戈尔巴乔夫的改革体现了他的社会主义观,他的社会主义理论不是科学社会主义,而是民主社会主义的现代版。继起他的有叶利钦、普京、梅德韦杰夫……戈尔巴乔夫在俄罗斯历史上的"千秋功罪",任由历史评说了。

一、戈尔巴乔夫上台时期苏联的改革

戈尔巴乔夫上台执政,表明了苏联社会开始进入一个新的阶段,他当时面临的主要问题是要改变苏联长期以来形成的高度集中的计划经济体制。戈尔巴乔夫为了改变苏联的状况,提出了"加速战略"和经济体制的根本改革。1985年4月,戈尔巴乔夫在苏共中央全会上作了《关于召开苏共第二十七次代表大会及有关筹备和举行代表大会的任务》的报告,确定了他的执政基调,即对苏联进行改革和更新。戈尔巴乔夫在他的施政纲领中提出了"加速社会经济发展战略"即"加速战略",他认为:"我们应该广泛利用科学技术革命的成果并使社会主义经营管理方式符合现代化条件和要求,我们应当大大加速社会经济进步。其他道路是根本没有的。"〔1〕所谓"加速战略"包括两层意思,一是加快经济发展速度,二是进行经济体制改革。1985年4月,苏

---

〔1〕《戈尔巴乔夫言论集》,人民出版社1987年版,第46页。

共中央全会的召开标志着戈尔巴乔夫提出的改革方针的开始。经过近一年的准备,1986 年 2 月苏共召开了二十七大,戈尔巴乔夫在报告中把"加速战略"方针具体化,提出到 20 世纪末要通过增加积累把投资重点放在机器制造业上,争取国民收入年增长 4.7%,到 2000 年国民收入增加一倍。为了实现这个目标,戈尔巴乔夫提出要对经济体制进行"根本改革"、"全面改革"。根据戈尔巴乔夫的解释,所谓"加速战略"首先要提高经济发展的速度,速度是这个战略的核心。其次,这个战略更强调的是经济发展的质量,就是在科学技术进步、经济结构改造、有效管理、劳动组织和刺激形式的基础上尽一切可能使生产集约化。第三,要进一步发展机器制造业,使机器、设备、仪表的技术水平和质量大大提高。同时,作为"加速战略"的一部分,苏共二十七大提出了对经济体制进行改革的设想,对经济体制改革提出了一系列具体措施,主要有:一是改善工作计划,使计划工作成为实施"加速战略"、实现生产集约化的经济决策的杠杆;二是改革管理机构,通过改组中央经济机关、组建跨部门综合体的领导机构使管理体制过渡到两级管理;三是扩大企业自主权,实行提高企业积极性的措施;四是实行经济核算制,推行并扩大新的经营方式;五是加强经济刺激,根本改变财政信贷机关的工作内容和工作方法;六是进行农业体制改革。这些内容,构成了经济体制改革的基本框架。苏共二十七大以后,经济体制改革开始实施。但是,由于这个改革在指导思想上的急于求成,加速发展战略的干扰,经济体制本身的问题及制约经济体制改革的因素太多等原因,经济体制改革没有出现戈尔巴乔夫所预期的成效。由于戈尔巴乔夫这个"加速战略"既规定了高速度,又要求改革,而苏联的经济体制和经济结构问题又十分严重,最后这个战略实行的结果既没有实现高速度,又耽误了经济结构的调整,对改革造成了极为不利的影响,反而加剧了国家的经济困难。

在"加速战略"和经济体制改革没有成功的情况下,戈尔巴乔夫感到十分焦虑,经过犹豫和徘徊之后,他下决心进行改革战略的大转移,将改革的重点从经济领域转到政治领域。随着改革重点的转移,经济体制改革陷入了停滞状态。戈尔巴乔夫从他上台到 1987 年的经济体制改革,还是讲要"完善社会主义"的,但是,随着他把改革转向政治领域,开始发动一场"全面的根本性的改革",戈尔巴乔夫的改革路线发生了根本性的变化,把苏联的改革引向了歧途。

二、戈尔巴乔夫"人道的民主的社会主义"理论

从1988年6月的苏共十九次代表大会到1990年7月的苏共二十八大，苏联的改革理论、路线和方向发生了根本性的变化，戈尔巴乔夫从维护、完善社会主义到彻底否定社会主义、推行民主社会主义，到最后葬送了苏联社会主义。

从1985年3月戈尔巴乔夫上台到1987年苏共二十七大，他的改革理论主要是提出要"完善社会主义"，还没有明目张胆地提出要改变社会主义。所以，在这个阶段，戈尔巴乔夫把完善社会主义作为改革的基本任务。他在苏共二十七大上提出，要发展和巩固社会主义，有计划地和全面地完善社会主义，使苏联社会主义继续向共产主义前进。为了实现这样的目标和任务，戈尔巴乔夫把批判的对象主要集中在勃列日涅夫的"发达社会主义"理论，认为这种理论只讲成绩，而回避了关于经济上转到集约化轨道、提高劳动生产率、改善居民生活水平等迫切需要解决的问题。当时戈尔巴乔夫提出的改革还没有提到政治体制的改革，改革指的是经济改革，通过改革使苏联社会达到"新质状态"，即经济上集约化，劳动生产率、产品质量、经济效益达到世界最高水平；政治上要发展人民的社会主义自治；社会方面要贯彻按劳分配原则，基本上建立无阶级的社会结构，消除城乡之间、工农之间、脑力劳动和体力劳动之间的本质差别；在精神生活方面要进一步树立社会主义意识形态。但是同时，戈尔巴乔夫在苏共二十七大上又提出，要改造经济机制，首先应转变思想，抛弃老一套的思维和实践模式。这老一套的思维和实践模式指两条：一是"数十年来根深蒂固的意识形态教条主义"，实际上指的是马克思主义；二是"30至40年代形成的延续至今的斯大林体制"。

但是，到1987年1月苏共中央全会和1988年6月苏共十九次代表大会，戈尔巴乔夫在改革理论上发生了重大转变：一是从批判勃列日涅夫转向批判斯大林，就是全面批判斯大林时期所形成的苏联政治经济体制；二是不仅提出要进行经济体制改革，而且提出要"根本改革政治体制"，而且把改革政治体制放在首要地位。为什么要进行政治体制改革？戈尔巴乔夫认为，苏联的政治体制出现了严重的问题，已经成为他进行改革的绊脚石，必须首先把它搬掉。戈尔巴乔夫攻击当时的苏联政治体制没有克服人与政权异化的现象，它几十年来不是在法律范围内组织社会生活而主要执行强制命令和指示；口头上宣扬民主原则，实际上却独断专行；在讲台上宣扬人民政权，实际

上是唯意志论和主观主义；大谈民主制度，实际上践踏社会主义生活方式准则，缺乏批评和公开性。因此，戈尔巴乔夫把当时苏联遇到的困难都归结到原来的政治体制上。在此基础上，戈尔巴乔夫在苏共第十九次代表大会上正式提出了他的"人道的民主的社会主义"理论，提出要把"人道的民主的社会主义"作为改革的目标。他说，要通过苏联社会的改革，使苏联社会达到的"新质状态"，就是"人道的民主的社会主义"。这个社会主义有七个特征：一是真正的现实的人道主义，人是万物的尺度；二是有效而活跃的经济，在社会主义公有制和个人所有制以及经营形式多样化基础上实行计划与市场结合；三是社会公正，贯彻按劳分配原则；四是具有高度文化素养和道德；五是真正的民主政治，实行社会主义人民自治、民主化、法制、开放性和公开性；六是各民族真正平等；七是渴望和平，渴望在民主与平等的原则上与各国人民建立正常的文明关系。从苏共党的十九次代表大会通过的决议来看，苏联的改革方向已经发生转变，改革的重点从经济领域转向政治领域，政治体制改革已经开始涉及国家政权结构的中心——党的领导，而且开始否定社会主义制度。十九次代表大会虽然已经提出了以"人道的民主的社会主义"作为改革目标，但却仍然保留了一些老的提法，如还保留了苏共是领导力量，反对成立反对党等。而到苏共二十八大，戈尔巴乔夫的"人道的民主的社会主义"理论有了进一步的发展，苏共的"人道的民主的社会主义"路线得以最终确立。戈尔巴乔夫首先在政治上对斯大林和斯大林模式进行全盘否定，把斯大林时期的苏联政治经济体制称为"专横的官僚主义体制"、"变形的社会主义"，认为斯大林模式是对社会主义思想的扭曲，它导致了政治上的个人迷信、专横独裁，经济上停滞，思想上僵化，使国家陷入危机；提出要把斯大林主义同"党和人民的实际创造性成就明确地加以区别"，从而全面否定了苏联社会主义模式。其次，把党的奋斗目标确定为"人道的民主的社会主义"。苏共二十七大的党章还规定苏共的最终目标是实现共产主义；而二十八大的党章则说苏共是"以社会主义为选择、以共产主义为前景的党"，同时，把"全人类价值"和"共产主义理想"并列为苏共纲领性目标的"基础"，把建立"人道的民主的社会主义"、"全人类价值"作为奋斗目标。第三，否定党的阶级性，改变党的领导地位。苏共二十八大不再提苏共是工人阶级的政党，只提苏共是按照自愿原则联合苏联公民的政治组织。从提出民主化、公开化到接受政治多元化，接受多党制理论，把苏共变成一个"全民党"、"议会党"，从根本上改变了党的领导地位。第四，否定马克思主义的指导作用。苏共二十八大已经不再提党以马克思列宁主义为指导,而是提出了意识形态多元化。

由于“人道的民主的社会主义”路线的最终确立,苏联的改革从初期的“完善社会主义”转变为彻底否定社会主义制度,使改革的方向发生了根本性的变化,社会主义性质的改革就此结束。

戈尔巴乔夫改革的理论究竟是什么?在戈尔巴乔夫的改革理论问题上,普遍认为这是他的“新思维”。1987 年,戈尔巴乔夫应美国出版商之约出版了他的著名著作《改革与新思维》(原名为《改革以及关于我国和全世界的新思维》)。在这本书中,戈尔巴乔夫提出了他的改革理论即“新思维”,其主要内容有:一是否定党的阶级性,主张全民党、议会党;二是主张意识形态多元化,反对马克思主义的指导地位;三是攻击无产阶级专政,主张全民国家;四是主张政治多元化,放弃共产党的领导地位,实行多党制;五是主张“三权分立”,用“民主化”、“人道主义”来界定社会主义;六是主张混合所有制和资本主义市场经济,反对公有制的主体地位和按劳分配原则。虽然“新思维”提出的时间要比戈尔巴乔夫真正着手将苏联的改革引向否定社会主义制度的“改革”时间要早,但是,从“新思维”的主要内容来看,它不仅反映了戈尔巴乔夫对社会主义的认识和他的世界观和人生观,而且还是后来戈尔巴乔夫改革的指导思想和变革苏联社会的理论基础。戈尔巴乔夫提出“新思维”的目的是什么?他提出“新思维”的直接目的就是要用它来取代马克思列宁主义和改变苏联社会主义制度。因为戈尔巴乔夫曾经在 1991 年与《莫斯科新闻》主编的谈话时讲过,“应该改变制度,我当时就得出这个结论。但是如果一开始,社会还没有作好准备,就提出这个问题,那将一事无成”〔1〕。从这里可以看到,戈尔巴乔夫提出“新思维”时的动机已经十分明显,只是在他看来时机还不成熟而已。所以,在 1991 年 12 月 14 日,苏联解体、苏共瓦解以后,戈尔巴乔夫在与美国《时代》杂志记者谈话时就明确地讲,他一生主要的目的已经实现。他认为,他的主要目的就是要结束苏联社会主义。

那么,戈尔巴乔夫提出的“人道的民主的社会主义”理论的内容是什么?戈尔巴乔夫的社会主义理论主要包括以下几个方面:第一,主张意识形态多元化。什么是意识形态多元化?在戈尔巴乔夫看来,就是提出意见多元化,允许反映不同的阶级、阶层、社会集团的利益的不同思想观点,允许进行不同政治思想观点的自由的公开的对比、讨论和争论。后来,戈尔巴乔夫又提出

〔1〕《国外理论动态》第 30 期,第 4 页。

反对“意识形态专制主义”和“精神垄断”，允许马列主义以外的意识形态在苏联和苏共内部进行自由传播和竞争。所以，在苏共党内，戈尔巴乔夫把马克思主义理论同所谓全人类的价值观并列为党的基础理论，马克思主义就不再是苏共党的唯一的指导思想。第二，主张政治多元化。所谓政治多元化，在戈尔巴乔夫看来，就包括了社会团体多元化，允许各种社会团体进行独立、自由的活动；实行多党制；实行议会民主制，实行“三权分立”。第三，主张私有化。反对以公有制为主体，强调各种所有制进行“自由的平等的竞争”，对国营企业进行私有化，发展私有制。第四，建立“人道的民主的社会主义”政党。戈尔巴乔夫提出要对共产党进行“自身的改革”，将共产党改造为“人道的民主的社会主义”党。这个党以人道的民主的社会主义为党的奋斗目标，以指导思想多元化为党的思想基础，以进行议会斗争取得执政权为党的基础职能，以“全民党”为党的性质，以民主制反对民主集中制为党的组织原则。第五，主张“全人类的价值高于一切”的外交新思维。戈尔巴乔夫否定了传统的关于在全世界范围内阶级斗争的理论，提出“全人类利益高于阶级利益”、“全人类的价值高于一切”。所谓“全人类的利益”是指核毁灭，认为在核战争的情况下，不仅冲突双方的相互摧残不可避免，而且整个人类乃至我们星球上生命本身遭受毁灭也在所难免。戈尔巴乔夫还否定了传统的社会主义和资本主义两大体系对抗的理论，提出现代世界整体性和多样性的观点，提出在政策和意识形态中“不要制造敌人形象”的观点。戈尔巴乔夫还认为资本主义仍然有自我发展能力和生命力。根据这样的认识，戈尔巴乔夫提出了他的对外政策，即要实现国际关系人道主义化、国际关系非军事化、国际关系非意识形态化、国际关系民主化。

三、戈尔巴乔夫改革观和社会主义观评述

戈尔巴乔夫的改革理论与新思维及“人道的民主的社会主义”的主要特征表现在：鼓吹对现实社会主义进行自我丑化、自我否定的社会主义异化论；宣扬否认阶级斗争的人道主义价值观；鼓吹经济上、思想上、政治上的多元论；认同社会民主党的民主社会主义；从排除与资本主义的对抗性到同资本主义“一体化”。正是这种社会主义观把苏联一步一步地引向剧变、解体。

关于苏联后期的改革，也就是戈尔巴乔夫上台以后所进行的改革，虽然有的人认为戈尔巴乔夫一开始并没有想从根本上改变社会主义制度，是要“完善社会主义”，只是提出要进行经济体制改革和“加速战略”。而有的人

认为戈尔巴乔夫的改革一开始就想改变整个社会主义制度,因为作为其代表著作和改革的理论基础的《改革与新思维》出笼于 1987 年,"新思维"的出现表明了戈尔巴乔夫的改革思想基础已经形成,而且戈尔巴乔夫自己在不同的场合多次赤裸裸地表白自己改变社会主义根本制度的"决心",如 1999 年他在土耳其安卡拉美国大学的演讲中宣称"我生活的目的就是消灭共产主义"。但是,不管戈尔巴乔夫实际上是从什么时候想要从根本上改变社会主义制度的,"新思维"确实是他进行苏联社会改革的理论基础。那么,"新思维"对于苏联社会的改革到底起了什么样的作用,这才是问题的实质所在。我们说,"新思维"的出现对苏联社会改革的影响起码有以下几个方面的作用,而这些作用并未促使苏联社会主义制度完善和发展,恰恰导致苏联社会主义的失败。首先,"新思维"的出现在思想上成为混淆是非、造成动乱的先导。革命和建设需要正确的理论,社会主义改革也需要正确的理论和舆论,而戈尔巴乔夫"新思维"的主要内容是"三个化",即"民主化"、"公开化"以及后来提出的"多元化"。所谓"民主化",戈尔巴乔夫宣扬的是超阶级的民主、无条件的民主。所谓"公开化"也是无条件、无限制的公开,甚至把这个作为是否民主的标志。在《改革与新思维》中,戈尔巴乔夫强调要让公开性大放光明,把一切公开,使公开性"成为社会生活的准则"。他提出"民主化和公开性不仅是改革的手段,而且是我们社会主义制度的实质"。在"多元化"的问题上,戈尔巴乔夫特别强调"意识形态多元化",主张要使社会主义多元化"充满每一种刊物",就是要放弃马克思主义的指导地位,为政治多元化即实行多党制制造舆论,开辟道路。在戈尔巴乔夫的"民主化"、"公开化"和"多元化"的影响下,在苏联首先出现了全盘否定斯大林的热潮,继而否定十月革命、否定列宁、否定社会主义历史和否定社会主义制度,戈尔巴乔夫用形而上学的观点对待苏联传统社会主义模式,夸大缺点和弊端,抹杀社会主义取得的成就。这种做法的目的就是要改变苏联社会主义制度。苏联解体、苏共失败应该说有许多客观原因,但是,正如当时的苏共中央书记利加乔夫所说的,可以肯定地讲,导致苏联剧变、苏共垮台、国家解体,主要是主观原因,以戈尔巴乔夫为首的一伙人认为"改革就是要摧毁社会主义制度,消灭社会主义,复辟资本主义"。所以,戈尔巴乔夫的"民主化"、"公开化"和"多元化"的"新思维"在苏联改革的过程中使人们的思想陷入混乱,导致人们是非不辨,最后形成社会动乱而不可收拾。其次,"新思维"从思想上打击和瓦解了苏联共产党,导致苏共内部分裂、组织涣散,使苏共丧失了战斗力。苏联国家的解体和演变首先是从苏共的分裂和演变开始的,而导致苏共分裂和演变的也就是戈尔巴乔夫的"新思维"。"新思维"首先是针对苏共提出来的,戈尔巴乔夫的"改革"首先是要改变苏共的指导思想,他的"新思维"是针对所谓的"旧思维"即马克思列宁主义思想和理论提出来的,所以,他的"新思维"就是要苏共抛弃马克思列宁主义和社会主义道路。而在当时的苏共党内,由于长期以来所形成的党内体制,思想僵化、严重脱离群众、脱离实际,官僚主义和腐败现象严重。在这种情况下,苏共已经无力抵御戈尔巴乔夫"新思维"的进攻,相反地迅速把"新思维"接受过来,由此造成思想分裂、组织分裂,党的战斗力迅速削弱。其三,在"新思维"指导下,戈尔巴乔夫为苏共确立了一条以"改变思想"即改变马克思列宁主义思想指导为基础、以改变社会主义制度为内容、以"人道的民主的社会主义"为目标的改革路线,从而最终导致苏联社会主义的失败。

戈尔巴乔夫社会主义观是对科学社会主义的背叛,是民主社会主义的翻版。戈尔巴乔夫所推崇的社会制度用他的话讲就是要建立和实现"人道的民主的社会主义"。首先,这种"社会主义"是对科学社会主义的公开背叛。马克思列宁主义创立的科学社会主义,是科学的世界观,是关于资本主义转变为社会主义以及社会主义和共产主义发展的一般规律的科学。一百多年的实践证明,在科学社会主义的指导下,苏联、中国等社会主义国家和世界上信奉这一科学理论的马克思主义政党,在革命和建设以及改革的实践中取得了举世公认的成就和经验。俄国的十月革命正是在科学社会主义理论指引下而出现的世界上第一个社会主义国家,列宁、斯大林等革命导师坚持并发展了科学社会主义理论,把革命和建设不断推向前进。苏联存在的问题,不是科学社会主义的错误和问题,而是苏联建立的社会主义经济和政治体制存在着不足和缺陷,而这种不足和缺陷需要通过对经济和政治体制的改革来解决,也就是通过社会主义改革使社会主义自身得到完善和发展。而戈尔巴乔夫则是全面否定社会主义制度,不顾苏联的国情,企图通过照搬照抄西方经济和政治模式来解决所谓的问题和困难。戈尔巴乔夫从他所倡导的"新思维"和"人道的民主的社会主义"立场出发,推崇西方民主,把西方民主称为"全人类的文明成就",按照西方国家的民主、自由、平等和个人权利等模式进行所谓的改革。其结果只能是搞乱人们的思想,引发社会政治动荡,最后导致苏联社会主义的瓦解。所以,戈尔巴乔夫的所谓"人道的民主的社会主义"是对科学社会主义的背叛,其结果只能亡党亡国。

其次,戈尔巴乔夫的"人道的民主的社会主义"不过是西方社会民主党的民主社会主义的翻版。戈尔巴乔夫的"人道的民主的社会主义"的理论渊源是民主社会主义。1989年戈尔巴乔夫自己曾经讲过,他对社会民主党所积累的"丰富经验"感兴趣,"看到它长期来对发展社会主义价值观念,对进行有助于提高西方许多资本主义国家劳动人民的福利和社会保障的社会改革所作的贡献",并"要努力地利用其中适合于我国的经验"〔1〕。所以,从戈尔巴乔夫的"人道的民主的社会主义"的理论基础、政治主张、经济主张、意识形态方面的主张等,都同民主社会主义的基本理论以及政治、经济、意识形态等观点和主张是一脉相承的。

综观戈尔巴乔夫的改革观和社会主义观,我们必须看到正是因为他的改革观和社会主义观偏离了马克思列宁主义的基本原则和社会主义基本方向,才使苏联的改革进入了死胡同,彻底葬送了苏联社会主义。中国改革开放的成功和苏联改革的失败,从正、反两个方面告诉我们,改革是社会主义制度的自我完善和发展,改革是社会主义发展的直接动力。社会主义作为人类历史上一种崭新的社会制度,从根本上讲有着资本主义不可比拟的优越性。但是,社会主义在她的发展过程中,从生产力发展的根本要求出发,必须不断地进行改革,通过改革使她的优越性和先进生产力得到实现和发挥。然而,社会主义改革必须坚持正确的方向,必须坚持马克思主义的基本原则,如果改革偏离了正确的方向,失去了正确的思想和理论指导,这样的改革只能把改革引向歧途,使社会陷入灾难。

第四节　俄罗斯重新评价斯大林和苏联历史

20世纪80年代末90年代初,东欧剧变、苏联解体,世界社会主义运动处于历史的低谷。在当时,人们几乎把社会主义体制下的各种怨愤统统归罪于社会主义制度;把资本主义——即所谓的"民主"制度视为天堂,顶礼膜拜。所以,这个在20世纪40年代曾经以无比的英勇打败德国法西斯大规模进攻的强大国家,在社会主义大厦垮塌时几乎无人反抗。现在20年已经过去了,在今天,俄罗斯的人们感受如何呢?这不能不成为我们关注的一个重要问题。

---

〔1〕《真理报》,1989年11月26日。

一、俄罗斯重新评价斯大林和苏联历史并非孤立现象

从苏共二十大赫鲁晓夫的秘密报告到戈尔巴乔夫时期的苏联解体，人们对斯大林和苏联社会主义制度的态度，基本上可以说是否定不断升级。然而，自20世纪90年代以来，俄罗斯社会各界出现了一股新的思潮，人们纷纷开始从相反的方向、从相对肯定的角度重新评价斯大林和苏联历史。

首先，俄罗斯广大民众在反思。

近年来，在十月革命纪念日、苏联卫国战争纪念日，人们纷纷举行各种形式的纪念活动，寄托对列宁、斯大林和民族英雄的缅怀与哀思。莫斯科红场、列宁墓是人们聚集的中心，人们手举红旗向列宁墓献花。2007年11月7日，莫斯科市政府还在红场举行隆重的阅兵式。民意调查显示：俄罗斯人民对十月革命的积极评价越来越多。相当多的俄罗斯人怀念十月革命，甚至向往能回复苏联时代[1]。半数俄罗斯人没有放弃十月革命的理想[2]。在俄罗斯，"回归苏联"成为时尚[3]。西班牙《国家报》甚至报道，十月革命战胜了"颜色革命"[4]。11月7日这一天，在十月革命的发生地圣彼得堡，约2 000民众举行了集会。涅瓦河畔的广场上，用炮声拉开革命序幕的"阿芙乐尔号"巡洋舰前，奏响了苏联国歌。"布尔什维克们说过的革命，我们还要继续下去。"俄罗斯共产党圣彼得堡支部领导人伯尔特科有力地挥动右臂，激起听众间的一片掌声。11月7日，"十月社会主义革命"90周年，莫斯科下起了雪。70岁的罗莎第二次来到红场上的列宁墓，瞻仰其遗体。在罗莎眼中，"这是历史，不能一笔勾销"[5]。据最近的统计，重新肯定斯大林者已经不限于共产党（占该党被调查者的75%）。自由民主党肯定斯大林者比例最高（占该党被调查者的83%），而在亲总统的俄罗斯政权党"统一俄罗斯"中，肯定斯大林的也占到被调查者的58%[6]。与此形成鲜明对比的是：1996年，戈尔巴乔夫竞选总统，经过全民投票，以得票率不到1%而惨败；1999年12月底，据

---

〔1〕 http://news.sohu.com/20071107/n253112683.shtml。

〔2〕 http://news.sohu.com/20071106/n253088553.shtml。

〔3〕 http://news.xinhuanet.com/world/2007-11/29/content_7166596.htm。

〔4〕 http://news.xinhuanet.com/world/2007-11/09/content_7039822.htm。

〔5〕 http://news.sohu.com/20071115/n253268235.shtml。

〔6〕 吴恩远：《"还历史公正"——俄罗斯对全盘否定苏联历史的反思》，《高校理论战线》2004年第8期。

民意调查,叶利钦的支持率只有1% ~2%,他不得不放弃竞选俄罗斯总统,提前让位给普京。1999年,俄罗斯社会舆论基金会就"20世纪的俄罗斯领导人谁对国家发展给予最坏的影响"题目对俄罗斯民众问卷显示,戈尔巴乔夫的得票率以占被调查者34%高居榜首,叶利钦以30%居第二位。2001年的民意调查显示,高达66.1%的俄罗斯人认为,戈尔巴乔夫、叶利钦应对当前国家的困境负责〔1〕。从1999年到2001年,民意调查机构"罗米尔"以"如果可能,您选择生活在1991年以前或是当前的生活"为题进行调查,一半以上到三分之二的俄罗斯人选择1991年以前〔2〕。

需要注意的是,以往怀念斯大林和苏联历史的人主要集中在老一代人,而现在不仅是老年人,而且年轻人也开始了"怀旧"情结。18岁的佳吉特里夫在红场排队等候瞻仰列宁遗容时说:"列宁是个伟人,他那个时代的人民个个满怀理想,与现在人人金钱挂帅不一样。"〔3〕2007年12月6日到13日,莫斯科新近出版发行的国家级刊物《俄罗斯记者周刊》第27期刊登了记者奥莉加·安德列耶娃、格里戈里·塔拉谢维奇、谢尔盖·舍赫托夫联合撰写的评论性报道——"我想回到苏联"。文章引用丰富而详实的材料,以大量摘录网上日记的形式,分析评价了出生于20世纪70年代后、30岁左右的俄罗斯青年为什么会产生"怀念苏联"的强烈情感。一篇题为《76~82年代的一代人》的文章中这样写到:我们碰到了好时候,我们的童年和青年是在那个时代度过的,政府使青年们的自由时间都用在了参加体育和社会活动等方面,这正是对苏联时期的一致评价,也是作为那个时期类似于个人的福利……这篇文章目前已经成了这一代人的"宣言"。俄罗斯各地有着同样意愿的30岁左右的人,都在自己的因特网博客上复制这篇文章〔4〕。

其次,俄罗斯知识界在反思。

如今,戈尔巴乔夫全盘否定苏联历史的做法遭到越来越多的历史学家及广大民众的反对。著名历史学家、俄罗斯科学院院士尤里·波利雅科夫指出:"从1987~2000年13年来,俄罗斯历史科学在研究方法和研究原则上发生了根本改变,历史科学的很多方面被破坏了,被抛弃了,被颠倒了。"现在

---

〔1〕 吴恩远:《"还历史公正"——俄罗斯对全盘否定苏联历史的反思》,《高校理论战线》2004年第8期。

〔2〕 吴恩远:《再谈俄罗斯反思苏联历史、重评斯大林思潮》,《世界历史》2006年第2期。

〔3〕 http://news.sohu.com/20071107/n253112683.shtml。

〔4〕《世界社会主义研究》2008年第5期,第11~12页。

"俄罗斯历史学家面临的重要任务是:在利用几代学者积累的学术资料基础上,吸收新的资料,重新思考历史"[1]。2002 年,什·姆·蒙恰耶夫和弗·姆·乌斯季诺夫在其撰写的《苏维埃国家史》一书的结语中也认同这个观点:"历经了多年对苏联历史的否定,今天终于合乎规律地在千百万人的心中产生了一种意识:不能否定苏联 70 年的历史。"[2]

2001 年 12 月 3 日,俄罗斯教育部和俄罗斯科学院、俄罗斯教育科学院联合召开会议,主题是"祖国现代史教学中的问题"。俄罗斯科学院俄罗斯历史所所长萨哈诺夫、世界史所长丘巴良、莫斯科大学历史系主任卡尔波夫等在发言中一致要求克服教学中不尊重自己历史的那种消极现象。人民日报社主管的《环球时报》2007 年 7 月 31 日摘要刊载英国《泰晤士报》消息称,"俄罗斯最近出版的新教师(必读)手册中将斯大林称为'苏联最成功的领导人'",认为斯大林发动的大清洗运动是为了使国家强大起来[3]。这样的评价,即使在斯大林生前,也从来没有使用过。2007 年和 2008 年俄罗斯新版历史教学参考书中写道:苏联"对全世界千百万人们来说,是最好的和最公正社会的榜样和方向"[4]。

第三,俄罗斯地方政府在反思。

2003 年,伏尔加格勒市政府作出恢复城市原来的名称"斯大林格勒"的决议,并设立"改名委员会",同时给俄罗斯杜马打报告请求批准。伏尔加格勒州议会议长说:"斯大林格勒是俄罗斯历史中最光荣的名字。斯大林是强大俄罗斯的象征。重新使用这个名字,有助于使俄罗斯人对国家的未来充满希望。"有十几个州政府签名支持伏尔加格勒市政府改名的要求。俄罗斯贝尔戈罗茨基州也决定在本州修建斯大林的雕像,1943 年苏德军队在这里曾进行了人类历史上史无前例的一场坦克大战。俄罗斯秋明州伊希姆市政府决定在该城市中心十月革命广场,在原来被推倒的斯大林塑像位置上重新竖立斯大林纪念碑。该市副市长伊·法杰伊娃说:"政府这个决定得到普遍的支持。这样做是还历史的公正。"奥廖尔市议会致信普京总统,要求在历史教科

---

〔1〕 吴恩远:《"还历史公正"——俄罗斯对全盘否定苏联历史的反思》,《高校理论战线》2004 年第 8 期。

〔2〕 什·姆·蒙恰耶夫、弗·姆·乌斯季诺夫:《苏维埃国家史》,莫斯科规范出版社 2002 年版。

〔3〕 《世界社会主义研究》2008 年第 1 期,第 15 页。

〔4〕 《世界社会主义研究》2009 年第 4 期,第 6 页。

书中恢复斯大林的“荣誉”，重新为斯大林竖立纪念碑，以斯大林的名字为街道和广场命名。雅库特共和国米尔内市官员在斯大林纪念像揭牌仪式上说，斯大林是“俄罗斯伟大的儿子，他把一切献给了人民，从未要求任何回报”，他“身后没有留下任何个人财产”，等等〔1〕。

第四，俄罗斯官方在反思。

在纪念苏联卫国战争胜利50周年时，叶利钦在他的报告中曾说：“在建立反希特勒联盟中，斯大林、丘吉尔、罗斯福、戴高乐的功绩是伟大的。”俄罗斯前总理切尔诺梅尔金则进了一步，他在一次国际学术会议上做报告时指出：“不能贬低或不提斯大林在卫国战争中建立的功勋。否则是不公正的，也是不诚实的。”〔2〕2000年5月9日，普京在克里姆林宫建立了纪念反法西斯战争胜利纪念碑，斯大林列英雄榜第一。2002年1月，普京指出：“正是在斯大林的领导下苏联才取得了伟大的卫国战争的胜利，这一胜利在很大程度上与他的名字相关联。忽视这一现实是愚蠢的。”2004年2月，普京说：“苏联时期，苏联的存在以及它的核力量曾是世界强有力的稳定因素。”因此他宣布保留苏联时期的国歌曲调作为俄罗斯国歌、苏联红旗作为军旗。2004年7月24日，普京签署命令要求将莫斯科红场边无名烈士墓旁一个纪念碑上镌刻的碑铭中的“伏尔加格勒”字样恢复为“斯大林格勒”。2005年，在庆祝反法西斯战争胜利60周年之际，针对西方媒体将斯大林与希特勒作为同样的历史罪人类比的论调，普京明确表示他不能同意把斯大林与希特勒相提并论，他说，斯大林不是纳粹分子，是德国侵略了苏联，而不是相反。2005年，俄罗斯总统普京发表年度国情咨文时，痛心地慨叹：“苏联的解体，是20世纪最严重的地缘政治灾难；对于俄罗斯人民来讲，它是一场真正的悲剧。”〔3〕2005年5月，俄罗斯国家杜马主席鲍里斯·格雷兹洛夫则明确提出“对斯大林要给以历史的重新评价”〔4〕。

前面提到俄罗斯新出版的历史教科书重新评价斯大林和苏联历史的有关情况，实际上，这里面也包含了普京的支持。2004年7月，普京总统在国务

〔1〕 吴恩远：《再谈俄罗斯反思苏联历史、重评斯大林思潮》，《世界历史》2006年第2期。

〔2〕 引自吴恩远：《“还历史公正”——俄罗斯对全盘否定苏联历史的反思》，《高校理论战线》2004年第8期。

〔3〕 引自《居安思危——苏共亡党的历史教训》，《世界社会主义研究》2006年第8期。

〔4〕 引自吴恩远：《再谈俄罗斯反思苏联历史、重评斯大林思潮》，《世界历史》2006年第2期。

会议上明确表达了对目前大中学校历史教学情况的不满，他正式提出，“应当认真地对待提高大中学校历史教学的水平问题”，针对以前全盘丑化本国历史的状况，提出要“加强爱国主义教育”〔1〕。这两本教师手册的出版是经过普京同意的。可以说，正是由于普京对待苏联历史的观点，在一定程度上揭开了重新审视苏联历史的先河〔2〕。

第五，所谓持不同政见者在反思。

哲学家、社会学家和作家亚历山大·季诺维耶夫，这位在青年时代痛恨斯大林、曾想要刺杀斯大林的苏联持不同政见者，近年来逐渐改变了态度。2003 年 3 月 4 日，他在《苏维埃俄罗斯报》上发文说：“可以断言，没有列宁，就不会有社会主义革命的胜利，而没有斯大林，也就不会出现历史上第一个大规模的共产主义社会。”他还说：“考虑到具体历史条件，考虑到人员等情况，以斯大林为首的领导是按最佳方案行动的。环境本身迫使他们采取那样的行动。”他称斯大林为人类历史上最伟大的人物之一，把 20 世纪称为“列宁和斯大林的世纪”〔3〕。他曾经对法国记者说：“我过去离开的是一个受人尊重的、强大的大国；现在重新见到的却是一个被打败了的、破败的国家。苏联共产党政权的崩溃并不是由于国内的原因，而是西方历史上取得的最大胜利。俄罗斯的灾难是西方所希望的，也是西方策划的。我之所以这样说，是由于我知道内情。我看过一些文件和材料，参与过一些准备引导俄罗斯走向死亡的活动。我对此感到受不了，以致我再也无法生活在那个要消灭我的国家和我的人民的阵营里了。”这时候的亚历山大·季诺维耶夫终于意识到自己这些年一直是敌人手中的一杆枪，在不停地向自己的祖国开火〔4〕！就连写过《古拉格群岛》、全盘否定斯大林的索尔仁尼琴在反思时也说：“我害了我的祖国。”像索尔仁尼琴那样的曾对斯大林恨之入骨并对斯大林进行了种种无端攻击和贬损的人，看到在斯大林领导下建成的强大国家遭到毁灭后出现的混乱状态，思想上也不能不有所触动。索尔仁尼琴在 1996 年发表的小说《在转折关头》里，已不把斯大林领导时期的苏联描绘得一团漆黑了。更重

〔1〕 引自吴恩远：《再谈俄罗斯反思苏联历史、重评斯大林思潮》，《世界历史》2006 年第 2 期。

〔2〕 吴恩远：《“还历史公正”——俄罗斯对全盘否定苏联历史的反思》，《高校理论战线》2004 年第 8 期。

〔3〕 引自吴恩远：《“还历史公正”——俄罗斯对全盘否定苏联历史的反思》，《高校理论战线》2004 年第 8 期。

〔4〕 http://chinaps. cass. cn/readcontent. asp? id = 8986。

要的是，他开始用肯定的笔调来写斯大林。在写到斯大林逝世时说，斯大林“是永恒现象，不可能停止存在”，“大家都懂得失去了一个最伟大的人”，但是“还没有完全明白失去了个什么样的伟大人物”。他在小说里多次提到斯大林开始的“伟大的向未来的奔跑”，说他造就了大批杰出人物，创造了在通常情况下无法想象的奇迹。根据他那本小说中的叙述，斯大林逝世后苏联之所以能在建设上继续取得成就，是这个“伟大的起跑”的冲力在起作用。显然，现在的索尔仁尼琴不仅肯定斯大林，而且对他进行了赞扬〔1〕。曾经亲自参与签署协议将苏联解体的三巨头之一、乌克兰前总统克拉夫丘克后来说：“如果说在1991年，我知道国家会发展到今天这样的状况，我宁愿斩断自己的手，也不会签署(导致苏联解体的)别洛韦日协议。”〔2〕

上述大量资料表明，在今天的俄罗斯，重新评价斯大林和苏联历史，已经成为不争的事实。风向正在改变。斯大林早在1943年就说过：“我知道，我死后有人会把一大堆垃圾扔到我的坟上。但是历史的风一定会毫不留情地把那些垃圾刮走！”从90年代中期开始出现的种种迹象可以看到，这“历史的风”已经刮起来了〔3〕。

二、俄罗斯重新评价斯大林和苏联历史的深层原因

人世间绝没有无缘无故的爱，也没有无缘无故的恨。然而，发思古之幽情，往往是为着现在。俄罗斯人重新评价斯大林和苏联历史的原因既复杂、又深层、也现实。

首先，俄罗斯人民的生活水平大幅度下降。

俄罗斯重新评价斯大林和苏联历史，有着深刻的社会经济根源。很多俄罗斯学者得出结论：苏共垮台、苏联解体，使俄罗斯经济、社会发展倒退了几十年〔4〕。普京在回答美国记者提问时曾说：有2 500万生活在前苏联境内的俄罗斯族人一夜之间沦为外国人，其生存权利不能得到保证；有些人一辈子的积蓄顿时丧失，社会保障受到损害，他说：“这种情况是苏联解体的后果造成的。”〔5〕

---

〔1〕 张捷：《“历史的风”刮走斯大林坟上的垃圾》，《真理的追求》1999年第11期。

〔2〕 引自《居安思危——苏共亡党的历史教训》，《世界社会主义研究》2006年第8期。

〔3〕 张捷：《“历史的风”刮走斯大林坟上的垃圾》，《真理的追求》1999年第11期。

〔4〕《居安思危——苏共亡党的历史教训》，《世界社会主义研究》2006年第8期。

〔5〕 引自吴恩远：《再谈俄罗斯反思苏联历史、重评斯大林思潮》，《世界历史》2006年第2期。

中国社会科学院副院长、中国社会科学院世界社会主义研究中心主任李慎明,2007 年 6 月 8 日在《且听低谷新潮声(之三)》首发式上的讲话中,曾经谈到他与俄罗斯一位高校女教师的谈话。

他说:2002 年在伏尔加格勒大学与一位 30 多岁的年轻女教师交谈时,我请她用几句扼要的话讲讲苏联解体的根本原因在哪,她低头半天不语,我很纳闷。等她再抬头时,我发现她的眼眶里充满了泪水。她说:"你问的这个问题平时我们都回避,不想回答、不想思考,这样心里还好过一点。这个问题是我们心灵上的疮疤,你这一句话,把我们心上的疮疤又揭开了,我的心现在在流血。30 多岁的俄罗斯人对苏联解体前后的社会发展状况都有一个直观的感受和对比。苏联解体后,我们现在的实际生活水平突降了一半。解体十年,伏尔加格勒州男性人均预期寿命下降了整整 10 岁,女性下降 6 岁。俄罗斯近十几年的社会发展实践告诉我们,那些似乎虚无缥缈和我们每个人没有直接关系的'理想、信念、主义、道路',实际上同国家民族的命运乃至我们每个人和家庭的命运都是息息相关的。"〔1〕

其次,斯大林时期苏联取得的巨大成就。

2003 年 3 月 5 日,俄罗斯《导报》以"俄罗斯人怀恋斯大林时代"为题分析了民众,甚至包括反对派肯定他的几条最主要原因:第一,把苏联从一个落后农业国建成了一个世界工业强国,奠定了苏联现代化发展的基础;第二,在他的领导下打败了法西斯,保卫了国家的独立;第三,建立了强大的社会保障体系,实行免费医疗、免费教育、免费住宅,首次实现在一个国家里消灭了文盲;第四,很快恢复了被战争破坏的国民经济,1947 年就取消了商品的票证供应;第五,奠定了热核武器、宇航技术发展的基础;第六,苏联在国际上赢得了广泛的尊敬,具有举足轻重的地位,苏联公民都以自己强大的祖国而自豪,苏联模式在欧洲、亚洲一系列国家产生了广泛影响〔2〕。

时下,人们常说,苏联解体的主要原因是经济建设没有搞好。其实,在斯大林时期,在短短的两三个五年计划之内,苏联就一跃而成为欧洲第一大工业强国、世界第二大工业强国。怎么能说苏联的经济没有搞好呢?就连曾经是斯大林的合作者和对手的英国首相丘吉尔,也以这样敬畏的口吻高度评价

---

〔1〕《世界社会主义研究》2007 年第 8 期,第 3 页。

〔2〕吴恩远:《"还历史公正"——俄罗斯对全盘否定苏联历史的反思》,《高校理论战线》2004 年第 8 期。

斯大林,他说:“当他接过俄国时,俄国只是一个手扶木犁的国家;而当他撒手人寰时,俄国已经拥有了核武器。”[1]他还说:“在经受严峻考验的年代里,是不屈不挠的天才统帅斯大林领导了自己的国家,这是俄国的大幸。斯大林是一位最杰出的人物,他在风云突变、严酷无情的时代度过了自己的一生,并给我们这个时代留下了令人敬仰的印象。”[2]苏联的经济建设是存在一定的问题,但是要实事求是地进行分析,全盘否定的态度是站不住脚的。这里需要说明:斯大林领导下的苏联到目前为止,大约还是人类历史上唯一一个“不借助外国资本而能从农业国转变为工业国的事例”,虽然在当时苏联也是被迫的、不得已的,但这也足以说明斯大林的了不起。而且苏联的社会主义建设是在极其困难、极其险恶的历史条件下,是在充满敌意的国际环境下,在没有任何前人的经验可以借鉴的情况下进行的[3]。

著名美国记者安娜·路易斯·斯特朗,曾经在1949年蒙受不白之冤,被当做帝国主义的间谍坐牢长达六年之久,可以说是深受苏联肃反扩大化之害。但是,在出狱不到一年,当赫鲁晓夫做秘密报告、全盘否定斯大林时,她却勇敢地站出来,客观、公正地评价斯大林。她说:斯大林“从1928年起在一个国家里,在一个为敌人的世界所包围的落后的农民国家里,开始建设社会主义。当他开始的时候,俄国是一个农业和文盲的国家;当他结束的时候,俄国已成为世界上第二个工业强国。他两度这样建设了俄国:一次在希特勒入侵之前,再一次是在战争的废墟上。这要永远归功于他;他是这项工程的工程师”[4]。“这是历史上一个翻天覆地、生气勃勃的伟大时代,也许是最伟大的时代。他不仅改变了俄国的生活,而且也改变了全世界的生活。它产生了千百万的英雄,也产生了某些恶魔,比较渺小的人今天可以回顾这个时代并且列举出它的罪恶。但是,那些在斗争中生活过来的人,甚至许多因斗争而死去的人,却曾经忍受了祸害,认为这是建设的一部分代价。”[5]

第三,最新解密的一些档案材料使许多事实真相大白于天下。

(1)关于肃反扩大化被镇压的人数。苏联的持不同政见者瓦贩别洛策

---

[1] 《大元帅斯大林》,社会科学文献出版社,2005年版,第792页。

[2] 转引自[苏]丘耶夫:《同莫洛托夫的140次谈话》,新华出版社1992年版,第87页。

[3] 杜车别:《如何评价苏联和斯大林的问题》,http://economy.guoxue.com/article.php/11484/2

[4] [美]斯特朗:《斯大林时代》,世界知识出版社1979年版,第176页。

[5] [美]斯特朗:《斯大林时代》,世界知识出版社1979年版,第2页。

尔科夫曾经宣扬,有3 500万人遭杀害。后来态度发生转变的索尔仁尼琴过去曾经把十月革命到1959年所有死去的人数都加起来,统统算为被镇压的人数。《消息报》在十月革命80周年时发表了一个更加惊人的消息:"共产党政权消灭了1.1亿人。"在最新出版的《斯大林全集》第15卷中,斯大林对被镇压的人数有正式的统计。他说:"1938年,根据反革命罪条款,内务人民委员部机关逮捕了52 372人,司法机关在审查这些人的案件过程中,对2 731人定罪,其中89人被枪决,49 641人被宣布无罪。如此数量的无罪判决表明,许多人是在证据不足的情况下被原内务人民委员叶若夫逮捕的。他背着中央胡作非为。"肃反在当时的苏联是必要的。特别是在希特勒上台之后,苏联面临危险的时期。肃反的错误只是在于扩大化。俄罗斯学者提供的信息称:"希特勒在战争末期的一次会议上为自己在东线(苏德战场)的失败辩解时说,失败的主要原因之一是斯大林在1937年枪杀了他在俄国的'第五纵队'。"看来这个数字的扩大,完全取决于对社会主义制度仇视的程度,而说取决于攻击社会主义制度的政治需要,根本不是事实[1]。

(2)关于斯大林个人崇拜的问题。赫鲁晓夫在他的秘密报告中,曾经恶毒攻击斯大林大搞个人崇拜,说斯大林"扮演了编辑兼作者的角色,他是为自己歌功颂德的传记的编撰者之一"。现在,斯大林对《斯大林传略》一书校样的修改意见公开面世,作为《斯大林全集》第16卷出版,就粉碎了赫鲁晓夫及其信徒的捏造。斯大林的意见是:"错误太多。调子也不好,是社会革命党人的。什么学说都说成是我的,甚至什么关于战争经常性因素的学说也是我的。原来我还有关于共产主义的学说,瞧,据说列宁只讲过社会主义,关于共产主义一点也没讲过,而我讲了共产主义。还有,据说我有关于国家工业化、农业集体化等的学说。事实上,国家工业化问题的提出恰恰应该归功于列宁,关于农业集体化等问题也是一样。""在这部传记中颂扬的东西太多,吹捧个人的作用。读者看完这部传记后该怎么办呢?得跪下对我顶礼膜拜。马克思主义不需要你们这么去教育……我们不需要偶像崇拜者……""没有一处明确说明我是列宁的学生。不可思议……但只在某一处隐隐约约地提到。事实上,我过去和现在都认为自己是列宁的学生。关于这一点,我在与路德维希那次大家都知道的谈话中明确地说过……"斯大林在晚年确有个人崇拜的成分;但总的说来,斯大林的个人崇拜的成分,不是靠宣传机构和舆论工具

〔1〕 摘自刘书林:《斯大林评价中具有争议性问题的新分析》,《政治学研究》2006年第4期。

鼓吹起来的，而主要是他个人的伟大实践和辉煌业绩在人民群众中的影响造成的。在这方面，俄罗斯学者、哲学博士理贩科索拉波夫教授的谈话是很有意味的："在后来的40年里，赫鲁晓夫和勃列日涅夫、戈尔巴乔夫和叶利钦，无论他们怎样制造对自己的崇拜，到头来留下了什么呢？不过是为个人运作的党和国家机器的短暂效应，而不是个人英雄业绩产生的结果。狭隘的职务上的荣誉往往很快就变成了骂名和耻辱。"〔1〕

(3)关于列宁遗嘱的问题。赫鲁晓夫在秘密报告中曾经攻击说，斯大林有意隐瞒了列宁的遗嘱。似乎是斯大林违背列宁明确要解除他领导职务的遗言，篡夺了党的领导权力。现在公开发表的许多历史材料证明，斯大林在这一问题上是光明磊落的，是忠于和贯彻了列宁遗嘱的。所谓列宁遗嘱，是指列宁在1922年12月23日到26日口授的《给代表大会的信》以及1923年1月4日口授的《对1922年12月24日的信的补充》。在"遗嘱"中，在谈到斯大林时，列宁认为他"太粗暴"，这个缺点在总书记的职位上"是不可容忍的"，建议把斯大林从这个职位上调开。这个"遗嘱"是在列宁逝世之后，在党的第十三次代表大会召开前夕，由列宁的遗孀克鲁普斯卡娅于1924年5月18日送交中央委员会的。当时，斯大林和中央委员会都没有隐瞒这个"遗嘱"。5月21日，中央举行特别会议，政治局委员加米涅夫代表列宁文件接受委员会做了情况通报，向大会宣读了列宁的"遗嘱"。俄共(布)第十三次代表大会闭幕后两天，斯大林就在第一次中央全会上正式提出解除其总书记职务的请求，但未获得全会同意。斯大林在这次全会上仍然被选为政治局委员、组织局委员、书记处书记，并再次当选为总书记。1925年12月底闭幕的苏共十四大和随后召开的中央全会上，斯大林仍然继续担任总书记的职务。1927年10月23日，斯大林主持了俄共(布)中央委员会和中央监察委员会的联席会议。在会上，斯大林发表了《托洛茨基反对派的过去和现在》的演说。演说中公开谈论了列宁遗嘱的核心内容。他坦诚地谈了对列宁遗嘱的理解："那里面只说斯大林粗暴。但是，粗暴并不是也不可能是斯大林的政治路线或立场上的缺点……我对待那些粗暴而阴险地破坏党的人是粗暴的。"他说，对那些人要有温和态度，"这个我做不来"。斯大林的这篇演说，既光明磊落，又不掩饰自己的真诚态度，不久就公开发表在1927年11月2日的《真理报》上。所有的事实都充分证明，在戈尔巴乔夫时期散布的所谓斯大林隐

〔1〕 摘自刘书林：《斯大林评价中具有争议性问题的新分析》，《政治学研究》2006年第4期。

瞒列宁遗嘱的说法，完全是谎言。戈尔巴乔夫之流把自己对历史的无知化为对斯大林品格的怀疑，真是以小人之心，度君子之腹，这只能暴露他们自己的卑鄙[1]。

三、对俄罗斯重新评价斯大林和苏联历史的几点思考

俄罗斯人重新评价斯大林和苏联历史这一事实表明，由于评价者的主观和客观条件的差异性，对同样历史史实的再认识往往见仁见智。我们认为以下几点是最值得人们思考的。

思考之一：在我们中国，改革开放以来，也有那么一些人，希望在中国搞资本主义。苏联剧变、解体的悲剧和俄罗斯残酷的现实，以及俄罗斯重新评价斯大林和苏联历史的事实，不能不说是给这些人当头浇了一盆冷水。就连苏联的著名"反共"专家季诺维耶夫也开始对中国提出了警告，他说："请记住我的话：西方会用同样的手段来对付中国。他们收拾了南斯拉夫和彻底打垮了俄罗斯之后，就要搞中国了。""21世纪是西方为搞垮中国而进行斗争的世纪！"这是俄罗斯知识分子对中国的忠告，确实是具有现实意义的忠告！——我们一定要居安思危，一定要"警惕西方会用同样的手段来对付中国"，一定要尽可能避免戈尔巴乔夫和叶利钦之流"在中国得逞"[2]！

思考之二：龚自珍曾经说过：灭人之国必先去其史。苏共垮台，苏联剧变、解体正是从全盘否定斯大林开始的。从赫鲁晓夫开始一直到戈尔巴乔夫，全盘否定斯大林不仅得不到纠正，而是相反，在一步步地不断升级。到了戈尔巴乔夫时期，全盘否定斯大林更是达到了登峰造极的地步，加速了苏联的垮台。在中国，也有那么一些人，在极力地贬损和诋毁毛泽东，他们把新中国成立以来的前30年历史说得一团漆黑。说者也不想想，没有前30年毛泽东时期奠定的基础，怎么会有后30年的巨大成就？过分夸大毛泽东晚年错误的负面影响，实际上是在搞历史唯心主义，因为广大人民群众仍然是这一时期社会主义建设的主体。否定了前30年的历史，实际上也就否定了广大人民群众的团结奋斗和辛勤努力。对历史的评价只有客观、公正、实事求是，才有说服力。我们不应该忘记郁达夫在悼念鲁迅时说过的一句话：一个没有英雄的民族，是一个毫无希望的生物之群；有了英雄而不去珍惜、爱护的民

---

〔1〕 摘自刘书林：《斯大林评价中具有争议性问题的新分析》，《政治学研究》2006年第4期。

〔2〕 http://chinaps.cass.cn/readcontent.asp? id=8986。

族，则是可怜的奴隶之邦。一些人之所以要在中国否定毛泽东，这是因为要在中国搞资本主义，毛泽东是他们首先遇到的一堵墙。因此，客观、公正地评价毛泽东和新中国60年的历史，实质上是一个关系中国未来发展前途和命运的重大政治问题，决不可等闲视之。

思考之三：斯大林模式并非最佳的社会主义模式，但是，谁都不能否认，斯大林模式的确是社会主义的一种模式，具体说，是有缺点的社会主义模式。斯大林社会主义建设的模式无疑是需要随着时间的推移而不断进行改革和完善的。有比较才有鉴别，历史证明斯大林没有丢社会主义旗帜，所以他才值得后人追思和重新评价。但是，改革不能丢掉最基本的东西——社会主义的改革方向，否则，改革就变成了改向、变质。苏联共产党之所以垮台，一个主要的原因，就是改革发生了方向性的错误，丢弃了科学社会主义旗帜。自赫鲁晓夫开始的"三和"、"两全"的改革，一直到戈尔巴乔夫推行的"人道的、民主的社会主义"，实际上是丢掉了社会主义这杆旗帜，结果没有不挫败的。

思考之四：20世纪以来，实践中的社会主义都并非马克思所说的共产主义第一阶段，而是仍然处在共产主义第一阶段之前的一个比较初级的阶段，这样的社会主义实际上都是不合格的社会主义。我们今天常常讲的社会主义国家，这里的社会主义，其实并非"社会主义制度"的意思，而只是"向社会主义过渡"的意思。正如列宁在《论粮食税》中所说的那样："看来，也没有一个共产主义者否认过'社会主义苏维埃共和国'这个名称是表明苏维埃政权有决心实现向社会主义的过渡，而决不是表明现在的经济制度就是社会主义制度。"〔1〕列宁的这句话对现实各个社会主义国家至今仍然具有重要的指导意义。苏联剧变、解体的悲剧再次说明，过渡时期是一条双行道，既可以通往社会主义，也可以通往资本主义〔2〕。马克思所说的社会主义是在生产力高度发达基础上的社会主义，是实行社会所有制、没有商品货币关系、没有阶级和国家的社会主义。我们现在远远没有进入马克思所说的社会主义，因此，在现阶段存在多种经济成分和商品货币关系，并不违背马克思。马克思如果今天仍然在世，他也不会反对我们今天搞商品经济，因为我们今天的社会主义和他所讲的社会主义根本不是一回事。我们应该从理论上讲清这个逻辑

〔1〕《列宁选集》第4卷，人民出版社1995年版，第490页。

〔2〕［美］保罗·斯威齐、［法］夏尔·贝特兰合著，尚政译，郑文华、马清槐校，《论向社会主义过渡》，商务印书馆1975年版，第80、34～35页。

关系。另外,按照马克思的观点,阶级的存在仅仅同社会生产发展的一定历史阶段相联系。而我们今天,不少学者只讲现阶段我国经济文化落后,对阶级和阶级斗争的话题却唯恐避之不及,这是不符合马克思主义逻辑的。讲阶级和阶级斗争并不是又要搞大规模的群众运动,但是,这个方面的问题不能不高度重视。苏联解体之后,美国原驻苏联大使马特洛克在《苏联解体亲历记》一书中,说到当年戈尔巴乔夫提出"新思维"、抛弃阶级斗争学说时指出:"如果苏联领导人真的抛弃这个观点,那么,他们是否继续称他们的思想为'马克思主义'也就无关紧要了,这已是一个别样社会里实行的别样的'马克思主义',这个别样的社会则是我们大家都可以接受的。"[1]苏联剧变、解体实质上就是苏联共产党人在同不拿枪的敌人进行的阶级斗争中吃了败仗。由此看来,马克思主义的阶级斗争学说和阶级分析方法仍然没有过时。

内容提要

以列宁为代表的俄国无产阶级革命家把马克思主义的普遍真理同俄国的具体实际相结合,在帝国主义时代新的历史条件下不断地探索和实践着社会主义革命、建设和发展的道路和基本规律,提出了著名的"一国胜利论";在革命成功以后又根据当时的形势和实际提出并实践了"战时共产主义政策"和"新经济政策"以及一系列关于社会主义建设和发展的设想与理论,对社会主义运动作出了巨大贡献。斯大林作为列宁的继承者,捍卫和发展了列宁主义,在领导苏联社会主义建设的过程中不断探索,形成了著名的"斯大林模式"。斯大林社会主义发展模式作为历史的产物虽然对苏联的发展和世界社会主义发展有一定的贡献和意义,却有着很多弊端,对社会主义在苏联的建设和发展乃至对整个社会主义运动的发展形成了巨大的体制性障碍。戈尔巴乔夫所谓的"改革"背离了社会主义发展的正确方向,背叛了马克思主义的基本原则。因此有比较才有鉴别,俄罗斯重新评价斯大林和苏联历史实属必然,在情理之中,决非孤立现象,有其深层次的原因,值得人们深入思考。

---

〔1〕[美]马特洛克:《苏联解体亲历记》(上),世界知识出版社1996年版,第169页。

关键概念

列宁　斯大林　戈尔巴乔夫　一国胜利论　一国建成论
战时共产主义　新经济政策　斯大林模式　社会主义改革
苏联解体、东欧剧变　历史教训

复习思考题

1. 试评述列宁关于战时共产主义政策和新经济政策。
2. 斯大林社会主义发展模式的基本内容及其评价。
3. 戈尔巴乔夫"人道的民主的社会主义"的实质。
4. 苏联改革的挫败是不是历史的必然?

参考文献

1. 刘克明、吴仁彰主编:《从列宁到戈尔巴乔夫:苏联社会主义理论的演变》,东方出版社1992年版。

2. 陈新明:《苏联演变与社会主义改革》,中共中央党校出版社2002年版。

3. [苏]米·谢·戈尔巴乔夫:《改革与新思维》,新华出版社1987年版。

4. 何伟、龚维松、王长君、张旭:《邓小平理论:社会主义运动史上的第三次飞跃》,广西人民出版社1998年版。

5. 靳辉明主编:《社会主义历史、理论与现实》,安徽人民出版社2000年版。

6. 赵曜,秦刚主编:《科学社会主义:从马克思到邓小平》,江苏人民出版社1998年版。

7. 江流,徐崇温主编:《当代社会主义的若干问题——国际社会主义的历史经验和中国特色社会主义》,重庆出版社1999年版。

第四章

中国特色社会主义观

中国特色社会主义观是中国共产党人带领中国人民在社会主义革命和建设过程中所总结和概括出的关于中国特色社会主义的立场、观点和方法，由毛泽东社会主义观、邓小平社会主义观、江泽民社会主义观和胡锦涛社会主义观组成。中国特色社会主义观是马克思列宁主义基本原理与中国具体国情相结合的产物，是马克思主义在中国的运用和发展，是被我国新民主主义革命、社会主义革命和社会主义建设实践所证明了的正确理论原则和经验总结，是全党和全国人民集体智慧的结晶。中国特色社会主义观是马克思主义中国化的理论成果，它的形成和发展经历了毛泽东思想的创立、邓小平理论的继承和发展、江泽民“三个代表”重要思想的发扬光大、胡锦涛科学发展观的确立等几个历史发展阶段。中国特色社会主义观表明，我们党对社会主义的再认识达到了新的高度，可以说是对马克思主义关于社会主义基本理论的新的理解和诠释。它是我国建设现代化国家的总的指导方针，是全党和全国各族人民统一认识、团结奋斗的坚实思想基础，是指引我国社会主义事业前进的伟大旗帜。中国特色社会主义开始于毛泽东，形成于邓小平，发展于江泽民和胡锦涛为总书记的党的领导集体，成为马克思主义中国化的最新理论成果——中国特色社会主义理论体系：她包括邓小平理论、“三个代表”重要思想以及科学发展观等重大战略思想在内的科学理论体系。这个理论体系，坚持和发展了马克思列宁主义、毛泽东思想，凝结了几代中国共产党人带领人民不懈探索实践的智慧和心血，是马克思主义中国化的最新成果，是党最可宝贵的政治和精神财富，是全国各族人民团结奋斗的共同思想基础。中国特色社会主义观科学地回答了在中国这样的政治、经济、文化比较落后的国家如何建设社会主义、如何巩固和发展社会主义等一系列基本问题。

重点问题

- 毛泽东社会主义观
- 邓小平社会主义观
- 江泽民社会主义观
- 胡锦涛社会主义观

第一节　毛泽东社会主义观

毛泽东社会主义观是毛泽东思想的重要组成部分。毛泽东思想形成于20世纪20年代末期和30年代前期,成熟于土地革命战争后期和抗日战争时期。毛泽东思想是马克思列宁主义在中国的具体运用和发展。作为毛泽东思想这一科学理论体系的重要组成部分,毛泽东社会主义观是以毛泽东同志为主要代表的中国共产党人,根据马克思列宁主义的基本原理,把中国长期社会主义革命和建设实践中的一系列独创性经验作了理论概括,形成了适合中国国情的科学的指导思想。它的基本内容包括新民主主义革命、社会主义革命和社会主义建设的理论。实事求是、群众路线、独立自主既是毛泽东思想的活的灵魂,也是贯穿于毛泽东社会主义观的一条主线。

一、实事求是、群众路线、独立自主

党的十一届六中全会通过的《关于建国以来党的若干历史问题的决议》把贯穿于毛泽东思想各个组成部分的立场、观点和方法,即实事求是、群众路线、独立自主,概括为毛泽东思想的活的灵魂。这也是贯穿于毛泽东社会主义观的一条红线。

1. 实事求是

实事求是的科学含义。毛泽东1941年在《改造我们的学习》一文中对实事求是的科学含义作出了解释:所谓"实事"即客观存在的一切事物,"求"就是我们去研究,"是"就是客观事物的内部规律性。毛泽东对实事求是所作的

科学解释，完整深刻地概括了辩证唯物主义的本质特征，深刻揭示了党的实事求是的思想路线的科学含义和基本内容。

实事求是的基本内容。实事求是的基本内容包括：一切从实际出发，理论联系实际，实践是检验真理的标准。

一切从实际出发，就是从客观存在的、不以人的意志为转移的事实出发，是实事求是的最主要的内容和最基本的要求，也是实事求是的前提和基础。理论联系实际，就是理论和实践相结合，是实事求是思想路线的基本内容，也是坚持实事求是，达到主客观相统一的根本途径。理论联系实际，一方面表现在理论来源于实践，另一方面表现在理论必须指导实践，同时，理论又在实践中得到检验，周而复始，促使理论不断趋近于绝对真理。是以客观实践作为检验认识真理性的标准，还是以书本或主观因素作为检验真理的标准，是唯物主义与唯心主义两条思想路线根本对立的重要表现。坚持把实践作为检验真理的标准，是实事求是思想路线的一项重要内容。

实事求是是毛泽东思想的精髓。邓小平指出："实事求是，是毛泽东思想的出发点、根本点。""是无产阶级世界观的基础，是马克思主义的思想基础。"〔1〕邓小平的论断阐明了实事求是在马克思列宁主义、毛泽东思想科学体系中的重要地位。实事求是是马克思列宁主义、毛泽东思想的根本观点和根本方法，是贯穿于毛泽东思想全部内容之中的活的灵魂，是革命和建设胜利的根本保证。

2. 群众路线

群众路线，就是一切为了群众，一切依靠群众，从群众中来，到群众中去。它是以毛泽东为代表的中国共产党，把马克思列宁主义关于人民群众是历史创造者的原理，系统地运用于党的全部活动中所形成的党在一切工作中的根本路线，是具有中国共产党人特色的科学领导方法和工作方法。

群众路线的基本内容可以概括为正确对待人民群众的立场、观点和正确领导人民群众的方法两个基本方面。如何对待人民群众，是一个根本的立场问题。一切为了群众，一切从人民的利益出发，全心全意为人民服务，这是党的群众路线的根本出发点；一切依靠群众，相信群众能够自己解放自己，这是党的群众路线的立足点。"从群众中来，到群众中去"作为党的基本的领导方法，其内容和形式是相当丰富的，包含了许多具体的方法，主要有：一般号召

〔1〕《邓小平文选》第2卷，人民出版社1994年版，第114、143页。

和个别指导相结合的方法，领导骨干和广大群众相结合的方法，民主和集中相结合的方法。

群众路线是党的根本路线。群众路线是我们党的根本政治路线，也是党的根本组织路线。只有坚持党的群众观点，经过党的群众路线，才能制定出代表人民群众根本利益的政治路线，才能贯彻执行党的组织路线，从而保证党的事业的顺利发展。

群众路线是党的根本作风。党的优良传统和作风归根到底都体现了群众路线的基本精神。只有坚持党的群众路线，密切联系群众，才能搞好党的根本作风，使党永不变质，永远立于不败之地。

群众路线是党的基本领导方法和工作方法。坚持党的群众路线，必须经常深入基层，倾听群众的呼声，反对主观主义、官僚主义以及个人主义、宗派主义等脱离群众、违背群众路线的思想作风，对广大党员干部，尤其是新党员、新干部进行党的群众路线的教育。

3. 独立自主

独立自主、自力更生，是以毛泽东为代表的中国共产党人在领导中国革命和建设的全部活动中，坚持从中国实际出发，依靠群众进行革命和建设，逐步形成的一个具有普遍指导意义的原则。它是实事求是、群众路线在革命和建设中的集中运用和体现，与实事求是、群众路线密切地联系在一起，构成了毛泽东思想的活的灵魂。

独立自主的科学含义。坚持“中国的事情要按照中国的情况来办，要依靠中国人自己的力量来办”〔1〕。这是独立自主原则的基本含义和内容。独立自主、自力更生的原则，反映了无产阶级的革命立场和创造精神，体现了马克思主义辩证唯物主义和历史唯物主义的基本原理。

独立自主的基本内容。独立自主的基本内容主要有：立足于本国实际，走自己革命和建设的道路；着眼于本国力量，依靠本国人民群众进行革命和建设。

独立自主是革命和建设必须坚持的原则。独立自主、自力更生，是我们进行革命和建设必须遵循的一条原则，它符合马克思主义辩证唯物论的认识论的基本原理，反映了唯物辩证法的宇宙观，体现了马克思主义唯物史观的基本原理，把它作为我们的立足点，是把我们的事业不断推向前进的根本

〔1〕《邓小平文选》第3卷，人民出版社1994年版，第3页。

保证。

坚持独立自主,必须正确处理自力更生和争取外援的关系,坚持“自力更生为主,争取外援为辅”的方针;必须正确处理统一性与独立性的关系,使二者统一起来;必须坚持国际主义和爱国主义相结合的原则,把爱国主义和国际主义统一起来;必须发扬艰苦奋斗的革命精神。邓小平在中共十二大开幕词中指出:独立自主,自力更生,无论是过去、现在还是将来,都是我们的立足点。

实事求是、群众路线、独立自主是贯穿于毛泽东社会主义观的一条红线,它指引中国人民取得了新民主主义革命、社会主义革命和社会主义建设一个又一个的胜利。

二、新民主主义革命理论

新民主主义革命理论,是毛泽东社会主义观的重要组成部分。新民主主义革命,是无产阶级领导下的中国民主革命的一个新阶段。在这个阶段中,以毛泽东为主要代表的中国共产党人,根据马克思列宁主义的基本原理,从中国的历史状况和社会状况出发,依靠党的集体智慧,深刻研究中国革命的特点和中国革命的规律,不断总结成功和失败的革命斗争经验,发展了马克思主义关于无产阶级在民主革命中的领导权思想及列宁的民族和殖民地理论等一系列理论原则,创立了完整的新民主主义革命理论,指明了中国革命的前进方向和历史方位,解决了由半殖民地半封建社会奔向社会主义社会的、具有中国特色的新民主主义革命道路,实现了马克思列宁主义和中国国情相结合的第一次历史性飞跃,是中国共产党人对马克思列宁主义作出的突破性发展。

1. 新民主主义革命总路线

新民主主义革命的总路线是:无产阶级领导的、人民大众的、反对帝国主义、封建主义和官僚资本主义的革命。它明确地规定了新民主主义革命的领导权、革命的动力、革命的对象、革命的性质、革命的前途等一系列基本问题。

新民主主义革命的领导权。无产阶级掌握资产阶级民主革命的领导权,是区别新旧民主主义革命的主要标志,是新民主主义革命理论的核心内容。党和毛泽东根据马克思列宁主义的基本原理,结合中国革命的具体实践,坚持和发展了马克思列宁主义关于无产阶级参加并领导民主革命的理论。

新民主主义革命的动力。毛泽东在深刻分析中国社会各阶级的基础上,明确指出，新民主主义革命的动力包括无产阶级、农民阶级、城市小资产阶级、民族资产阶级。

新民主主义革命的对象。帝国主义和封建主义是中国人民的主要敌人，是中国革命的主要对象。带买办性质的大资产阶级，是直接为帝国主义国家的资本家服务并为他们所豢养的阶级。因此，也是中国革命的对象。

新民主主义革命的纲领。新民主主义的政治纲领是，在中国建立一个以无产阶级为领导的，以工农联盟为基础的，一切反帝反封建的人们联合专政的民主共和国，即新民主主义共和国。新民主主义的经济纲领是，没收帝国主义和官僚资本的大银行、大工业、大商业，归新民主主义共和国所有。新民主主义的文化纲领，是无产阶级领导下的，以共产主义思想为指导的人民大众的反帝反封建的文化，即民族的科学的大众的文化。

新民主主义革命的前途。关于新民主主义革命的前途，毛泽东明确提出了中国革命"两步走"的思想。第一步是民主主义革命，第二步是社会主义革命。民主主义革命是社会主义革命的必要准备，社会主义革命是民主主义革命的必然趋势。中国新民主主义革命的前途必然是社会主义。

中国革命和世界革命的关系。毛泽东指出，近代世界经历了两种世界革命，第一种是资产阶级革命，第二种是无产阶级革命。中国的民主革命，以前是属于旧的世界资产阶级民主主义革命的一部分，第一次世界大战和俄国十月社会主义革命胜利之后，它就成为世界无产阶级社会主义革命的一部分。

2. 新民主主义革命的三大法宝

毛泽东指出："统一战线，武装斗争，党的建设，是中国共产党在中国革命中战胜敌人的三个法宝，三个主要的法宝。"[1]正确理解了这三个问题及其相互关系，就等于正确地领导了全部中国革命。因此，三大法宝理论是新民主主义革命理论的重要组成部分。

革命的统一战线。革命统一战线的基本力量是工人阶级、农民阶级和城市小资产阶级，也包括民族资产阶级和开明绅士。这就决定了在新民主主义革命统一战线中，存在着两个联盟，即工人阶级同农民及其他劳动人民的联盟；工人阶级同民族资产阶级及其他非劳动人民的联盟。这是两个性质不同的联盟。其中，工农联盟是统一战线的基础，而无产阶级和资产阶级的联盟，则是统一战线中的极其复杂的问题，对此实行又联合又斗争的政策。

---

〔1〕《毛泽东选集》第2卷，人民出版社1991年版，第606页。

革命的武装斗争。马克思列宁主义认为,一切革命的根本问题是国家政权问题。无产阶级要夺取国家政权,必须通过暴力革命的手段。以毛泽东为代表的中国共产党人,把马克思列宁主义暴力革命的学说与中国武装斗争的具体实践相结合,为半殖民地半封建社会的中国人民找到了武装夺取政权的崭新道路。其基本思想是:中国革命必须以长期的武装斗争为主要形式;中国的武装斗争是无产阶级领导下的有根据地的农民战争;中国的武装斗争要和其他各种形式的斗争相配合。

中国共产党的建设。毛泽东指出:既要革命,就必须有一个革命的党,必须有"一个有纪律的,有马克思列宁主义的理论武装的,采取自我批评方法的,联系人民群众的党"〔1〕。这是中国革命的三大法宝之一。在新民主主义革命中,以毛泽东为代表的中国共产党人把马克思列宁主义建党学说和中国革命实践相结合,提出了在中国这样的半殖民地半封建社会中建设无产阶级政党的基本思想。毛泽东认为,加强党的建设主要表现在三个方面:其一,加强党的思想建设。毛泽东强调要把党的思想建设放在首位,号召全党把马克思列宁主义作为行动指南,使党员的思想和党内的生活都政治化、科学化。其二,加强党的组织建设。扩大党的组织,吸收信仰共产主义,拥护党的方针政策,愿意遵守党的纪律的积极分子入党;同时要保持党组织的纯洁性,严防破坏分子混入党内。坚持民主集中制,扩大党内民主,严格党的纪律,正确开展批评与自我批评,增强党的战斗力。严格执行党的干部政策,实行任人唯贤的路线。其三,加强党的作风建设。要充分发挥共产党员的先锋模范作用。毛泽东在党的七大报告中,系统地总结了党的传统和作风。他说:"以马克思列宁主义的理论思想武装起来的中国共产党,在中国人民中产生了新的工作作风,这主要的就是理论和实践相结合的作风,和人民群众紧密地联系在一起的作风,以及自我批评的作风。"这是中国共产党和其他阶级政党的显著区别。

毛泽东深刻地阐述了三个法宝之间的关系,"统一战线和武装斗争,是战胜敌人的两个基本武器。统一战线,是实行武装斗争的统一战线。而党的组织则是掌握统一战线和武装斗争这两个武器以实行对敌冲锋陷阵的英勇战士。这就是三者的相互关系"〔2〕。

---

〔1〕《毛泽东选集》第4卷,人民出版社1991年版,第1480页。

〔2〕《毛泽东选集》第2卷,人民出版社1991年版,第613页。

3. 新民主主义革命的道路

农村包围城市的道路，是中国新民主主义革命唯一正确的道路。中国共产党领导中国人民，遵循着这条道路，取得了新民主主义革命的伟大胜利。这是毛泽东对中国革命的重大贡献，是对马克思列宁主义的创造性发展。

1930 年 1 月，毛泽东在《星星之火，可以燎原》的著名通信中论述了农村包围城市道路的基本内容，就是在中国共产党的领导下，以农村为工作重心，以根据地为依托，以政权为杠杆，以土地革命为基本内容，以武装斗争为主要形式，夺取全国胜利的道路。这条道路是以毛泽东为代表的中国共产党人，把马克思列宁主义同中国革命实践相结合，独创性地开辟的一条具有中国特色的夺取新民主主义革命胜利的唯一正确的道路。

以毛泽东为主要代表的中国共产党人创造的新民主主义革命理论，是党领导新民主主义革命实践经验的科学总结，是马克思列宁主义关于民族和殖民地问题的学说在中国的具体运用和发展，是毛泽东社会主义观中关于民主革命走向社会主义革命的独创性理论。

三、社会主义革命和社会主义建设的理论

社会主义革命和社会主义建设的理论是毛泽东社会主义观的重要组成部分，它是毛泽东思想发展到一定阶段的产物。我国的社会主义革命和社会主义建设是在新民主主义革命取得胜利、经济文化相对落后的条件下进行的。以毛泽东为代表的中国共产党人根据马克思列宁主义的基本原理，借鉴苏联等社会主义国家的经验教训，总结我国社会主义革命和社会主义建设的实践经验，形成了具有中国特色的社会主义革命和社会主义建设理论，丰富和发展了马克思列宁主义。

1. 党的过渡时期总路线

1952 年底，党中央根据毛泽东的建议，及时提出了过渡时期的总路线：要在一个相当长的时期内，逐步实现国家的社会主义工业化，并逐步实现国家对农业、手工业和资本主义工商业的社会主义改造。党提出过渡时期总路线的依据是马克思列宁主义关于过渡时期的理论和中国的国情。因此，过渡时期总路线是马克思列宁主义的过渡时期学说的基本原理同中国实际相结合的产物。过渡时期总路线的提出和实行，使我国实现了由新民主主义社会到社会主义社会的转变，从而建立了社会主义制度，使中国进入了社会主义建设的历史时期。

党的过渡时期总路线的特点。党在过渡时期的总路线，要求把社会主义工业化和社会主义改造紧密结合起来，体现了社会主义工业化和社会主义改造并举的思想。这是党的过渡时期总路线的鲜明特点。它反映了经济落后国家进行社会主义革命和社会主义建设的特殊性，是党和毛泽东对马克思列宁主义的创造性发展。

党的过渡时期总路线的实质。所谓过渡时期总路线的实质，是指总路线要解决的主要问题是什么。也就是说，在整个过渡时期，总路线的两个内容——社会主义工业化和社会主义改造，哪个是主要的。1953 年 12 月，中共中央批准的《关于党在过渡时期总路线的学习和宣传提纲》中指出："党在过渡时期总路线的实质，就是使生产资料的社会主义所有制成为我国国家和社会的唯一的经济基础。"同时，毛泽东也曾经提出过，社会主义工业化是主体，农业、手工业和资本主义工商业的社会主义改造是两翼。这种改造，对于工业化来说犹如鸟之两翼、车之两轮。所以，党在过渡时期总路线的提出，一方面是为了解决生产资料所有制问题，另一方面是为了更快地发展生产力，实现国家的工业化、现代化。

2. 社会主义改造理论

中国共产党和毛泽东从中国的国情出发，依据马克思列宁主义关于消灭私有制、建立公有制的基本原理，依据新民主主义革命胜利所创造的向社会主义过渡的政治经济条件，提出并实现了对生产资料私有制的社会主义改造。从理论和实践上解决了在中国这样一个经济文化相对落后的大国中，建立社会主义制度的艰难任务，找到了一条适合中国国情的社会主义改造的道路。这一独创性理论是对科学社会主义的重大发展。

国家对农业的社会主义改造。经过全党和全国人民的努力，到 1956 年底，我国基本上实现了农业合作化，并创造性地提出了一整套农业社会主义改造的理论：土地改革后逐步引导农民走上互助合作的道路，遵循自愿互利、典型示范和国家帮助的原则，实行积极领导，稳步前进的方针，依靠农民的大多数和建立农村无产阶级的优势，制定并贯彻一条正确的阶级政策。

国家对手工业的社会主义改造。党对农业进行社会主义改造的同时，也加强了对个体手工业的社会主义改造。采取"积极领导，稳步前进"的方针，对个体手工业者进行耐心的说服教育，通过典型示范和国家帮助，引导他们在自愿的基础上联合起来，逐步转变手工业的生产关系。在方法步骤上，采取从供销合作入手，再组织生产合作，由小到大，由低级到高级，逐步把手工业的私有制改变为社会主义集体所有制。

国家对资本主义工商业的社会主义改造。我国对资本主义工商业的社会主义改造，是通过从低级到高级的国家资本主义的过渡形式，采取赎买的办法，实行利用、限制、改造的政策，把对企业的改造和对人的改造结合起来，把原来的剥削者逐步改造成为自食其力的劳动者，最终达到消灭资产阶级的目的。中国共产党成功地实现了对资产阶级的和平赎买，是我国社会主义革命的伟大胜利，也是世界社会主义史上的伟大创举。它如同民主革命时期"农村包围城市"理论一样，是以毛泽东为代表的中国共产党人在理论上和实践上对马克思列宁主义的重大贡献。

3. 人民民主专政的理论

人民民主专政理论是毛泽东社会主义观的重要组成部分，是马克思列宁主义的基本原理和中国国情相结合的产物，是中国共产党和毛泽东为探索中国革命的政权形式所作出的一个伟大创造，是对马克思列宁主义国家学说的运用和发展。

人民民主专政的内容和实质。毛泽东在《论人民民主专政》一文中指出："对人民内部的民主方面和对反动派的专政方面，互相结合起来，就是人民民主专政。"[1]这种表述不仅在实质上而且在形式上直接表明了对人民民主和对敌人专政两方面的内容，而且确切指明了我国国家政权的阶级本质和国家政权的民主性质。

对人民内部实行民主，就是要保证占人口绝大多数的劳动人民当家作主；对敌人实行专政，就是对极少数破坏社会主义的敌对分子实行专政。只有对人民内部实行民主，才能调动全国人民的积极性，才能对反动派实行有效的专政；只有对反动派实行专政，粉碎他们的一切反抗和破坏，才能保障人民民主。我国的人民民主专政在从新民主主义到社会主义的过渡时期和整个社会主义阶段，实质上是无产阶级专政。

人民民主专政的历史任务。人民民主专政的历史任务是彻底消灭阶级和阶级差别，使国家归于消亡，实现共产主义。为此，人民民主专政肩负着由新民主主义向社会主义过渡和由社会主义向共产主义过渡的双重历史任务。

4. 关于正确处理人民内部矛盾的理论

我国社会主义制度建立以后，毛泽东总结了国际共产主义运动的历史经

---

〔1〕《毛泽东选集》第4卷，人民出版社1991年版，第1475页。

验,研究并回答了我国社会主义改造胜利后的新问题。全面分析了社会主义社会的矛盾,系统提出了两类不同性质的社会矛盾学说,把正确处理人民内部矛盾作为国家政治生活的主题。这是对马克思列宁主义作出的具有独创性的贡献。

社会主义社会的基本矛盾。毛泽东运用对立统一规律分析社会主义社会,明确指出:“在社会主义社会中,基本的矛盾仍然是生产关系和生产力之间的矛盾,上层建筑和经济基础之间的矛盾。”〔1〕社会主义社会的基本矛盾不是对抗性的矛盾,它可以通过社会主义制度本身,不断地得到解决。毛泽东关于社会主义社会基本矛盾的论述,为探索社会主义社会的发展规律指明了方向。

社会主义社会两类矛盾学说。毛泽东指出,在社会主义社会里,存在着两类不同性质的社会矛盾,一类是敌我矛盾,一类是人民内部矛盾。矛盾的性质不同,解决的方法也不同。处理敌我矛盾要采取专政的方法,对于人民内部矛盾要采取民主的方法,说服教育的方法。

正确处理人民内部矛盾是我国政治生活的主题。我国生产资料私有制的社会主义改造基本完成以后,人民内部的矛盾成为社会的主要矛盾。我们的工作重点应该由过去解决阶级斗争问题转为处理人民内部矛盾问题。毛泽东在 1957 年 2 月《关于正确处理人民内部矛盾的问题》的讲话中指出:“在我国现在的条件下,所谓人民内部的矛盾,包括工人阶级内部的矛盾,农民阶级内部的矛盾,知识分子内部的矛盾,工农两个阶级之间的矛盾,工人、农民同知识分子之间的矛盾,工人阶级和其他劳动人民同民族资产阶级之间的矛盾,民族资产阶级内部的矛盾,等等。”〔2〕这大量的人民内部矛盾,必须加以正确处理和解决。只有这样,才能巩固社会主义新制度,建设社会主义的新国家。

正确处理人民内部矛盾的一系列方针。处理人民内部矛盾,只能用民主的方法,采取“团结—批评—团结”的方针解决。毛泽东提出了一系列具体的方针:在经济工作中,实行对全国城乡各阶层统筹安排和兼顾国家、集体与个人三者利益的方针;在科学文化工作中,实行“百花齐放,百家争鸣”的方针;在与民主党派的关系上,实行“长期共存、互相监督”的方针等。

---

〔1〕《毛泽东著作选读》下册,人民出版社 1986 年版,第 766 页。
〔2〕《毛泽东著作选读》下册,人民出版社 1986 年版,第 758 页。

关于正确处理人民内部矛盾的理论,解决了马克思、恩格斯、列宁和斯大林没有解决的问题,回答了无产阶级进入社会主义历史阶段遇到的极端重要的问题。不仅是对马克思列宁主义的重大发展,而且是社会主义建设的强大思想武器,对社会主义建设事业起着重大的指导作用。

5. 社会主义建设思想

我国对生产资料私有制的社会主义改造基本完成以后,进入全面建设社会主义时期。以毛泽东为代表的中国共产党人总结我国和其他社会主义国家在社会主义建设中的经验教训,努力探索适合我国国情的建设社会主义的道路,提出了许多重要的社会主义建设思想。

其一,我国社会主义建设的战略目标。把我国建设成为一个现代化的社会主义强国,是毛泽东提出的我国社会主义建设的战略目标,还明确规定了实现这一战略目标的时间和步骤。社会主义社会是一个相当长的历史阶段,建设社会主义现代化强国是一项极为艰巨的工程。毛泽东从中国的实际出发,提出了调动一切积极因素,团结全国各族人民共同奋斗,争取在 50 年到 100 年内外,实现建设现代化强国的战略目标。

其二,适合我国国情的中国工业化道路。在社会主义革命和社会主义建设中,毛泽东多次强调,不能机械照搬外国经验,要从中国人口多、底子薄、经济落后的农业大国的实际情况出发,以农业为基础,以工业为主导,正确处理重工业同农业、轻工业的关系,走出一条适合我国国情的中国工业化道路。

其三,正确处理社会主义建设中的各种利益关系。针对苏联社会主义建设中片面强调发展重工业,忽视农业和轻工业等缺点和错误,毛泽东于 1956 年 4 月发表了《论十大关系》。十大关系也就是十大矛盾,毛泽东提出要正确处理好重工业和轻工业、农业,沿海工业和内地工业,经济建设和国防建设,国家、集体和个人,中央和地方,汉族和少数民族,党和非党,革命和反革命,是和非,中国和外国等各种关系。这打破了苏联社会主义建设的思维框架,对建设有中国特色的社会主义具有重大的理论意义和实践意义。

其四,改善和加强工业企业管理,扩大企业中的社会主义民主。改善和加强企业管理,扩大企业中的社会主义民主,关系到企业的方向和我国工业企业的发展。在企业管理问题上,毛泽东强调工人是企业的主人,要实行干部参加劳动、工人参加管理,改革不合理的规章制度和技术人员、工人、干部"三结合"。"两参一改三结合"制度是我国工业企业管理中的基本原则。

其五,制订经济计划必须搞好综合平衡。毛泽东在《关于正确处理人民内部矛盾的问题》的讲话中指出:"在客观上将会长期存在的社会生产和社会需要之间的矛盾,就需要人们时常经过国家计划去调节。我国每年做一次经济计划,安排积累和消费的适当比例,求得生产和需要之间的平衡。"[1]搞好综合平衡,最重要的是从全局的观点出发,从人民的需要出发,按照客观经济规律办事。

其六,发展社会主义商品生产,重视价值规律作用。毛泽东在纠正1959年"共产风"时,针对有些人混淆社会主义和共产主义的界限,主张取消商品和货币,否认价值规律的错误观点,明确指出只要存在着社会主义的全民所有制和集体所有制,商品生产就不可避免,不能把社会主义的商品生产和资本主义的商品生产混为一谈。毛泽东还阐述了价值规律的作用,在1962年七千人大会期间,毛泽东十分明确地指出:"按劳分配和等价交换这样两个原则,是在建设社会主义阶段决不能不严格地遵守的马克思列宁主义的两个基本原则。"毛泽东关于发展商品生产,例如价值规律的思想,虽然只是初步提出,并具有一定局限性,但对我国社会主义建设具有重要的指导意义。

其七,发挥中央和地方两个积极性和允许私营经济存在的思想。鉴于苏联权力过分集中于中央的弊端,毛泽东指出,要在巩固中央统一领导的前提下,中央向地方分权,扩大地方的自主权,发挥中央和地方两个积极性。毛泽东还提出允许私营经济存在的问题,指出可以搞国营,也可以搞私营,可以消灭了资本主义又搞资本主义。

其八,科技推动现代化建设的思想。毛泽东指出,科学技术这一仗一定要打,而且必须打好。不搞科学技术,生产力就无法提高。为此指出我国必须要培养大批科技人才,落实知识分子政策,向外国学习一切有用的东西,以促进我国社会主义建设。以科学推动现代化建设的思想,为高速度发展国民经济指明了一条重要途径。

毛泽东社会主义观是马克思列宁主义与中国社会主义革命和社会主义建设相结合的产物,是发展了的、中国式的马克思主义。毛泽东不仅对中国的社会主义革命作出了杰出的贡献,而且对中国的社会主义建设进行了积极的探索。毛泽东社会主义观的最显著的特征是走自己的路。实事求是、群众路线、独立自主始终贯穿于毛泽东社会主义观的各个组成部分,它是贯穿于毛泽东社会主义观的一条红线。

---

〔1〕《毛泽东著作选读》下册,人民出版社1986年版,第769页。

第二节　邓小平社会主义观

邓小平社会主义观是马克思列宁主义的基本原理同当代中国实践和时代特征相结合的产物，是毛泽东社会主义观在新的历史条件下的继承和发展，是马克思主义在中国发展的新阶段，是中国共产党集体智慧的结晶，引导着我国社会主义现代化事业不断前进。邓小平社会主义观是邓小平理论的主要内容，它第一次比较系统地初步回答了中国社会主义的发展道路、发展阶段、发展动力、外部条件、政治保证、战略步骤、党的领导力量和依靠力量以及祖国统一等一系列根本问题。解放思想、实事求是是邓小平理论的精髓，也是贯穿于邓小平社会主义观的一条红线，它指导我们党制定了在社会主义初级阶段的基本路线，构成了一个内容丰富的，完整的，以社会主义本质论、社会主义初级阶段论和社会主义市场经济论为理论基石的社会主义建设理论的科学体系。

一、解放思想、实事求是

解放思想、实事求是是马克思列宁主义、毛泽东思想的精髓，是我们党的思想路线。党的十一届三中全会重新确立了这一思想路线，并且丰富和发展了这一思想路线。解放思想、实事求是既是邓小平理论的精髓，也是贯穿于邓小平社会主义观的一条红线，它体现在邓小平社会主义观的各个方面，贯穿于建设中国特色社会主义理论的各个组成部分。

1980 年 12 月，邓小平指出："解放思想，就是使思想和实际相符合，使主观和客观相符合，就是实事求是。今后，在一切工作中要真正坚持实事求是，就必须继续解放思想。"〔1〕党的十四大报告明确指出"解放思想，实事求是是建设有中国特色社会主义理论的精髓，是保证我们党永葆蓬勃生机的法宝"。邓小平在《坚持党的路线，改进工作方法》一文中对解放思想作了明确的界定："我们讲解放思想，是指在马克思主义指导下打破习惯势力和主观偏见的束缚，研究新情况，解决新问题。"〔2〕

---

〔1〕《邓小平文选》第 2 卷，人民出版社 1994 年版，第 364 页。
〔2〕《邓小平文选》第 2 卷，人民出版社 1994 年版，第 279 页。

解放思想与实事求是虽然有所不同，但是从它们是同一主体、同一对象、同一过程的角度来看，两者是辩证统一的。解放思想是实事求是的前提条件，实事求是是解放思想的客观基础，两者相互依赖，相互促进，不可分割。把解放思想与实事求是并提，具有重大的哲学意义，它说明人类的认识过程和实践过程永远不会停止，解放思想也就不会结束。

在社会实践中要坚持做到解放思想、实事求是，就必须坚持四项基本原则，必须有一个良好的体制条件和一个良好的社会氛围，必须把科学的精神、大无畏的勇气和高尚的品质结合起来，牢牢树立"三个有利于"的衡量标准。

二、社会主义本质论

"什么是社会主义？怎样建设社会主义？"是建设有中国特色社会主义的首要的根本问题。要回答"什么是社会主义？怎样建设社会主义？"就必须对社会主义的本质作出一个科学的概括和深刻的认识。邓小平在 1992 年初视察南方的重要谈话中，专门就社会主义本质问题作出了一个新的理论概括："社会主义的本质，是解放生产力，发展生产力，消灭剥削，消除两极分化，最终达到共同富裕。"[1]社会主义本质的这一科学论断，为我们坚持社会主义并进一步巩固和发展社会主义指明了方向。

邓小平社会主义本质论坚持和发展了马克思主义的社会主义学说。首先，社会主义本质论突出了生产力的决定性地位，强调了"解放生产力，发展生产力"对社会主义革命和社会主义建设的基础性和决定性作用。其次，社会主义本质论表达了生产力与生产关系的内在统一性，把"消灭剥削，消除两极分化"作为社会主义的本质规定和社会主义的目的，蕴含了只有社会生产力得到了巨大发展，达到了很高的水平，才有可能真正地消灭剥削，消除两极分化。再次，社会主义本质论揭示了社会主义和资本主义的本质区别在于社会主义能够消灭剥削，消除两极分化，最终达到共同富裕。此外，社会主义本质论揭示了社会主义的根本任务是发展生产力。没有社会生产力的充分发展，就没有社会主义建设的胜利。

三、社会主义初级阶段论

社会主义发展阶段问题是中国社会主义建设提出的新课题。党的十一

---

〔1〕《邓小平文选》第 3 卷，人民出版社 1994 年版，第 373 页。

届六中全会于1981年6月通过的《关于建国以来党的若干历史问题的决议》,第一次使用了"社会主义初级阶段"的提法,指出:"我国的社会主义制度还处于初级的阶段。"在此之后,随着实践的深入和理论的思考,对于中国社会主义建设的认识不断深化。党的十三大召开前夕,邓小平指出:"我们党的十三大要阐述中国社会主义是处在一个什么阶段,就是处在初级阶段,是初级阶段的社会主义。社会主义本身是共产主义的初级阶段,而我们中国又处在社会主义的初级阶段,就是不发达的阶段。"[1]据此,党的十三大第一次比较系统地从战略上、从建设有中国特色社会主义的首要问题的高度上、从党和政府制定路线方针政策的根本出发点上,明确回答了我国正处在社会主义初级阶段的理论内涵。它包含着两层含义:一是定性的含义,即我国社会已经是社会主义社会,我们必须坚持而不能离开社会主义;二是定位的含义,即我国的社会主义社会还处在初级阶段,我们必须从这个实际出发来制定社会主义建设的路线、方针和政策,而不能超越这个阶段。这个阶段不是泛指任何国家进入社会主义都会经历的起始阶段,而是特指我国在生产力落后、商品经济不发达条件下建设社会主义必然要经历的特定阶段。

邓小平从历史和现实出发,提出了社会主义初级阶段论。邓小平指出:"我们搞社会主义才几十年,还处在初级阶段。巩固和发展社会主义制度,还需要一个很长的历史阶段,需要我们几代人、十几代人,甚至几十代人坚持不懈地努力奋斗,决不能掉以轻心。"[2]认为中国已经建立了社会主义制度,进入了社会主义社会,但是,社会主义社会还处于初级阶段,社会主义建设的任务还非常艰巨。社会主义初级阶段论继承和发展了马克思关于社会主义发展阶段划分的理论,对中国的社会主义建设具有重大的理论意义和实践意义。

四、社会主义发展论

社会主义发展论是邓小平社会主义观的核心内容,是社会主义本质论和社会主义初级阶段论的具体体现。邓小平认为"发展才是硬道理"[3],他强调只有发展才是唯一的出路,才是我党我国社会主义事业成功与否的唯一标准。在当今时代、当今世界,谁不发展,谁就没有出路,谁发展慢,谁就将被淘

---

〔1〕《邓小平文选》第3卷,人民出版社1994年版,第252页。

〔2〕《邓小平文选》第3卷,人民出版社1994年版,第379~380页。

〔3〕《邓小平文选》第3卷,人民出版社1994年版,第377页。

汰。因此,邓小平的社会主义发展论强调,只有加快发展,社会主义中国才有出路。邓小平社会主义发展论的核心思想是,在我国社会主义现代化建设事业中必须坚持以经济建设为中心,坚持四项基本原则,坚持改革开放,努力在发展的进程中,把握机遇,加快发展,能快则快,过几年上一个台阶。现阶段,我国经济社会发展的战略是实现现代化的宏伟蓝图,分“三步走”是实现这一战略目标的步骤。允许和鼓励一部分地区、一部分人先富起来,逐步达到共同富裕,以及科教兴国战略等思想,则是邓小平实现经济发展战略的重要思想。

五、社会主义市场经济论

马克思、恩格斯依据当时资本主义生产的盲目性,指出社会主义的本质特征之一是计划经济。邓小平从当今时代特征出发,创造性地提出了社会主义市场经济理论。邓小平在 1979 年就提出社会主义也可以搞市场经济,他指出:“说市场经济只存在于资本主义社会,只有资本主义的市场经济,这肯定是不正确的。社会主义为什么不可以搞市场经济,这个不能说是资本主义。我们是计划经济为主,也结合市场经济,但这是社会主义的市场经济。虽然方法上基本上和资本主义社会的相似,但也有不同,是全民所有制之间的关系,当然也有同集体所有制之间的关系,也有同外国资本主义的关系,但是归根到底是社会主义的,是社会主义社会的。市场经济不能说只是资本主义的。市场经济,在封建社会时期就有了萌芽。社会主义也可以搞市场经济。”[1]1985 年 10 月,邓小平又进一步指出:“社会主义和市场经济之间不存在根本矛盾。问题是用什么方法才能更有力地发展社会生产力。我们过去一直搞计划经济,但多年的实践证明,在某种意义上说,只搞计划经济会束缚生产力的发展。把计划经济和市场经济结合起来,就更能解放生产力,加速经济发展。”我党根据邓小平的社会主义市场经济理论,确定了我国经济体制改革的目标,就是要建立社会主义市场经济体制。即要使市场在社会主义国家宏观调控下对资源配置起基础性作用,使经济活动遵循价值规律的要求,适应供求关系的变化;通过价格杠杆和竞争机制的功能,把资源配置到效益较好的环节中去,实现优胜劣汰;运用市场对各种经济信号反应灵敏的优点,促进生产和需求的协调。同时,加强和改善国家对经济的宏观调控,运用好经济政策、经济法规、计划指导和必要的行政管理,引导市场健康发展。我

〔1〕《邓小平文选》第 2 卷,人民出版社 1994 年版,第 236 页。

国的社会主义市场经济体制是在以公有制为主体、多种所有制经济共同发展的所有制结构条件下运行的，是以共同富裕为目标，是有强有力的国家宏观调控的具有中国特色的市场经济体制。

六、社会主义改革开放论

从社会主义本质出发，改革一切束缚生产力发展的政治体制、经济体制等各种体制，是社会主义社会历史发展的必然要求。邓小平指出："我们所有的改革都是为了一个目的，就是扫除发展社会生产力的障碍。"〔1〕并认为："革命是解放生产力，改革也是解放生产力。"〔2〕改革是发展生产力的必由之路，是社会主义建设的内在要求；开放是社会主义建设的必要条件。在社会主义改革开放过程中，要正确处理改革、发展和稳定的关系，正确处理对外开放与自力更生的关系，从而达到不断推动社会主义建设的目的。

改革是社会主义制度的自我完善和发展，这是由我国现阶段社会矛盾的基本性质决定的。改革的对象是束缚生产力发展的各种具体做法，也就是以经济体制为基础的各种体制，而不是改变社会主义的基本制度；改革的目的是解放和发展社会主义社会的生产力；改革必须坚持两个重要的原则：一是以公有制为主体的经济，在此基础上发展个体、私营和外资经济，二是共同富裕的原则。邓小平指出："实行对外开放政策，搞计划经济和市场经济相结合，进行一系列的体制改革，这个路子是对的。这样做是否违反社会主义的原则呢？没有。因为我们在改革中坚持了两条，一条是公有制经济始终占主体地位，一条是发展经济要走共同富裕的道路，始终避免两极分化。"〔3〕

实行对外开放是我国的一项基本国策。它的制定和实施是我们党和邓小平对世界发展趋势敏锐观察的结果，也是总结长期经验教训得出的必然结论。邓小平多次指出，"现在的世界是开放的世界"〔4〕，"经验证明，关起门来搞建设是不能成功的，中国的发展离不开世界"〔5〕，中国的政治与经济文化的发展离不开世界，对外开放是我国实现社会主义现代化的必要条件。实行对外开放，可以为我们解决现代化建设中资金严重短缺的困难，有助于我

〔1〕《邓小平文选》第3卷，人民出版社1994年版，第134页。

〔2〕《邓小平文选》第3卷，人民出版社1994年版，第370页。

〔3〕《邓小平文选》第2卷，人民出版社1994年版，第149页。

〔4〕《邓小平文选》第3卷，人民出版社1994年版，第64页。

〔5〕《邓小平文选》第3卷，人民出版社1994年版，第78页。

们引进国外先进技术和先进设备,使我们能够广泛借鉴和吸收国外先进的管理经验和管理方法,直接了解世界信息,掌握世界跳动的脉搏,也是我们建立社会主义市场经济体制的必要条件。我国全方位、多层次、宽领域的对外开放格局已经基本形成,并取得了显著的成果,加速了我国社会主义现代化建设的步伐。

独立自主、自力更生,是我们党在革命和建设中一贯坚持的重要原则,是邓小平在改革开放进程中一再强调的一个重要思想。邓小平指出:"像中国这样大的国家搞建设,不靠自己不行,主要靠自己,这叫做自力更生。但是,在坚持自力更生的基础上,还需要对外开放,吸收外国的资金和技术来帮助我们发展。"[1]独立自主不是闭关自守,自力更生不是盲目排外。独立自主、自力更生是内因,是决定社会主义现代化建设性质和方向的内部根据;对外开放、吸收和借鉴国外优秀成果和先进经验是外因,是社会主义现代化建设的重要外部条件。把独立自主、自力更生与对外开放有机统一起来,是我们正确处理二者关系的正确方法。

七、社会主义民主政治建设论

邓小平一贯认为,坚持四项基本原则是我国的立国之本,是改革开放和现代化建设事业沿着社会主义方向前进的根本保证,是保持社会稳定的政治基础。建设社会主义民主是社会主义现代化建设所要达到的目的,是实现社会主义现代化的重要手段。政治体制改革是我国社会主义民主建设的主要动力。实施依法治国是发展社会主义市场经济的客观要求,是建设社会主义民主政治的基本保证,是国家长治久安的重要保证。

坚持四项基本原则是实现社会主义现代化的根本前提。早在1979年邓小平就指出:"中央认为,我们要在中国实现四个现代化,必须在思想政治上坚持四项基本原则。这是实现四个现代化的根本前提。这四项是:

第一,必须坚持社会主义道路;

第二,必须坚持无产阶级专政;

第三,必须坚持共产党的领导;

第四,必须坚持马列主义、毛泽东思想。"[2]

---

〔1〕《邓小平文选》第3卷,人民出版社1994年版,第78~79页。

〔2〕《邓小平文选》第2卷,人民出版社1994年版,第164~165页。

没有民主就没有社会主义,就没有社会主义的现代化。邓小平把社会主义民主建设提到关系整个社会主义事业兴衰成败的高度来加以认识,它是社会主义现代化建设所要达到的目的,又是实现现代化的重要手段。邓小平指出:“我们进行社会主义现代化建设……在政治上创造比资本主义国家的民主更高更切实的民主”〔1〕,“我们要认真建立社会主义的民主制度和社会主义法制”〔2〕,“我们要发展社会主义民主”,“民主是我们的目标”〔3〕。发展社会主义民主政治,是我们党始终不渝的奋斗目标。发展社会主义民主政治,关键在于加强社会主义政治制度建设。社会主义民主政治的本质和核心,是人民当家做主,真正享有各项公民权利,享有管理国家和企事业的权力。社会主义民主政治建设必须着眼于实效,着眼于调动基层和群众的积极性,要致力于基本制度的坚持和完善。

发展社会主义民主,必须同健全社会主义法制紧密结合。要加强民主,就要加强法制,这是邓小平阐明的一个重要思想。他多次讲:“没有健全的法制也是不行的。”〔4〕“现在我们要认真建立社会主义的民主制度和社会主义法制。只有这样,才能解决问题。”〔5〕在1992年春他进一步指出:“还是要靠法制,搞法制靠得住些。”〔6〕“中国的民主是社会主义民主,是同社会主义法制相辅相成的。”〔7〕社会主义民主必须制度化、法律化,而社会主义法制则是社会主义民主法律化、制度化的体现。邓小平指出:“为了保障人民民主,必须加强法制。必须使民主制度化、法律化,使这种制度和法律不因领导人的改变而改变,不因领导人的看法和注意力的改变而改变。”〔8〕

经济体制改革的推进,发展社会主义民主,健全社会主义法制,都要求进行政治体制改革。我国的政治体制改革是我国社会主义制度的自我完善,是在坚持四项基本原则的前提下,对党和国家的领导制度、组织制度、工作制度以及其他政治与行政体制进行的改革,以便更有效、更充分地发挥社会主义政治制度的优越性。在社会主义初级阶段,我国的民主政治还存在着官僚主

---

〔1〕《邓小平文选》第2卷,人民出版社1994年版,第322页。
〔2〕《邓小平文选》第2卷,人民出版社1994年版,第348页。
〔3〕《邓小平文选》第3卷,人民出版社1994年版,第285页。
〔4〕《邓小平文选》第2卷,人民出版社1994年版,第189页。
〔5〕《邓小平文选》第2卷,人民出版社1994年版,第348页。
〔6〕《邓小平文选》第3卷,人民出版社1994年版,第379页。
〔7〕《邓小平文选》第3卷,人民出版社1994年版,第249页。
〔8〕《邓小平文选》第2卷,人民出版社1994年版,第146页。

义、权力过分集中等弊端，这严重阻碍了社会主义优越性的发挥，造成了我国政治体制与经济基础，特别是与经济体制改革进程的不适应。因此，推进我国社会主义民主建设必须进行政治体制改革。“只有对这些弊端进行有计划、有步骤而又坚决彻底的改革，人民才会信任我们的领导，才会信任党和社会主义，我们的事业才有无限的希望。”〔1〕1986 年，随着经济体制改革的推进，邓小平又多次指出：现在看，不搞政治体制改革不能适应形势。“政治体制改革同经济体制改革应该相互依赖，相互配合。只搞经济体制改革，不搞政治体制改革，经济体制改革也搞不通，因为首先遇到人的障碍。”他还说：“现在经济体制改革每前进一步，都深深感到政治体制改革的必要性。不改革政治体制，就不能保障经济体制改革的成果，不能使经济体制改革继续前进，就会阻碍生产力的发展，阻碍四个现代化的实现。”〔2〕邓小平不仅论述了政治体制改革的必要性，而且对政治体制改革的长远目标和近期目标，对政治体制改革的基本原则和主要任务，都作了全面、系统的阐述。

八、社会主义精神文明建设论

建设高度的社会主义精神文明，是我国社会主义现代化建设的一项重要战略任务，是邓小平社会主义观的重要组成部分。邓小平认为，经济、政治、文化协调发展，物质文明和精神文明都搞好，才是中国特色的社会主义。早在 1979 年 10 月，他就强调指出，我们要在建设高度物质文明的同时，提高全民族的科学文化水平，发展高尚的丰富多彩的文化生活，建设高度的社会主义精神文明。社会主义精神文明是社会主义社会的一个重要特征，是社会主义制度优越性的重要体现，只有物质文明和精神文明都发达，才是合格的社会主义。

1996 年 10 月，《中共中央关于加强社会主义精神文明建设若干重要问题的决议》指出：根据党在社会主义初级阶段的历史任务，根据建国以来特别是改革开放以来的历史经验，我国社会主义精神文明建设，必须以马克思列宁主义、毛泽东思想和邓小平建设中国特色社会主义理论为指导，坚持党的基本路线和基本方针，加强思想道德建设，发展教育科学文化，以科学的理论武装人，以正确的舆论引导人，以高尚的精神塑造人，以优秀的作品鼓舞人，

〔1〕《邓小平文选》第 2 卷，人民出版社 1994 年版，第 333 页。
〔2〕《邓小平文选》第 3 卷，人民出版社 1994 年版，第 176 页。

培育有理想、有道德、有文化、有纪律的社会主义公民，提高全民族的思想道德素质和科学文化素质，团结和动员各族人民把我国建设成为富强、民主、文明的社会主义现代化国家。这是精神文明建设总的指导思想，也是精神文明建设总的要求。

九、“一国两制”论

邓小平在祖国统一的问题上，提出了“一个国家、两种制度”的创造性构想。它的基本内容是：在一个中国的前提下，国家的主体坚持社会主义制度；香港、澳门、台湾是中华人民共和国不可分离的部分，它们作为特别行政区保持原有的资本主义制度长期不变。在国际上代表中国的，只能是中华人民共和国。两种制度长期共存，和平共处，相互支援，共同发展，为国家的繁荣和民族的振兴共同作出贡献。这一科学构想，既体现了实现祖国统一、维护国家主权的原则性，又充分考虑香港、澳门、台湾地区的历史和现实，体现了高度的灵活性。“一国两制”论丰富和发展了马克思主义的国家学说，创造性地发展了和平共处五项原则，有利于祖国统一和民族振兴，有利于世界的和平与发展。

“一国两制”论首先是从解决世界争端着眼的。早在 1984 年 2 月，邓小平就指出：“世界上有许多争端，总要找个解决问题的出路。我多年来一直在想，找个什么办法，不用战争手段而用和平方式，来解决这种问题。我们提出的大陆与台湾地区统一的方式是合情合理的。统一后，台湾地区仍搞它的资本主义，大陆搞社会主义，但是是一个统一的中国。一个中国，两种制度。香港问题也是这样，一个中国，两种制度。香港与台湾还有不同，香港是自由港。世界上的许多争端用类似这样的办法解决，我认为是可取的。否则始终顶着，僵持下去，总会爆发冲突，甚至武力冲突。如果不要战争，只能采取我上面讲的这类的方式。这样能向人民交代，局势可以稳定，并且是长期稳定，也不伤害哪一方。”〔1〕

“一国两制”论是从中国的实际情况和达到和平统一的目的出发的。邓小平指出：“‘一个国家，两种制度’的构想是我们根据中国自己的情况提出来的，而现在已经成为国际上注意的问题了。中国有香港、台湾问题，解决这个问题的出路何在呢？是社会主义吞掉台湾，还是台湾宣扬的‘三民主义’吞

〔1〕《邓小平文选》第 3 卷，人民出版社 1994 年版，第 49 页。

掉大陆？谁也不好吞掉谁。如果不能和平解决，只有用武力解决，这对各方都是不利的。实现国家统一是民族的愿望，一百年不统一，一千年也要统一的。怎么解决这个问题，我看只有实行‘一个国家，两种制度’。”〔1〕

“一国两制”是一个长期的政策。邓小平指出：“按照‘一国两制’的方针解决统一问题后，对香港、澳门、台湾地区的政策五十年不变，五十年之后还会不变。”〔2〕在香港回归祖国后，邓小平进一步指出：“对香港的政策，我们承诺了一九九七年以后五十年不变，这个承诺是郑重的。为什么说五十年不变？这是有根据的，不只是为了安定香港的人心，而是考虑到香港的繁荣和稳定同中国的发展战略有着密切的关联。中国的发展战略需要的时间，除了这个世纪的十二年以外，下个世纪还要五十年，那末五十年怎么能变呢？现在有一个香港，我们在内地还要造几个‘香港’，就是说，为了实现我们的发展战略目标，要更加开放。既然这样，怎么会改变对香港的政策呢？实际上，五十年只是一个形象的讲法，五十年后也不会变。前五十年是不能变，五十年之后是不需要变。所以，这不是信口开河。”〔3〕

香港、澳门的顺利回归祖国，标志着“一国两制”已不再仅仅是构想，从1997年7月1日起，它更成为了一种活生生的现实。实践充分证明了“一国两制”论的正确性。香港、澳门问题的成功解决，必将极大地促进海峡两岸关系的发展，为最终解决台湾问题创造日益成熟的条件。我们在充分认识两岸统一的有利条件的同时，也要看到台湾问题的特殊性，以及台湾岛内分裂势力的发展和外国势力插手干预中国内政的现象依然存在。但在“和平统一、一国两制”的基本方针和各项政策的指引下，祖国和平统一的大业一定会实现。

十、时代特征论

马克思主义认为，对时代的分析和认识，是观察、分析和估量世界形势发展的前提和基础，是我们党和国家制定战略和策略的重要依据。党的十一届三中全会以来，邓小平依据马克思主义的基本原理，高瞻远瞩，纵观世界全局，对当代国际形势进行了全面而深入的观察和分析，提出了“和平与发展”是当今世界两大主题的科学论断。他说：“现在世界上真正大的问题，带全球性的战略问

〔1〕《邓小平文选》第3卷，人民出版社1994年版，第59页。
〔2〕《邓小平文选》第3卷，人民出版社1994年版，第217页。
〔3〕《邓小平文选》第3卷，人民出版社1994年版，第267页。

题，一个是和平问题，一个是经济问题或者说发展问题。”〔1〕这一科学论断反映了国际战略形势的发展、变化，是对马克思列宁主义时代观以及战争与和平理论的重大发展，是新时期党和国家制定战略和策略的重要依据。

我们党已经制定了到21世纪中叶实现四个现代化的宏伟目标，这是一个极其艰巨、极其繁重的任务。要实现这一宏伟目标，需要全国人民几十年坚持不懈的艰苦奋斗，同时，也需要有一个和平、稳定的国际环境。没有这样的国际环境，我们的改革开放和现代化建设就会遇到更多的困难，当然也就很难按照原来设想的“三步走”实现我们的战略目标。所以，我国对外政策的核心目标之一，就是要为中国争取一个有利的国际环境。早在1980年1月，邓小平就指出：“不仅世界人民，我们自己也确确实实需要一个和平的环境。所以，我们的对外政策，就本国来说，是要寻求一个和平的环境来实现四个现代化。”〔2〕1990年7月，他在会见外宾时又重申：“中国要实现自己的发展目标，必不可少的条件是安定的国内环境与和平的国际环境。我们不在乎别人说我们什么，真正在乎的是有一个好的环境来发展自己。”〔3〕

社会主义本质论、社会主义初级阶段论、社会主义发展论、社会主义市场经济论、社会主义改革开放论、社会主义民主政治建设论、社会主义精神文明建设论、“一国两制”论和时代特征论等独创性的理论构成了邓小平社会主义观。这些独创性的理论相互联系、相互影响、相互作用，是一个不可分割的科学体系。它们是解放思想、实事求是的产物，是对马克思列宁主义的继承和发展，是对科学社会主义的杰出贡献。邓小平社会主义观为中国社会主义现代化建设作出了巨大的理论贡献，并将继续对中国的社会主义现代化建设产生深远的影响。

第三节　江泽民社会主义观

江泽民是中国共产党第三代中央领导集体的核心，是当代中国伟大的马克思主义者。马克思主义是发展的科学，具有与时俱进的理论品质。坚持党

〔1〕《邓小平文选》第3卷，人民出版社1993年版，第105页。
〔2〕《邓小平文选》第2卷，人民出版社1994年版，第241页。
〔3〕《邓小平文选》第3卷，人民出版社1993年版，第360页。

的解放思想、实事求是的思想路线，在实践中不断丰富和发展马克思主义，这是党的建设的一项根本任务，一定要下大力气抓好。这就要求我们在任何时候都要坚持马克思主义的基本原理，坚持党的解放思想、实事求是的思想路线，大力发扬求真务实、勇于创新的精神，创造性地推进党和国家的各项工作，在实践中不断丰富和发展马克思主义。在新的历史条件下，江泽民在实践中继续丰富和创造性地发展了马克思列宁主义、毛泽东思想、邓小平理论，形成了具有时代特征和本国特色、具有全球视野和创新思维的理论体系。江泽民的社会主义观，是这一理论体系的主要组成部分，它确定了在社会主义现代化建设的新的发展阶段，加强党的建设、处理国际国内事务的方针任务，是对毛泽东、邓小平社会主义观的继承和发展。江泽民社会主义观以"三个代表"重要思想为红线，以治党思想、治国思想、治军与国防建设思想和国际战略思想为主要内容，形成了完整的、科学的思想体系。江泽民社会主义观对新时期加强党的建设和全面推进社会主义现代化建设具有巨大的理论意义和实践意义。

一、"三个代表"重要思想

"三个代表"重要思想是江泽民社会主义观的核心，是指引我党在新形势下建设什么样的党和怎样建设党的重要理论指导，它是贯穿于江泽民社会主义观的红线，体现在江泽民治党思想、治国思想、治军与国防建设思想和国际战略思想等整个思想体系中。江泽民提出的"三个代表"重要思想，是我们党在新时期党的建设方面重大的理论创新和突破，解决了我党在新形势下建设什么样的党和怎样建设党的重大课题，丰富和发展了马克思主义，是新的历史条件下全面加强党的建设的伟大纲领，是保持党的先进性、凝聚力、战斗力、创造力的行动指南。"三个代表"是我们党的立党之本、执政之基、力量之源，也是我们党在新世纪全面推进党的建设、不断夺取建设中国特色社会主义事业新胜利的根本要求，是我们党在新世纪治党思想的核心。

2000年2月25日，江泽民在广东省考察工作时指出："总结我们党七十多年的历史，可以得出一个重要结论，这就是：我们党所以赢得人民的拥护，是因为我们党在革命、建设、改革的各个历史时期，总是代表着中国先进生产力的发展要求，代表着中国先进文化的前进方向，代表着中国最广大人民的根本利益，并通过制定正确的路线方针政策，为实现国家和人民的根本利益而不懈奋斗……在新的历史条件下，我们党如何更好地做到这'三个代表'，是一个需要全党同志特别是党的高级干部深刻思考的重大课题。"[1]2001年7月1日,江泽民在庆祝中国共产党成立八十周年大会上的讲话中,对"三个代表"重要思想的科学内涵进行了全面阐述,他指出:"我们党要始终代表中国先进生产力的发展要求,就是党的理论、路线、纲领、方针、政策和各项工作,必须努力符合生产力发展的规律,体现不断推动社会生产力的解放和发展的要求,尤其要体现推动先进生产力发展的要求,通过发展生产力不断提高人民群众的生活水平。"[2]"我们党要始终代表中国先进文化的前进方向,就是党的理论、路线、纲领、方针、政策和各项工作,必须努力体现发展面向现代化、面向世界、面向未来的,民族的科学的大众的社会主义文化的要求,促进全民族思想道德素质和科学文化素质的不断提高,为我国经济发展和社会进步提供精神动力和智力支持。"[3]"我们党要始终代表中国最广大人民的根本利益,就是党的理论、路线、纲领、方针、政策和各项工作,必须坚持把人民的根本利益作为出发点和归宿,充分发挥人民群众的积极性主动性创造性,在社会不断发展进步的基础上,使人民群众不断获得切实的经济、政治、文化利益。"[4]

"三个代表"重要思想是统一的整体,相互联系,相互促进。"代表中国先进生产力的发展要求,代表中国先进文化的前进方向,代表中国最广大人民的根本利益,是统一的整体,相互联系,相互促进。"[5]这三个方面中,发展先进的生产力,是发展先进文化、实现最广大人民根本利益的基础条件;而发展先进文化和维护最广大人民群众的根本利益,则能最有力地促进先进生产力的发展;人民群众是先进生产力和先进文化的创造主体,也是实现自身利益的根本力量。不断发展先进生产力和先进文化,归根到底都是为了满足人民群众日益增长的物质文化需要,不断实现最广大人民的根本利益。"三个代表"重要思想全面地、完整地揭示了抓好党的建设、保持党的先进性与办好中国的事情之间的辩证关系,它体现了物质文明建设与精神文明建设、先进性与群众性、继承性与创新性、国际性与本土性的辩证统一,是我们党在新世纪加强和改进党的建设的指导思想和科学的方法论。

---

〔1〕 江泽民:《论"三个代表"》,中央文献出版社2001年版,第2页。
〔2〕 江泽民:《在庆祝中国共产党成立八十周年大会上的讲话》,人民出版社2001年版,第13页。
〔3〕 江泽民:《在庆祝中国共产党成立八十周年大会上的讲话》,人民出版社2001年版,第18页。
〔4〕 江泽民:《在庆祝中国共产党成立八十周年大会上的讲话》,人民出版社2001年版,第21页。
〔5〕 江泽民:《在庆祝中国共产党成立八十周年大会上的讲话》,人民出版社2001年版,第24页。

二、治党思想

江泽民治党思想是江泽民社会主义观的重要组成部分,是“三个代表”重要思想在党的建设方面的具体展开和落实,是以江泽民为核心的我们党的第三代中央领导集体的智慧结晶。江泽民治党思想继承、丰富和发展了马克思列宁主义、毛泽东思想和邓小平理论关于党的建设的学说,全面系统地回答了在面向新世纪的历史条件下建设一个什么样的党和怎样建设党这个基本问题。社会主义现代化建设是一项极其艰巨、极其繁重的任务,必须有中国共产党的坚强领导。江泽民在“七一讲话”中强调指出:“我们必须继续围绕在新的历史条件下建设一个什么样的党和怎样建设党这个基本问题,进一步解决提高党的执政能力和领导水平、提高拒腐防变和抵御风险能力这两大历史性课题,全面推进党的建设的新的伟大工程。”[1]江泽民治党思想对于我们党全面加强和改进自身建设,团结和带领全国各族人民夺取建设中国特色社会主义事业的更大胜利,具有十分重要的现实指导意义。

办好中国的事情,关键在我们党。党的正确领导,是改革开放和社会主义现代化取得成功的根本保证。要坚持党的领导,必须改善党的领导,必须贯彻党的基本理论和基本路线,按照“三个代表”重要思想的要求,全面深入地加强和改进党的建设,使我们党在建设中国特色社会主义的历史进程中始终成为坚强的领导核心。江泽民多次强调指出,要把我们的事业全面推向21世纪,全面实现社会主义现代化建设的宏伟任务,关键在于坚持、加强和改善党的领导,进一步把党建设好。江泽民在2001年庆祝中国共产党成立八十周年大会上的讲话中也一再重申:“办好中国的事情,关键在我们党。”[2]

政治路线确定之后,干部就是决定的因素。江泽民指出:“贯彻‘三个代表’要求,我们必须全面贯彻干部队伍革命化、年轻化、知识化、专业化的方针和德才兼备的原则,深化干部人事制度改革,努力建设一支高素质的、能够担当重任、经得起风浪考验的干部队伍。”[3]全面贯彻干部队伍“四化”方针和德才兼备原则,建设一支高素质的干部队伍,这是党的建设又一项重大的战

---

〔1〕 江泽民:《在庆祝中国共产党成立八十周年大会上的讲话》,人民出版社2001年版,第12页。

〔2〕 江泽民:《论“三个代表”》,中央文献出版社2001年版,第152页。

〔3〕 江泽民:《在庆祝中国共产党成立八十周年大会上的讲话》,人民出版社2001年版,第35~36页。

略任务。不断培养和造就一大批高素质的领导人才，是加强党的组织建设的关键。加强对年轻干部的培养，坚持党管干部的原则，加快干部人事制度改革的步伐，是保证党和国家长治久安的战略任务。

江泽民指出："贯彻'三个代表'要求，我们必须坚持党的工人阶级先锋队的性质，始终保持党的先进性，同时要根据经济发展和社会进步的实际，不断增强党的阶级基础和扩大党的群众基础，不断提高党的社会影响力。"〔1〕这一重要论述，从党的阶级属性和先进特性上，阐明了新的历史条件对党的建设提出的新的要求，为新世纪加强和改进党的自身建设指明了根本方向。坚持党的工人阶级先锋队的性质，不断增强党的阶级基础和扩大党的群众基础，这是在新的历史条件下对党的建设提出的新的要求，为新世纪加强和改进党的自身建设指明了根本方向。

在坚持党的工人阶级先锋队性质的同时，必须不断扩大党的群众基础，提高党的社会影响力和凝聚力。伟大而艰巨的社会主义事业，需要全社会各个方面忠诚于祖国和社会主义的优秀分子，以自己的实际行动带领群众共同加以推进。改革开放特别是 90 年代以来，随着社会经济成分、组织形式、物质利益、就业方式日趋多样化，我国社会阶层的构成发生了一系列新的变化，出现了大量新的社会阶层。但由于种种原因，在这些社会阶层中，我们党的力量和影响力明显偏小。在这种情况下，如何界定这些阶层成员的社会属性，明确他们在建设中国特色社会主义事业中的地位和作用；如何从我国新的实际出发，科学确定共产党员的标准；是否应该把这些社会阶层中符合党员条件的优秀分子吸收到党内来，以扩大党的群众基础，增强党在全社会的影响力和凝聚力，已经成为新世纪党的建设面临的一个重大现实课题。江泽民在"七一"讲话中第一次鲜明地回答了这些问题。他说："能否自觉地为实现党的路线和纲领而奋斗，是否符合党员条件，是吸收新的党员的主要标准。来自工人、农民、知识分子、军人、干部的党员是党的队伍最基本的组成部分和骨干力量，同时也应该把承认党的纲领和章程、自觉为党的路线和纲领而奋斗、经过长期考验、符合党员条件的社会其他方面的优秀分子吸收到党内来，并通过党这个大熔炉不断提高广大党员的思想政治觉悟，从而不断增强

〔1〕 江泽民：《在庆祝中国共产党成立八十周年大会上的讲话》，人民出版社 2001 年版，第 29 页。

我们党在全社会的影响力和凝聚力。"[1]这是我们党在党的建设理论,尤其是组织建设理论上的一个重大突破,必将对新世纪党的建设产生积极的、深远的影响。

三、治国思想

江泽民治国思想是江泽民社会主义观的重要组成部分,是指引我国走向兴旺发达、繁荣昌盛,完成中华民族复兴大业、实现社会主义现代化的理论指导。以江泽民为核心的党的中央领导集体,在把握当今世界政治、经济、文化、教育等方面动态发展的基础上,结合新时期我国的建设实践,提出了依法治国、以德治国、科教兴国、西部大开发、可持续发展等治国思想。江泽民治国思想对于推进我国的改革、发展和稳定,建设中国特色社会主义伟大事业,具有重大而深远的意义。

江泽民在党的十五大报告中指出:"依法治国,是党领导人民治理国家的基本方略,是发展社会主义市场经济的客观需要,是社会文明进步的重要标志,是国家长治久安的重要保障。"[2]把依法治国提到党领导人民治理国家的基本方略的高度,是以江泽民为核心的党中央针对党的领导方式和国家发展作出的一项重大战略抉择。依法治国是当代政治建设和政治文明的主要理论成果,是中国共产党领导全国各族人民建设中国特色社会主义的治国方略。依法治国战略思想的提出,丰富和发展了马克思列宁主义、毛泽东思想和邓小平理论,融入了当代法治思想和政治文明成果,体现了中国特色社会主义的发展方向。

江泽民在全国宣传部长会议上的讲话中提出了"以德治国"的重要思想。他说:"我们在建设有中国特色社会主义,发展社会主义市场经济的过程中,要坚持不懈地加强社会主义法制建设,依法治国,同时也要坚持不懈地加强社会主义道德建设,以德治国。"[3]"以德治国"是中国特色社会主义全面发展的必然要求。把"依法治国"和"以德治国"紧密结合起来,努力建立和发展与社会主义市场经济相适应的社会主义道德体系,对于不断提高全民族的思想道德素质和社会文明程度,全面推进建设中国特色社会主义伟大事业,

---

〔1〕 江泽民:《在庆祝中国共产党成立八十周年大会上的讲话》,人民出版社 2001 年版,第 32 页。

〔2〕《十五大以来重要文献选编》(上),人民出版社 2000 年版,第 31 页。

〔3〕《十五大以来重要文献选编》(中),人民出版社 2001 年版,第 1587 页。

具有重大而深远的意义。

以江泽民为核心的党中央抓住现代科技革命的机遇，从我国的基本国情出发，于20世纪90年代制定了“科教兴国战略”，并把它确定为把我国社会主义现代化建设事业全面推向21世纪、实现第三步战略目标的发展战略。江泽民强调指出：“全党同志和全国各族人民都要牢记，全面实施科教兴国战略，大力推动科技进步，加强科技创新，是事关祖国富强和民族振兴的大事。”〔1〕

实施西部大开发战略，加快中西部地区的发展，是以江泽民为核心的党中央高瞻远瞩、总揽全局、面向新世纪作出的一项重大决策，是我国现代化战略的重要组成部分。江泽民指出：“实施西部大开发，将为二十一世纪我国经济的发展开拓新的广阔空间，是保持我国经济持续快速健康发展的重大战略措施。”〔2〕全党同志和全国人民都要“深刻认识西部大开发确系战略之举，确系百年大计、千秋功业”〔3〕。它充分显示了我们党率领全国人民实现中华民族伟大复兴，把建设中国特色社会主义的伟大事业全面推向21世纪的气魄和胆略。实施西部大开发战略，将给我国西部地区带来巨大的经济活力和发展动力，也必将对我国未来数十年的改革发展发挥重大的历史性作用。

以江泽民为核心的党中央认真总结我国经济建设的历史经验，并吸取世界上工业化国家的经验教训，于20世纪90年代中期提出了在现代化建设中，必须实施可持续发展战略。1995年，江泽民在党的十四届五中全会闭幕时的讲话中指出：“在现代化建设中，必须把实现可持续发展作为一个重大战略。要把控制人口、节约资源、保护环境放到重要位置，使人口增长与社会生产力的发展相适应，使经济建设与资源、环境相协调，实现良性循环。”〔4〕实施可持续发展战略，不仅对我国经济发展、社会进步具有巨大影响和推动作用，而且关系到现代化建设的战略目标能否顺利实现。

四、治军与国防建设思想

江泽民治军与国防建设思想是以江泽民为核心的党中央第三代领导集体，在科学分析国内外形势的发展变化，以及科技发展给现代战争带来的影响和变化，在继承毛泽东军事思想和邓小平新时期军队、国防建设思想的基

〔1〕 江泽民：《论科学技术》，中央文献出版社2001年版，第146页。

〔2〕《十五大以来重要文献选编》(中)，人民出版社2001年版，第1300～1301页。

〔3〕《十五大以来重要文献选编》(中)，人民出版社2001年版，第1301页。

〔4〕《十四大以来重要文献选编》(中)，人民出版社1997年版，第1463～1464页。

础上，对新的历史条件下军队与国防建设中重大的带有规律性的基本经验作出的深刻总结。

1. 治军思想

我国革命和建设的历史证明，没有一支人民的军队，便没有人民的一切。江泽民指出："军队的强大，关系着国家和人民的尊严、荣誉、安全和利益。我们必须在服从国家经济建设大局的前提下，积极推进军队的现代化建设，进一步'固我长城'。"[1]以江泽民为核心的党中央，明确提出了要坚持党对军队的绝对领导，坚持质量建军、依法治军、科技强军等一整套治军战略和一系列方针政策，使我军的革命化、现代化、正规化建设不断迈出新的步伐，取得新的成果，从而把人民解放军的全面建设推向一个新的发展阶段。

国防，是国家为防备和抵抗侵略，制止武装颠覆，保卫国家的主权、统一、领土完整和安全所进行的军事以及与军事有关的政治、经济、外交、科技、教育等方面的活动。江泽民指出："一支强大的军队，一个巩固的国防，始终是改革开放和现代化建设的坚强后盾，是国家政权巩固、社会稳定、经济发展、人民安宁的可靠保障。"[2]以江泽民为核心的党中央，坚决贯彻落实邓小平提出的新时期国防建设的一系列基本理论观点和方针原则，并根据新的形势和任务的发展要求，作出了关于加强国防建设的一系列重要论述和重大决策，进一步丰富和发展了邓小平的国防思想。

国防建设、国防现代化包含着十分丰富的内容，国防精神和国防观念是其中不可忽视的重要方面。加强国防教育，增强全民国防意识，是一项十分重要的工作。国防观念，是人们对国防的理性认识，是指与国防需要相适应、以维护国家和民族利益为标志的群体观念，是国家安全的精神长城。增强国防观念的基本途径是深入开展以爱国主义为核心的国防教育，建立国家、军队、社会、学校、家庭"五位一体"的国防教育网络体系。

五、国际战略思想

江泽民国际战略思想是江泽民社会主义观的重要组成部分，是营造有利于我国社会主义现代化建设的国际环境的指导思想，是建设中国特色社会主义的重要保障。江泽民国际战略思想为我党和政府处理国际和对外事务提

〔1〕 江泽民：《庆祝建军63周年电视讲话》，《人民日报》1990年8月1日。

〔2〕《十四大以来重要文献选编》(上)，人民出版社1996年版，第823页。

供了理论指导，对加快我国社会主义现代化建设进程具有重大的理论意义和现实意义。

国际战略，是党和国家为了国家和世界人民的根本利益，对国际关系的长期性、全局性发展，所具有的正确判断和科学认识并据此制定的战略目标和指导方针。20 世纪 90 年代以来，以江泽民为核心的党中央第三代领导集体，在继承邓小平国际发展战略的基础上，逐渐形成了一整套面向 21 世纪的国际战略，就是适应当今时代的潮流，坚决反对任何形式的霸权主义，坚持以国家利益为最高准则，坚持和平外交政策的宗旨，在和平共处五项原则基础上发展与世界各国的关系，力争实现多极化发展的格局，建立国际政治经济新秩序，开创和平发展的国际环境。

第四节　胡锦涛社会主义观

胡锦涛社会主义观是马克思主义中国化的最新理论成果，也是中国特色社会主义理论体系的重要组成部分，它是马克思列宁主义基本原理与中国社会主义现代化建设具体国情相结合的产物，是马克思主义在中国社会主义现代化进程中的运用和发展，是全党和全国人民集体智慧的结晶。胡锦涛社会主义观主要由科学发展观、构建社会主义和谐社会论、建设社会主义核心价值体系论、创新型国家建设论、执政党建设论、社会主义新农村建设论、推动建设和谐世界论等内容所组成。科学发展观是胡锦涛社会主义观的核心，它对当代中国社会主义现代化建设起着全局性、战略性、决定性的指导作用，对其他各论具有统领性功能。

一、科学发展观

胡锦涛指出："科学发展观是指导发展的世界观和方法论的集中体现，是运用马克思主义的立场、观点、方法认识和分析社会主义现代化建设的丰富实践，深化对经济社会发展一般规律认识的成果，从而成为我们推进经济建设、政治建设、文化建设、社会建设必须长期坚持的根本指导方针。"[1]科学发展观是

〔1〕 胡锦涛：《在中央经济工作会议上的讲话》，中共中央文献研究室：《科学发展观重要论述摘编》，中央文献出版社、党建读物出版社 2009 年版，第 4 页。

指导当代中国社会主义现代化建设的重大战略思想，是马克思主义中国化的最新理论成果之一，是中国特色社会主义理论体系的重要组成部分。

科学发展观是中国社会主义发展观上的一次历史性飞跃。从邓小平"发展才是硬道理"到胡锦涛"以人为本，全面、协调、可持续发展"的科学发展观，相比较而言，后者更强调了社会主义发展的目的性，强调了坚持"以人为本"与坚持"以经济建设为中心"的内在统一性。2003 年 10 月 14 日，胡锦涛在党的十六届三中全会第二次全体会议上指出："树立和落实全面发展、协调发展和可持续发展的科学发展观，对于我们更好地坚持发展才是硬道理的战略思想具有重大意义。"〔1〕这已经明确提出了"全面发展、协调发展和可持续发展的科学发展观"的思想。2004 年 11 月，胡锦涛进一步指出："经验表明，一个国家坚持什么样的发展观，对这个国家的发展会产生重大影响，不同的发展观往往会导致不同的发展结果。在当今新的时代条件下，应该坚持以人为本，全面、协调、可持续的发展。"〔2〕"以人为本"核心理念的提出，进一步明确了发展的目的是为了人民，发展的动力来源于人民。科学发展观的确立是马克思主义基本原理与中国特色社会主义现代化建设具体实践相结合的产物。

科学发展观是对当代中国发展所面临重大问题的逻辑应答，它具有丰富的科学内涵。"科学发展观的内涵极为丰富，涉及经济、政治、文化、社会发展各个领域，既有生产力和经济基础问题，又有生产关系和上层建筑问题；既管当前，又管长远；既是重大的理论问题，又是重大的实践问题。"〔3〕在党的十七大报告中，胡锦涛强调指出："科学发展观，第一要义是发展，核心是以人为本，基本要求是全面协调可持续，根本方法是统筹兼顾。"〔4〕这高度概括了科学发展观的科学内涵。

胡锦涛指出："科学发展观，是对党的三代中央领导集体关于发展的重要思想的继承和发展，是马克思主义关于发展的世界观和方法论的集中体现，是同马克思列宁主义、毛泽东思想、邓小平理论和'三个代表'重要思想既一脉相承又与时俱进的科学理论，是我国经济社会发展的重要指导方针，是发

〔1〕《十六大以来重要文献选编》(上)，人民出版社 2005 年版，第 483 页。

〔2〕胡锦涛：《推进合作共赢，实现持续发展》，《人民日报》，2004 年 11 月 21 日。

〔3〕《十六大以来重要文献选编》(上)，中央文献出版社 2005 年版，第 760 页。

〔4〕胡锦涛：《高举中国特色社会主义伟大旗帜，为夺取全面建设小康社会新胜利而奋斗》(2007 年 10 月 15 日)，《中国共产党第十七次全国代表大会文件汇编》第 14 页。

展中国特色社会主义必须坚持和贯彻的重大战略思想。"[1]这一论断，准确界定了科学发展观的基本性质和精神实质。科学发展观既坚持马克思主义基本原理，又紧密结合我国改革开放和现代化建设实际，赋予马克思主义新的鲜活力量，集中体现了马克思主义与时俱进的理论品质。科学发展观是中国特色社会主义理论体系的最新成果，它是同马克思列宁主义、毛泽东思想、邓小平理论和"三个代表"重要思想既一脉相承又与时俱进的科学理论，是马克思主义与当代中国实际和时代特征相结合的产物，是全党全国人民集体智慧的结晶。科学发展观在继续回答"什么是社会主义、怎样建设社会主义"，"建设什么样的党、怎样建设党"的问题基础上，创造性地回答了"实现什么样的发展、怎样发展"的问题，科学地揭示了发展的本质内涵和我国社会发展的正确道路。科学发展观源于中国社会主义现代化实践活动，指导当代中国的发展，并必然在实践中不断丰富和发展。

二、构建社会主义和谐社会论

胡锦涛指出："深入贯彻落实科学发展观，要求我们积极构建社会主义和谐社会。社会和谐是中国特色社会主义的本质属性。"[2]构建社会主义和谐社会的理论是胡锦涛社会主义观的重要组成部分。胡锦涛指出："我们党提出构建社会主义和谐社会，既是对我国改革开放和现代化建设经验的科学总结，也是在新的国内外形势下提高党的执政能力、贯彻科学发展观、更好地推进我国经济社会发展的战略举措。"[3]

党的十六届四中全会提出，"要坚持最广泛最充分地调动一切积极因素，不断提高构建社会主义和谐社会的能力"[4]。2005 年 2 月 19 日，胡锦涛在《省部级主要领导干部提高构建社会主义和谐社会能力专题研讨班上的讲话》中指出："根据马克思主义基本原理和我国社会主义建设的实践经验，根据新世纪新阶段我国经济社会发展的新要求和我国社会出现的新趋势新特点，我们所要建设的社会主义和谐社会，应该是民主法治、公平正义、诚信友

---

〔1〕 胡锦涛:《高举中国特色社会主义伟大旗帜，为夺取全面建设小康社会新胜利而奋斗》(2007 年 10 月 15 日)，《中国共产党第十七次全国代表大会文件汇编》第 12 页。

〔2〕 胡锦涛:《高举中国特色社会主义伟大旗帜，为夺取全面建设小康社会新胜利而奋斗》(2007 年 10 月 15 日)，《中国共产党第十七次全国代表大会文件汇编》第 16 页。

〔3〕《十六大以来重要文献选编》(中)，中央文献出版社 2006 年版，第 699 页。

〔4〕《中共中央关于加强党的执政能力建设的决定》，人民出版社 2004 年版，第 5 页。

爱、充满活力、安定有序、人与自然和谐相处的社会。"[1]这是从人们的政治关系、经济关系、思想道德关系、人与自然的关系以及社会的动力机制和整合机制诸多方面对社会主义和谐社会的科学内涵所作的阐释。

三、社会主义核心价值体系论

"马克思主义指导思想,中国特色社会主义共同理想,以爱国主义为核心的民族精神和以改革创新为核心的时代精神,社会主义荣辱观,构成社会主义核心价值体系的基本内容。",要"坚持以社会主义核心价值体系引领社会思潮,尊重差异,包容多样,最大限度地形成社会思想共识"[2]。2006 年 10 月,党的十六届六中全会通过的《中共中央关于构建社会主义和谐社会若干重大问题的决定》(以下简称《决定》),明确提出"建设社会主义核心价值体系,形成全民族奋发向上的精神力量和团结和睦的精神纽带"的战略任务,并认为"社会主义核心价值体系是建设和谐文化的根本","建设和谐文化是构建社会主义和谐社会的重要任务"[3]。从历史的发展和逻辑上看,社会主义核心价值体系的提出,是马克思主义中国化的重要理论成果之一。

2005 年 1 月,在全国加强和改进大学生思想政治教育工作会议上,胡锦涛强调:"加强和改进大学生思想政治工作,一是要以理想信念教育为核心,深入进行正确的世界观、人生观、价值观教育。二是要以爱国主义教育为重点,深入进行民族精神教育,引导大学生增强民族自尊心、自信心、自豪感,做到以热爱祖国、贡献全部力量建设社会主义祖国为最大光荣,以损害社会主义祖国利益、尊严和荣誉为最大耻辱。三是要以基本道德规范为基础,深入进行公民道德教育,引导大学生自觉遵守爱国守法、明礼诚信、团结友善、勤俭自强、敬业奉献的基本道德规范,养成良好的道德品质和文明行为。四是要以大学生全面发展为目标,深入进行素质教育,促进大学生思想道德素质、科学文化素质和健康素质协调发展。"[4]这四个方面与社会主义核心价值体

---

[1] 《十六大以来重要文献选编》(中),中央文献出版社 2006 年版,第 706 页。

[2] 《中共中央关于构建社会主义和谐社会若干重大问题的决定》,人民出版社 2006 年版,第 22~23 页。

[3] 《中国共产党第十六届中央委员会第六次全体会议文件汇编》,人民出版社 2006 年版,第 21~22 页。

[4] 胡锦涛:《在全国加强和改进大学生思想政治教育工作会议上的讲话》,《人民日报》2005 年 1 月 19 日。

系具有内在联系，都突出了社会主义主流意识形态。

四、创新型国家建设论

从全球发展看，一些国家主要依靠自身丰富的自然资源增加国民财富，如中东产油国家；一些国家主要依附于发达国家的资本、市场和技术，如一些拉美国家；还有一些国家把科技创新作为基本战略，大幅度提高自主创新能力，形成日益强大的竞争优势，国际学术界把这一类国家称为“创新型国家”，有 20 个左右，如美国、日本、芬兰、韩国等。胡锦涛针对经济全球化、技术高新化、信息网络化的国际发展态势和我国经济社会、科学技术发展的实际水平，号召全党全国人民“坚持走中国特色自主创新道路，为建设创新型国家而努力奋斗”〔1〕。

胡锦涛指出：全党全国人民要“以只争朝夕的精神为建设创新型国家而努力奋斗”〔2〕。中共中央、国务院确定，全面实施《国家中长期科学和技术发展规划纲要(2006－2020 年)》，“经过 15 年努力，到 2020 年使我国进入创新型国家行列”〔3〕。这就是说，要在中国构建一个国家创新体系，形成符合社会主义市场经济和科技发展规律的、具有支撑国民经济可持续发展能力的、高效运行的国家整体创新系统及相应的创新运行机制，培养全民的创新意识和创新能力，造就一大批高素质的创新人才，力争使中国的国家创新实力达到世界中等发达国家水平。具体来说，即是“到 2020 年，我国科学技术发展的总体目标是：自主创新能力显著增强，科技促进经济社会发展和保障国家安全的能力显著增强，为全面建设小康社会提供强有力的支撑；基础科学和前沿技术研究综合实力显著增强，取得一批在世界具有重大影响的科学技术成果，进入创新型国家行列，为在本世纪中叶成为世界科技强国奠定基础”〔4〕。

“创新是一个民族的灵魂，是一个国家兴旺发达的不竭动力，也是一个政党永葆生机的源泉。”〔5〕人民群众是历史的主体，也是创新的主体。毛泽东

---

〔1〕《十六大以来重要文献选编》(下)，中央文献出版社 2008 年版，第 183 页。

〔2〕胡锦涛:《在全国科学技术大会上的讲话》，人民出版社 2006 年版，第 23 页。

〔3〕《中共中央国务院关于实施科技规划纲要增强自主创新能力的决定》，人民出版社 2006 年版，第 2 页。

〔4〕《增强自主创新能力 建设创新型国家》，人民出版社 2006 年版，第 72～73 页。

〔5〕江泽民:《论“三个代表”》，中央文献出版社 2001 年版，第 46 页。

指出:人民"群众有伟大的创造力","我们应该走到群众中间去,向群众学习,把他们的经验综合起来,成为更好的有条理的道理和办法"[1]。胡锦涛指出:"建设创新型国家是时代赋予我们的光荣使命,是我们这一代人必须承担的历史责任。"[2]为了实现进入世界创新型国家行列的奋斗目标,应当而且必须选择正确的实现路径。

在2006年的全国科学技术大会上,胡锦涛明确指出:"走中国特色自主创新道路,核心就是要坚持自主创新、重点跨越、支撑发展、引领未来的指导方针……这一方针,是我国半个多世纪科技事业发展实践经验的概括总结,是面向未来、实现中华民族伟大复兴的重要抉择,必须贯穿于我国科技事业发展的全过程。"[3]

五、执政党建设论

我们党对执政党建设更加重视,党的十六大提出加强执政能力建设的战略任务,在党的十七大报告中,胡锦涛指出:"必须把党的执政能力建设和先进性建设作为主线,坚持党要管党、从严治党……使党始终成为立党为公、执政为民,求真务实、改革创新,艰苦奋斗、清正廉洁,富有活力、团结和谐的马克思主义执政党。"[4]

继续加强党的执政能力建设,着力建设高素质领导班子。胡锦涛指出:"党的执政能力建设关系党的建设和中国特色社会主义事业的全局,必须把提高领导水平和执政能力作为各级领导班子建设的核心内容抓紧抓好。要按照科学执政、民主执政、依法执政的要求,改进领导班子思想作风,提高领导干部执政本领,改善领导方式和执政方式,健全领导体制,完善地方党委领导班子配备改革后的工作机制,把各级领导班子建设成为坚定贯彻党的理论和路线方针政策、善于领导科学发展的坚强领导集体。以加强领导班子执政能力建设影响和带动全党,使党的全部工作始终符合时代要求和人民期待。"[5]正确的路线确定后,干部是决定性因素。在加强党的执政能力建设方面,领导干部素质的提高是关键。提高党的执政能力离不开党的高级领导

---

〔1〕《毛泽东选集》第3卷,人民出版社1991年版,第955页。

〔2〕胡锦涛:《在全国科学技术大会上的讲话》,人民出版社2006年版,第22页。

〔3〕胡锦涛:《在全国科学技术大会上的讲话》,人民出版社2006年版,第9~10页。

〔4〕《十七大报告辅导读本》,人民出版社2007年版,第48页。

〔5〕《十七大报告辅导读本》,人民出版社2007年版,第49页。

干部,更离不开党的基层组织。

深入学习贯彻中国特色社会主义理论体系,着力用马克思主义中国化最新成果武装全党。胡锦涛指出:“思想理论建设是党的根本建设,党的理论创新引领各方面创新。要按照建设学习型政党的要求,紧密结合改革开放和现代化建设的生动实践,深入学习马克思列宁主义、毛泽东思想、邓小平理论和‘三个代表’重要思想,在全党开展深入学习实践科学发展观活动,坚持用发展着的马克思主义指导客观世界和主观世界的改造,进一步把握共产党执政规律、社会主义建设规律、人类社会发展规律,提高运用科学理论分析和解决实际问题能力。”〔1〕只有用马克思主义中国化最新成果武装全党,才能不断加强党员、干部理想信念教育和思想道德建设,促使广大党员、干部成为实践社会主义核心价值体系的模范,做共产主义远大理想和中国特色社会主义共同理想的坚定信仰者、科学发展观的忠实执行者、社会主义荣辱观的自觉实践者、社会和谐的积极促进者,才能保持中国共产党的先进性。

六、社会主义新农村建设论

胡锦涛指出:“建设社会主义新农村,是统筹城乡发展的重大战略决策。农业、农村、农民问题,是决定全面建设小康社会进程的关键问题,也是关系党和国家工作全局的根本问题。”〔2〕重视农业、农村、农民问题是我们党一贯的战略思想。党的十六届五中全会在深刻分析当前国际国内形势、全面把握我国经济社会发展阶段性特征的基础上,从党和国家事业发展的全局出发,提出了建设社会主义新农村的重大历史任务。这是具有重大历史意义和现实意义的战略决策。建设社会主义新农村理论的提出,是马克思主义中国化理论创新实践的最新成果,进一步丰富和完善了马克思主义社会发展理论,同时,为中国的社会主义现代化建设提供了科学的理论指导。

党中央明确指出:“建设社会主义新农村的目标和要求,可以概括为:生产发展、生活宽裕、乡风文明、村容整洁、管理民主。这20个字,内容丰富,含义深刻,全面体现了新形势下农村经济、政治、文化和社会发展的要求。”建设社会主义新农村,必须坚持以科学发展观为指导,努力实现社会主义新农村的各项目标和要求。为此,《中共中央关于制定国民经济和社会发展第十一

〔1〕《十七大报告辅导读本》,人民出版社2007年版,第48~49页。

〔2〕《十六大以来重要文献选编》(中),中央文献出版社2006年版,第1092页。

个五年规划的建设》提出了如下总体思路：第一，积极推进城乡统筹发展。第二，推进现代农业建设。第三，全面深化农村改革。第四，大力发展农村公共事业。第五，千方百计增加农民收入。〔1〕

根据党中央关于建设社会主义新农村的总体思路，2005 年 12 月 31 日，中共中央、国务院发布了《关于推进社会主义新农村建设的若干意见》，具体部署了扎实推进社会主义新农村建设工作八项措施：一是统筹城乡经济社会发展，扎实推进社会主义新农村建设；二是推进现代农业建设，强化社会主义新农村建设的产业支撑；三是促进农民持续增收，夯实社会主义新农村建设的经济基础；四是加强农村基础设施建设，改善社会主义新农村建设的物质条件；五是加快发展农村社会事业，培养推进社会主义新农村建设的新型农民；六是全面深化农村改革，健全社会主义新农村建设的体制保障；七是加强农村民主政治建设，完善建设社会主义新农村的乡村治理机制；八是切实加强领导，动员全党全社会关心、支持和参与社会主义新农村建设。中共中央、国务院特别强调："推进社会主义新农村建设事关我国农业和农村的长远发展，事关改革开放和现代化建设的大局，各级党委和政府要从战略和全局的高度出发，把建设社会主义新农村作为一件大事，真正列入议事日程，切实加强领导，明确工作重点，每年为农民办几件实事。"〔2〕

这既要求发展农村生产力，又要求调整完善农村生产关系；既要求加快农村经济发展，又要求加快农村社会事业发展；既要求加强农村物质文明建设，又要求加强农村精神文明、政治文明与和谐社会建设；既鲜明而具体地指出了社会主义新农村的基本特征，又为建设社会主义新农村指明了方向。

七、和谐世界论

中国的发展需要一个和平稳定的国际环境，推动建设和谐世界的思想具有重大的时代意义。在全球化背景下，全球问题如能源问题、气候变化问题、环境污染问题、人口问题、粮食问题等日益威胁到人类的生存和发展。在共同利益的基础上达成共识，建设和谐社会已成为时代的召唤。

2005 年 4 月 22 日，纪念万隆会议召开 50 周年活动在印度尼西亚举行。

---

〔1〕《十六大以来重要文献选编》(中)，中央文献出版社 2006 年版，第 1066～1068 页。

〔2〕《中共中央国务院关于推进社会主义新农村建设的若干意见》，《人民日报》，2006 年 2 月 22 日。

在雅加达的亚非峰会上，胡锦涛发表了《与时俱进，继往开来，构筑亚非新型战略伙伴关系》的演讲，他呼吁亚非国家"要倡导开放包容精神，尊重文明、宗教、价值观的多样性，尊重各国选择社会制度和发展模式的自主权，推动不同文明友好相处、平等对话、发展繁荣，共同构建一个和谐世界"〔1〕。这是和谐世界思想第一次出现在国际舞台上，也是中国第一次公开阐述自己的世界理想。和谐世界思想从雅加达开始传向全世界。亚非会议之后，中国领导人在不同场合多次论及和谐世界思想，有力地推动了和谐世界思想的不断丰富和发展。2005 年 7 月，胡锦涛出访莫斯科，和谐世界思想被写入《中俄关于 21 世纪国际秩序的联合声明》。"中俄两国决心与其他有关国家共同不懈努力，建设发展与和谐的世界。"和谐世界思想第一次被确认为国与国之间的共识，标志着这一创造性思想正式步入国际舞台。

2005 年 9 月 15 日，联合国成立 60 周年首脑会议召开。胡锦涛在会上发表了题为《努力建设持久和平、共同繁荣的和谐世界》的重要演讲，全面阐述了和谐世界思想的深刻内涵、基本主张及推动建设和谐世界的战略倡议。胡锦涛指出："文明多样性是人类社会的基本特征，也是人类文明进步的重要动力。"〔2〕"我们应当尊重各国自主选择社会制度和发展道路的权利，相互借鉴而不是刻意排斥，取长补短而不是定于一尊；应该加强不同文明的对话和交流，在竞争中取长补短，在求同存异中共同发展，努力消除相互的疑虑和隔阂，使人类更加和睦，让世界更加丰富多彩；应当以平等开放的精神，维护文明的多样性，促进国际关系民主化，协力构建各种文明兼容并蓄的和谐世界。"〔3〕这个演讲向世界传递了中国渴望和平发展，坚持包容精神与其他各国共建和平、繁荣、和谐世界的美好愿景。胡锦涛以全球的视野指明了中国的发展战略和国际社会的发展目标。

胡锦涛指出："当今世界正在发生广泛而深刻的变化，当代中国正在发生广泛而深刻的变革。机遇前所未有，挑战也前所未有，机遇大于挑战。全党必须坚定不移地高举中国特色社会主义伟大旗帜，带领人民从新的历史起点出发，抓住和用好重要战略机遇期，求真务实，锐意进取，继续全面建设小康社会、加快推进社会主义现代化，完成时代赋予的崇高使命。"〔4〕在中国特色社会主义

〔1〕《十六大以来重要文献选编》(中)，中央文献出版社 2006 年版，第 850 ~ 851 页。

〔2〕《十六大以来重要文献选编》(中)，中央文献出版社 2006 年版，第 997 页。

〔3〕《十六大以来重要文献选编》(中)，中央文献出版社 2006 年版，第 997 页。

〔4〕《十七大报告辅导读本》，人民出版社 2007 年版，第 2 页。

理论体系的指引下,中国的发展已经取得了举世瞩目的成就。随着中国特色社会主义实践的发展和中国特色社会主义理论体系的发展,中国必然能实现又好又快的发展,最终趋近于人类美好的理想社会——共产主义社会。

内容提要

毛泽东社会主义观、邓小平社会主义观、江泽民社会主义观、胡锦涛社会主义观构成中国特色社会主义观。实事求是、群众路线、独立自主既是毛泽东思想的活的灵魂,也是一条贯穿于毛泽东社会主义观始终的红线。邓小平社会主义观主要由社会主义本质论、社会主义初级阶段论、社会主义发展论、社会主义市场经济论、社会主义改革开放论、社会主义民主政治建设论、社会主义精神文明建设论和"一国两制"论等独创性的理论所构成。这些独创性的理论相互联系、相互影响、相互作用,是一个不可分割的科学体系。解放思想,实事求是既是邓小平理论的精髓,也是贯穿于邓小平社会主义观的一条红线,它体现在邓小平社会主义观的各个方面,贯穿于建设中国特色社会主义的全过程。"三个代表"重要思想是江泽民社会主义观的重要组成部分,是指引我党在新形势下建设什么样的党和怎样建设党的重要理论指导,它是贯穿于江泽民社会主义观始终的红线,体现在江泽民治党思想、治国思想、治军与国防建设思想和国际战略思想的整个思想体系中。科学发展观是胡锦涛社会主义观的核心,对于当代中国特色社会主义现代化建设起着主导性、战略性、决定性的指导作用。中国特色社会主义观是马克思列宁主义基本原理与中国具体国情相结合的产物,是马克思主义在中国的运用和发展,是被我国新民主主义革命、社会主义革命和社会主义建设实践所证明了的正确的理论原则和经验总结,是全党和全国人民集体智慧的结晶。它是我国建设社会主义现代化国家的总的指导方针,是全党和全国各族人民统一认识、团结奋斗的坚实思想基础,是全面建设小康社会的根本保证,是指引我国社会主义事业前进的伟大旗帜。

关键概念

实事求是　群众路线　独立自主　三大法宝　过渡时期　社会主义改造　人民民主专政　社会主义社会的基本矛盾　解放思

想　社会主义的本质　社会主义初级阶段　三个有利于　三步走　共同富裕　科教兴国　社会主义市场经济　改革开放　社会主义民主政治　四项基本原则　社会主义民主　社会主义法制　社会主义精神文明建设　一国两制　“三个代表”　依法治国　以德治国　公民道德建设　西部大开发　可持续发展　和平共处五项原则　科学发展观　社会主义核心价值体系　和谐社会　和谐世界

复习思考题

1. 试论毛泽东的社会主义观。
2. 试论邓小平的社会主义观。
3. 请您谈谈您对“三个代表”重要思想的理解。
4. 试论科学发展观。
5. 试述和谐社会与和谐世界的相互关系。

参考文献

1. 杨春贵主编:《“四个如何认识”学习读本》,中共中央党校出版社2001年版。

2. 乔耀章:《中国社会主义特色纵横谈》,苏州大学出版社1996年版。

3. 夏东民、陆树程:《江泽民战略思想研究》,苏州大学出版社2002年版。

4. 陆树程、夏东民:《邓小平战略思想论析》,吉林人民出版社2000年版。

5. 夏东民、陆树程:《江泽民创新思想研究》,甘肃人民出版社2004年版。

第五章 当代社会主义建设的若干问题

社会主义建设确切地说主要是指中国特色的社会主义建设,是在社会主义革命取得胜利之后的一个崭新的历史发展过程。在这一富有创新性的历史进程中,不可避免地要遭遇到前所未有的困难和险阻,而这些困难和险阻并不能阻挡社会主义历史车轮的前进。当代社会主义建设已经实践的、正在实践的和将要实践的,启迪我们不得不思考一些事关社会主义建设成败的重大问题。这些问题主要集中于:在当代社会主义建设过程中,何以可能进行超越式或赶超式发展,社会主义物质文明建设、社会主义政治文明建设、社会主义精神文明建设、社会主义社会文明建设、社会主义生态文明建设、社会主义国家执政党建设等。社会主义建设的成败,归结于社会主义国家执政党建设的成败。对这些问题的反思和探索,必将对当代社会主义建设具有重大的理论意义和现实意义。

重点问题

- 社会主义赶超型建设道路的探索
- 社会主义文明建设
- 社会主义国家执政党建设

第一节　社会主义赶超型建设道路的探索

社会主义建设是一个不断创新的历史进程。随着现代科学技术的突飞猛进，尤其是信息科技和生命科技的快速发展，人类社会正进入一个高度交往的新全球化时代。与旧全球化时代相比较，新全球化时代的产业经济基础已经从以机器—电力大工业为轴心的工业文明转向以信息科技、生命科技、纳米技术等新科技为轴心的知识文明经济体系，其基本结构已从“农业文明—工业文明”转向“工业文明—知识文明”，全球化的思维方式已经从“单向度”转向“多向度”。与此相应，全球化产业经济基础发生着平台更替，资本主义与社会主义都正在或将要出现从工业化模式向知识化模式的新旧更替。这种时代的变迁及其人类社会生产方式从工业化平台转向知识化平台的视角，为我们深入探讨社会主义本质和现代化建设道路，进一步审视社会主义如何超越资本主义提供了一个理论探索的新视野。

一、当代社会主义建设的特点

当代社会主义国家都脱胎于经济社会发展相对不足的国家，同时，当代社会主义建设又是在世界政治多极化、经济全球化、科技高新化、信息网络化的氛围下进行的。因而，当代社会主义建设必然具有自身的一些特点：

其一，经济基础落后性。当代社会主义建设都是在经济相对落后的国家取得社会主义革命胜利之后进行的，这决定了其在一开始就处于经济基础相对落后的状态。1917 年俄国十月革命的胜利，建立了人类历史上第一个社会主义国家——苏联。当时，由于在第一次世界大战期间，俄国经济遭到严重破坏，大约有 40% 的工人和农民被拉去当炮灰，几百万人丧命，许多工厂倒闭，大片农田荒芜，苏联在她诞生之初，经济基础远远落后于当时的许多资本主义国家。第二次世界大战结束时，诞生了一批社会主义国家。这些国家都是当时经济发展相对落后的国家，其中，尤其是社会主义新中国，脱胎于半殖民地、半封建的中国，中国人民受到了帝国主义、封建主义和官僚资本主义的残酷压迫和剥削，社会生产力遭到极大的破坏。从社会主义历史进程来看，无论苏联、中国还是欧亚其他社会主义国家，都是经济相对落后的国家，这就决定了当代社会主义建设具有经济基础落后性的特征，也决定了当代社会主义建设不可能一帆风顺，它必然是艰难曲折、复杂多样的。

其二，民主意识薄弱性。当代社会主义建设经济基础落后性，决定了这些社会主义国家人民的民主意识相对薄弱。这种薄弱性，一方面表现在社会主义建设初期共产党领导层的高度集权意识，另一方面表现在人民对统治阶级领导的绝对服从意识。苏联社会主义模式所表现出来的政治上的高度集权，经济上的高度计划性，集中体现了苏联在社会主义建设过程中民主意识的薄弱性。苏联的肃反扩大化，中国的反右扩大化、大跃进、“无产阶级文化大革命”，这些社会主义建设过程中的严重失误，无一不是社会主义国家的领导人及其人民的民主意识相对薄弱所造成的。民主意识的相对薄弱由这些国家的经济基础相对落后所决定的，并与这些国家的民主传统相对不足，长期处于封建统治之下，受高度集权封建意识的影响较深密切相关。社会主义建设的历史进程表明，当代社会主义建设不仅经济基础相对落后，而且还带来了民主意识的相对薄弱性。这表明了当代社会主义建设物质文明和政治文明的相对不足。物质基础和民主政治的相对不足，势必造成当代社会主义建设的艰难性和复杂性。

其三，思想意识超前性。当代社会主义建设的指导思想是马克思列宁主义、毛泽东思想、邓小平理论和“三个代表”重要思想。马克思列宁主义、毛泽东思想、邓小平理论和“三个代表”重要思想和科学发展观揭示了社会主义革命和社会主义建设的一般规律，揭示了社会主义国家执政党建设的一般规律。

当代社会主义建设所具有的经济基础落后性、民主意识薄弱性这些特点表明了当今社会主义国家与当代发达资本主义国家相比还处于相对落后状态。“穷则思变”，落后则有可能大幅度地前进。当代社会主义建设所具有的思想意识超前性，表明当代社会主义建设完全可以用科学的思想理论来指导建设实践，以社会主义精神文明建设推动社会主义物质文明、社会主义政治文明、社会主义社会文明和社会主义生态文明建设。

二、社会主义在本质上是不断对资本主义社会形态的超越性社会

160多年前，马克思、恩格斯在分析资本主义基本矛盾运动的基础上，揭示了资本主义必然灭亡、社会主义必然胜利的社会发展总趋势。马克思主义认为，人类社会发展的最终决定力量是物质资料的生产和生产方式。生产力决定生产关系，生产关系反过来又促进或阻碍生产力的发展。生产力和生产

关系之间的矛盾运动是生产方式变革的根源。生产关系一定要适合生产力性质的规律是一切社会形态共有的社会发展的基本规律。资本主义必然灭亡,社会主义必然胜利是这一基本规律的逻辑结论。1992 年初,邓小平在南方谈话中指出:马克思主义运用历史唯物主义揭示了人类社会发展的规律,“封建社会代替奴隶社会,资本主义代替封建主义,社会主义经历一个长过程发展后必然代替资本主义”〔1〕。这是人类社会历史发展不可逆转的总趋势。

社会主义对资本主义的超越是由社会历史发展规律所决定的,尤其是由社会主义的本质所决定的。邓小平在南方谈话中创造性地指出:“社会主义的本质,是解放生产力,发展生产力,消灭剥削,消除两极分化,最终达到共同富裕。”〔2〕邓小平对社会主义本质的高度概括,一方面阐明了社会主义在本质上首先是生产力的大发展,解放生产力和发展生产力,使社会主义社会的生产力发展速度快于资本主义,进而使社会主义社会的生产力达到比资本主义社会更高的水平,是体现社会主义本质的前提条件;另一方面阐明了社会主义与资本主义的本质区别在于社会主义能够从根本上解决资本主义生产的社会化与生产资料资本主义私人占有之间的固有矛盾,能够逐步地消灭剥削,消除两极分化,最终达到共同富裕。人民的共同富裕是社会主义本质的核心思想,从一定意义上来讲,社会主义本质逐步体现的过程,就是社会主义不断对资本主义超越的过程。

当代社会主义在本质上是不断对资本主义社会形态的超越性社会。从理论上讲,社会主义必然优越于资本主义。然而,当今资本主义世界,尤其是发达资本主义国家的社会生产力发展水平远远高于社会主义国家的发展水平,并且这种差距还在进一步扩大。为什么在理论上社会主义优越于资本主义,而在当今现实中社会主义国家的生产力发展水平在总体上又落后于资本主义国家?社会主义到底能否超越资本主义?这是建设中国特色社会主义不可回避的、值得深思的、必须回答的问题。从新全球化时代背景出发,分析工业化平台和知识化平台两个不同平台的新旧更替,无论是历史事实论证,还是逻辑推演,都可以得出一个科学的回答:社会主义必然优越于资本主义,并必将替代资本主义。

---

〔1〕《邓小平文选》第 3 卷,人民出版社 1994 年版,第 382 页。
〔2〕《邓小平文选》第 3 卷,人民出版社 1994 年版,第 373 页。

三、工业社会主义优越于工业资本主义

在工业化平台上,工业社会主义呈现不断超越工业资本主义的趋势。这种不断超越的趋势已经被客观历史事实所证明。

工业资本主义是旧全球化时代的产物,它的产业经济基础主要是机器——电力大工业,产业轴心即工业文明。从历史进程来讲,它是从农业社会向工业社会发展,创建工业文明的历史阶段;从其主要特征来讲,它具有标准化、专业化、同步化、集中化、集权化、求大化等特点,其基本思维方式是以启蒙理性,即抽象的、同一的、唯一的、整体的理性为尺度来衡量所有的思维与文化。在阿尔文·托夫勒看来,这正是工业文明社会的内在逻辑。工业资本主义在工业化的过程中,社会生产力得到了巨大发展。究其原因,除了资本主义对封建主义的革命性变革之外,科技革命的一次又一次浪潮起了决定性的作用。江泽民指出:"马克思曾经说过,资产阶级在它的不到一百年的阶级统治中所创造的生产力,比过去一切世代创造的全部生产力还要多。近一百年全世界所创造的生产力又比以往一切世代创造的全部生产力还要多。世界生产力快速发展的一个根本原因,在于科学技术日新月异的发展。"[1]在工业化平台上,工业资本主义得到了快速发展,然而,由社会主义的本质所决定,工业社会主义社会生产力的发展速度比工业资本主义的发展速度要快得多。这种工业社会主义对工业资本主义超越的趋势已由以下历史事实所证实。

1917年,世界上第一个社会主义国家——苏联诞生;第二次世界大战以后,包括中国在内的一批社会主义国家出现。社会主义国家的出现,一开始就跨上了工业化平台。高度集权的苏联社会主义建设模式是与机器—电力大工业生产完全适应的,它成为工业社会主义模式的典型代表。众所周知,在历史和现实上,几乎所有的社会主义国家都产生于经济相对落后的国家。然而,凭借社会主义制度的巨大优越性,工业社会主义不断呈现超越工业资本主义的趋势。1928年至1937年,苏联工业产值以年均15%的增长率向前发展,而同一时期,资本主义国家的工业产值年均增长率只有0.3%;1953年与1913年相比,苏联的国民收入增加了12.67倍,而美国、英国和法国分别

〔1〕《十五大以来重要文献选编》(中),人民出版社2001年版,第1402页。

只增加了2.03、0.71和0.54倍〔1〕。战后,苏联经济发展仍然保持了比美国快的发展速度。1951年至1980年的30年间,苏联主要经济指标年平均增长5.7%,而美国为3.1%〔2〕。在工业化平台上,苏联从一个经济相对落后的国家,经过短短几十年的发展,就形成了能与当代最发达的资本主义国家——美国相抗衡的经济与军事实力。这是有目共睹的客观历史事实。同样,中国是在经济基础十分薄弱、承受内外重负的情况下开始工业化进程的,而仅用了不到50年的时间就走完了资本主义国家通常要200年才能走完的路程。目前,发达资本主义国家的发展速度很快,但这是由于这些发达资本主义国家已经从工业化平台跨跃上了知识化平台的缘故。而仍停留在工业化平台上的资本主义国家远远比不上社会主义国家的发展速度。目前,世界上48个最不发达的国家,绝大多数都是资本主义的国家〔3〕。所有这些都证明,不仅在人民的共同富裕上,而且在社会生产力发展水平上,工业社会主义都优越于工业资本主义。

四、知识资本主义对工业社会主义的反叛和打压

20世纪80年代开始,发达资本主义国家的产业经济基础随着现代科学技术的迅猛发展,首先出现从工业化模式向知识化模式的新旧更替。这种从工业化平台向知识化平台的交接更替,主要表现在以下几个方面:

其一,产业结构趋向知识化。现代科技革命的迅猛发展,促使发达资本主义国家的第一、第二产业大大下降,金融、信息和其他第三产业迅速崛起,第三产业在国民经济中的比重已达到三分之二左右,高科技产业,尤其是信息产业分别占国民生产总值的三分之一和六分之一左右。以美国为例,其经济增长约30%来自高新技术产业部门,信息技术产业已成为其最大产业之一〔4〕。美国从事农业的人口在总人口中的比例已从20世纪上半叶的8%下降到20世纪末的不足2%,从事工业的人口亦在不断下降,并将从目前的

〔1〕 参见华东师范大学当代中国马克思主义研究中心:《社会主义发展的历史进程研究》,上海人民出版社2001年版,第147页。

〔2〕 参见高放主编:《科学社会主义的理论与实践》,中国人民大学出版社1994年版,第147页。

〔3〕 参见《资本主义必然灭亡,社会主义必然胜利——综论社会主义、资本主义发展的历史进程》,《求是》2001年第6期。

〔4〕 参见《当代资本主义的基本矛盾——一论资本主义发展的历史进程》,《求是》2001年第3期。

20%再下降至10%以内。但无论是农业还是工业,其岗位的科技含量、知识化的要求大大提高,尤其是工业趋向于信息化和高新技术化。从某种意义上来讲,经过产业结构的调整,美国的工业已成为"头脑工业",而其他各国的工业相对成为"躯体工业"。这正是美国成为世界第一经济强国的重要原因之一。

其二,劳动者的知识化。劳动者知识化是社会生产力发展的必然要求,是产业结构调整的必然结果。发达资本主义国家第三产业的迅速上升,导致蓝领工人减少,白领工人增多;非知识型工人减少,从事信息处理的知识型工人猛增。以美国为例,在数百万新的就业者中,知识型工人要占到总就业者的90%左右。而这些知识型工人通常都是大学毕业生,并且多数是具有硕士或博士学位者,是掌握当代科学知识的高新技术者。劳动者科技文化水平的提高,有力地推动了社会生产力的大发展。

其三,管理的知识化。知识化的过程,从某种意义上来讲,就是科学化、高新技术化的过程。在知识化平台上,发达资本主义国家的高新技术产业部门,尤其是信息技术产业和生物技术产业对经济增长的贡献率愈来愈大。而这些高新技术产业部门的管理领导层,基本上都已经走向或正在走向民主决策和科学决策,"以人为本"的管理理念是这种趋势的典型表现。各种管理手段也都渗透着高新技术,走向知识化、信息化和网络化。

我们把从工业化平台转向知识化平台的资本主义,指称为知识资本主义。20世纪80年代,发达资本主义国家的产业经济基础开始逐步跨上知识化平台,然而,社会主义国家却仍然还停留在工业化平台上。这就不可避免地导致知识资本主义对工业社会主义的反叛和打压。在工业化平台上,资本主义经历了由盛而衰的历史转变,然而,当它跨上了知识化平台时,资本主义又出现了新的转机。这时,从经济、科技发展和生活水平等方面来看,发达资本主义国家要比我们这样的发展中社会主义国家高得多。苏联解体、东欧剧变,世界社会主义运动走向低潮。原因是多方面的,但关键在于这些原社会主义国家没有与时俱进,没有及时从工业化平台跨跃上知识化平台。从某种意义上来讲,20世纪末,社会主义遭受的挫折实际上是工业社会主义模式的衰败。

五、知识社会主义对知识资本主义超越的新趋势

知识社会主义是对工业社会主义的继承和发展,是知识资本主义的对立

物、扬弃物和替代物。它是新全球化时代的产物，它的产业经济基础主要是以信息科技、生命科技、海洋科技、航天科技、环保科技、新能源科技、新材料科技、纳米技术等新科技为轴心的知识文明经济体系，它的轴心原则是知识文明原则。从历史进程来讲，知识社会主义是从农业社会向工业社会、知识社会（后工业社会）发展，创建知识文明的历史阶段。从其本质来看，仍然是解放生产力，发展生产力，消灭剥削，消除两极分化，最终达到共同富裕。而在解放和发展生产力方面更注重和依赖于科技革命的力量。从其主要特征来看，一是高新技术产业，尤其是信息技术产业、生物技术产业、纳米技术产业将成为经济发展的核心产业；二是劳动者知识化，全体劳动者的思想道德素质和科学文化素质将不断得到大幅度的提高；三是管理知识化，管理者的知识将不断得到扩充和更新，管理手段将不断走向知识化、信息化和网络化；四是知识分子将成为全社会地位最高的阶层，在思想观念上，从"知识分子是工人阶级的一部分"转向"知识分子是工人阶级的先进部分"，使知识分子从社会的边缘走向中心。

知识社会主义的生命力在于与时俱进。社会主义从工业化平台跨跃上知识化平台是新全球化时代的召唤。在知识化同一平台上，知识社会主义必将重新出现替代当代资本主义的新趋势。这是由社会主义的本质和资本主义固有的不可调和的矛盾所决定的。

知识社会主义、知识化平台的核心话语是科学技术。当今世界，科学技术迅猛发展并向现实生产力快速转化，科学技术愈益成为现代生产力中最活跃的因素和最主要的推动力量。江泽民指出："社会主义制度为科学技术的运用和发展，开辟了极其广阔的前景，使科学技术对发展生产力和推动社会进步作用得到更充分的发挥。"[1]这正是知识社会主义能够超越知识资本主义的根本原因所在。资本主义一方面抓住了"科技革命"，使其社会生产力仍然能进一步发展，另一方面，由其生产社会化与生产资料资本主义私人占有之间的矛盾所决定，垄断资本对科技进步的阻碍作用将越来越大，最终将阻碍社会生产力的发展。美国在20世纪50年代就发明了氧气炼钢法，但其各大钢铁公司害怕淘汰过时的平炉会造成巨大损失，便一直扣压此项新技术的应用，直到10年之后才予以采用。1971年，美国发明了一种固态非注入性电子神经刺激器，它不用药物即可治疗多种疼痛性疾病。发明者自办公司并于

〔1〕 江泽民《论科学技术》，中央文献出版社2001年版，第20页。

1972年开始销售这一新产品，但是不久，约翰逊—约翰逊公司就兼并了这家公司，并禁止这一发明上市，中止所有供货合同。原因就在于约翰逊—约翰逊公司是美国最大的止痛药生产商。如果这一新的发明广泛应用，它的止痛药就会失去很大一部分市场〔1〕。诸如此类为了自身的私利而阻碍社会生产力的事例举不胜举，这就决定了知识资本主义终究要被知识社会主义所替代。

六、建设中国特色社会主义必然走知识化、信息化之路

邓小平在南方谈话中反复重申：中国的发展必须坚持社会主义。他认为："不坚持社会主义……只能是死路一条。"〔2〕并认为，姓"资"还是姓"社"，"判断的标准，应该主要看是否有利于发展社会主义社会的生产力，是否有利于增强社会主义国家的综合国力，是否有利于提高人民的生活水平。"〔3〕这"三个有利于"的思想，与社会主义本质前后呼应，前提条件都是大力发展生产力，目标都落实在人民的生活水平、共同富裕上。科学技术是第一生产力。要坚持社会主义，不断体现社会主义的本质，就必须高度重视科学技术的发展和应用，必须开创知识社会主义新路径，走知识化、信息化之路。

建设中国特色社会主义，一方面离不开新全球化时代大背景，另一方面离不开中国共产党的领导和中国的具体国情。新全球化时代是以知识化、信息化，即知识文明为轴心的，但是，中国的社会主义脱胎于半封建半殖民地社会，至今仍处在社会主义初级阶段。从某种角度来看，中国从农业社会向工业社会跃进过程尚没有完成，而世界一些发达国家已经开始从工业社会向知识社会（后工业社会）跃进。从农业社会到工业社会再到知识社会三级两跳，我们第一跳尚没有完成，但第二跳又必须跟上。三级两跳同步走已成为历史对社会主义建设的必然要求。从一定意义上来讲，中国的发展是在全球后现代氛围中实现社会主义现代化的过程，这种氛围迫使我们不得不跨跃上知识化平台。这意味着建设中国特色社会主义，已经不再仅仅是创建"农业文明—工业文明"结构，而是必须创建"工业文明—知识文明"结构，向知识社会

〔1〕参见《资本主义的新变化及其本质上的腐朽性——二论资本主义发展的历史进程》，《求是》2001年第4期。

〔2〕《邓小平文选》第3卷，人民出版社1994年版，第370页。

〔3〕《邓小平文选》第3卷，人民出版社1994年版，第372页。

(后工业社会)奋进。这一奋进过程必然是以知识化拉动现代化、以信息化带动工业化的跨越式发展的历史进程,必然是知识社会主义不断超越知识资本主义的历史进程。

综上所述,由于全球化产业经济基础的平台更替,资本主义与社会主义都已经或将要出现从工业化模式向知识化模式的新旧更替。而这一交换更替的趋势,呈现一种共时交替的模式:即工业社会主义与工业资本主义出现在工业化平台上,呈现共域性存在,进而出现工业社会主义不断超越工业资本主义的趋势。然而,在知识化平台上的知识资本主义的产生,又导致对工业社会主义的反叛和打压,20 世纪末,社会主义遭受的挫折实际上是工业社会主义模式的衰败。然而,一种新的、建立在知识化平台上、在新全球化背景下的知识社会主义,必将重新出现替代当代知识资本主义的新趋势。以知识化拉动现代化,信息化带动工业化,走"新现代化"之路,实现跨越式发展,这是当代社会主义建设之路,也是建设中国特色社会主义的必然规律。

第二节　社会主义文明建设

社会主义文明建设主要包括社会主义物质文明建设、政治文明建设、精神文明建设、社会文明建设、生态文明建设和社会主义国家执政党建设六大内容。在社会主义现代化建设过程中,社会主义物质文明建设为发展中国特色社会主义提供物质基础,社会主义政治文明建设为发展中国特色社会主义提供政治保障,社会主义精神文明建设为发展中国特色社会主义提供智力支持和精神动力,社会主义社会文明建设为发展中国特色社会主义提供和谐的社会环境,社会主义生态文明建设为发展中国特色社会主义提供良好的生态基础,社会主义国家执政党建设为发展中国特色社会主义提供决定性的领导力量。为了更加突出执政党建设的重要性,我们在本章第三节加强论述。

一、社会主义物质文明建设

根据马克思主义历史唯物主义观点,以及邓小平关于社会主义本质论思想,社会主义物质文明建设是社会主义文明建设的基础。科学技术是第一生产力。社会主义物质文明建设应当着眼于发展科学技术,开辟"两个市场"即国内和国际市场,利用"两种资源"即国内资源和国际资源。正确处理国内和国际两个市场、两种资源的关系，保证社会主义物质文明建设又好又快地健康发展。

1．社会主义物质文明建设的基础性地位

胡锦涛指出："生产力的发展是人类社会发展的最终决定力量。只有坚持以经济建设为中心，不断解放和发展生产力，才能为社会全面进步和人的全面发展奠定坚实的物质基础。同时，经济发展又是同政治发展、文化发展紧密联系的。从根本上说，经济发展决定政治发展和文化发展，但政治发展和文化发展也会反过来对经济发展产生作用，在一定条件下还可以产生决定性作用。树立和落实科学发展观，十分重要的一环就是要正确处理增长的数量和质量、速度和效益的关系。增长是发展的基础，没有经济的数量增长，没有物质财富的积累，就谈不上发展。但增长并不简单地等同于发展，如果单纯扩大数量，单纯追求速度，而不重视质量和效益，不重视经济、政治和文化的协调发展，不重视人与自然的和谐，就会出现增长失调，从而最终制约发展的局面。"〔1〕

邓小平明确指出："现代化建设的任务是多方面的，各个方面需要综合平衡，不能单打一。但是说到最后，还是要把经济建设当作中心。离开了经济建设这个中心，就有丧失物质基础的危险。其他一切任务都要服从这个中心，围绕这个中心，决不能干扰它，冲击它。"〔2〕在这里，经济建设与物质文明建设是同义词。在社会主义建设过程中必须以社会主义物质文明建设为基础，以经济建设为中心。

2．社会主义物质文明建设的内部条件

社会主义物质文明建设的快慢，其速度和效益如何，不是人们的主观意志决定的，而是要受制于许多客观条件即客观因素的。就物质文明建设的国内条件而言，一般可包括自然资源、人力资源、资金资源、科学技术、教育水准等几个基本方面，以及与这些基本要素的组合、配置有关的因素。

首先，加速科技进步。科学技术是生产力，这是马克思主义的基本观点。邓小平对此进一步加以发展，提出了"科学技术是第一生产力"的著名论断。科学技术在经济发展中占有极为重要的地位和作用。一个国家科技水平的

〔1〕 胡锦涛：《树立和落实科学发展观》，《十六大以来重要文献选编》(上)，中央文献出版社2005年版，第483～484页。

〔2〕《邓小平文选》第2卷，人民出版社1994年版，第250页。

高低,对劳动力素质水平的高低,对劳动资料(特别是生产工具)水平的高低,对各种物质资源的利用能力的大小,总之,对劳动生产率的高低、对生产力发展的快慢有着决定性的影响。科学技术的发展不但极大地提高了劳动生产率,极大地推动了生产力的发展,而且对整个社会、经济的发展,都产生了广泛而深刻的影响。邓小平根据马克思主义的基本原理,洞察科学技术对经济发展、社会进步所起的巨大作用,指出:"四个现代化,关键是科学技术的现代化。"〔1〕实践反复证明,科技进步是经济发展的决定性因素。

其次,发展教育事业。教育是一个民族最根本的事业,它在经济发展中具有非常重要的地位和作用。一个国家教育水平的高低,决定着人口素质的优劣;劳动者知识水平的高低、科技能力的强弱和国民精神面貌的好坏,决定着经济发展速度的快慢和现代化建设成效的大小。在近代中国,有识之士曾提出过"教育救国"、"科学救国"等主张。20 世纪 50 年代,美国著名经济学家舒尔茨提出了人力资本理论,把教育在经济发展中的重要地位和作用作了全面、系统的阐述。人力资本是通过教育等以提高人口素质来形成的,一个国家经济的发展,更重要的是取决于人力资本的雄厚程度,而不是取决于自然资源的丰瘠和其他常规资本存量的多寡。而要扩充人力资本,提高人口素质,归根到底又取决于教育事业的发展水平。因此,教育在经济发展中居于至为关键的地位。邓小平曾经指出:"我们国家,国力的强弱,经济发展后劲的大小,越来越取决于劳动者的素质,取决于知识分子的数量和质量。一个十亿人口的大国,教育搞上去了,人才资源的巨大优势是任何国家比不了的。有了人才优势,再加上先进的社会主义制度,我们的目标就有把握达到。"〔2〕

第三,控制人口增长。人口的数量和质量与经济发展的关系极为密切。人口增长过快且人口素质不高,必然制约经济的发展。我国是发展中的社会主义国家,人口众多是我们的突出国情。人口众多,是中国自古以来的一个重要特点。据估算,早在公元前的夏商周时代,当全球人口仍相当稀疏时,中国的人口总量已达到 1 000 万左右的规模。转入公元初年,当全球人口总数约为 2.5 亿到 3 亿时,中国的人口已达 6 000 万左右。到了清代,随着社会经济的发展,中国人口进一步迅速扩大。到道光十四年(1834 年),已超逾 4 亿。而当时全球人口共约 10 亿到 11 亿。经过清代前、中期的人口快速增

〔1〕《邓小平文选》第 2 卷,人民出版社 1994 年版,第 86 页。
〔2〕《邓小平文选》第 3 卷,人民出版社 1994 年版,第 120 页。

长，在大约150年的时间内，中国人口以平均每50年净增1亿人的速度急剧地膨胀。到鸦片战争前，已成为世界上的“超级人口大国”。转入近代，由于社会动荡，战乱不已，中国人口增长速度明显放缓。但由于原来的人口基数大，到1949年新中国成立时，全国人口总数已达5.4亿。新中国成立后，由于社会稳定和经济的不断发展，人民生活水平得到普遍提高，随之而来的是人口总量急剧地增长。从1949年到1989年，我国人口从5.4亿激增到11.1亿。40年间增长了1.05倍。平均计算，每隔7年，人口就净增1亿。到1994年，全国人口总数已达11.98亿。目前，我国人口已达13亿。这是一个非常现实、非常突出的问题。邓小平多次提醒全党，“底子薄”，“人口多、耕地少”是我们国家的两个重要特点，我们的经济建设要从这个实际出发。人口众多，与我国的现代化建设、与我们的经济发展是紧密相关的。

我国人口基数大，如果不加以控制，人口增长过快，必然影响跨世纪战略目标的实现。据有关学者研究认为，目前我国人口正处于一个倍增台阶的中点。随着人口的惯性运动，中国将在21世纪的20~40年代相继进入人口三大高峰，即2020年，中国劳动年龄人口达到10亿；2030年左右，中国总人口可能在15~16亿；2040年，中国老龄人口将达到3.2亿。这在中国历史上是前所未有的，在世界人口发展史上也是罕见的。这一人口增长趋势将给我国社会经济发展带来巨大的负担。因此，必须坚定不移地实行计划生育这一基本国策，严格控制人口的增长。据统计，我国自1971年到1998年的28年间，由于大力推广计划生育，少生了3.38亿人，从而使世界达到60亿人口的日子，被推迟4年到来。这一重大成果，对我国的现代化建设、对世界的发展都具有重大的影响。

3. 社会主义物质文明建设的外部条件

实行对外开放是一个国家经济发展的极为重要的外部因素、外部条件。党的十一届三中全会以来，邓小平多次强调指出：“实现四个现代化必须有一个正确的开放的对外政策。”〔1〕“中国要谋求发展，摆脱贫穷和落后，就必须开放。”〔2〕对外开放是我们党和国家长期的持久的战略方针，已经写进党的基本路线和国家的根本大法——宪法之中。

对外开放是世界经济发展的客观要求。早在100多年前，马克思、恩格

〔1〕《邓小平文选》第2卷，人民出版社1994年版，第233页。
〔2〕《邓小平文选》第3卷，人民出版社1994年版，第266页。

斯就曾指出："大工业便把世界各国人民互相联系起来，把所有地方性的小市场联合为一个世界市场，到处为文明和进步作好了准备，使各文明国家里发生的一切必然影响到其余各国。"〔1〕当今世界，随着科学技术的发展和进步，生产社会化的程度越来越高，世界经济生活的国际化，已深入到各个方面。世界市场几乎已把所有国家和地区纳入了世界范围的社会经济联系的网络之中。今天没有任何一个国家，其经济的发展可以脱离同其他国家的经济联系而完全孤立地进行。所以，邓小平深刻地指出："现在的世界是开放的世界"〔2〕，这是当代世界的一个重要特征。所谓"开放的世界"，就是指世界上各个国家、各个民族的交往，尤其是经济的交往已经普遍化，各个国家、各个民族处于一种相互影响、相互依存、相互渗透、相互制约的关系之中；每一个国家和民族都必须与其他国家、民族密切联系，互通有无，不断地吸收别的国家的先进经验和科学技术成果。只有这样，才能不断增强自身的优点和活力，更好地发展本国或本民族的经济。在"开放的世界"这个国际环境中，每个国家要谋求经济的发展都必须实行开放政策，我们中国当然不能例外。

对外开放是我国现代化建设、实现战略目标的需要。1979 年，我国在制定新时期经济发展的战略目标时，邓小平明确指出："实现四个现代化必须有一个正确的开放的对外政策。我们实现四个现代化主要依靠自己的努力，自己的资源，自己的基础，但是，离开了国际的合作是不可能的。"〔3〕这就是说，我国的现代化建设必须坚持独立自主、自力更生为主，同时要实行对外开放政策，关起门来搞建设是不行的，是发展不起来的。

世界各国经济发展的历史给我们以深刻启示：要加快经济的发展，必须开放。"开放带来兴盛，封闭导致落后"，这已为近代许多国家经济发展的历史所一再证明。以美国为例，引进先进技术是美国成为后来居上的现代化强国的重要条件。大量有技术、高素质的移民为美国经济的增长注入了新鲜血液，大量吸收外国资金对美国西部开发起到了举足轻重的作用。就是在今天，美国作为世界头号经济强国，也还不断地从世界其他国家获取商品、资源、资金、人才和技术。再看日本，明治维新是日本走向现代化的起点，其本身就是一个对外开放的范例。1871 年，明治政府派出一个庞大的"遣欧美使

---

〔1〕《马克思恩格斯选集》第 1 卷，人民出版社 1995 年版，第 214 页。

〔2〕《邓小平文选》第 3 卷，人民出版社 1994 年版，第 64 页。

〔3〕《邓小平文选》第 2 卷，人民出版社 1994 年版，第 233 ~ 234 页。

节团”，学习西方资本主义的技术、经济、政治和文化，并有效地加以移植，从而使日本迅速发展起来，成为一个后起的敢于同欧美相抗衡的帝国主义国家。第二次世界大战后，战败了的日本所以能在短短的几十年里重新发展成为世界经济强国，一个重要的原因，就在于以“贸易立国”进而以“技术立国”等一系列开放政策所致。被称为亚洲“四小龙”的韩国、新加坡及中国的香港和中国的台湾，从20世纪60年代起就采取了出口导向的经济战略，大力发展外向型经济，努力吸收国外的资金和技术，充分利用国际产业结构调整的机会，积极参与国际市场上的交换和竞争，从而使经济迅速腾飞，成为经济发展的后起之秀。环顾全球，任何已经实现现代化的国家，没有一个不是积极实行对外开放的。从近现代世界各国经济发展的历史，我们可以受到这样的启示：在开放的世界和科学技术迅猛发展的年代，后进的国家可以通过经济合作和对外交流，引进外资，采用世界上最新的科学技术成果，取得“后发性”优势，从而实现本国经济的“跨跃式”发展。

二、社会主义政治文明建设

社会主义政治文明建设既是社会主义建设的重要内容，又是社会主义建设的根本保障。2000年5月31日，江泽民在中央党校省部级干部进修班毕业典礼上的讲话中首次提出了关于社会主义政治文明建设的概念。他指出：“发展社会主义民主政治，建设社会主义政治文明，是社会主义现代化建设的重要目标。”[1]从历史的线索来看，党的十三届四中全会以来，特别是在新世纪新阶段的新的实践中，根据时代发展和实践要求，江泽民坚持、丰富和发展了邓小平民主政治建设思想，创造性地提出了社会主义政治文明的重要目标和基本架构，形成了内涵丰富、特色鲜明的社会主义民主政治建设的思想理论体系。

1. 社会主义政治文明建设的目标

马克思主义认为，社会主义政治制度的本质和核心是人民当家作主。这是社会主义民主政治区别于其他社会民主政治的最本质之处，也是社会主义社会的最本质特征。政治文明是人类在政治实践活动中形成的包括政治思想、政治文化、政治传统、政治结构、政治活动和政治制度等方面的有益成果。任何一个社会，都是经济、政治、文化各方面发展的统一体。社会主义社会是

〔1〕《江泽民论有中国特色社会主义（专题摘编）》，中央文献出版社2002年版，第304页。

一个物质文明、政治文明和精神文明全面进步的社会。发展社会主义民主政治,建设社会主义政治文明,就是要在中国共产党的坚强领导下,使社会主义民主更加完善,社会主义法制更加完备,依法治国基本方略得到全面贯彻落实,人民的政治、经济和文化权益得到切实尊重和保障。这是全面建设小康社会、加快推进社会主义现代化建设的重要目标和保证。

随着我国市场取向的经济体制改革的深入,政治领域许多问题,如党政不分、政企不分、政资不分,机构重叠庞大,人员臃肿、政府职能错位缺位越位,官僚主义和腐败现象严重存在等,都对经济体制改革的深化形成制约。一方面,计划经济体制向市场经济体制的转变与创新,要求政治体制与之相适应。应该懂得,市场经济是资源配置型的经济,由于市场经济的发展,带来了发达的交换、交往关系,形成了发达的权利、义务关系和观念,也形成了依据共同规则行事的习惯,各种利益主体开始利用法律规则来保护自己的权利,并合法从事经营行为。市场经济的成熟发展,特别是经济全球化的快速融合,使中央集权的国家管理体制面临严重冲击和挑战,迫切要求加快政治体制改革的步伐,加快民主政治和政治文明的建设进程。另一方面,经济体制改革的成果需要深化政治体制改革来巩固和发展。这两个方面都迫切要求深化政治体制改革,形成符合社会主义市场经济发展要求的政治体制。这就是说,继续推进政治文明建设和政治体制改革已经成为深化经济体制改革和发展社会主义市场经济的必然要求。

2. 积极稳妥地发展社会主义民主政治

发展社会主义民主政治,建设社会主义政治文明,是社会主义现代化建设的重要目标。我们进行政治体制改革,就是要进一步发扬社会主义民主和法制,完善社会主义民主的具体制度,保证人民充分行使民主选举、民主决策、民主管理、民主监督的权利,增强党和国家的活力,充分调动基层组织和群众的积极性,推进决策科学化、民主化,把社会主义制度的优越性和特点进一步发挥出来。党的十六大报告指出:"改革开放以来,我们坚定不移地推进政治体制改革,有力地促进了社会主义民主政治建设。"〔1〕我国民主政治建设虽然已经取得了举世瞩目的成就,但民主制度化、法律化的任务还没有完成,民主建设的任务还很艰巨,需要付出长期不懈的努力。必须坚持和完善社会主义民主制度,做到坚持党的领导、人民当家作主和依法治国的有机

〔1〕《中国共产党第十六次全国代表大会文件汇编》,人民出版社 2002 年版,第 30 ~ 31 页。

统一。

3. 实现社会主义民主政治的制度化、规范化和秩序化

发展社会主义民主，建设社会主义政治文明，最根本的是制度问题。邓小平指出："领导制度、组织制度问题更带有根本性、全局性、稳定性和长期性。"〔1〕这是一个十分重要的新思想、新论断，它对于促进我们国家的繁荣昌盛、保证国家的长治久安至关重要。

民主首先是指一种国家制度，它由一系列制度构成。党的十一届三中全会以来，我们党经过认真总结正反两方面的历史经验，为建设和发展中国特色社会主义民主政治采取了一系列重要措施，取得了重大进展。但是社会主义民主作为一种新型的民主制度，还是个新生事物，需要一个从建立社会主义民主制度到健全和完善社会主义民主制度的发展过程。应该看到，由于经济发展和社会进步，特别是由于经济体制改革的深入发展和社会主义市场经济体制的建立，使得我国的上层建筑与经济基础之间、政治体制与经济体制之间还有不相适应的方面，政治体制方面存在的一些问题，对于经济体制改革的深化形成了制约，对于社会主义民主的进一步发展也形成了制约。主要表现为：政府职能同发展市场经济的要求还不完全适应，党的领导方式和执政方式同新的形势和任务还不完全适应，立法和执法同依法治国的要求还不完全适应，监督机制同反腐倡廉的要求还不完全适应，民主的形式和具体制度同人民群众日益增强的民主要求还不完全适应。因此，加强政治建设，进一步深化政治体制改革，要着重加强制度建设。实现社会主义民主政治的制度化、规范化和程序化，是一个长期的艰巨任务。

社会主义民主政治具有强大的生命力和优越性。中国共产党和中国人民对自己选择的政治发展道路充满信心，将坚定不移地把中国特色社会主义政治文明建设不断地推向前进。

三、社会主义精神文明建设

社会主义精神文明建设是社会主义建设的精神动力。任何一个国家的发展历史都证明，物质文明、政治文明、精神文明、社会文明和生态文明是相辅相成、相互促进的。没有经济的发展，政治文明和精神文明建设就没有物质基础；没有政治文明建设，物质文明、精神文明建设就没有保障；没有社会

〔1〕《邓小平文选》第2卷，人民出版社1994年版，第333页。

的发展和精神文明的进步,物质文明建设就没有动力,经济发展目标就难以实现。我国社会主义现代化建设的战略目标和总体布局,要求把建设高度的社会主义精神文明放在重要的战略地位,高度重视社会主义精神文明建设。

1. 社会主义精神文明的战略地位

所谓精神文明,是指人类在改造客观世界的社会实践中所形成的推动社会进步和发展的精神力量和精神产品。一般来说,精神文明在结构上包括两个基本层次:一是教育、科学、文化、体育等方面的活动及其成果状态;二是社会意识形态、价值取向、道德规范、生活方式等方面的活动及其成果状态。至于社会主义精神文明,不但是指教育、科学、文化(这是完全必要的),而且是指共产主义的思想、理想、信念、道德、纪律、革命的立场和原则,人与人的同志式关系,等等。显然,从历史发展的眼光来看,社会主义精神文明既是精神文明总体的重要组成部分,又是精神文明史发展的一个崭新阶段。

一方面,社会主义精神文明建设不能脱离社会主义物质文明的实践,要通过大力发展社会主义物质文明来为社会主义精神文明的发展创造和提供现实有利的各种条件。另一方面,社会主义精神文明建设及其成果,是社会主义物质文明得以持续发展的精神动力和精神条件,离开了这一动力和条件,社会主义物质文明建设就不可能获得质的飞跃和良性发展,甚至会受到损害和破坏。实践证明,如果只埋头于经济工作而忽视精神文明的建设和作用,结果只能事倍功半,走弯路,甚至失败;所以,搞社会主义物质文明建设非但不能脱离社会主义精神文明现状,而且需要通过社会主义精神文明建设,为社会主义物质文明提供得以持续发展的精神动力、精神条件和精神氛围。正因为如此,邓小平多次教育和提醒全党要高度重视社会主义精神文明建设,他说:"没有这种精神文明,没有共产主义思想,没有共产主义道德,怎么能建设社会主义?"[1]1996 年 10 月,《中共中央关于加强社会主义精神文明建设若干重要问题的决议》指出:"建设社会主义精神文明,关系跨世纪宏伟蓝图的全面实现,关系我国社会主义事业的兴旺发达。物质文明是基础,经济建设这个中心必须牢牢把握,毫不动摇,但是精神文明搞不好,物质文明也要受破坏,甚至社会也会变质。"

2. 切实加强思想道德建设

思想道德建设是精神文明建设的重要组成部分。思想道德建设着眼于

〔1〕《邓小平文选》第 2 卷,人民出版社 1994 年版,第 367 页。

解决整个社会的共同理想和精神支柱问题，决定着整个精神文明建设的性质和方向，对精神文明建设的其他方面具有重要的指导作用。

党的基本理论即马克思列宁主义、毛泽东思想、邓小平理论和“三个代表”重要思想，是我们党的指导思想和行动指南。特别是要着重宣传和学习邓小平理论，它是指导中国人民在改革开放中胜利实现社会主义现代化的正确理论。实践证明，“在当代中国，只有把马克思主义同当代中国实践和时代特征结合起来的邓小平理论，而没有别的理论能够解决社会主义的前途和命运问题”[1]。党的“一个中心、两个基本点”的基本路线是我们党的马克思主义政治路线，它高度概括了邓小平理论和“三个代表”重要思想的基本内容，反映了中国社会主义发展的根本规律，指明了全面建设小康社会的实现路径，成为建设中国特色社会主义理论和实践的总纲。进行党的基本路线教育，就是要懂得改革开放30年来我们党之所以能够领导和团结全国人民，经受住多种困难和风险的考验，保持社会政治稳定和经济快速发展，最根本的就是排除各种干扰，坚定不移地贯彻执行党的基本路线。党的十五大第一次系统地提出了党在社会主义初级阶段的基本纲领，包括经济纲领、政治纲领和文化纲领。这个纲领是党的基本路线在经济、政治、文化等方面的展开。进行党的基本纲领教育，就是要使人们懂得，实现党在社会主义初级阶段的基本纲领，与我们全面建设小康社会的要求是一致的。根据这个纲领，全面进行社会主义经济、政治、文化建设，这正是实现全面建设小康社会目标的具体途径。进行“三个代表”重要思想的宣传教育，最根本的是要人们懂得，“三个代表”重要思想“是对马克思列宁主义、毛泽东思想、邓小平理论的继承和发展，反映了当代世界和中国的发展变化对党和国家工作的新要求，是加强和改进党的建设、推进我国社会主义自我完善和发展的强大理论武器，是中国共产党集体智慧的结晶，是党必须长期坚持的指导思想”[2]。总之，只有通过深入进行党的基本理论、基本路线、基本纲领和“三个代表”重要思想的宣传教育，才能引导人们树立中国特色社会主义共同理想，树立正确的世界观、人生观和价值观。

加强社会主义思想道德建设，是发展先进文化的重要内容和中心环节。党中央极为重视我国公民的思想道德建设，在充分调查研究和理论论证的基

---

〔1〕《中国共产党第十五次全国代表大会文件汇编》，人民出版社 1997 年版，第 10 页。
〔2〕《中国共产党第十六次全国代表大会文件汇编》，人民出版社 2002 年版，第 59 页。

础上,2001年9月颁布了《公民道德建设实施纲要》。中共中央在《通知》中强调指出:"在新的历史条件下,从公民道德建设入手,继承中华民族几千年形成的传统美德,发扬党领导人民在长期革命斗争与建设实践中形成的优良传统美德,借鉴世界各国道德建设的成功经验和先进文明成果,努力建立与发展社会主义市场经济相适应的社会主义道德体系,对形成追求高尚、激励先进的良好社会风气,保证社会主义市场经济的健康发展,促进整个民族素质的不断提高,全面推进建设有中国特色社会主义伟大事业,具有十分重要的意义。"〔1〕这就是说,通过公民道德建设的不断深化和拓展,逐步形成与发展社会主义市场经济相适应的社会主义道德体系,是提高全民族素质的一项基础性工程。

思想政治工作是我们党的优良传统和政治优势,在改革开放和发展市场经济的新形势下,思想政治工作只能加强,绝不能削弱。党中央一再要求各级党委要把思想政治工作摆到突出位置,经常研究本地区、本部门、本单位的思想政治状况,用强有力的思想政治工作促进各项任务的完成。在城市、农村、机关、企事业单位、村镇、学校的党组织要切实做好思想政治工作,努力把精神文明建设的任务落实到基层。要贯彻民主原则和正面引导的方针,根据不同对象,采取不同方式,加强针对性,增强思想政治工作的实效。要善于疏导,发扬民主要注意区分层次,尊重人、理解人、关心人,采取吸引群众广泛参与的方法、群众自己教育自己的方法、平等讨论的方法、批评和自我批评的方法,做好思想政治工作,要在党的统一领导下,动员和依靠全社会的力量。江泽民明确指出:"思想工作是全党的工作,不仅宣传部门要做,党委和企业、农村、学校、街道等基层党组织要做,各级行政部门和工会、共青团、妇联等也都有做群众思想工作的责任。"〔2〕

3. 不断提高整个民族的科学文化素质

科学文化建设,要解决的是整个民族的科学文化素质和现代化建设的智力支持问题。邓小平指出:"我们要实现现代化,关键是科学技术要能上去,发展科学技术,不抓教育不行。"〔3〕党的十五大报告进一步指出:"发展教育和科学,是文化建设的基础工程。培养同现代化要求相适应的数以亿计高素

〔1〕 转引自《"公民道德建设实施纲要"学习读本》,中共中央党校出版社2001年版,第1页。
〔2〕《十四大以来重要文献选编》(上),人民出版社1996年版,第655页。
〔3〕《邓小平文选》第2卷,人民出版社1994年版,第40页。

质的劳动者和数以千万计的专门人才，发挥我国巨大人力资源的优势，关系到二十一世纪社会主义事业的全局。”当代世界的竞争，实际上是科技和教育的竞争。世界科技革命正在形成新的高潮，一个科技和经济大发展的新时代即将来临。科学技术是第一生产力，科技进步是经济发展的决定性因素。而科技进步、经济繁荣和社会发展，从根本上说取决于劳动者的思想政治素质和科学文化素质，取决于大批具有较高科学文化素质的人才的培养。对于我们这样一个经济还比较落后、文盲半文盲人口众多的国家来说，提高全民族的科学文化水平，更是一个迫切的问题。为此，党的十五大特别提出，培养同现代化要求相适应的数以亿计高素质的劳动者和数以千万计的专门人才的任务。为了完成这个任务，我们必须全面领会邓小平提出的科学技术是第一生产力的思想，坚持以教育为本，把科技和教育摆在经济、社会发展的重要位置，增强国家的科技实力及向现实生产力转化的能力，提高全民族的科学文化素质，把经济建设转移到依靠科技进步和提高劳动者素质上来，促进经济繁荣和社会进步，同时大力发展文学艺术、新闻出版、广播影视等事业，不断提高群众精神文化生活的质量。

文化，是人类社会发展过程中所创造的精神财富的总和。不掌握现代科学技术和文化，是不能建设社会主义的。当今世界，科学技术越来越成为推动历史进步的革命力量，成为代表一个国家文明水平的重要标志。马克思、恩格斯曾高度评价科学技术对于社会发展的推动作用，形象地把科学技术的一些划时代成就说成是比著名革命家“更危险万分的革命家”〔1〕。因此，我们“必须取得全部科学、技术、知识和艺术。没有这些，我们就不能建设共产主义社会的生活”〔2〕。当今世界，科学技术发展迅猛，一日千里，我们要实现现代化，更不能离开科学技术和文化知识。科技进步是经济发展的决定性因素，而科技进步、经济繁荣和社会发展，从根本上说取决于劳动者的思想政治素质和科学文化素质，取决于大批具有较高科学文化素质的人才的培养。

四、社会主义社会文明建设

社会主义的社会文明建设是党的十七大提出的中国特色社会主义经济建设、政治建设、文化建设、社会建设、生态文明建设五大文明建设之一。社

〔1〕《马克思恩格斯全集》第12卷，人民出版社1972年版，第3页。
〔2〕《列宁全集》第29卷，人民出版社1956年版，第50页。

会主义社会文明建设为发展中国特色社会主义提供和谐的社会环境。从广义上说,社会主义社会文明建设,就是构建社会主义和谐社会,建设民主法治、公平正义、诚信友爱、充满活力、安定有序、人与自然和谐相处的社会,它包括经济建设、政治建设、文化建设、社会建设和党的建设等在内的党和国家全部工作。从狭义上说,社会主义社会文明建设,就是以解决人民群众最关心、最直接、最现实的利益问题为重点,着力发展社会事业、促进社会公平正义、建设和谐文化、完善社会管理、增强社会创造活力,走共同富裕道路,推动社会建设与经济建设、政治建设、文化建设协调发展。在中国特色社会主义现代化建设过程中,社会文明建设包含了"大社会"和"小社会"。从五大文明建设出发,社会主义的社会文明建设主要是指"小社会"意义上的社会文明建设。然而,在客观上,"大社会"意义上的社会文明建设和"小社会"意义上的社会文明建设是相互交融、相辅相成、相互促进、密不可分的,其目标就是调适社会基本矛盾,协调各种社会关系,建设社会文明,亦即社会和谐。

1. 社会主义社会文明建设的历史必然性

社会主义和谐社会的出现和建设究竟是针对当下社会矛盾暂时的对策观念,还是社会发展规律的必然表现与历史形态?在唯物史观视阈中,社会主义和谐社会的出现和建设具有历史必然性和客观规律性。

邓小平在南方谈话中指出:"马克思主义是科学。它运用历史唯物主义揭示了人类社会发展的规律。封建社会代替奴隶社会,资本主义代替封建主义,社会主义经历一个长过程发展后必然代替资本主义。这是社会历史发展不可逆转的总趋势,但道路是曲折的。"[1]在唯物史观视阈中,构建社会主义和谐社会具有历史必然性。马克思在《1844 年经济学—哲学手稿》以及他与恩格斯合著的《德意志意识形态》、《共产党宣言》等书中,一再强调共产主义社会必然是扬弃了人与自然、人与人之间的冲突的理想社会,必然是实现了人与自然、人与人的全面和谐,人的全面发展和人的个性得到自由而全面发展的社会,走向共产主义这一人类大同社会的运动就是不断经历与建设和谐社会的过程。

社会主义和谐社会与资本主义社会对抗性社会形态下的某种社会和谐状态存在本质区别。当今发达资本主义的生产关系仍有容纳生产力迅速发展的空间,生产力与生产关系的矛盾相对缓和。但这只能是发达资本主义社

〔1〕《邓小平文选》第 3 卷,人民出版社 1993 年版,第 382 ~ 383 页。

会对抗性社会形态下的社会和谐状态，它与社会主义和谐社会有着本质区别。资本主义社会的社会基本矛盾是具有对抗性质的社会矛盾，这决定了资本主义社会并不会成为各阶级利益一致，彼此合作的和谐社会。马克思在《〈政治经济学批判〉序言》中曾经在考察了人类社会的社会基本矛盾运动的规律之后明确指出："资产阶级的生产关系是社会生产过程的最后一个对抗形式，这里所说的对抗，不是指个人的对抗，而是指从个人的社会生活条件中生长出来的对抗；但是，在资产阶级社会的胎胞里发展的生产力，同时又创造着解决这种对抗的物质条件。因此，人类社会的史前时期就以这种社会形态而告终。"〔1〕从社会发展史看，社会主义和谐社会的出现和建设是社会形态变迁和发展的必然结果。

2. *发展生产力与社会文明建设*

构建社会主义和谐社会，其前提基础是社会生产力的充分发展。马克思主义认为，在生产力和生产关系、经济基础和上层建筑两对矛盾运动中，社会形态不断升华，其中起决定作用的是生产力的不断解放和发展，而生产力的不断解放和发展的目的是人的解放、人的全面自由的发展。马克思和恩格斯指出，"只有在现实的世界中并使用现实的手段才能实现真正的解放；没有蒸汽机和珍妮走锭精纺机就不能消灭奴隶制；没有改良的农业就不能消灭农奴制；当人们还不能使自己的吃喝住穿在质和量方面得到充分保证的时候，人们就根本不能获得解放"〔2〕。只有生产力水平的不断提高，人自身才有可能得到真正的解放，社会主义和谐社会才有可能实现。在当代中国，构建社会主义和谐社会必须不断调整和变革生产关系，使其适应和促进生产力的发展，从而达到大力发展社会生产力的目的。其一，要充分调动广大人民群众的积极性和创造性。其二，在全社会形成尊重知识、尊重科学、尊重人才、尊重创造的良好氛围。其三，生产力的大力发展，有赖于公民社会的培育和成熟。公民社会的健全和完善，是社会现代化的标志。公民社会的形成和发展，呈现出小政府大社会的发展趋势，它对经济社会的和谐发展起着国家和市场所不可替代的作用。因此，构建社会主义和谐社会，要积极培育各类社会组织，同时要加强和改进对各类社会组织的管理和监督，使公民社会更加健康地向前发展，这既是我们党带领人民全面建设小康社会、实现工业化和

〔1〕《马克思恩格斯选集》第2卷，人民出版社1995年版，第33页。

〔2〕《马克思恩格斯选集》第1卷，人民出版社1995年版，第74页。

现代化并最终实现共产主义的必由之路,也是我们党把最广大人民群众的积极性创造性调动起来,共同完成党的执政目标和执政任务而奋斗的现实要求。

3. 以人为本与社会文明建设

"以人为本"是科学发展观的核心理念。"以人为本"的理念表达了"发展的动力是人民群众,发展的目的是为了实现人民群众的切身利益"这一唯物史观的基本观点。胡锦涛明确指出:"相信谁、依靠谁、为了谁,是否始终站在最广大人民的立场上,是区分唯物史观和唯心史观的分水岭,也是判断马克思主义政党的试金石。"[1]在一定意义上,唯物史观就是群众史观。唯物史观从社会存在决定社会意识的原则出发,揭示出社会发展史首先是物质资料生产的发展史,物质资料的生产者本身的历史,即劳动人民的历史。社会的全部文明成就,如物质文明的成就、政治文明的成就、精神文明的成就和生态文明的成就等都是人民群众的活动创造的。

构建以人为本的社会主义和谐社会的过程,就是坚持和实现社会主义本质的过程。邓小平指出:"社会主义的本质,是解放生产力,发展生产力,消灭剥削,消除两极分化,最终达到共同富裕。"[2]在中国社会主义现代化建设过程中,效率与公平是一对矛盾。但是,这一对矛盾不是不可协调的,而是可以兼顾和统一起来的。社会主义不仅追求经济社会发展的速度和效率,更注重追求社会公平。社会公平、社会公正、社会稳定、社会发展之间是相辅相成、相互渗透、相互整合、不可分割的有机整体,它构成了社会主义和谐社会的重要内容和主要目标。

构建以人为本的社会主义和谐社会,就要遵循唯物史观的物质利益原则。促使人们行动起来的动力是物质利益,思想一旦离开利益就会出丑。构建社会主义和谐社会,从根本上说,就是合理地解决人们之间的物质利益上的矛盾,协调人们之间的利益关系。我国正处于社会转型时期,社会各阶层之间的利益再分配和利益冲突是不可避免的。构建社会主义和谐社会必须弱化和消解这些利益冲突。坚持社会主义集体主义精神,能不断弱化和消解各利益主体间的利益冲突,逐步实现社会主义和谐社会。

在创建社会主义和谐社会过程中,如果片面地追求发展社会生产力,而

---

〔1〕 胡锦涛:《在"三个代表"重要思想理论研讨会上的讲话》,人民出版社 2003 年版,第16 页。
〔2〕《邓小平文选》第 3 卷,人民出版社 1993 年版,第 373 页。

忽视意识形态的作用，忽视文化的作用，那么和谐社会将难以形成。2004 年 5 月，胡锦涛在江苏考察工作时指出："去年，我国人均国内生产总值突破一千美元，跨上了一个重要台阶。一些国家和地区的发展历程表明，在人均国内生产总值突破一千美元之后，经济社会就进入了一个关键的发展阶段。在这个阶段，既有因为举措得当从而促进经济快速发展和社会平稳进步的成功经验，也有因为应对失误从而导致经济徘徊不前和社会长期动荡的失败教训。"[1]就是说，目前我国既可以进入"黄金发展时期"，又可以进入"矛盾凸显时期"，这是因为一方面经济社会的转型，为经济的持续发展提供了强大的动力，因而可以保持一个较长时期的经济增长，顺利实现工业化和现代化；另一方面经济社会不协调，各种经济社会矛盾不断显露出来，如果处理不当，矛盾激化，经济社会发展就会停滞不前，甚至引发社会动荡和倒退，这就是人们常说的"拉美现象"。这种社会生产力发展到一定历史阶段引发社会状况的二重性，主要的不是由生产力水平所制约，而是由社会意识形态，相应的政治、法律、哲学、宗教、伦理、文学、艺术等的发展状况所决定的。

因此，对于解放和发展生产力来说，不能见物不见人，不能把发展生产力和人本身的发展对立起来。解放生产力首先是劳动群众的解放；发展生产力首先是劳动阶级的发展。从这种观点来看问题，发展生产力和坚持以人为本的科学发展观就统一起来了。

4. 先进文化与社会文明建设

社会存在决定社会意识，社会意识虽然是社会存在的反映，但是，社会意识不是消极的，而是具有能动的反作用。在社会存在与社会意识交互作用的辩证关系上，看不到社会存在对社会意识的决定作用是错误的，否定社会意识的能动反作用也是错误的。构建社会主义和谐社会，必须充分认识社会的经济力量、政治力量和文化力量各自的作用，认识社会发展就是通过这些力量交互作用所形成的合力推动的结果。其中，对于作为社会意识重要组成部分的文化的作用，更要予以高度的重视，用先进文化指导和谐社会的建设。

在创建社会主义和谐社会过程中，经济的发展是前提条件，甚至是决定性条件，但是政治、文化的发展也是必要的和重要的条件。恩格斯指出："我们自己创造着我们的历史，但是第一，我们是在十分确定的前提和条件下创造的。其中经济的前提和条件归根到底是决定性的。但是政治等等的前提

[1] 《十六大以来重要文献选编》（中），人民出版社 2006 年版，第 60 页。

和条件,甚至那些萦回于人们头脑中的传统,也起着一定的作用,虽然不是决定性的作用。"[1]社会历史的进步是政治、经济、文化协调发展的结果。一个社会的发展并不体现在单一的物质财富的增长上,还应该体现在以先进文化为代表的精神文明建设上。

我国是社会主义国家,社会主义主流意识形态就是在我国占主导地位的先进文化,由它规定和说明了社会主义的本质。因此,如同胡锦涛所指出的,建设和谐社会,必须以马克思主义、邓小平理论和"三个代表"重要思想为指导。只有这样,才能为社会主义和谐社会的建设提供思想保证、精神动力和智力支持。只有坚持以科学的理论武装人、以正确的舆论引导人、以高尚的精神塑造人、以优秀的作品鼓舞人,大力发展先进文化,支持健康有益的先进文化,努力改造落后文化,坚决抵制腐朽文化,才能振奋起民族精神,满足人们的精神文化需求,坚定人们的理想和信念,促进人际关系的和谐,进而推动社会主义和谐社会的全面建设,不断促进社会主义的社会文明建设。

5. 改善民生与社会文明建设

党的十七大报告指出:"社会建设与人民幸福安康息息相关。必须在经济发展的基础上,更加注重社会建设,着力保障和改善民生,推进社会体制改革,扩大公共服务,完善社会管理,促进社会公平正义,努力使全体人民学有所教、劳有所得、病有所医、老有所养、住有所居,推动建设和谐社会。"以改善民生为重点的社会建设,是促进社会主义的社会文明建设的具体体现。

改善民生,应优先发展教育,建设人力资源强国;实施扩大就业的发展战略,促进以创业带动就业;深化收入分配制度改革,增加城乡居民收入;加快建立覆盖城乡居民的社会保障体系,保障人民基本生活;建立基本医疗卫生制度,提高全民健康水平;完善社会管理,维护社会安定团结。

社会主义社会文明建设与人民幸福安康息息相关,是社会发展的必然要求,它对社会的发展、缓解社会矛盾起着良好的润滑作用。建设社会主义和谐社会,保障和改善民生,推进社会体制改革,扩大公共服务,完善社会管理,促进社会公平正义,激发社会活力,使全体人民学有所教、劳有所得、病有所医、老有所养、住有所居,可以为发展中国特色社会主义提供良好的社会环境。和谐社会要靠全社会共同建设。我们要紧紧依靠人民,调动一切积极因素,努力形成社会和谐人人有责、和谐社会人人共享的生动局面。

---

〔1〕《马克思恩格斯选集》第4卷,人民出版社1995年版,第696页。

五、社会主义生态文明建设

社会主义生态文明建设是对中国特色社会主义现代化建设的实践活动进一步探讨的理论成果。党中央、国务院历来高度重视节约资源和保护环境工作。党的十七大报告进一步强调,要加强能源资源节约和生态环境保护。胡锦涛指出:"必须把建设资源节约型、环境友好型社会放在工业化、现代化发展战略的突出位置,落实到每个单位、每个家庭。要完善有利于节约能源资源和保护生态环境的法律和政策,加快形成可持续发展体制机制。落实节能减排工作责任制。开发和推广节约、替代、循环利用和治理污染的先进适用技术,发展清洁能源和可再生能源,保护土地和水资源,建设科学合理的能源资源利用体系,提高能源资源利用效率。"[1]并指出:"建设生态文明,基本形成节约能源资源和保护生态环境的产业结构、增长方式、消费模式。循环经济形成较大规模,可再生能源比重显著上升。主要污染物排放得到有效控制,生态环境质量明显改善。生态文明观念在全社会牢固树立。"[2]建设社会主义生态文明的提出,是对当代中国快速发展以及世界经济发展所面临的全球性重大问题的逻辑应答,它标志着中国共产党人对马克思主义社会有机体理论中关于人与自然关系理论的深化和具体化。

1. 社会主义生态文明建设的历史紧迫性

随着人的主体性力量的不断提升,人类对自然的控制力不断增强。但纷至沓来的是,生态环境恶化对人类的影响日益加重,生态危机对人类及任何生物的生命带来了更加严重的威胁,促使人们关注生态文明建设这一重大而现实的命题。

造成生态危机的原因是多种多样的,但归纳起来主要分为两大类:一是与自然界的内在运动规律相关;二是与人的主体性力量增强相关。前者是大自然按照自身内在规律运动所产生的结果,往往与人的主体性力量干预不甚相关。如地震,目前认为是地球板块结构不断运动与挤压积累的结果。而后者则显示自然破坏力的出现及上升趋势是与人的主体性力量增强、对环境进行非理性干预有关。由于科学技术的发展,由于受"人类中心论"的影响,人们对自然进行了过度性干预、失控性开发,这种非理性的实践行为导致环境

〔1〕《十七大报告辅导读本》,人民出版社2007年版,第23~24页。

〔2〕《十七大报告辅导读本》,人民出版社2007年版,第20页。

的破坏和生态的失衡，从而引发并加重了生态危机，加大了对生命的威胁。如由于人们长期无节制地排放氯氟烃类物质，使得臭氧层日益耗损，臭氧层的耗损变薄将直接危害地球上的一切生物。这是因为臭氧层的变薄及消失将大大增加地表紫外线的照射量，从而直接对人类的健康、对生物的生存造成严重的危害。又如，全世界生产使用了150亿吨DDT，已有100吨进入海洋，并继续扩散，以致人们发现从未使用过DDT的爱斯基摩人的体内也含有DDT，就连南极企鹅的脂肪组织中也检测出DDT。人类对大自然的过度干预、失控开发将会受到大自然的惩罚，且这种惩罚是不可避免的。正如恩格斯在《自然辩证法》中指出的："我们不要过分陶醉于我们人类对自然界的胜利。对于每一次这样的胜利，自然界都对我们进行报复。每一次胜利，起初确实取得了我们预期的结果，但是往后和再往后却发生完全不同的、出乎预料的影响，常常把最初的结果又消除了。"[1]因此，人们的创造活动必须符合自然规律，人的主体性力量需要调控，也就是需要理性的张扬，过度张扬、失控性张扬都不符合敬畏生命伦理思想。

2. 确立社会主义生态文明的基本理念

在人类社会发展过程中，人们的思想观念决定人们的实践活动，建设社会主义生态文明的过程也不例外。在人的主体性力量过度张扬和自然环境破坏日益严重的态势下，确立自然具有内在价值、正确处理人与自然的关系和敬畏生命的伦理思想具有重要的理论价值和实践意义。

首先，确立自然具有内在价值的理念。人具有内在价值和外在价值，这已成为人类的共识。然而，人的生存和发展状态与大自然的状态密切相关，自然是否具有内在价值已成为处理人与自然关系时必须关注的重大问题。人们在论证自然具有内在价值时，所遇到的最大障碍是在传统哲学中"价值"确实是为人而创，是专属人的概念。所以，要证明自然具有内在价值就要对传统观点有所突破。由于说"自然具有内在价值"的直接目的是想说明"自然和人一样具有内在价值"、"自然和人具有的内在价值是同质的"，所以，论证"自然具有内在价值"时所要求的"对传统观点有所突破"并不意味着抛离传统的"内在价值"或者修改"内在价值"的本质含义，而是要对传统"内在价值"的本质含义进行考察，以获得"人具有内在价值"得以成立的根本性内在逻辑，并以此为标准来判定自然是否具有内在价值。

---

〔1〕《马克思恩格斯选集》第4卷，人民出版社1995年版，第383页。

其次，正确处理人与自然的辩证关系。人是自然存在物，是大生物链中的普通一环，但人又是自然创造物，随着人的主体性力量的不断张扬，人与自然的关系处于一种不协调的状态，这种不协调必然导致对自然和人本身的伤害，因此，必须正确认识人与自然的辩证关系，正确处理人与自然的关系，追求人与自然的协调发展。

在唯物辩证法看来，世界上的任何事物都是矛盾的统一体。我们面对的现实世界，就是由人类社会和自然界双方组成的矛盾统一体，两者之间是辩证统一的关系。一方面，人与自然是相互联系、相互依存、相互渗透的：人由自然脱胎而来，其本身就是自然界的一部分。人类的存在和发展，一刻也离不开自然，必然要通过生产劳动同自然进行物质、能量的交换。随着生产力水平的提高，人类认识自然、改造自然的能力不断增强，现在的自然已经不是原来意义上的自然，而是到处都留下了人的意志印记的自然，即人化了的自然。“人化自然”表明人与自然之间的相互联系、相互渗透越来越密切。人与自然之间客观上形成的依存链、关联链和渗透链，必然要求人类在认识自然、改造自然、推动社会发展的过程中，不仅要自觉地接受社会规律的支配，同样要自觉地接受自然规律的支配，促进自然与社会的稳定和同步进化，推动自然与社会的协调发展。另一方面，人与自然之间又是相互对立的。人类为了更好地生存和发展，总是要不断地否定自然界的自然状态，并改变它；而自然界又竭力地否定人，力求恢复到自然状态。人与自然之间这种否定与反否定、改变与反改变的关系，实际上就是作用与反作用的关系，如果对这两种“作用”的关系处理得不好，特别是自然对人的反作用在很大程度上存在自发性，这种自发性极易造成人与自然之间的失衡。此外，由于人类改造自然的社会实践活动的作用具有双重性，既有积极的一面，又有消极的一面，如果人类能够正确地认识到自然规律，恰当地把握住人类与自然的关系，就能不断地取得改造自然的成果，增强人类对自然的适应能力，提高人类认识自然和改造自然的能力；如果在对自然界更深层次的本质联系尚未认识到，人类与自然一定层次上的某种联系尚未把握住的情况下，改造自然，其结果要么自然内部的平衡被破坏，要么人类社会的平衡被破坏，要么人与自然的关系被破坏，因而受自然的报复也就在所难免。

建立人与自然和谐共处、协调发展的关系，实现人类与自然界关系的全面、协调发展是人类生存与发展的必由之路。为此，首先必须确立大自然观。现代意义上的自然观，真正视人类与自然是相互依存、相互联系的整体，从整体上把握住规律，并以此作为认识自然和改造自然的基础。其次，必须走出“人类中心”的误区，建立人与自然全面和谐共处和协调发展的关系。科学证明，人类不过是众多生物种类中的一种，人类只是自然的一部分，不是万物的尺度，同时由于主客观条件的限制，人类的认识具有很大的局限性，况且人类的认识正确与否、能否得到完善和发展，一点也不能离开认识自然和改造自然的活动（即实践），尤其是对自然规律的认识和把握，更是离不开人与自然的联系。在当今世界变革的大潮中，新出现的诸如“大科技观”、“持续发展观”、“生态价值观”等，就是对“人类中心论”的否定。再次，必须全方位地探讨自然的价值。不仅要征服自然、利用自然，从自然中获取有利于人类发展的使用价值；而且要善待自然、保护自然、尊重自然。要树立大价值观念，即在评价一切经济活动和社会活动时，不仅要考虑其经济价值，而且要考虑其生态价值；不仅要考虑眼前价值，而且要考虑长远价值；不仅要考虑从自然中所得，还要考虑如何回报自然等。只有这样，才能真正建立起人与自然和谐共处的关系，实现人与自然和谐共处，协调发展。

第三，确立敬畏生命伦理思想。敬畏生命伦理思想是指人们对生命（一切生命，尤其是人的生命）尊重、关爱、敬仰、维护的系统认识和价值判断，是指人们在处理一切与生命相关联的关系，即人与人、人与社会、人与自然关系的过程中持有的以敬重生命、珍惜生命、关爱生命为价值评判原则的基本立场、观点和方法。

从生态伦理学的维度而言，生命包括人的生命和其他一切自然存在的生命。敬畏生命主要是指人类对于自身生命的敬重和畏惧。这里实际上包含着两层意思：一是敬重生命，二是畏惧死亡。人们对死亡的畏惧往往是通过对生命的敬重表达出来的，敬生畏死是人类最基本的认知和生存情态。作为一种道德观念，敬畏生命有着深厚的历史文化渊源。最早可以追溯到原始社会采集经济时代的图腾崇拜时期，当时的原始初民受科技发展水平和思维水平的限制，对生命奥秘知之甚少。生命对于人类而言，充满了极大的神秘性。这种神秘性派生出人们对生命的敬畏感，主要体现为原始社会早期的各种图腾崇拜、自然崇拜、神灵崇拜、生殖器崇拜。敬畏生命的理念在我国文化传统中源远流长，我国传统思想中，历来倡导贵生、重生，尊重生命，强调生命的价值和意义。儒家作为中国传统文化的主流思想，认为：“天地之性，人为贵。”（《孝经·圣治》），孔子答子路问鬼神之事时，曰：未知生，焉知死（《论语·先进》）。道家讲究世间万物均应法自然，而生命的存在是自然而生，因此尊重自然法则,也应尊重生命的存在,庄子甚至为此而专著《庄子·养生主》篇。因此,韦伯说:"中国人对一切事物的'评价'都具有一种普遍的倾向,即重视自然生命本身,故而重视长寿,以及相信死是一种罪恶。"[1]然而如何考量生命的价值对于人的价值实现的意义,却是一个引人深思、加以深究的重大哲学命题,因为对人的生命价值的认知及正确评价恰恰是敬畏生命伦理思想的本质。

可见,敬畏生命伦理思想的本质就是"敬重一切生命,更敬重人的生命",并以此核心理念为指导,分析和处理一切生命现象及其相互关系。我们强调尊重一切生命,更强调尊重人的生命,我们认同人是手段,更强调人是目的。人的生命是最高价值。敬畏生命伦理思想是在人的社会关系及社会实践中以敬重生命、珍惜生命、关爱生命为价值评判原则,处理人与人、人与社会、人与自然关系过程中持有的基本立场、观点和方法。所以,对于绝大多数人而言,把自己的生命视为首要目的,这与现有法律制度确认生命权优先于人格权、知情权、隐私权等主观权利的思想是一脉相通的。

第三节 社会主义国家执政党建设

胡锦涛指出:"中国特色社会主义事业是改革创新的事业。党要站在时代前列带领人民不断开创事业发展新局面,必须以改革创新精神加强自身建设,始终成为中国特色社会主义事业的坚强领导核心。"[2]社会主义现代化建设是极其艰巨极其繁重的任务。在我们这样一个多民族的发展中大国,要把近13亿人的力量凝聚起来,向着社会主义现代化的目标前进,必须有中国共产党的坚强领导。否则,就会成为一盘散沙,四分五裂,不仅现代化实现不了,而且必然陷入混乱的深渊。"这是总结近代以来中国发展的历程得出的结论,也是分析许多国家发展的经验教训得出的结论。"[3]要坚持党的领导,必须改善党的领导。必须贯彻党的基本理论和基本路线,按照"三个代表"和

---

〔1〕[德]韦伯:《儒教与道教》,王容芬译,江苏人民出版社1993年版,第216页。

〔2〕《十七大报告辅导读本》,人民出版社2007年版,第47~48页。

〔3〕江泽民:《在庆祝中国共产党成立八十周年大会上的讲话》,人民出版社2001年版,第25页。

科学发展观的要求，全面深入地加强和改进党的建设，使我们党在世界形势深刻变化的历史进程中始终走在时代前列，在建设中国特色社会主义的历史进程中始终成为坚强的领导核心。

一、社会主义国家执政党的思想建设

胡锦涛指出："思想理论建设是党的根本建设，党的理论创新引领各方面创新。要按照建设学习型政党的要求，紧密结合改革开放和现代化建设的生动实践，深入学习马克思列宁主义、毛泽东思想、邓小平理论和'三个代表'重要思想，在全党开展深入学习实践科学发展观活动，坚持用发展着的马克思主义指导客观世界和主观世界的改造，进一步把握共产党执政规律、社会主义建设规律、人类社会发展规律，提高运用科学理论分析和解决实际问题能力。加强党员、干部理想信念教育和思想道德建设，使广大党员、干部成为实践社会主义核心价值体系的模范，做共产主义远大理想和中国特色社会主义共同理想的坚定信仰者、科学发展观的忠实执行者、社会主义荣辱观的自觉实践者、社会和谐的积极促进者。"〔1〕马克思主义揭示了人类社会发展的普遍规律，指明了社会主义代替资本主义、最终发展为共产主义的必然趋势，是工人阶级及其政党认识世界、改造世界的锐利思想武器。我们党始终坚持把马克思主义作为立党立国的根本指导思想和一切工作的行动指南，作为全国各族人民团结奋斗的共同理论基础。马克思主义的基本原理任何时候都要坚持，否则我们的事业就会归于失败。

坚持马克思主义，就要坚持解放思想、实事求是的思想路线。实事求是是无产阶级世界观的基础。党的 80 年的奋斗历程表明，我们党之所以能够由弱变强、由小变大、由胜利走向胜利，带领全党和全国人民不断取得革命、建设和改革开放的辉煌成就，其根本原因就在于，我们党在任何时候都能始终坚持马克思主义的基本原理，始终坚持党的解放思想、实事求是的思想路线。毛泽东思想、邓小平理论这两大理论成果，正是中国共产党人在新民主主义革命和社会主义建设、改革开放的不同历史时期把马克思列宁主义同中国具体实际相结合的产物，也是保证我们党能够带领人民战胜一切艰难挫折，使我们的事业能够无往而不胜的行动指南。历史事实一再证明，任何时候违背了马克思主义的基本原理，违背了实事求是的思想路线，我们的事业

〔1〕《十七大报告辅导读本》，人民出版社 2007 年版，第 48 页。

就会因为没有正确的理论基础和思想灵魂而迷失方向，就会归于失败。20世纪90年代，世界社会主义运动之所以出现东欧剧变、苏联解体，中国也曾经历长达20年的“左”的错误这样的曲折，原因固然很多，也很复杂，但其中一个带有根本性的关乎全局的原因，就是脱离各国的具体实际，抽象地谈论、搬用马克思主义书本上的理论原则或具体结论，严重扭曲、抹杀了科学社会主义的实践性本质。因此，我们在任何时候都要坚持马克思主义的基本原理，坚持党的解放思想、实事求是的思想路线。

坚持马克思主义，就要坚持理论联系实际，坚持勇于创新的精神。马克思主义是发展的科学，它随着时代、社会实践的发展和科学技术的发展而发展。与时俱进，不断创新发展，是马克思主义的基本理论品质，也是马克思主义的本质要求。马克思主义的创立，本身就是理论创新的成果。没有创新，就没有马克思主义，也就没有马克思主义的发展。马克思主义理论的每一次重大突破，社会主义实践的每一次历史性飞跃，都是马克思主义基本原理与具体实践相结合进行理论创新的结果。马克思主义之所以能永葆青春、蓬勃发展，就在于创新是这一理论本质内在的要求。马克思主义对人类进步的贡献，不仅在于深刻地反映和表现了时代，更重要的在于它推动着人们思想不断解放，引导着时代不断变革和发展。马克思、恩格斯、列宁和毛泽东、邓小平都为我们作出了理论联系实际和理论创新的光辉典范。

人类社会实践已经积累了大量新经验，同时又出现了大量新课题，都要求马克思主义作出新的科学的概括和分析，这对真正的马克思主义者来说是一个巨大的挑战。面向新世纪，面对国际国内的新情况新问题，我们必须坚定不移地坚持马列主义、毛泽东思想特别是邓小平理论，坚定不移地高举邓小平理论伟大旗帜。与此同时，我们又必须坚持一切从实际出发，解放思想，实事求是，“只要我们站在时代前列，立足于新的实践，把握住时代特点，运用马克思主义基本理论研究现实中的重大问题，不断深化对共产党执政的规律、对社会主义建设的规律、对人类社会发展的规律的认识，不断吸取一切科学的新经验、新思想、新成果，我们就能够对丰富和发展马克思主义作出新的贡献”〔1〕。

〔1〕 江泽民：《在庆祝中国共产党成立八十周年大会上的讲话》，人民出版社2001年版，第29页。

二、社会主义国家执政党的政治建设

相对于执政党的思想建设，主要是指思想路线建设而言，执政党的政治建设主要就是政治路线建设，即党在整个中国特色社会主义初级阶段的基本路线。这条基本路线至少要坚持一百年不动摇！

坚持马克思主义的指导地位，坚持立党为公、执政为民是社会主义国家执政党政治建设的核心。我们党领导人民在80多年奋斗中积累了多方面的丰富经验，其中最重要的一条是高度重视党的自身建设，把它作为取得革命和建设胜利的十分重要的法宝。党的历史经验证明，什么时候重视党的建设，坚持党的正确领导，社会主义革命和建设事业就顺利发展；什么时候忽视党的建设，削弱党的领导，社会主义革命和建设事业就遭受挫折甚至失败。党的十一届三中全会以来，我国的改革开放和社会主义现代化建设取得了举世瞩目的成就。这些成就的取得，与党中央、邓小平、江泽民高度重视党的自身建设是分不开的。改革开放30年来，在邓小平理论指导下，党在思想建设、理论建设、政治建设、组织建设、制度建设和作风建设等方面作了巨大的努力，并取得很好的成绩。党的建设促进了社会主义现代化建设，社会主义现代化建设的实践又极大地锻炼和提高了我们党的执政能力，使党变得更加成熟，更加坚强有力。

但是，必须清醒地看到，我们党的建设仍有不少薄弱环节，在一些地方、一些组织、一些党员和干部中，仍存在着一些不容忽视的问题。例如，一些党员、干部甚至少数高中级干部中，不同程度地存在着理想信念动摇，全心全意为人民服务的观念淡薄，拜金主义、享乐主义、个人主义思想膨胀，有的已堕入犯罪泥坑；一些部门、地方、团体，尤其是一些经济组织和社会团体中，一些党员、干部党的观念淡薄了，对党组织甚至党中央的决定置若罔闻，无组织无纪律，随心所欲，独断专行；有相当一部分基层党组织软弱涣散；有的党组织领导班子整体素质不高，不团结、不协调，思想保守，能力平庸，难以发挥党组织的领导核心和战斗堡垒作用；等等。确实需要通过进一步加强党的建设来克服上述种种不良现象。党的自身建设需要加强，需要认认真真、实实在在地抓，而不能讲讲重要，干起来次要，忙起来忘掉。只有各级党组织聚精会神地抓党的建设，才能把我们党建设成为有战斗力的马克思主义政党，成为领导全国人民进行社会主义物质文明和精神文明建设的坚强核心。

在当代社会主义建设中，要把党建设好，必须以邓小平理论、“三个代表”

重要思想和科学发展观为指导。胡锦涛指出:"'三个代表'重要思想的本质是立党为公、执政为民,学习贯彻'三个代表'重要思想必须以最广大人民的根本利益为根本出发点和落脚点。"〔1〕对于马克思主义执政党来说,坚持立党为公、执政为民,实现好、维护好、发展好最广大人民的根本利益,充分发挥全体人民的积极性来大力发展先进生产力和先进文化,始终是在社会主义建设过程中最重要的执政任务。我国各族人民是建设中国特色社会主义事业的主体,人民群众积极性创造性的充分发挥是社会主义建设事业成功的保证,不断实现最广大人民的根本利益是中国共产党全部奋斗的最高目的。以最广大人民的根本利益为根本出发点和落脚点,是马克思主义执政党立党为公、执政为民的具体体现,是马克思主义执政党永远立于不败之地的前提和基础,是社会主义建设取得胜利的决定性因素。

三、社会主义国家执政党的组织建设

民主集中制是我们党的根本组织原则,是我们党的根本组织制度和领导制度。历史经验证明,民主集中制是科学的合理的有效率的制度,它有利于体现人民群众的根本利益和愿望,有利于党的路线、方针、政策的正确制定和执行,发生失误也能得到有效的纠正。民主集中制坚持和贯彻得好不好,直接关系到党的事业的兴衰成败,关系到"三个代表"能否实现。正因为如此,党的十四届四中全会关于加强党的建设的决定中就明确指出,民主集中制是我们党的根本组织制度和领导制度,"当前,我国正在进行一场广泛而深刻的社会变革,更要求我们党坚持和健全民主集中制,而决不能削弱和放弃民主集中制"〔2〕。江泽民也说:"靠什么来保证党在组织上、行动上的一致呢?最重要的就要严格执行民主集中制。"因此,在新的历史条件下,按照"三个代表"的要求加强和改进党的建设,一个十分重要的内容,就是必须坚持民主集中制原则,并将其落实和体现到党的建设的各个方面和各个环节中去。

没有民主就没有社会主义,就没有社会主义现代化。充分发扬党内民主,最主要的要做到两条:一是要切实保障各级党组织和党员的民主权利。要疏通和拓宽党内民主渠道,使党员对党的事务有更多的了解和参与。要把

〔1〕 胡锦涛:《在"三个代表"重要思想理论研讨会上的讲话》,人民出版社 2003 年版,第 16 页。

〔2〕《十四大以来重要文献选编》(中),人民出版社 1977 年版,第 960 页。

党的方针政策、指示和决议,及时传达给下级党组织和党员。凡是党组织工作中的重大问题,都应该力求组织广大党员讨论,充分听取不同意见。要制定保障党员民主权利的规章制度,保证基层党员和下级党组织的意见能够及时反映到上级党组织。二是要不断推进党的决策的民主化、科学化。决策民主化是发展党内民主的重要内容,也是实现决策科学化的前提。要建立健全领导、专家、群众相结合的决策机制,逐步完善民主科学决策制度。党的领导机关和领导干部要发扬民主作风,充分尊重群众的首创精神,及时总结来自基层和实践的丰富经验。上级党组织作出与下级党组织和党员有关的重要决定,应该充分听取下级党组织和党员的意见,集思广益。要按照"集体领导、民主集中、个别酝酿、会议决定"的原则,进一步完善党委内部的议事和决策机制,凡是重大决策都必须由党委集体讨论决定,不得由个人或少数人专断,不允许个人说了算。要通过发展党内民主,积极推动人民民主的发展。

由于实行改革开放和发展社会主义市场经济,我国社会经济成分、组织形式、就业方式、利益关系和分配方式日益多样化。如果我们思想上不清醒,工作中不注意,是很容易搞散的。因此,维护党和国家的集中统一,维护中央的权威,是极端重要的。中共中央强调指出:"只有维护中央的权威,才能增强党的凝聚力和战斗力;才能保证国家统一、民族团结和社会稳定;才能保障改革开放和现代化建设的顺利进行,逐步实现各族人民的共同富裕,实现社会主义物质文明与精神文明的共同发展。这是全党和全国人民的最高利益所在。"〔1〕党章规定,党员个人服从党的组织,少数服从多数,下级组织服从上级组织,全党各个组织和全体党员服从党的全国代表大会和中央委员会。"四个服从"中,核心是全党服从中央,维护中央的权威。维护中央的权威,就是要保证中央的政令畅通,决定了的事情各方都要认真去办,要坚决贯彻执行中央的决议决定和方针政策。在党的基本路线和总方针、总政策、总目标以及关系全局的重大问题上,全党必须与中央保持一致。特别是各级领导干部,更应该带头做好这一点。领导干部无论在哪个地方和哪个部门工作,无论在党的哪一级组织担任领导职务,都必须自觉贯彻党的路线、方针、政策和工作部署,坚决维护党的领导的权威性和统一性。

党的干部队伍始终是不断更新的,社会主义的伟大事业,需要无数代人坚持不懈的努力奋斗。邓小平明确指出,巩固和发展社会主义制度,"需要我

〔1〕《十四大以来重要文献选编》(中),人民出版社 1977 年版,第 962 页。

们几代人、十几代人,甚至几十代人坚持不懈地努力奋斗”[1]。新老干部正常交替,特别是党的高层领导顺利交接班,这是中国政局保持长期稳定、社会主义事业顺利发展的关键。党的十一届三中全会以来,我党积极推进干部队伍革命化、年轻化、知识化、专业化的方针,一大批德才兼备优秀的年轻干部走上了县以上各级领导岗位。然而,新一代党的干部队伍具有明显的优势,同时也存在着一些不容忽视的弱点和不足。中共中央曾严肃指出:“有相当一部分领导干部的思想政治素质还不适应或者不完全适应形势任务的要求。”[2]因此,新世纪党的建设,必须把提高广大年轻干部思想政治素质,“努力培养出一大批政治上坚定、具有抵御各种风险的能力、善于驾驭复杂局面的优秀年轻干部”[3],作为一项事关党和国家长治久安的战略任务,要下大力气抓紧抓好。

四、社会主义国家执政党的作风建设

胡锦涛指出:“优良的党风是凝聚党心民心的巨大力量。要坚持人民是历史创造者的历史唯物主义观点,坚持全心全意为人民服务,坚持群众路线,真诚倾听群众呼声,真实反映群众愿望,真情关心群众疾苦,多为群众办好事、办实事,做到权为民所用、情为民所系、利为民所谋。以求真务实作风推进各项工作,多干打基础、利长远的事。加强调查研究,改进学风和文风,精简会议和文件,反对形式主义、官僚主义,反对弄虚作假。倡导勤俭节约、勤俭办一切事业,反对奢侈浪费。全党同志特别是领导干部都要讲党性、重品行、作表率。深入开展党风党纪教育,积极进行批评和自我批评,使领导干部模范遵守党纪国法,继承优良传统,弘扬新风正气,以优良的党风促政风带民风。”[4]

中国共产党的性质和宗旨,决定了党同各种消极腐败现象是水火不相容的。坚决惩治和有效预防腐败,关系人心向背和党的生死存亡,是党必须始终抓好的重大政治任务。胡锦涛指出:“全党同志一定要充分认识反腐败斗争的长期性、复杂性、艰巨性,把反腐倡廉建设放在更加突出的位置,旗帜鲜明地反对腐败。坚持标本兼治、综合治理、惩防并举、注重预防的方针,扎实

---

〔1〕《邓小平文选》第3卷,人民出版社1994年版,第379~380页。

〔2〕《中共中央关于开展“三讲”的党性党风教育的意见》(1998年11月21日)。

〔3〕江泽民:《在全国党校工作会议上的讲话》(2001年6月9日)。

〔4〕《十七大报告辅导读本》,人民出版社2007年版,第52~53页。

推进惩治和预防腐败体系建设，在坚决惩治腐败的同时，更加注重治本，更加注重预防，更加注重制度建设，拓展从源头上防治腐败工作领域。严格执行党风廉政建设责任制。坚持深化改革和创新体制，加强廉政文化建设，形成拒腐防变教育长效机制、反腐倡廉制度体系、权力运行监控机制。”〔1〕只有加强领导干部廉洁自律工作，不断提高党员干部拒腐防变能力，坚决查处违纪违法案件，才能确保党的先进性。

五、加强和改进新形势下党的建设〔2〕

中国共产党第十七届中央委员会第四次全体会议于2009年9月15日至18日在北京举行。全会听取和讨论了胡锦涛受中央政治局委托作的工作报告，审议通过了《中共中央关于加强和改进新形势下党的建设若干重大问题的决定》。

全会研究了加强和改进新形势下党的建设若干重大问题，认为在新中国成立60周年之际，进一步研究和部署以改革创新精神推进党的建设新的伟大工程，对于全面贯彻党的十七大精神，深入贯彻落实科学发展观，有效应对国际金融危机冲击、保持经济平稳较快发展，夺取全面建设小康社会新胜利、开创中国特色社会主义事业新局面，具有重大而深远的意义。

全会对当前和今后一个时期加强和改进党的建设作出了部署，强调要建设马克思主义学习型政党、提高全党思想政治水平，坚持和健全民主集中制、积极发展党内民主，深化干部人事制度改革、建设善于推动科学发展和促进社会和谐的高素质干部队伍，做好抓基层打基础工作、夯实党执政的组织基础，弘扬党的优良作风、保持党同人民群众的血肉联系，加快推进惩治和预防腐败体系建设、深入开展反腐败斗争。

世界在变化，形势在发展，中国特色社会主义实践在深入，不断学习、善于学习，努力掌握和运用一切科学的新思想、新知识、新经验，是党始终走在时代前列引领中国发展进步的决定性因素。必须按照科学理论武装、具有世界眼光、善于把握规律、富有创新精神的要求，把建设马克思主义学习型政党作为重大而紧迫的战略任务抓紧抓好。要推进马克思主义中国化、时代化、

〔1〕《十七大报告辅导读本》，人民出版社2007年版，第53～54页。

〔2〕节选自《中国共产党第十七届中央委员会第四次全体会议公报》，《人民日报》2009年9月19日。

大众化，用中国特色社会主义理论体系武装全党，开展社会主义核心价值体系学习教育，建设学习型党组织。

党内民主是党的生命，集中统一是党的力量保证。必须坚持民主基础上的集中和集中指导下的民主相结合，以保障党员民主权利为根本，以加强党内基层民主建设为基础，切实推进党内民主，广泛凝聚全党意愿和主张，充分发挥各级党组织和广大党员的积极性、主动性、创造性，坚决维护党的集中统一。坚持以党内民主带动人民民主，以党的坚强团结保证全国各族人民的大团结。要坚持和完善党的领导制度，保障党员主体地位和民主权利，完善党代表大会制度和党内选举制度，完善党内民主决策机制，维护党的集中统一。

坚持民主、公开、竞争、择优，提高选人用人公信度，形成充满活力的选人用人机制，促进优秀人才脱颖而出，是培养造就高素质干部队伍的关键。必须坚持党管干部原则，全面贯彻干部队伍革命化、年轻化、知识化、专业化方针，坚持五湖四海，拓宽视野选拔干部，广辟途径培养干部，满腔热情爱护干部，严格要求管理干部，把各方面优秀人才集聚到党和国家事业中来。要坚持德才兼备、以德为先用人标准，完善干部选拔任用机制，提高领导班子和领导干部推动科学发展、促进社会和谐能力，培养造就大批优秀年轻干部，健全干部管理机制。

党的基层组织是党全部工作和战斗力的基础，是落实党的路线方针政策和各项工作任务的战斗堡垒。必须坚持围绕中心、服务大局、拓宽领域、强化功能，进一步巩固和加强党的基层组织，着力扩大覆盖面、增强生机活力，使党的基层组织充分发挥推动发展、服务群众、凝聚人心、促进和谐的作用，使广大党员牢记宗旨、心系群众。要推进基层党组织工作创新，增强党员队伍生机活力，建设高素质基层党组织带头人队伍，构建城乡统筹的基层党建新格局。

执政党的党风，关系党的形象，关系党和人民事业成败。必须在全党大力弘扬理论联系实际、密切联系群众、批评和自我批评的作风，始终谦虚谨慎、艰苦奋斗，以思想教育、完善制度、集中整顿、严肃纪律为抓手，下大气力解决突出问题，以优良党风促政风带民风，形成凝聚党心民心的强大力量。要大兴密切联系群众之风，大兴求真务实之风，大兴艰苦奋斗之风，大兴批评和自我批评之风，以坚强党性保证党的作风建设。

坚决反对腐败，是党必须始终抓好的重大政治任务。必须充分认识反腐败斗争的长期性、复杂性、艰巨性，把反腐倡廉建设放在更加突出的位置，坚持标本兼治、综合治理、惩防并举、注重预防的方针，严格执行党风廉政建设责任制，在坚决惩治腐败的同时加大教育、监督、改革、制度创新力度，更有效地预防腐败，不断取得反腐败斗争新成效。要加强廉洁从政教育和领导干部廉洁自律，加大查办违纪违法案件工作力度，健全权力运行制约和监督机制，推进反腐倡廉制度创新。

加强和改进新形势下党的建设，是全党的重大政治责任。各级党组织要认真贯彻全会决定精神，坚持党要管党、从严治党，全面落实党建工作责任制，加强党建工作调查研究，全面认识和自觉运用马克思主义执政党建设规律，推动党的建设创新，确保党的建设各项部署落到实处，努力在以科学理论指导党的建设、以科学制度保障党的建设、以科学方法推进党的建设上见到成效，不断提高党的建设科学化水平。

内容提要

从全球视野来看，当代社会主义国家的发展和资本主义国家的发展是处于同一时空的。当代社会主义建设，必须同时在社会主义历史进程和资本主义历史进程中进行考察。当代社会主义建设所具有的经济基础落后性、民主意识薄弱性决定了当今社会主义国家处于相对落后的状态。当代社会主义建设所具有的思想意识超前性，决定了当代社会主义建设完全可以用马克思列宁主义、毛泽东思想、邓小平理论和“三个代表”重要思想来指导实践，以社会主义精神文明推动社会主义物质文明和社会主义政治文明建设。当代社会主义建设，要实现农业社会、工业社会、知识社会三级两跳，但它不可能逾越农业社会向工业社会飞跃的过程。当代社会主义建设主要包括社会主义物质文明建设、政治文明建设、精神文明建设、社会文明建设、生态文明建设和社会主义国家执政党建设六个方面内容。在社会主义建设过程中，社会主义物质文明建设是基础，社会主义政治文明建设是保障，社会主义精神文明建设是动力，社会主义生态文明建设是中轴，社会主义国家执政党建设是关键。建设中国特色社会主义，一方面离不开新全球化时代大背景，另一方面离不开中国共产党的领导和中国的具体国情。中国的发展是在全球后现代氛围中实现社会主义现代化的过程，这种氛围迫使我们不得不跨跃上知识化平台。这意味着建设中国特色社会主义，已经不再仅仅是创建“农业文明—工业文明”结构，而是必须创建“工业文明—知识文明”结构，向知识社会奋进。这一奋进过程必然是以知识化拉动现代化、以信息化带动工业化的跨跃式发展的历史进程，必然是知识社会主义不断超越知识资本主义的历史进程。

关键概念

科学技术适度发展观　基本国策　新型工业化道路　跨越式发展　社会主义物质文明　社会主义政治文明　社会主义精神文明　社会主义社会文明　社会主义生态文明　社会主义国家执政党建设

复习思考题

1. 在一个经济文化相对落后的社会主义国家实现赶超型发展何以可能？

2. 试论当代社会主义文明建设的基本内容及相互关系。

3. 请谈谈您对“社会主义建设关键在党”的理解。

参考文献

1. 杨春贵主编：《“四个如何认识”学习读本》，中共中央党校出版社2001年版。

2. 复旦大学马克思主义研究中心：《资本主义发展的历史进程研究》，上海人民出版社2001年版。

3. 华东师范大学当代马克思主义研究中心：《社会主义发展的历史进程研究》，上海人民出版社2001年版。

4. 乔耀章：《中国社会主义特色纵横谈》，苏州大学出版社1996年版。

5. 夏东民、陆树程：《江泽民战略思想研究》，苏州大学出版社2002年版。

6. 陆树程、夏东民：《邓小平战略思想论析》，吉林人民出版社2000年版。

第六章

经济全球化与世界社会主义

全球化是历史上产生、现在正在迅速展开并将长期延续下去的重大历史现象。如何认识这一历史现象？对此，国际和国内许多政治家、思想家、学者、专家都十分关注并进行深入研究，提出了多种多样的见解。全球化也是涉及经济、政治、文化、思想、意识形态等全方位、多领域的世界历史过程，尤其是经济全球化往往先行于并影响、制导着其他方面和领域的全球化过程。全球化还是一个充满着矛盾的历史过程。全球化与反全球化是这一历史进程的两个方面。什么是经济全球化？什么是反全球化？它们的特征、本质是什么？人类社会发展的前途是不是社会主义？资本主义发展是否改变被社会主义所代替的历史命运？社会主义在世界范围内是否能继续生存并不断发展壮大？直面经济全球化的严峻挑战，世界社会主义准确地说是进入资本主义世界体系之中的社会主义如何作为？中国的社会主义如何作为？这些是本章主要研究的问题。

重点问题

- 经济全球化与反全球化
- 经济全球化与资本主义
- 经济全球化与世界社会主义
- 中国与世界社会主义前景

第一节　经济全球化与反全球化

经济全球化与政治全球化相对而言，全球化和反全球化相伴而生，都是全球范围内有争议的大问题。20 世纪末 21 世纪初，一方面是全球化呼声越来越高，成为世界经济发展的主流和亮点；另一方面是反全球化运动风起云涌，呈蓬勃之势，其本身也全球化了。无论是全球化还是反全球化都是一种客观存在、无可回避的问题，都是我们必须严肃认真地加以研究的重大问题。

一、经济全球化的特征及其本质[1]

1. 何谓全球化？

当今世界，虽然许多人都在用“全球化”这个概念，但不同阶级、不同国家和不同文化背景的人，对全球化的进程和实质有不同的理解。经合组织的一份报告认为，“全球化”这个术语最早是由 T·莱维于 1985 年提出的，用来形容此前 20 年国际经济发生的巨大变化，即商品、服务、资本和技术在世界性生产、消费和投资领域中的扩散。到 20 世纪 90 年代，“全球化”一词已风靡全球，许多学者从不同角度、以不同观点来界定全球化。有的学者从技术的角度，把全球化看做是信息通信技术的发展，使各种信息能够在全世界迅速传播。有的学者从经济的角度，认为全球化就是资源在全球范围的自由流动和配置，如经合组织前首席经济学家 S·奥斯雷特称：生产要素在全球范围内的广泛流动，实现资源最佳配置，就是全球化。西方左翼学者则从社会制度的角度，认为全球化主要是垄断资本的全球扩张，实质上是资本主义制度的全球化。罗马俱乐部的学者从人与环境关系的角度，认为全球化就是全球问题意识和全球共识的形成。还有的学者从社会变迁的角度，认为全球化是指从以往各个领域、民族和国家之间彼此间隔的原始闭关状态，走向全球性的社会变迁过程。根据国际货币基金组织（IMF）的定义：“全球化是指跨国商品、服务贸易、国际资本流动规模和形式的增加，以及技术的广泛迅速传播使

[1] 这里借鉴和转引了一些国内学者在这方面研究的最新成果，恕不一一列出。

世界各国经济的相互依赖性增强。"〔1〕按照该定义的理解，全球化是技术进步的必然结果。世界贸易组织总干事鲁杰罗也多次阐释说，除贸易外，迅速发展的技术"也是全球化的推动力，阻挡全球化就等于阻止地球自转"〔2〕。然而，以技术因素来解释全球化问题，显然过于笼统且有失深刻。这是因为，科学技术是人类一切文明的基础和动力。科学技术的进步无疑为全球化进程创造了必要的甚至是至关重要的客观条件，但在资本主义制度下，任何科学进步的背后总是有利润因素的驱动，都带有"剥削的反动"(blacklash of exploitation)。就全球化进程而言，其根本驱动力是资本积累的内在冲动，而冷战结束及"两个平行世界市场"的消失为资本扩张提供了名副其实的全球空间。

"全球化"作为一种客观现实，本质上也是一种"物质"的运动和运动着的"物质"。我们应该考察"全球化"的发生发展，把握全球化的内在规律，建立科学的全球化观。如果说从 1492 年哥伦布发现新大陆从而引发了西方殖民者向全球扩张的历史趋势，至 20 世纪第一次世界大战的爆发宣告自由竞争的资本主义终结之日，这个四百多年的历史时期为传统意义上的全球化，那么，随着世界资本主义体系的内在危机的加深和矛盾的日趋尖锐化，一种本质上不同于资本主义的新型社会形态——社会主义社会形态已经开始从科学的理论变为活生生的现实，从此以后，以往那种仅仅由资本主义单方面把持和操纵的全球化便一去不复返了，取而代之的是一种有社会主义在其中运动着的新一轮全球化。这样看来，新一轮全球化的逻辑起点应从 1917 年俄国十月革命胜利之日算起。但实际上，从十月革命胜利以后一直到 20 世纪 70 年代末 80 年代初中国实行全方位的改革开放政策为止的很长的一个时期内，社会主义国家与资本主义世界阵营一直处于尖锐对峙的状态，这就导致原本联系(对于这种"联系"的具体内容及其方式我们暂且不论)在一起的世界经济处于相互割裂的状态。这时如果说有所谓全球化的话，那么在很大程度上也还只是资本主义世界体系范围内的全球化，还远不是覆盖全球、囊括不同社会制度特别是在本质上高于资本主义的社会主义制度的全球化。社会主义政权在苏联建立之初，国际形势相当严峻，国内矛盾错综复杂，一时

---

〔1〕 IMF："World Economy Outlook：Globalization——Challenges and Opportunities"，Washington DC：International Monetary Fund，1997，P. 45.

〔2〕 WTO：Annual Report 1997，vol. 1，Geneva：World Trade Organization，1997，P. 3.

根本无法与资本主义世界体系发生稍稍正常些的经济贸易往来，这就在很大程度上决定了新生的社会主义国家只有充分利用和调动国内或社会主义阵营内部的各种有限的力量来增强综合国力，发展社会生产力，提高人民生活水平。二战以后，斯林大提出“两个平行市场”理论，为的是既能在尽可能大的范围内配置资源，又能有效地避免资本主义经济危机；毛泽东提出自力更生、艰苦奋斗的国策，为的是通过最大程度地调动自身的力量战胜帝国主义的经济封锁。这在东西方两大阵营尖锐对峙的时代，是完全可以理解的。但无论如何却在一定程度上强化了社会主义与资本主义绝对对立、水火不容的客观结果。如此一来，所谓新一轮全球化就不能不局限于英、美等老牌资本主义国家以及战后众多选择资本主义发展道路的第三世界国家的范围内。尽管这个范围也不小，但由于无形中把苏联、中国等社会主义国家一律排除在外，毕竟是有其根本局限的。这个历史阶段也就是后来一些西方学者称之为全球化进程中的中断时期。可见，从 20 世纪 80 年代以后，世界面对的全球化应当是完全崭新意义上的全球化，它既不同于第一次世界大战前资本主义一统天下的“全球化”，也不同于 1917 年以后资本主义和社会主义两种制度完全对立的“全球化”，而是“一个地球，两种制度”共存、合作、竞争、适度斗争的全球化。

2. 经济全球化的主要特征

第一，它以科技全球化趋势为先导。科技全球化趋势突出是指：(1) 谋求科学技术发展已成为世界各国发展目标的重要组成部分。现代科学技术正在经历着一场伟大的革命。以信息技术为代表的新技术革命对世界经济的发展，对各国综合国力的提高，对各国政治、军事、外交、人们的活动方式与思想方式的作用日趋广泛、日益深刻。它成为各国实现现代化、解决全球问题的重要依托。(2) 当今科学技术革命的问题十分复杂，从科学技术发展的总趋势说，它一方面保持进一步分化和向微观进一步深入的趋势，另一方面产生了向宏观、交叉、复杂、综合集成的新趋势。认识科技革命发展问题上的复杂性，不仅需要国家力量的组织的推动，而且需要各国进步力量的共同推进。(3) 以信息技术为代表的新技术革命，为科技知识的迅速传播提供了条件。现今科学技术的国际性交流、合作与竞争的潮流蔚为壮观，世界技术贸易发展极快。当代科学技术以空前的规模和速度应用于生产，使社会物质生产的各个领域面貌一新，科学技术真正成为第一生产力，成为经济增长和发展国际分工的决定因素。特别是因特网的使用，使先进的服务业（涉及银行、电讯、数据信息、保险、交通运输和大量的专业、商业、科学服务等）得到发展，而交通运输、电信、银行、数据信息的发展，实现了资本对“空间最小化”的追求。这就极大地提高了经济活动的效率，为跨国公司的全球生产和国际贸易的扩大起了先导作用。

第二，它以金融国际化为核心。在经济全球化趋势中，金融国际化发展很快。其特点，一是国际流动资本数额巨大。据测算，在世界各地流动的国际流动资本达数十万亿美元之巨。二是国际投资形式增多，除直接国际投资外，还有以证券形式进行的规模急剧增长的间接投资。这不仅使各国的生产资本全球化了，而且使其借贷资本也走向国际化。三是资金交易规模空前扩大、传播速度空前加快。据测算，全球每天的外汇成交量达13 000亿美元。这是由于信息技术的迅速发展，在新的物质技术力量基础上，金融工具和国际金融业的运作方式得到不断创新，互联网、“电子货币”的发展使资本在全球范围内的自由流动有了更为便利的条件。四是西方发达国家在金融全球化趋势中占有明显优势。五是金融活动的风险性和投机性突出。现在遍及世界各地的数十万亿美元的国际流动资本，为寻找和追逐高额利润仅有 2% ~ 3% 用于直接生产和商品交易，其他绝大部分资本则流向金融投机。这样，金融垄断资本扰乱世界金融秩序的危险性就比任何时候都大。加之信息技术条件，一国的金融动荡很可能引发一个地区的金融动荡甚至波及全球。始于 2007 年之夏的美国次贷危机在持续了一年之后，引发美国华尔街金融危机，进而引发全球性金融海啸，预示并基本宣告了 20 世纪 80 年代以来西方世界由“华盛顿共识”所确立的新自由主义经济理论的破产。美联储前主席艾伦·格林斯潘走下神坛，即是最雄辩的例证。

第三，它以跨国公司为主要驱动力。在资本国际化中，产业资本国际化处于主体地位，跨国公司则是它的载体。现今全世界的跨国公司达 4.4 万家，海外分公司、子公司 28 万家。据统计，目前世界生产总值的三分之一，对外直接投资的 70%，贸易额的三分之二，技术专利的 80% 均为跨国公司所拥有。一些大的跨国公司，其中一家的资产额或销售额超过世界上大多数国家的国民生产总值。如美国的微软公司就拥有几千亿美元的资产。这些跨国公司以其资金、技术、管理和最新现代化科技的优势，不仅使多种产业的传统操作技术面临深刻危机，而且以其各种形式投资所拥有的金融管理权，垄断性地配置着全球资源，以多种形式影响各个国家的经济主权，其中包括通过强化超国家机构如联合国、世界银行、世贸组织、国际货币组织，削弱民族国家的力量，强迫各国放弃部分政府责任，控制一些发展中国家的部分产业甚至整个经济命脉。

第四，它以全球规模的世界市场为纽带。现今，逐渐形成了有发达资本主义国家、发展中民族主义国家、社会主义国家和其他各种类型的国家参与的真正世界市场。其联结的媒介也增多了，除了国际商品贸易、国际直接投资有了更大发展外，还发展了国际技术流动、国际劳务流动等新的联结纽带，使全球各国和地区之间的经济联系和相互依存越来越密切。

第五，它以贸易自由化作为发达国家胁迫发展中国家的新形式。20 世纪 80 年代以来，采用自由贸易的国家越来越多，促使世界经济贸易进入新的增长时期。世界贸易自由化程度明显提高。进入 90 年代以来，世界贸易增长率一直快于世界产出增长率。贸易自由化的步伐加快，虽有互联网和“电子货币”的发展在其间起推波助澜的作用，但更主要的是在这一过程中，为美、欧等少数发达国家控制的如世界贸易组织、世界银行、国际货币基金组织等国际经济组织，代表跨国公司全球化生产的要求，不断对发展中国家施以重压，驱动贸易投资的自由化和资本账户的自由兑换等。它们以投资、贷款、援助等形式相要胁，胁迫发展中国家不断降低关税，减少非关税壁垒，进一步开放国内市场，特别是金融市场，修改国内的规章制度乃至发展经济的整个国策。这种具有强权政治性质的政策，给拉美、东亚、中东、非洲等国家和地区的经济、社会发展造成严重影响。

第六，它由经济区域化伴随发展。与经济全球化相伴随，经济区域化的现象日趋突出。战后，为刺激全欧洲的经济增长和创造新的就业机会，西欧通过欧洲煤钢共同体逐步发展为欧洲经济共同体。继后，以欧共体为样板，逐步形成了中美洲共同市场，东盟（东南亚国家）、环太平洋地区和非洲的经济区域合作关系，北美自由贸易区，等等。经济区域化和经济全球化均受各自的利益驱动，相互作用，进一步促进了经济全球化的进程。

第七，它既为发展中国家所参与，又为发展中国家所抗拒。经济全球化作为社会化生产力发展的一个新阶段，其发展趋势不可抗拒，发展中国家必然参与其间，乘机谋求发展，但是当今主导经济全球化的是国际垄断资本。在经济全球化过程中，发达国家不断推行霸权主义和扩张主义，日益严重地侵犯发展中国家的主权和尊严，并且造成世界贫富两极分化的加剧，故又必然遭到发展中国家的抵制和抗拒，所以经济全球化是一个充满矛盾的历史过程。

3. 经济全球化的本质

经济全球化的本质是什么呢？在世界市场形成过程中，从生产关系角度考察，曾经出现过三种全球化，即商业资本全球化、借贷资本全球化、产业资本全球化。这三个阶段的全球化所不同的只是资本形态的变化，而没有改变资本关系的本质。现今经济全球化的实质依然是资本关系向全球的扩张，是资本大规模的跨国运动，进而形成资本的国际循环与周转。当西方资本在全球流动赚取了巨额利润后，又回流到西方国家的那些资本集团手中，转化为西方有产者的巨额财富。全球化是当代西方富裕的源泉。由此，维护资本的全球流动，维护西方资本在全世界赚取巨额利润，是当代西方国家及资本集团的生命线。这可以从以下几方面作出说明：

其一，经济全球化是以跨国公司为主要驱动力的。而跨国公司正是私营资本发展的最高级形式，是产业资本国际化的载体，是产业资本关系发展到国际垄断阶段的突出现象。若没有产业资本的国际化，就不会出现跨国公司，亦不会造就经济全球化；跨国公司之所以欲消除国界阻碍，谋求资本和贸易自由的“无国界性”，其目的是在世界范围内最大限度地配置资本，获取最大利润；经济利益又总离不开政治利益的要求，在经济全球化进程中西方大垄断资本总是利用世界银行和国际货币基金组织等国际组织，干涉发展中国家的内政、侵犯他国主权，通过控制别国的经济强行推行自己的政治经济制度和价值观念，所以经济全球化进程总是伴随西方现代政治民主化的过程。可见，经济全球化的实现正是垄断资本谋求控制全球的历史过程。

其二，资本要力求“夺取整个地球作为它的市场”。马克思曾经深刻地揭露道：资本“要力求摧毁交往即交换的一切地方限制，夺得整个地球作为它的市场”[1]。资本经过几个世纪的发展，现今正强烈地表现出这种本性要求。资本之所以必须如此，是因为它是一种社会的力量，一种社会活动的产物，它只有通过不停顿地运动，不断地积累，不断扩大剥削范围，才能生存下去。因此，向全球扩张是受资本本质及积累规律所支配的。马克思、恩格斯在《共产党宣言》中说：资产阶级由于“不断扩大产品销路的需要……奔走于全球各地。它必须到处落户，到处开发，到处建立联系”。由此，“使一切国家的生产和消费都成为世界性的了”，“……各民族的各方面的互相往来和各方面的互

〔1〕《政治经济学批判》，《马克思恩格斯全集》第46卷（下），人民出版社1979年版，第33页。

相依赖所替代了”[1]。这生动地描述了资本的扩张要求超越一切国界，把整个地球作为它的活动舞台。马克思当时所描述的是自由资本主义阶段商品资本全球化的情况，资本发展到今天的国际垄断阶段，它谋求控制全球经济，乃至全球政治、文化、社会的奢欲空前加强。正是因为这样，在经济全球化进程中，马克思当年所揭示的资本主义生产本身的内在规律即表现为资本的集中：“一个资本家打倒许多资本家。随着这种集中或少数资本家对多数资本家的剥夺……各国人民日益被卷入世界市场网，从而资本主义制度日益具有国际的性质。”[2]其作用空前加剧了。今天资本集中的程度，可以从实际操作和控制大跨国公司即资本的权力的垄断巨头们的状况看到，这些控制资本的权力者一是掌握着数不清的财富，如世界最富有的3个家族的财富总和比最不发达国家6亿人口的年收入还要多。如今358个亿万富翁的财富相当于占全球人口一半的26亿人的财富。目前，世界最大的7家银行资产额均超过6 000亿美元。二是通过自己的政策和政治活动，通过超国家的管理机构，控制和影响与其公司产品有关的全球的经济和社会生活。这包括贸易和投资的开放体制，全球度量衡的统一，全球交通通信网络，资源、环境的管理，对跨国污染的控制，各国金融市场的开放，国际金融市场的稳定等广泛的方面。三是大刮兼并之风，以扩大对世界市场的占领。过去两年中世界上出现的大企业兼并达1.5万起，其中75%是跨国公司之间的合并。据美国证券公司统计，从1999年1月1日至12月21日，全世界已宣布的企业收购和兼并案的交易总额达到3.31万亿美元，近乎于1989年的6倍。四是挑战各国政府的权威。如美国微软公司总裁比尔·盖茨会见有些国家首脑的次数比比尔·克林顿还要多。这反映了微软公司的全球商业利益已超过美国外交政策利益，它不需要美国外交部的帮助就可以与东道国的政治家直接对话。有些跨国公司还通过威胁要削减成千上万个就业机会或者把生产基地转移到国外，来保证自己获得国家订单、减税、降低工资成本和国家补贴。跨国公司为实现全球生产、贸易和移民，以便在各国之间转移资金和劳动力，要求各国政府经济政策向趋同化方向发展；跨国公司由于控制了大部分国际贸易，各国政府真正能够管住的只是国内非流动资产。跨国公司在世界经济中重要性的增加，使管理世界经济的决策主体出现转移：从国家政府向私营部门的

[1] 《马克思恩格斯选集》第1卷，人民出版社1995年版，第276页。
[2] 《马克思恩格斯全集》第23卷，人民出版社1972年版，第831页。

跨国公司转移;从单个国家向跨国公司的国际性机构转移〔1〕。这些都表明,资本的集中已达到这种程度,全球生产、贸易和消费乃至世界政治已控制、操纵在少数跨国公司的垄断巨头的手中。

其三,资本"力求用时间去消灭空间"。由于流通时间表现为劳动生产率的限制=剩余价值的减少=资本价值自行增殖过程的障碍或限制。因此,资本为追求最高的剩余价值,总是力求用时间去消灭空间,"就是说,把商品从一个地方转移到另一个地方所花费的时间减到最低限度。资本越发展,从而资本借以流通的市场,构成资本空间流通道路的市场越扩大,资本同时也就越是力求在空间上更加扩大市场,力求用时间去更多地消灭空间"〔2〕。这在今天集中表现为国际服务业的高度发展。人们注意到,在经济全球化过程中,一个突出表现就是产生了极为先进的服务业,如喷气式飞机、卫星电缆电话通信,特别是国际互联网的使用,等等。先进服务业的发展,使人类的信息交往、物资、资金和人员的流通大大加快。这种技术成果的出现是由资本追求最大利润的冲动所推动的,目的在于把商品从一个地方转移到另一个地方所花费的时间缩短到最低限度,使剩余价值的增殖能在最短的商品和资本流通时间中得以实现。经济全球化过程中服务业的发展,是资本在这方面能量的相当强大的表现。

其四,经济全球化趋势的加快使世界经济中的不确定因素和不稳定性增加,这是国际金融资本成为破坏性力量的表现。在经济全球化过程中,国际金融资本以对国际金融,目的国经济、政治的熟谙,增大了它对世界经济的影响力。各国金融资本不仅竞相角逐,谋取在国际金融领域的竞争优势,而且同资金数量庞大、投机性强的跨国公司结合,更加强了其垄断地位,成为国际金融中严重的破坏力量。跨国公司以谋求超额垄断利润为目标,采取种种手段进行投机,特别是金融衍生工具的迅速发展,使其破坏力大大增长;贸易和投资自由化的发展,以至任何个人通过因特网都可以直接进行世界性交往,也可以制造全球性的危机,更增大了世界市场受冲击的风险性。特别是由于信息技术的进步和广泛运用,可使巨额资金变成电子信息,迅速流动于全球各个角落,使各国建立在国民经济活动基础之上的原有监管标准和措施难以适应,失去相应的控制力,由此酿成金融危机;金融流动工具的不断创新,加

〔1〕 参见赵江:《正确认识全球化的本质》,《高校理论战线》2000年第10期。

〔2〕《马克思恩格斯全集》第46卷(下),人民出版社1979年版,第33页。

大了国际金融活动的投机性和易变性，由此增加了国际金融不稳定和危机出现的频率，等等。世界经济中这些日趋增多的不确定因素和不稳定性，任何力量都难以控制，致使一些国家爆发金融危机并演变为政治危机造成国际社会动荡。这一切，正是国际金融资本成为一种破坏性力量的表现。这种破坏力量是致命的。“它能够引起一种摧毁性的连锁反应，与原子武器相比，金融市场今天成了破坏稳定的更大危险。”〔1〕

其五，西方一些政论家认为，经济全球化的实质就是资本国际化。例如，布热津斯基在论及全球化问题时就明确写道：“人们还必须把全球性的专门组织网，特别是‘国际’金融机构，看做是美国体系的一部分。国际货币组织和世界银行，可以说带有‘全球’利益，而且它们的构成成分可以解释为世界性。但实际上它们在很大程度上受美国的左右，而且它们本来就是在美国的倡议下产生的，特别是美国倡议的1944年布雷顿森林会议。”〔2〕西方一些“新左派”学者，也曾明确指出当今的经济全球化就是资本国际化、金融全球化、“涡轮资本主义”帝国主义化，目前的因特网就是一种信息帝国主义，世贸组织是市场帝国主义，国际货币基金组织是金融帝国主义。在全球统治方面，“如果没有美国也就不会存在”。全球化对于大多数国家来说是一个被迫的过程，“对于美国来说，这却是它的经济特点和政治精英有意识推动并维持的过程”〔3〕。

以上说明当今经济全球化的本质即资本的国际化。

二、反全球化运动中的几个问题〔4〕

随着全球化进程的推进，出现了与之针锋相对的“反全球化”现象，而且其本身也随之全球化了。反全球化是怎样形成和发展起来的？其性质和特点有哪些？为什么会出现反全球化运动？哪些人通过什么样的组织活动反全球化？这些是我们需要了解和思考的几个问题。

---

〔1〕 费利克斯·罗哈廷：《全球金融市场：必不可少的市场与风险》，《国际邮报》1994年第46期。

〔2〕 [美]布热津斯基：《大棋局：美国的首要地位及其地缘战略》，上海人民出版社1998年版，第37页。

〔3〕 [德]汉斯-彼得·马丁、哈拉尔特·舒曼：《全球化陷阱对民主和福利的进攻》，中央编译出版社1998年版，第297页。

〔4〕 参见杨中强：《全球化的不平之音——当前“反全球化”运动透视》；刘志明：《反全球化运动述评》；吴易风：《反全球化运动考察与分析》，《当代思潮》2002年第1、第4期；2003年第3期。

1. 反全球化运动的历史回顾

1999 年 11 月底 12 月初发生在美国的“西雅图风暴”，拉开了世界范围的反全球化运动的序幕。1999 年 11 月 30 日，世界贸易组织第三届部长会议在西雅图开幕。与此同时，世界反全球化人士云集西雅图，对全球化进行抗议。有 4 万人组成的全球化抗议者队伍与警察在整个西雅图发生全面冲突，被视为全球化象征的麦当劳快餐店（有一种说法是，全球化就是麦当劳化）被捣毁。防暴警察试图用催泪弹和橡胶子弹（警察事后只承认用了胡椒粉喷雾剂）驱散示威群众，但效果不大。世界贸易组织部长会议被迫推迟 5 小时开幕，不少代表团未能出席第一天会议，警方宣布紧急状态并实行宵禁。到 12 月 1 日，警察已逮捕 310 人，另有多人受伤。克林顿的贸易保护主义讲话遭到普遍反对。会议未能达成协议。在西雅图大规模反全球化示威游行之后，世界各地随后发生的所有反全球化的示威游行都被称为“西雅图风暴”，反全球化运动的参加者都被称为“西雅图人”。

2000 年 1 月 27 日，世界经济论坛在达沃斯举行。反全球化示威者从世界各地聚集达沃斯，抗议全球化。在示威中，又发生了捣毁被视为全球化象征的麦当劳快餐店事件。2000 年 2 月 14 日，联合国贸易与发展会议在曼谷召开。反全球化示威者汇集曼谷，谴责世界贸易组织、国际货币基金组织（IMF）和世界银行（WB），要求国际金融机构立即采取行动分担发展中国家由于全球化造成的负面影响。2000 年 4 月 16 日，国际货币基金组织和世界银行在华盛顿开会。大批全球化反对者汇聚华盛顿，抗议全球化，抗议国际货币基金组织和世界银行会议，使一些代表无法进入会议中心。示威者要求建立一个没有“公司的支配”的“工人的社会”。全球正义动员组织发言人说，这次抗议活动旨在反对跨国公司接管世界。“我们的政治制度已愈来愈变成一小撮跨国公司集团的工具……只照顾跨国公司的利润。”警方拘捕了 600 名抗议示威者。2000 年 5 月 1 日，伦敦举行声势浩大的反全球化游行示威，以纪念国际劳动节。2000 年 9 月上旬，联合国在纽约举行各成员国首脑千年高峰会议。与此同时，大批反全球化示威者在联合国总部对面举行各国人民高峰会议。2000 年 9 月 26 日，国际货币基金组织和世界银行在布拉格举行年会。一万多名反全球化示威者从世界各地聚集布拉格，反对国际货币基金组织和世界银行举行的年会，指责国际货币基金组织和世界银行是全球资本主义的工具，要求加以关闭。示威者与警察发生冲突，约 100 人受伤。2000 年 10 月 20 日，第三次亚欧会议在韩国汉城召开。反全球化示威者约两万人举行与亚欧会议相对立的人民论坛。2000 年 12 月 6 ~7 日,欧盟首脑会议在尼斯举行。与此同时,来自世界各地的反全球化示威者云集尼斯,举行声势浩大的反全球化大游行,参加者大约有 5 万人。欧盟首脑会议一度被迫中断。示威者与警察发生冲突,多人被捕,其中 2 人被判监禁。警察中有24 人受伤。

2001 年 1 月 27 日,世界经济论坛在苏黎世举行。来自世界各地几千名反全球化示威者集会苏黎世,抗议世界经济论坛会议。反全球化人士与警察发生冲突,约有 30 人被驱逐,120 人被捕。2001 年 4 月 20 日,美洲国家首脑会议在魁北克举行。来自世界各地,特别是来自南北美洲各地的反全球化的大批示威者同警察发生冲突。警察动用催泪弹和高压水枪对付示威群众。400 名活动分子被捕。抗议者向警察投掷石块和酒瓶,19 名警察受伤。2001 年 6 月 15 日,欧盟首脑会议在哥德堡开会。来自世界各地,特别是来自欧洲的反全球化人士云集哥德堡,举行反对全球化的示威游行,参加者约两万人。示威者与警察发生巷战,警察向示威者开枪,多人受伤。2001 年 6 月 25 日,世界银行在巴塞罗那开会。大约 1 万人在巴塞罗那举行反全球化示威游行。示威者与警察发生冲突,22 人被捕,32 人受伤。世界银行被迫取消了一次会议。2001 年 7 月 20 ~22 日,布什等八国首脑会议在热那亚举行。会议开幕前,新闻媒体报道约有 10 万名反全球化人士从世界各地聚集热那亚,举行示威游行,并举办大型社会论坛,抗议全球化。意大利媒体将来自世界各地的"西雅图人"分为红、黄、蓝、黑四大军团,划分的标准是"西雅图人"反全球化的方式。红色军团一般采取和平方式反全球化,他们头带安全帽,手持木棒和盾牌,准备在遭到袭击时进行自卫。黄色军团较为活跃,持有仿古"武器"。蓝色军团备有石块、燃烧瓶,有暴力倾向。黑色军团不仅有暴力倾向,而且有破坏力。"西雅图人"分别通过陆、海、空云集热那亚。意大利警方严阵以待。天上战机巡逻,海上军舰游弋,军方甚至部署了地对空导弹,会议区内连下水道出口也全部焊死。7 月 20 日,八国峰会开幕。《八人开会,两万人保卫,十万人抗议》——这成了媒体的醒目标题。据德新社热那亚 7 月 20 日电,在开幕前一天,示威者企图冲进开会地点,与警察发生冲突。燃烧的垃圾箱成了浓烟滚滚的路障。警察动用了催泪弹和高压水枪,示威者动用了燃烧弹和铺路石。7 月 20 日,会议开幕时,汇聚热那亚的大约 12 万示威者举行大游行,打出了"全球化导致贫困"的横幅。示威者与两万名警察和准军事人员发生了暴力冲突。在这场暴力冲突中,近 500 人受伤,126 人被捕,1 位意大利青年被警察开枪打死。在会议的第二天,至少有228人受伤。被激怒的示威者高喊:“杀人犯!杀人犯!”他们与警察发生冲突。美联社热那亚7月21日电称:这次八国峰会是“一次被抗议活动搅得乱七八糟的最高级会议”。英国《金融时报》7月21日文章说:“由于严格的安全保卫措施,这里几乎成了一座空城,只剩下首脑会议的参加者和抗议者。普通百姓都呆在家里。”7月22日,八国会议在反全球化的抗议声中闭幕。《八国首脑会议公报》甚至也不得不写上“要使经济全球化有利于全体公民,特别是穷人”这样的话。2002年1月31日到2月4日,世界经济论坛在纽约召开,这是该论坛1971年创立以来首次在瑞士以外的地方召开,有一百多个国家的政要、企业家、学者、宗教界领袖等近3 000人参加。来自世界各地的大批反全球化人士汇聚纽约,准备示威游行。示威者说要上街,警方万分紧张。大批警察对会场实行“密集防卫”。纽约《每日新闻》报道:会场所在地曼哈顿中城在警察保卫下犹如一座“军营”。联合国秘书长安南在讲话中说,全球权力和财富分配的极不平衡对国际安全形成严重威胁。当今的现实是少数人享有特权,而太多的人则生活在极度贫困和日益恶化的境况中。国际货币基金组织总裁克勒甚至也批评美欧贸易保护主义政策,批评发达国家“过于自私”。会议期间,近万人多次游行示威,反对全球化,抗议富国和强国决定世界命运。2002年6月26~27日,八国峰会在加拿大举行。为了防止反全球化人士到开会地点游行示威,东道国加拿大将会议特意安排在距卡尔加里约100公里的一个偏僻的小村庄举行,并采取严格措施,禁止非与会人员前往。会议主题讨论全球经济、反恐、援非等问题。军警戒备森严,如临大敌。会议开幕时,来自世界各地的几千名反全球化人士无法接近八国峰会场,只得在距离会场约100公里的卡尔加里游行示威。他们高呼反全球化口号,抗议发达国家对发展中国家的经济掠夺。抗议者与警察发生冲突,一些抗议者被捕。

以上考察的是反全球化运动的一种形式。这种形式的特点是,反全球化运动与推进全球化的国际峰会在同一时间和同一地点举行,前者与后者进行针锋相对的斗争,发生正面冲突,而且往往出现暴力冲突。反全球化运动还有一种形式。这种形式的特点是,反全球化运动与推进全球化的国际会议在同一时间,但在不同地点举行。前者对后者进行远程对话和抗辩,但不会发生正面冲突,更不会出现暴力冲突。下面考察这种形式的反全球化运动。

2002年1月31日到2月5日,在世界经济论坛于美国纽约召开的同时,反全球化的世界社会论坛在巴西阿雷格里港召开。在巴西这边的世界社会论坛与在美国那边的世界经济论坛进行远程对话。世界社会论坛是与世界经济论坛相对立的非政府组织会议。在美国那边的世界经济论坛有一百多个国家参加,在巴西这边的世界社会论坛有一百五十多个国家参加。世界社会论坛反对"由自由市场控制"的全球化,反对"新自由主义的过分做法导致的灾难、不平等和不公正现象"。会议宣言要求结束"军国主义、新自由主义和战争文化",宣言主题是"为了抵制新自由主义、军国主义和战争"。这次反全球化运动认为:"美国政府及其盟国以'反恐怖主义战争'的名义悍然发起了一场军事行动","战争加强了美国及其盟国的主导地位"。宣言总结了"反全球化精神",说"这是一种全球团结的运动,我们因为反对财富集中、反对贫困与不平等现象的扩散、反对破坏我们生活的现象而团结到了一起"。埃菲社说参加世界社会论坛的人数高达6万人,其中有1.5万人是青年,他们在会议期间还为去年(2001年)在热那亚反全球化运动中被警察打死的那位意大利青年举行了悼念活动。2002年6月26~27日,在富国峰会于加拿大举行的同时,非洲一些国家的代表于非洲举行穷国峰会,对富国峰会进行远程抗辩。

反全球化运动的形式除了以上两种之外,世界上不少地方举办的全球化论坛有的实际上是反全球化运动的又一种形式。这种形式的反全球化国际运动与推行全球化的国际会议既不在同一时间举行,也不在同一地点举行,而是一种独立行动。哈瓦那全球化论坛已经举行了三届。2002年2月11~15日,第四届哈瓦那全球化论坛在哈瓦那举行。出席论坛的有来自四十多个国家和十多个国际组织和地区组织的一千多人。论坛的议题较为广泛,有金融危机、外债、人类资源和劳动力市场、经济一体化和合作、环境、阿根廷危机、美洲自由贸易区等。卡斯特罗在闭幕式上发表讲话说,当今世界正处于二战以来最严重、最危险的危机之中。发展中国家债务日益严重,已达2万亿美元。其中拉美国家1985年外债总额为3 500亿美元,2001年增加到7 500亿美元。与此同时,一些国家推行私有化,使财富转到了外国企业手中。卡斯特罗批评美国的霸道,为了美国利益,逼迫一些国际机构改变原来的职能和作用。不少反全球化人士在论坛上抨击了西方国家,特别是美国主导的全球化。

2. 反对全球化的性质及其特点

严格说来,"反全球化"这个词本身并不确切,因为人们并不反对全球化本身,尤其不反对那种作为客观趋势和自然历史进程的全球化。那些强烈抗议全球化的示威人群自己都不大使用“反全球化”一词。准确地说,反全球化运动的人士反对的是西方主要发达国家主导的全球化,是这种全球化进程中产生的种种问题尤其是社会问题。正如1998年度诺贝尔经济学奖得主阿玛蒂亚·森所说的那样,这些反全球化人士其实并不真正地反对全球化,他们是在反对某种同他们本身信念、价值观相背离的全球化,其中有对世界南北差距拉大、分配不均的忧虑,有对几个大国主宰世界的不平,当然也免不了为了维护自身的狭隘民族利益甚至是无政府主义[1]。联合国秘书长安南在2000年4月3日发表的《我们人民:二十一世纪联合国的作用》(即《千年报告》)中也认为:“很少有人、团体或政府反对全球化本身。他们反对的是全球化的悬殊差异。首先,全球化的好处和机会仍然高度集中于少数国家,在这些国家内的分布也不平衡。第二,最近几十年出现了一种不平衡现象:成功地制定了促进全球市场扩展的有力规则并予以良好实施,而对同样正确的社会目标,无论是劳工标准,还是环境、人权或者减少贫穷的支持却落在后面。更广义地说,全球化对许多人已经意味着更容易受到不熟悉和无法预测的力量的伤害,这些力量有时以迅雷不及掩耳的速度造成经济不稳和社会失调……人们日益焦虑的是……他们的呼声会被全球化的声浪淹没。”

“反全球化”是对全球化力量的抵制,是全球化发展过程中的“副产品”。人们对“反全球化”的理解见仁见智,对“反全球化”的界定尚无统一的说法。由以上对反全球化运动的历史回顾可见:

反全球化运动是在国际工人运动和国际共产主义运动处于低潮时期出现的一种有广泛社会基础的特殊的国际运动。这个运动的锋芒一开始就直接指向以美国为首的主导全球化的七国集团,指向依照七国集团制定的规则推行全球化的国际组织——世界贸易组织、国际货币基金组织和世界银行。反全球化运动的发展十分迅速。发生在美国西雅图的“西雅图风暴”拉开了反全球化运动的序幕,发生在意大利热那亚的“西雅图风暴”把反全球化运动推向高潮。从拉开反全球化运动序幕,到把反全球化运动推向高潮,一共还不到两年时间,而投入反全球化运动的“西雅图人”已经从拉开反全球化运动序幕时的4万人猛增到反全球化运动达到高潮时的12万人。反全球化运动十分活跃,发生的频率很高。从西雅图世界贸易组织第三届部长会议到最近的八国峰会,在不到32个月中,反全球化运动至少举行了16次大规模的游

〔1〕 见覃莉:《他们,反的是什么?——反全球化运动扫描》,《海外星云》2001年第24期。

行示威和其他形式的斗争，除了极少例外，几乎可以说，现在这个地球上，哪里举行推行全球化的国际高峰会议，哪里就会出现反全球化运动。全球化和反全球化进行激烈碰撞、冲突和斗争，已经具有不可避免之势。反全球化运动的迅速发展在国际上有深刻的社会经济和政治根源。就像全球化有其历史的必然性一样，反全球化运动也有其历史的必然性。反全球化运动遭到西方发达国家统治者的镇压。但是，无论是逮捕、监禁，还是催泪弹、高压水枪、橡胶子弹以至热武器，这些镇压手段都没有使反全球化人士屈服。反全球化运动本身已经成为一种全球化，成为使主导全球经济的西方发达国家统治者感到头痛和害怕的一种全球化。反全球化运动在世界范围内已呈现出以下特点：

其一，社会基础的广泛性。在全球化的过程中，出现了“第三世界化”的趋势，而“第三世界化”则使“反全球化”有了广泛的社会基础。所谓“第三世界化”是指一种全球趋势，即原来的“第一世界”出现了贫困与边缘化（尽管此种贫困与边缘化不能与穷国类比），但同时第三世界却出现了大批可以在全球经济中进行竞争的新富。如美国、加拿大的两极分化日益明显，而墨西哥则出现了很多世界级的跨国公司与亿万富翁[1]。这样，在发达国家“反全球化”的参与者就不仅仅是下层民众，越来越多的中产阶级也因生活条件和环境的恶化而加入其中。而发展中国家也会因贫富差距的拉大，从而使反全球化的呼声遍布绝大多数社会阶层。这样，“反全球化”就具有了广泛的社会基础。

其二，地区的不平衡性。正如世贸组织西雅图会议以及热那亚八国峰会等所展示的，当前“反全球化”运动的中心和动力源仍在西方和其他发达国家、地区，因为那里也是全球化的中心和动力源。在一般人的心目中，由于发达国家在全球化中占据优势，而发展中国家居于劣势，应该由发展中国家主张抵制全球化。但现实正好相反，发展中国家推进全球化、试图从全球化中寻求新的发展动力的愿望强烈；而发达国家的部分阶层，则已成为全球化的坚决反对者。总体来看，东亚不如欧美，东欧不如西欧。究其原因在于东亚和东欧仍处于“西化”阶段，尤其是年轻一代认为全球化是好事。此外，在被西方媒体经常称为“全球化成功故事”（Globalization Success Story）的发展中

---

〔1〕 See Roger Burbach and Willian Robinson, “The Fin de Siecle Debate: Globalization as Epochal Shift”, Science and Society, Spring, 1999.

国家,如印度、巴西、中国等,目前"反全球化"力量较小。而在遭受金融危机重创的国家,如泰国、印尼等(也可称作"全球化失败故事")以及长期遭受美国封锁的古巴,反全球化言行相对较多。

其三,运动的无序性。到目前为止,"反全球化"依然没有一个共同纲领,也缺乏一个严格意义上的统一组织和协调机制,其斗争形式也复杂多样。法国一位评论家对此说得非常幽默:在反全球化运动中出现一位"马克思"以前,这个运动依然像无头苍蝇一样到处乱撞。

其四,目标的相悖性。由于"反全球化"参与者鱼龙混杂,其目标也千差万别。从反对不公正的国际经济秩序到反对跨国公司,从强调环保到倡导自由、平等,不一而足。值得注意的是,多数发达国家非政府组织的目标实际上与发展中国家的目标相悖。前者主要反对全球化给发达国家带来的产业"空洞化"和由此带来的失业增加、社会福利下降等现实利益问题,其中不乏民族排外主义、贸易保护主义以及针对发展中国家竞争等色彩;后者则主要反对全球化带来或强化的不民主、不合理的国际经济、政治秩序,以及由此加剧的南北贫富差距。

3. 反全球化运动的缘起

所谓反全球化运动兴起的缘由,也就是指人们为什么要反全球化的问题。人们为什么要反全球化呢?是因为在当今的全球化进程中产生了许多严重的问题尤其是社会问题;是因为随着当今全球化进程的不断前进,世界却日益分裂化;是因为当今西方主导的全球化不能公平对待世界每个国家,不能公平对待世界多数人民;是因为作为客观趋势,作为自然历史进程的全球化如果继续照此轨迹进行下去,那人类真正的、彻底的解放前途就遥遥无期,人类就会有面临毁灭的危险。这绝不是危言耸听,古巴国务委员会主席菲德尔·卡斯特罗在1992年6月召开的联合国环境与发展会议上就曾郑重向与会代表指出:"由于其生存的自然条件迅速不断地消失,一个重要的生物物种——人——有灭绝的危险。"[1]人们对当今全球化本质的认识日益深刻,人们对当今全球化进程所带来的灾难越来越感到切肤之痛。正是这一系列的原因,人们终于开始行动起来了。于是,我们终于看到,在世界各地,一场场反全球化运动成星火燎原之势地爆发开来了。

---

〔1〕[古巴]菲德尔·卡斯特罗:《全球化与现代资本主义》,社会科学文献出版社2000年版,第149页。

那么,当今的全球化进程究竟出了什么问题呢?或者说,当今的全球化进程究竟给人类带来了什么样的灾难呢?关于当今全球化进程中产生的主要问题,古巴国务委员会主席菲德尔·卡斯特罗在其著作《全球化与现代资本主义》中作了这样的概括:“资本主义和新自由主义的全球化带来我们什么……此时此刻有8亿人口挨饿,10亿人口是文盲,40亿人口生活贫困,2.5亿儿童要做工,1.3亿儿童受不到任何教育,1亿孩子流落街头,每年有1 100万5岁以下的儿童死于营养不良、贫困和可以预防或可以治愈的疾病;多个国家内部和多个国家之间的贫富差距不断加大;生态环境遭到无情的、几乎不可逆转的破坏;不能恢复的重要资源正在迅速被浪费和消耗;大气、地下水、河流、海洋受到污染;气候的变化已经带来了不可预言的、明显的后果。本世纪(20世纪——引者),10万公顷的原始森林消失了,还有同样面积的土地变成了沙漠或无用的土地。”〔1〕

美国《世界日报》2000年4月23日发表一篇题为《防止经济一体化成为新的经济奴役》的文章说:“示威者最大的口号是抗议全球经济一体化为贫穷国家带来的灾难。”该文还说:反全球化运动“打破了由高科技和资讯革命带来经济持续繁荣的虚幻景象,揭示了世界经济一体化背后的南北矛盾和贫富差距扩大给人们带来的重大心理冲击和隐藏的社会动荡因子”。美国《世界日报》的那篇文章揭示了全球化反对者举行大规模抗议的共同主题:“抗议人群呼吁的是,世界经济强权正和一小部分跨国公司联手,打着帮助贫穷国家建设的招牌,利用贷款和巨额债务进行不合理的国际分工,使落后国家接受改头换面的金融殖民、技术殖民,并把环境危机等转嫁出去。”该文还说:“世人所期待的全球经济一体化是大家的共同繁荣,是利益和资源更平等的分配,能够使人权和生存尊严得到更大程度的保障。”可是,事实与人们期待的正好相反。人们越来越看到世界经济议题背后的虚伪和不平等,以及世界经济体系背后日益严重的南北问题与贫富差距。

西班牙《世界报》2001年7月21日发表的题为《透视反全球化运动》一文说:“这些示威者们的旗帜就是:反全球化。这一概念涵盖了从保护农业到捍卫一个没有军队的世界、免除贫穷国家债务、生态主义、无政府主义、反对资本主义等一系列丰富多彩的理念。”

---

〔1〕[古巴]菲德尔·卡斯特罗:《全球化与现代资本主义》,社会科学文献出版社2000年版,第54~55页。

在西方国家的媒体中，关于反全球化原因的类似分析很多。例如，认为全球化扩大了贫富差距，既扩大了富国和穷国、发达国家和发展中国家之间的贫富差距，加深了南北矛盾，也扩大了各个国家内部的贫富差距；认为西方发达国家政府和跨国公司联手，利用贷款和债务进行不合理的国际分工，通过全球化推行包括金融殖民和技术殖民的新殖民主义，给发展中国家带来灾难；认为发达国家推行全球化会使本国工业"空心化"，会减少本国的就业机会；认为全球化损害了发展中国家的农业；认为发达国家利用全球化向发展中国家转嫁环境危机，破坏发展中国家的生态平衡；认为发达国家通过全球化侵犯发展中国家的主权，侵蚀发展中国家的文化和传统，威胁发展中国家的社会和经济稳定，损害发展中国家的独立。我们把这些原因概括为以下四个方面：

其一，制度性原因。"反全球化"行动参与者中，不乏资本主义制度的反对者或批判者；有的则对西方市场经济抱有歧视，认为这是一种"强者压制弱者"而不顾未来的"新殖民主义经济"，他们更反对市场社会；还有的则对最近二十多年来在西方占主导地位的新自由主义理论与政策持有异议，认为它与经济全球化交互作用，成为一种"劫贫济富"的路线。在所谓的"全球化的第一次失败——亚洲金融危机爆发后，马来西亚总理马哈蒂尔就多次谴责西方的""新经济殖民主义"："……如果新经济殖民主义的威胁被真实地感觉到了。那么人民走上街头抗击只是个时间问题。如果外国对当地产业的控制被认为是过分了，人民将争取获得控制权，示威、大规模游行可能升级，也有可能转化为暴力和破坏。"[1]当然，这些"反全球化"行动参与者对资本主义的批判并不一定意味着他们主张真正的社会主义。其实，自东欧剧变、苏联解体后，世界上把"社会主义"作为一种值得追求的"制度"的人已在减少，但把"社会主义"作为一种依然值得追求的"政策"和永无止境地追求改良"运动"的人并未减少，他们希望"社会主义政策"和"社会主义运动"会带来较多的民主、社会公正和社会进步。这或许是"反全球化"现象的落脚点和出发点。

其二，传统思想方面的原因。此处主要指民族主义和爱国主义。经济全球化孕育着世界走向同一性的趋势，这种同一性的趋势必然消融民族主义，

〔1〕 庞中英：《另一种全球化——对"反全球化"现象的调查与思考》，《世界经济与政治》2001年第2期。

这是由全球化的本性决定的。全球化意味着市场经济生活方式的普及化；民族主义的存在则是以民族的独特生活方式和文化心理为基础的。全球化的发展打破了各民族的地域限制，使其逐渐连为一体，形成相互依赖、荣辱与共的局面。因此从根本上说，全球化与民族主义是矛盾的，这样伴随全球化的发展，民族主义以"反全球化"的面目出现也就不奇怪了。与此同时，这种同一性经常表现为最有竞争力的某些强国的垄断性。目前，以美国为首的西方发达国家在推动经济全球化的同时，极力倡导"国家弱化论"、"新干涉主义"等，已经导致民族国家——确切地说是弱国——逐渐失去权利。此外，西方发达国家通过现代信息技术和传媒手段传播西方的民主、自由、人权等价值观，好像想使"美国文明"、"西方文明"成为人类现代文明的依归，"民主市场资本主义"则成为一个房屋模式，这已使许多文明古国的传统文化价值观面临威胁。这一切都是"反全球化"运动者所不愿意看到的。他们希望保持民族性、国家主权和多样性世界。

其三，经济全球化后果方面的原因。经济全球化如同双刃剑。一方面，它使各生产要素在世界范围内更自由、更有效地流动和配置，客观上有利于财富的增加，并将有助于普遍提高人们的福利水平；另一方面，经济全球化并非"救世良药"，如果用"剂"不当，也会带来负效应。联合国秘书长安南指出，"很少有人、团体或政府反对全球化本身，他们反对的是全球化的悬殊差异"。这很典型地说明了"反全球化"是全球化发展到一定阶段的产物，是对全球化各种负面影响的集中回应。首先，全球化加剧了发达国家内部的经济利益冲突。发达国家是经济全球化的最大受益者已是不争的事实，但全球化对它们同样存在不利影响。(1) 在经济全球化过程中，发达国家将不得不对发展中国家开放市场，从而使发展中国家的廉价劳动密集型产品、资源密集型产品能够大量涌入发达国家的市场。发达国家的相关产业将遭到沉重打击，甚至濒临破产。(2) 在全球化过程中，发达国家的企业为节约成本，实现利润最大化，按照比较优势原则，会被迫不断地向外转移在本国没有竞争优势的产业，这不仅会使发达国家丧失许多就业机会，而且在一定程度上会造成本国"产业空洞化"，削弱发达国家限制、控制高新技术产品向发展中国家出售和转移的能力。(3) 全球化使发达国家内部的贫富差距拉大。"南穷北富"固然从一定意义上说明了南北国家的差距，但也让人们产生北方国家及其人们都富的错觉。"北富"国家虽然其平均生活水平比穷国高许多，但也同样随着经济全球化的进行，贫富差距越来越大。以美国为例，美国 26 个大城市的市长在2000年的报告中指出,无家可归的人有增无减,临时住所申请个案上升逾一成,申请粮食紧急救助的人比1999年增加近两成。这种情况正逐渐扩散到其他阶层,包括以前生活平稳而近来趋向不稳的中产阶级。美国尚且如此,其他富国不难想像。基于此,来自发达国家的对全球化的抱怨声不绝于耳。甚至像诺贝尔经济学奖得主莫里斯·阿莱、世界经济论坛前主席劳斯·施瓦布等都宣扬"经济全球化对发达国家危害论",将经济全球化视为"陷阱"等。其次,全球化拉大了南北贫富差距,加剧了南北矛盾。尽管全球化对发达国家有这样那样的挑战,但由于具有经济发达、技术先进、结构优化等优势,且处于"中心",因而有较强的竞争力和应变力。而发展中国家由于不具有上述优势,且处于"外围",因而受到全球化的冲击较大。(1)使发展中国家的民族经济面临越来越大的压力和冲击,对发达国家的依附性也不断增加。(2)对其金融市场的运行造成一定冲击。(3)经济全球化虽使发展中国家的劳动和资源密集型产业得到较大发展,但自然资源、生态平衡损害严重。(4)发展中国家和发达国家的贫富差距在进一步拉大。尽管从理论上讲,任何发展中国家作为世界的一员,理应拥有分享全球财富和经济增长的权利,但事实上"……代价却由发展中国家,特别是由他们中最穷的国家承担"[1]。(5)发展中国家的主权,尤其是经济主权可能受到进一步的影响。(6)发展中国家要为遵守发达国家主导制定的国际经济规则付出代价。

其四,全球化缺乏管理使世界经济的投机性和风险性大为提高是导致"反全球化"的一个不可忽视的原因。全球化在释放出一定积极能量的同时,也产生一些需要控制的消极力量,但迄今为止仍不存在"全球治理"。其中,随着金融一体化的进行,同时出现的"虚拟经济"就是一个突出的例子。随着当今世界信息技术的进步,特别是各种金融衍生工具的开发,使资金的跨国流动成本日益降低,流动效率大为提高;与此同时,生产活动的全球化又反过来促进了资金的流动,其结果是:虚拟资本急剧膨胀,金融资产总量及其增长与实际生产总量及其增长率之间的差距越来越大,虚拟经济与实质经济严重脱节。目前,全球每天的外汇交易额高达15万亿美元,而现实需求至多只有300亿美元,占外汇交易量至多达2%,其余大量国际资金流动的目的纯粹是为了套取利差等投机利润。据统计,目前国际游资已达75万亿美元,相当于

---

〔1〕[德]格拉德·博克斯贝格等:《全球化的十大谎言》〈中译本〉,新华出版社2000年版,第143页。

全球国内生产总值的四分之一强[1]。这些投机性很强的短期游资始终像幽灵一样在国际市场上徘徊,金融危机一旦爆发,危害甚大,尤其对发展中国家更具威胁,亚洲金融危机就是明显的例证。为了保持发展中国家和金融市场的相对稳定,显然既要适当改善全球管理,又要让各国可以灵活选择自己的发展道路。这也是“反全球化”行动部分参与者的要求之一。

4. 反对全球化的人及其主要组织

德国《世界报》2000 年 4 月 13 日发表的一篇题为《全球化及其反对者》的文章说:“伴随着世界经济的一个景象就是全球化。全球化创造的财富越多,反对者的行动就越咄咄逼人。这是一支由许多非政府组织组成的队伍,他们中有环保和消费者利益保护者、社会活动家和工会组织、宗教界领导人以及呼吁和提供发展援助的人。”

美国《世界日报》2000 年 4 月 23 日发表一篇题为《防止经济一体化成为新的经济奴役》的文章说:2000 年 4 月 16 日在华盛顿美国国会前举行反全球化游行示威的人主要是劳工。

西班牙《世界报》2001 年 7 月 21 日发表的一篇题为《透视反全球化运动》的文章说:在以反全球化为宗旨的许多组织和人物中,有经过组织训练的反全球化人士,也有金融投机交易收税协会(主张对金融市场和金融机构进行民主监控,反对新自由主义政策)、关注南半球(反对贸易自由化,反对将东南亚边缘化)、第三世界网络(传播第三世界电影)、唐·维塔利诺(意大利牧师,他认为新自由主义和全球化会导致饥饿、文盲和失业)、免除债务等和平性质的组织和人物。

在西方国家的媒体中,类似的报道很多。从西方媒体的报道中可以看出,反全球化的队伍是由许多国家的多种非政府组织和多方面、多阶层人士组成的,有相当的广泛性。在反全球化的非政府组织中,既有来自西方国家的非政府组织,又有来自发展中国家的非政府组织。在反全球化人士中,有的是来自西方国家的社会活动家、环境保护主义者、消费者利益保护者、宗教界领袖,有的是来自西方国家的工会领导人和劳工,有的是来自发展中国家的许多社会阶层的人士。在反全球化人士中,既有全球化的直接受害者,更有全球化直接受害者的利益代表者。在反全球化这个共同目标下,西方国家和发展中国家的反全球化的非政府组织走到了一起,西方国家和发展中国家

〔1〕 薛琴:《经济全球化的负面效应及其规避》,《晋阳学刊》2001 年第 5 期。

不同社会阶层的反全球化人士走到了一起。

考察反全球化运动的主要组织，首先要求我们考察反全球化运动的力量构成，也就是要弄清楚到底是什么人在反西方发达国家主导的全球化。从爆发的历次反全球化运动中不难看出，当前反西方主导的全球化运动的主要力量是西方发达国家中的弱势群体。资本的趋利性以及现在以自由市场为基础的国际经济体制使得西方发达国家的垄断资产阶级很轻松地把一些在发达国家难以牟利的落后产业转移到发展中国家，因而加剧了发达国家中缺乏竞争力的弱势群体的贫困和失业状况。因而，随着西方发达国家主导的全球化的不断推进，与跨国公司的巨额利润形成鲜明对比的就是他们的低工资、低福利。他们参与反全球化运动的一个根本动因就是要求跨国公司、国际经济组织、政府部门和国际社会关注他们的福祉。此外，一些非政府组织中的成员、环境保护主义者、无政府主义者、减免穷国债务的宣传者、资本主义世界体系的抵制者也是反全球化运动的重要力量。当然，那些在全球化中被边缘化的发展中国家的人民也非常不满西方主导的全球化，他们自然也是反全球化运动的一支重要力量。下面介绍几个在全球有重要影响的反全球化运动组织：

“减免债务”（Drop the Debt）：该组织总部设在英国伦敦，其前身是Jubilee2000（纪念2000年）。该组织把自己的主要精力集中在游说西方富裕的发达国家撤销第三世界国家债务上，它不断向八大国施压，已经成功地游说富裕国家撤销了第三世界国家400亿美元的债务。在它的压力下，八大国承诺进一步撤销第三世界国家600亿美元的债务。

“直接行动网络”（Direct Action Network）：该组织是一个由北美洲多个组织组成的松散网络。成员之间常常互相用铁链锁住、手挽手组成人墙，并表演街头剧或高举巨型木偶嘲笑世界贸易团体。该组织是1999年11月世贸组织西雅图会议示威活动的主要参与者，该组织的许多成员都有无政府主义倾向。

“关注全球化中的南方”（Focus on the Global South）：该组织主要是由泰国的一些智囊人士组成的，这些智囊人士经常开展一些极具争议的全球问题研究。该组织主要强调亚洲地区、工业化国家与发展中国家的贫富悬殊。

“救助平民的金融业务征税联合会”（ATTC，英文全名是 Association for Taxation of Financial Transactions for the Aid of Citizens）：这是一个以巴黎为基地的组织，主张在发展中国家向投机活动收取0.5%的税项，以减慢资金的大量流入或流出。该组织已经替贫穷的发展中国家筹集到1 000亿美元的款项。该组织强调自己为非暴力组织。

"全球贸易监察"(Global Trade Watch):该组织由2000年美国总统选举独立候选人奈达领导,强调贸易协议要有责任感,并努力监察全球化对就业、社会、环境和民主的影响。

"国际地球之友"(Friends of the Earth International):这是一个总部位于荷兰的68个国家环保组织联盟,主要游说国际货币基金组织(IMF)、世界银行和贸易官员多注意当地的需要,并评估他们的计划对环境的影响。

此外,以法国为基地的"取消第三世界债务委员会"(Committee for the Cancellation of Third World Debt)、以日本为基地的"食品安全与环境网络"(Network for Safe and Secure Food and Environment)、以菲律宾为基地的"反对走私妇女联盟"(Coalition against Trafficking in Women)、以及阿姆斯特丹多国研究所(Transnational Institute in Amsterdam)等非政府国际组织也是很有影响的反全球化运动组织。

5. 反全球化的应对

当前,"反全球化"运动正处于进一步分化、整合阶段,必然会对当前复杂的国际局势带来多方面的影响,尤其对经济全球化发展方向的影响将继续上升,迟早也会渗透到各国国内的政治层面中去。(1) 反全球化将有助于厘清国际社会对经济全球化及其本质的认识,促使国际社会正视全球化的负面影响并进行反思。(2) 反全球化运动将进一步促进国际协调管理机制的改革与完善。(3) 当前的反全球化运动有着反对霸权主义和反对殖民主义的一面,有利于遏制美国的单边主义倾向。(4) 当前日渐凸显的反全球化街头运动容易引发社会动荡,影响正常的国际活动和国际局势的稳定。(5) 反全球化运动与冷战后世界范围内上升的民族主义、排外主义与其他极端民族主义情绪和力量有着千丝万缕的联系,更易为发达国家利用,从而成为其实施贸易保护主义和排外思潮的助手。但"反全球化"并未解决全球化产生的问题。(1)有很多问题是不能简单地归咎于全球化的。例如,社会公正问题,"反全球化"者认为全球化带来了扭曲的"社会公正"。其实,社会分配的公正与否是一个经济发展中十分复杂的问题,把社会公正寄托于全球化恐怕过于理想,归咎于全球化恐怕也过于简单。(2)有的反全球化观点虽然切中要害,但却不能或没有提出建设性方案,或提出的方案不具有可行性,或根本就是错误的。其实,全球化也不是能简单反对的,有学者指出,把已经全球化的经济与社会倒退到地方、民族的经济与社会几乎是不可能的,而解决全球不平等与环境问题的唯一出路是全球方案与全球政策。我们应从两个层面来应对。

首先是国际层面,世界各国应尽快探索"全球治理"之道。冷战结束后,全球化重新起步,其动力一时巨大,中国、俄罗斯这些大国不再置身于世界经济之外,全球化充溢整个世界,并一路高奏凯歌。然而,1997~1998年的亚洲金融危机却打破了全球化神话,"反全球化"运动也开始如雨后春笋般兴起。然而正如安南所言:"反全球化不是反对全球化本身,而是反对全球化带来的各种问题,特别是全球化带来的贫富鸿沟扩大问题。"因此,世界各国应尽快探索"全球治理"之道,这是反全球化给我们的重要启示。但是,"全球治理"的价值——关注人类现在和将来的命运——并没有得到普遍的承认,甚至有人认为它是"乌托邦"。其实,"全球治理"是给超出国家独立解决能力范围的社会和政治问题带来更有秩序和更可靠的解决方法的努力,只有实施"全球治理",全球化才可能成为文明进步的因素。否则,全球化的社会成本太高,将从根本上制约全球化的发展。为了使"全球治理"得以实施,我们不妨采取"三步走"的战略(尽管每一步仍含有理想化的成分,尚难操作):第一步,应让大多数人真正参与全球化,让其对全球化的利益与风险有切身感受,全球化才能获取真正的动力源,即全球化才会有可持续性。然而遗憾的是,面对热那亚的反对声浪,2001年八国集团峰会发表的最后宣言依然没有反思当前全球化的局限性,其所谓"为了穷国的利益将继续落实全球化",显然是一句漂亮的空话。第二步,不能听任全球化只受市场力量的支配,而必须有驾御全球化的相应制度安排。为此,要在国际、国内和地区三个层面上形成三级国际制度。第三步,各国领袖拿出相当的政治勇气追求国家体系存在下的全球治理,以建设性的态度争取去调和国家利益与全球利益的矛盾。

其次是国内层面,冷静思考、抓住机遇、迎接挑战、积极应对。经济全球化确已成为不依人们的意志为转移的客观趋势,而发展中国家"由于其发展速度与参与经济全球化的程度之间存在密切的因果联系,因而参与全球化有利于发展中国家的经济增长"〔1〕。尽管发展中国家与发达国家在全球化中的受益程度是不一样的,但这应是我们对全球化的一个基本判断。因此,全球化对发展中国家已不是一种选择,而是一种现实,关键是如何趋利避害。中国作为发展中国家也不例外。"世界潮流,浩浩荡荡,顺之者昌,逆之者

〔1〕《国际商报》,1996年5月27日。

亡”,参与全球化,利用全球化的机遇,发挥“后发优势”,弥补历史起点、本国现实国情的不足,加速工业化、现代化进程应是发展中国家后来居上的必由之路。当然,积极参与全球化并不意味着“全盘西化”或掉入“陷阱”。此外,那种认为必须摆脱全球化、走民族主义道路的观点也是行不通的,古巴思想家何塞·马蒂说得好:“经济上受奴役但政治上获得自由的人民终究会失去所有的自由;而经济上获得自由的人则可以继续赢得政治上的独立。”有鉴于此,制定的战略和策略理应是:在国内尽力加强制度建设、改善自身基本条件、建立国家经济安全防御体系,尽可能将全球化的成本降到最低;在国外,致力于地区一体化,争取在国际舞台上的发言权和世界经济规则的制定权,尽可能降低全球化游戏规则中不平等因素带来的负面影响。当然,应防止这种“一体化”意识成为狭隘的地区情结,要立足于整个国际体系中,以开放的地区主义来寻求广泛的国际交流与合作,以适应全球化浪潮。

三、反全球化运动引致对全球化的反思

呈现在人们面前的反全球化运动,推动人们对全球化进行反思;反全球化运动成为另一种全球化本身,也有助于人们全面地研究和思考全球化问题。

第一,关于全球化的定义问题。“全球化是指各种生产要素或资源在世界范围内自由流动以实现生产要素或资源在世界范围的最优配置。”这一定义或类似定义常常被人们所引用。可是,事实并非如此,发达国家的资本确实在世界范围内无拘无束地自由流动。“资本流遍世界,利润流向西方。”这是人们有目共睹的现象。与资本自由流动不同,发展中国家的劳动力却不能在世界范围内自由流动。在关于什么是全球化的问题上,人们大多只从纯粹的经济和技术现象方面来理解,而很少认识到,美国和其他西方发达国家推动和主导的全球化,不仅要使资本主义生产方式以及相适应的经济关系全球化,要使有利于美国和其他西方发达国家的经济秩序全球化,而且要使美国和其他西方发达国家的“民主和人权”全球化。美国政府图谋垄断对全球化的解释权,他们在经济全球化和技术全球化之外,提出了“第三种全球化”。美国国务院对“第三种全球化”作了如下的解释:“当前正在出现许多由公私双方行为者共同编织而成的跨国人权网,这是一种未受人们注意的第三种全球化。”美国自封为“第三种全球化”的“全球领导者”。“作为促进世界各地民主和人权的全球领导者,美国在建立跨国人权网的过程中,发挥了不可或

缺的促进作用。”还说:美国继续领导组织新的跨国人权网。美国政府解释的全球化,有助于提高发展中国家和社会主义国家的人们对全球化的认识。

第二,关于全球化趋势的形成、发展、中断和增强问题。全球化一词的出现是新近的事。然而,全球化趋势的出现则是很早的事。马克思、恩格斯在19世纪中叶就研究了当时全球化趋势。他们指出了资本主义全球化在资本主义历史阶段是一种客观趋势,并用“使未开化和半开化的国家从属于文明的国家、使农民的民族从属于资产阶级的民族、使东方从属于西方”这三个从属于西方的三个从属关系揭示了当时全球化的实质。〔1〕在垄断资本主义阶段,帝国主义国家主导的全球化趋势迅速发展。这一历史阶段的全球化的实质,就是帝国主义国家使经济落后国家和地区殖民地化、半殖民地化和附庸国化。20世纪发生的一系列重大历史事件使全球化趋势发生变化,甚至在相当长的时期内出现中断。在这些历史事件中,除了第一次世界大战、十月革命和苏维埃联盟的建立之外,最重要的是第二次世界大战、社会主义阵营的形成和社会主义世界市场的出现。第二次世界大战结束后,欧、亚两洲的12个国家脱离了世界资本主义体系,建立了社会主义制度,使社会主义超出了苏联一国的范围。广大殖民地、半殖民地国家和附属国取得独立,帝国主义殖民体系崩溃。迅速发展壮大的社会主义阵营同帝国主义阵营相对峙,社会主义世界市场同资本主义世界市场相平行。两大阵营和两大世界市场的新格局长期中断了帝国主义国家主导的全球化趋势。20世纪末,在苏联解体、东欧剧变和国际共产主义运动进入低潮之后,美国和其他西方国家以空前的规模和力度宣传和推行全球化,长期中断了的全球化趋势又重新得到继续和进一步增强。

第三,关于当前的现实的全球化和未来的理想的全球化问题。在国外,有人认为,全球化还远没有开始;有人认为,全球化即将终结。认识如此不同,实际上是混淆了不同性质的全球化。因此,要讨论全球化,首先应该区分两种不同性质的全球化:当前的现实的全球化和未来的理想的全球化。我们今天讨论的全球化是当前的现实的全球化,而不是未来的理想的全球化。为了正确认识当前的现实的全球化的性质,有必要把当前的现实的全球化同马克思主义创始人当时考察的全球化趋势作一比较。在马克思、恩格斯那个时代,资本所有者阶级奔走于全球各地,主要是出于不断扩大商品输出、扩大商

〔1〕《马克思恩格斯选集》第1卷,人民出版社1995年版,第177页。

品销路的需要。为了寻找和占领商品市场,商品资本必须到处落户,到处开发,到处建立联系。在我们这个时代,资本所有者阶级奔走于全球各地,则主要是出于扩大资本输出、扩大有利投资场所的需要。为了寻找和占领有利的投资场所,金融资本必须到处落户,到处开发,到处建立联系。在马克思、恩格斯那个时代,在经济全球化过程中,商品资本的国际化已经达到了很深、很广的程度。在我们这个时代,在经济全球化过程中,金融资本的国际化则达到了更深、更广的程度。在马克思、恩格斯那个时代,主导全球化的资本主义国家所做的是"使未开化和半开化的国家从属于文明的国家","使农民的民族从属于资产阶级的民族","使东方从属于西方"。在我们这个时代,主导经济全球化的美国和其他西方发达国家所做的则是企图使发展中国家从属于发达国家,使社会主义国家通过演变从属于世界资本主义体系,使东方从属于西方。通过比较,可以清楚地看到,马克思、恩格斯那个时代和我们这个时代的全球化虽然有以上的不同点,然而,两个不同时代的全球化具有本质的共同点:全球化是资本主义生产方式的全球化,是与资本主义生产方式相适应的生产关系和交换关系的全球化。资本增殖、剩余价值的生产和占有,是全球化最深刻的动因。由此,人们可以看到,当前的现实的全球化的实质是资本主义全球化。当前,全球化的推动者和主导者是美国和其他西方发达国家,全球化规则是美国和其他西方发达国家制定的,是按照美国和其他发达国家的利益制定的。美国《巴尔的摩太阳报》承认,全球化"是规则制定者的全球化"。关于当前的现实的全球化的性质,德国《我们的时代》周报 2002 年 7 月 5 日一期发表的德国的共产党主席海因茨·施特尔的文章说:全球化是"帝国主义的全球化"。在此之后,美国《巴尔的摩太阳报》发表《全球殖民主义》一文说:全球化"是规则制定者的全球化,自由贸易和自由市场这两面旗帜掩盖了……将产生灾难性后果的新殖民主义"。在此之前,英国《卫报》发表的《全球化的受害者》一文说:西方国家利用全球化推行"新殖民主义"〔1〕。如果说,德国的共产党主席直接说出了全球化的帝国主义性质,那么,美国《巴尔的摩太阳报》和英国《卫报》则是承认西方国家利用全球化推行新殖民主义,从而间接地说出了全球化的帝国主义性质。马克思主义创始人科学地证明了资本主义最终将被社会主义所代替,人类社会最终将过渡到共产主义社会。与资本主义全球化不同,未来的理想的全球化将是社会主义

〔1〕《美国追求美式全球化》,《人民日报》,2002 年 7 月 21 日。

全球化和共产主义全球化。当前的现实的全球化具有历史的必然趋势,但这只是资本主义历史阶段上的必然趋势,是具有历史暂时性的必然趋势,而不是具有历史永恒性的必然趋势。

第四,关于全球化的利弊问题。不少人断言全球化利大于弊,也有人说全球化弊大于利。这两种说法我们都不赞同。原因是,利和弊都是对特定的主体来说的,重要的问题是要弄清楚对谁利大于弊,对谁弊大于利。人们清楚地看到,全球化的主导力量是美国和其他西方发达国家,美国和其他西方发达国家通过某些国际组织推行全球化运动,正像美国《世界日报》所说的那样,"代表着西方强势力量来领导这个一体化(在这里是指全球化——引者)运动的正是世贸组织、世界银行和国际货币基金组织"〔1〕。全球化的主要受益者也主要是美国和其他西方发达国家。美国和其他西方发达国家所推动的经济全球化给它们本国带来了巨大利益。全球化对西方发达国家尤其是对美国来说确实利大于弊。

然而,对发展中国家来说,情况则大不相同。也许将来有极少数具有特殊条件的发展中国家在某个时期从全球化中得益较多,但是,现在还无法证明全球化对广大发展中国家肯定利大于弊。人们现在看到的,是像上述美国《世界日报》所说的那一系列的不利影响,这些不利影响包括"为贫穷国家带来灾难","南北矛盾和贫富差距扩大","利用贷款和巨额债务进行不合理的国际分工","金融殖民","技术殖民","转嫁环境危机";是像美国学者罗伯特·塞缪尔逊所说的那一系列不利影响,这些不利影响包括"侵犯国家主权","侵蚀当地文化和传统","威胁经济和社会稳定"〔2〕。

美国《企业》双月刊 1997 年第 3 期发表《谁是全球化的赢家和输家》一文,不同意全球化对各国利大于弊的说法,不认为各国在全球化中都是赢家,而是既有赢家,也有输家。该文承认:"许多国家被抛在了一边,甚至受到了损害。"

西班牙《起义报》2002 年 7 月 14 日发表埃斯特万·巴伦蒂的《两种全球化》一文,也不同意全球化对各国都利大于弊的说法,而是认为存在着两种全球化:"富裕国家的全球化"和"贫穷国家的全球化"。文章说:这两种全球化正被看得见的高墙越来越明显地分隔开来。在这个高墙里面有不到 30 个国

〔1〕《防止经济一体化成为新的经济奴役》,[美]《世界日报》,2000 年 4 月 23 日。

〔2〕《全球化的利弊》,[美]《国际先驱论坛报》,2000 年 1 月 4 日。

家，其强大核心是七国集团，在这里生活着占世界11%的人口，其国内生产总值占世界的70%。“全球化对他们来说有利可图，因此，他们努力把这种全球化成为全人类的一种经济和政治信仰。如果可能的话，还要把它变成永世长存的东西。”高墙外面则是另一种全球化，是贫困全球化，落后全球化，不发达全球化。巴伦蒂的这篇文章实际上是说，全球化有利于西方发达国家，而不利于发展中国家。

西方国家的某些政治家甚至也不同程度地承认这一事实。德国《新德意志报》2000年7月22日发表布·马洛的《全球化、美国谋求霸权和基辛格的担心》一文，引用了美国前国务卿基辛格说的话“全球化对美国是好事，对其他国家是坏事……因为它加深了贫富之间的鸿沟”。德国总理施罗德发起的有美国、德国、加拿大、法国、意大利等14国政府首脑参加的2000年6月3日柏林国际会议通过的《二十一世纪现代国家管理柏林公报》承认：不能听任全球化任意发展，因为“全球化没有给所有人，尤其是发展中国家带来利益”[1]。联合国2000年《人类发展报告》也承认：“迄今为止的全球化是不平衡的，它加深了穷国和富国、穷人和富人的鸿沟。”

冷静思考有助于全面地认识全球化。应该看到，对发展中国家来说，全球化不是只有利而无弊，也不是只有弊而无利，而是既有利，又有弊。一方面，全球化可能给发展中国家带来一些机遇和利益；另一方面，全球化可能给发展中国家带来危险甚至灾难。关于后者，人们都还记得，在经济全球化和自由化的压力下，泰国过早地、过度地开放金融市场，撤掉了所有的自我保护的屏障，结果导致一场严重的金融危机。泰国金融危机很快发展成为东南亚金融危机，接着发展成为亚洲金融危机，还导致俄罗斯金融危机和巴西金融危机。这个极其深刻的历史教训无论如何不应忘记。最近的例子是阿根廷金融危机。这场金融危机已经发展成为债务危机以致经济危机，经济震荡引起政治震荡，从2001年12月20日德拉鲁阿总统向国会提出辞呈，至2002年1月2日杜阿尔德被推举为新总统，阿根廷在半个月内换了5个总统。现在，阿根廷经济危机在进一步加深，不仅殃及邻国乌拉圭和巴拉圭，而且引发了更多拉美国家的社会动荡。

沉痛的历史教训提高了发展中国家的人们对全球化的认识，使几年前曾片面地热衷于全球化的人们现在也转向于冷静地全面地看待全球化。在发

[1] 《人民日报》，2000年6月5日。

展中国家,现在越来越多的人接受这样一种观点:全球化一方面可能是机遇和利益,另一方面可能是风险和灾难。越来越多的人还从最近几年的金融危机和经济危机的现实中认识到,机遇和利益多半是潜在的,而风险和灾难则多半是现实的。全球化对发展中国家利大于弊的论断为时过早。分析到这里,人们就不难理解,2000 年 9 月,在纽约联合国总部召开的联合国千年首脑会议上,为什么在 189 个成员国中占大多数的发展中国家对全球化相当普遍地表现出危机感。日本时事社 2000 年 9 月 9 日发表的题为《发展中国家在全球化问题上确实感到了危机》的新闻分析说:“产生这种危机感的背景是,担心全球化会进一步加快发展中国家与发达国家之间的差距。”多数国家表示,希望联合国在公平分配利益方面发挥作用。

第二节　经济全球化时代的资本主义〔1〕

资产阶级按照自己的面貌创造了一个世界,也按照自己的面貌改变着世界。作为一种社会制度,资本主义自诞生之日起,就时刻不停地变化着,关于这一点,马克思主义经典作家有过非常精辟的论述。马克思、恩格斯在《共产党宣言》中指出:“资产阶级除非对生产工具,从而对生产关系,从而对全部社会关系不断地进行革命,否则就不能生存下去。”〔2〕他们认为,资本主义的重要特点之一,就是它总要不断前进,一刻也不能停顿。列宁也曾说过:“资本主义不可能有一分钟停止不动。它必须不断地前进。”〔3〕20 世纪 90 年代以来,随着全球化的加速推进,资本主义更是以前所未有的速度发展着,资本主义却也面临着前所未有的新危机。

马克思、恩格斯在《共产党宣言》中已深刻地揭示了全球扩张是资本的本性所在,马克思主义经典理论家罗莎·卢森堡指出,与世隔绝的、抽象的、纯粹的、静止的资本主义社会从来没有存在过,也不可能存在,资本主义时时处处都向非资本主义的外围扩展着自己的影响。因为,在资本主义制度范围之

〔1〕 参见李琮:《当代资本主义发展中的若干问题》;王传宝、孙辉:《全球化时代资本主义的新发展与新危机》,《当代思潮》2002 年第 6 期;2003 年第 1 期。

〔2〕《马克思恩格斯选集》第 1 卷,人民出版社 1995 年版,第 275 页。

〔3〕《列宁全集》第 20 卷,人民出版社 1958 年版,第 145 页。

内,不可能充分实现扩大再生产,销售出所有的剩余产品,实现剩余价值。卢森堡的结论是:没有“非资本主义环境”,资本主义就不能存在。从一开始,资本主义就是通过,而且只有通过包围非资本主义空间来生存。就此引出了帝国主义的历史必然性问题。如果说帝国主义是资本主义发展的一个必然阶段的话,我们今天所感受到的“全球化”则是资本主义发展的最新阶段[1]。它们是同一个过程,都是资本企图突破客观极限的限制以“延长资本主义寿命的历史方法”。从1870年至1914年,资本主义经历了一个迅速扩张时期。这一进程因第一次世界大战的爆发而终止。在20世纪20年代,美国资本主义迅速向外扩张,随即又被1929年的“大萧条”和第二次世界大战打断。战后这一进程大大加快,正如德理克所言:“随着东欧社会主义的失败和中国这样的社会主义国家对资本主义的开放,除了几个微不足道的例外,今天的地球上几乎没有一个角落资本活动不曾渗透到。”[2]总之,自20世纪90年代以来,在意识形态上,资本主义空前地加强了,又兴高采烈地回到原来的扩张轨道上。这是全球化进程日益“清晰可辨”的首要原因。

一、经济全球化时代的国家垄断资本主义

资本主义的历史发展进程,是一个从初级到高级、从幼年到老年的运动过程,明显表现出一定的阶段性。例如,在19世纪末20世纪初,资本主义从自由竞争阶段进入了垄断阶段;自20世纪30年代大危机和40年代第二次世界大战结束,又从一般垄断阶段转变到国家垄断资本主义阶段。关于国家垄断资本主义,多年来,我国学者进行了广泛而深入的研究和讨论。据我们所知,多数学者对此都是肯定的,当然对一些有关问题的认识存在着不同的意见:如有人把国家垄断资本主义看作是垄断资本主义范围内的一个小阶段;而有些人则把它看作是超越一般垄断的新阶段,等等。对此,尽可继续进行讨论。现在的问题是,到20世纪90年代,面临着上述一系列重大的新现象、新变化、新问题,资本主义是否进入了又一个新阶段?如果是,这个新阶段是什么阶段?如果不是,又是为什么?

对此,国内外学者发表了各种意见,有人认为,目前资本主义又进入了一

〔1〕 郑异凡:《布哈林论稿》,中央编译出版社1997年版,第30页。

〔2〕 阿里夫·德里克:《世界体系分析和全球资本主义:对现代理论的一种检讨》,《战略与管理》1993年第1期。

个新阶段。对这个新阶段,则众说纷纭,如在国内,有人认为这是国际垄断资本主义阶段;有人说,这是社会垄断资本主义阶段。在国外,更有多种多样的说法。我们认为,尽管近十多年来,资本主义发生了一些引人注目的新发展、新变化,但认为它又进入了一个新阶段,似乎论据不足。我们宁可认为,当代资本主义仍处在国家垄断资本主义阶段。

我们之所以持这种看法,是因为资本主义是一种社会制度、一种社会形态、一种社会生产方式,这种社会制度、形态、生产方式的性质与其他社会制度、社会形态、社会生产方式(如封建社会)根本不同,那就是由资本家占有生产资料,对工人进行剥削,占有其创造的剩余价值。简而言之,即生产资料的资本主义私人所有制,这是资本主义的实质,只要资本主义还存在,它的这种基础或实质是不会变的。但这种生产方式,也遵循辩证法关于从量变到质变的规律,到一定时期,在一定条件下,发生一定的局部质变。这时,资本主义的发展就显现出阶段性。从自由资本主义到垄断资本主义,从一般垄断资本主义到国家垄断资本主义,都是在资本主义私有制的大框架内,占有方式和生产关系发生了一定的局部质变的结果。

这里,有必要说明什么是国家垄断资本主义。列宁曾对国家垄断资本主义进行过全面深刻的论述,根据列宁的论述和半个世纪以来的实践,可以把国家垄断资本主义的实质归结为垄断资本主义与国家政权相结合,国家对经济进行干预和调控,以维护资本主义的生存,促进经济和社会的发展,保证垄断资本获取最大的利润。这与一般垄断资本主义时期,国家并不直接干预经济不同。我们认为,至今国家垄断资本主义的上述实质并没有变。诚然,当资本主义进入国家垄断资本主义阶段,国家掌握的资本和占有的生产资料增多,表现为国家财政预算的扩大,国家税收和支出的增长,国有企业的增多,国有财产的增加,等等,表明国家成了最大的资本所有者和支配者。但这并不是国家垄断资本主义的最主要的标志,最主要的标志在于国家以经济的(财政的、税收的、货币的)和非经济的(行政的、法律的、规章制度的)手段,对经济生活进行干预和调节,以保证经济的正常运行,防止盲目的市场力量可能带来的破坏,避免发生严重的动荡和危机,防止通货膨胀的恶化和失业的剧增,从而维护资本主义的生存和发展,同时为垄断资本主义增值创造有利条件,保证垄断资本获得最大利润。实际上,国家直接占有的生产资料如国有企业,也不过是国家对经济进行调控的多种手段中的一种。自从 20 世纪 80 年代以来,西方国家出现一股国有企业私有化的潮流,由于实行私有化,目前国有经济在国民经济中的比重明显降低。但国家对经济实行宏观调控这一基本点并没有变。如果以政府消费开支占全国国内生产总值的比重作为衡量国家干预经济程度的一个简单指标,则可以看出,从1990年到1997年,美国的这个比重从16.8%下降到13%,法国从22.3%上升到23.6%,英国从19.9%下降到18.3%。可见不同国家的这个比重有升有降,但无论升降,变动并不大。

如果说有什么变动,那就是在不同时期,由于世界和国内形势的变化,国家干预经济的重点和目标会不断调整。例如,在20世纪90年代,随着冷战的结束,信息技术革命高潮涌起,经济全球化不断加强,西方国家的经济政策更着重于发展科技、教育,放宽对通信、金融等领域的管制,改革社会保障制度,发展对外经济关系,等等。进入21世纪,在美国,布什政府上台后,政府政策的重点又有所变化,实行减税政策,大幅度增加军事开支,对外实行保护主义,等等。

国家垄断资本主义是私人垄断资本与国家政权相结合。私人资本的本性是自由发展、自由扩张,不愿受任何外力的干预,垄断资本尤其强烈要求自由扩张。然而在强大的市场力量的作用下,不可避免地发生经济生活的混乱,生产过剩危机,金融的动荡,物价上涨,失业率上升,从而导致经济的破坏、社会的不安定、政治的不稳定。最终,不仅对各垄断资本集团不利,而且可能危及资产阶级的统治和资本主义的生存。20世纪30年代的大危机就是明证。这样,垄断资本不得不接受国家对经济的干预和调节。不仅如此,它们还主动与国家政权相结合,以影响和支配国家的政策,使之适应垄断资本发展的要求,为垄断资本服务。垄断资本与国家政权相结合主要表现在两个方面:一方面是资本的结合,大垄断资本集团除向国家纳税外,还向政府提供大量金钱,以支持某项对自己有利的政策;特别是在大选和国会选举时,更是不惜出巨资,资助他们看中的候选人。最近这次美国大选,共耗资30亿美元,其中大部分是大公司资助的。而政府则实行有利于大公司的措施,如向大公司订货,特别是武器和其他军用器材的订货;为大公司减税,把大量科研开支,直接或间接地交给大公司开展科技研发;等等。另一方面是人事的结合,即垄断集团的头头,到政府任要职,而政府的高级官员和国会议员卸任后,又回到大企业任高级主管。美国布什政府在这方面最为突出,总统布什、副总统切尼、国家安全顾问多莉扎·赖斯都与石油集团有不解之缘。无怪乎有人把布什政府称为"石油帝国"。有的报刊则更形象地说:"布什政府血管中流动的是石油。一个西方政府同某一个工业部门如此紧密地联系在一起，这是极为罕见的。”〔1〕布什政府的许多部长和国会议员也都是大富豪，并且与不同的大公司有着密切的关系。这两方面的结合，是如此紧密和牢不可破，以致形成一种巨大无比的力量，凌驾于社会之上，成为资本主义社会政治经济和文化生活的决定性因素。当然，这并不妨碍西方国家的当权者宣扬他们的政府是怎样为国家、为社会、为全体民众服务的，也不能避免国家与垄断集团之间，以及不同垄断集团之间，因权力和利益的分配不均而发生种种矛盾和斗争。

国家垄断资本主义的理论基础，是凯恩斯主义。凯恩斯在 20 世纪 30 年代大萧条期间(1936 年)发表的《就业、利息与货币通论》成为西方经济学的经典。第二次世界大战后的一段时间内，西方国家都以凯恩斯主义的理论为指导，对国家经济进行全面、经常的干预和调控，特别是实行扩张性财政政策和货币政策。这对西方国家直到 70 年代初长达二十多年的繁荣，起了相当大的促进作用。70 年代初，西方国家经济开始陷入滞胀的困境。有人把这种后果归咎于凯恩斯主义。到 70 年代末 80 年代初，以英国首相撒切尔夫人和美国总统里根为代表，为克服滞胀，宣称放弃凯恩斯主义，转向新保守主义或新自由主义，减少国家对经济的干预，放松国家对许多部门的管制，实施减税，实行国有企业的私有化(或民营化)。然而，这并不等于国家对经济完全放任不管。相反，当时里根政府与苏联的军备竞赛不断升级，军费开支大增，联邦财政预算赤字空前扩大，又不得不改减税为增税。现在的布什政府也在走里根走过的路。由于减税和反恐战争，布什政府大幅度增加军费开支，不仅导致 1998 年开始出现的财政赢余消失殆尽，而且在 2002 财政年度，还出现1 600多亿美元的财政赤字，成为美国朝野关心和两党激烈争论的问题。总之，学术派别尽管不同，历届政府干预经济的重点和具体目标不同，着力点不同，但国家对经济的干预和调整并没有变，当代资本主义仍然是国家垄断资本主义。

对当代资本主义发展到了什么阶段，国内外都有人提出了种种看法，下面择其要者进行一些简要评析：

我国有人提出，自 20 世纪 90 年代以来，发达国家已转变到国际垄断资本主义的新阶段。持这种论点的人，并不否认目前发达国家对本国经济的干

〔1〕［西班牙］《世界报》,2001 年 4 月 3 日。

预和调控,而是认为,自从20世纪80年代末期,特别是90年代以来,西方跨国公司有了空前的大发展,其中巨型跨国公司更是空前强大。这些巨型跨国公司是国际垄断资本集团,它们的资本是国际垄断资本,它们在国际生产、国际投资、国际贸易、国际科研活动中起着主导作用,它们的经营活动遍于全球,其影响也扩及全世界。因此,当今资本主义的发展已超越国家垄断资本主义的新阶段。

近十多年来,西方跨国公司确实有了空前大发展。据联合国发表的报告,全世界跨国公司数,已从1992年的3.7万家增加到1999年的6.3万家,同期,其子公司数从17万家增加到近69万家。其中以所谓的"世界500强"为代表的巨型跨国公司在世界生产和流通等各领域都占有重大份额。据估算,2001年世界500家最大跨国公司的销售收入占世界国内生产总值的近45%,它们对世界经济的发展起着举足轻重的作用,它们在世界一系列产业部门中,实际上占有垄断地位。这些巨型跨国公司,绝大多数是西方国家的。

但我们认为,尽管如此,还不能说今天的资本主义已是国际垄断资本主义了。这涉及这些巨型跨国公司是否还有国家的归属,或是否还有"国籍",国内外不少学者都肯定,它们仍没有失去本国"国籍"。事实上,大跨国公司的融资渠道虽然遍于全球,但多数仍主要在本国国内,它们的国外生产虽然遍布世界,但国内仍占相当大部分。据联合国《2001年世界投资报告》,2000年世界100家最大跨国公司的"跨国化指数"为52.6%。这说明,仍有近一半的生产、投资和雇佣的员工在本国国内,而在国外的那部分是分散的,国内这部分则是集中的;更重要的是,这些大跨国公司的最高管理层,即决策权掌握者,大多是本国人。大跨国公司的企业文化,更带有明显的民族特色。事实上,这些大跨国公司是以本国为基地,从本国的基地出发,走向世界的;它们又是由本国政府的百般支持、呵护和鼓励而进入世界市场,如美国与中国没有就中国加入世贸组织达成协议,美国的大跨国公司难以像今天这样进入中国,利用中国所承诺的种种条件,开展经营活动。美国布什政府的能源政策和它在中东所实行的政策,莫不为大石油公司的利益所驱动;布什政府大搞战略导弹防御系统,大幅度增加军事开支,使大军火商兴高采烈;布什政府拒绝"京都议定书",正符合那些大量排放温室气体的大公司的强烈愿望。布什政府实行贸易保护主义,提高钢进口关税,大幅度增加农业补贴,当然是为了保护本国大钢铁公司、大农场主以及与农业有关的大公司的利益。正因为如此,大公司才对美国政府予以大力支持。总之,当今大跨国公司并没有脱离本国,如果脱离本国,它们就根本不可能在世界市场上到处施展拳脚、大展鸿图,国家也将失去经济基础,变得空虚乏力,而这是难以想像的。跨国公司在全世界开展经营活动,从表面上看,似乎是脱离了自己的母国,实际上,不过是在母国经营活动的延伸。这一跨国延伸所到之处,少不了与本国政府的紧密结合。因此,大跨国公司本身虽然是国际垄断组织,但今天的资本主义,仍然是国家垄断资本主义。

当然,大跨国公司的跨国经营活动,无论对整个世界经济,或对它所到的国家和地区的经济发展来说,都有重大影响。今后随着跨国公司的进一步发展,其作用和影响也将进一步增强。对此,应有充分估计,但说到资本主义的阶段性变化,认为现在资本主义已进入国际垄断资本主义阶段,我们认为为时尚早。

西方学者有一种说法,认为当今资本主义已经是全球资本主义。这与上面所说的国际垄断资本主义有些相近,但出发点有所不同。持这种观点的人认为,当今是全球化时代,而在全球化过程中,起主导作用的是资本主义,资本主义推进了全球化,同时也使自身扩展到全球。

说在当今的经济全球化中,资本主义起主导作用。这是符合实际的。不能否认,因为在全世界国内生产总值中,发达资本主义国家占四分之三;在全球贸易中,它们所占的比重也大致如此;在世界对外直接投资中,它们所占的比重更大,为十分之九。资本主义在世界经济中不仅占有很大的比重,而且它们所到之处,还必然要促进那里资本主义的发展。例如,它们的对外直接投资,就不仅给投资对象国带去资本、技术、管理经验等等,同时也会促进那里资本经济成分的发展。但是,促进东道国资本主义关系的发展,东道国并不一定就成为资本主义国家。例如,中国是吸引外国投资最多的发展中大国,大量外资进入我国,外资企业数量大增,从而促进我国经济中资本主义成分的增长,但我国也要对外资进行引导和管理,使它们有助于我国社会主义建设。因此,外资在我国的增多,并不能使我国社会演变为资本主义,正如我国发展与资本主义国家的经济贸易合作关系,不会改变它们的社会制度一样。中国是人口占世界五分之一以上的发展中社会主义大国,除中国外,还有其他社会主义国家,仅从这一点看,说现在资本主义已是全球资本主义,也是不符合实际的。

西方对资本主义新变化的论点中,还有一种所谓股东资本主义论,值得一提。英国《经济学家》周刊在一篇题为《欧洲的新资本主义》的文章中,首先提出了“股东资本主义”的概念。文章认为，过去垄断公司的资金来源依赖大银行，因而受大银行的支配，而现在企业主要是通过证券市场获取资金。银行成了公司的股东，除银行外，普通居民也纷纷购买股票，股东数量增多，其地位增强。企业管理者都明白，“公司属于股东，而不是老板或社会”，或“股东权威的增强，有再造欧洲资本主义的希望”。

近十多年来，西方国家股东人数大大增加，这确是事实。例如，英国早在20世纪90年代中期，股民人数就已超过工会会员人数，目前美国50%以上的家庭都持有股票，欧洲大陆有些国家股民占居民总数的比例甚至更高。这种现象，与西方实行国有企业私有化和这些国家大力推行员工持股制有关，也与越来越多的居民“理财”观念变化有关，他们热衷于“炒股”，想借此获得更高的收入，还与西方国家各种“基金”，特别是养老基金和共同基金的空前发展有关。

但是，应该看到，在日益增多的股东中，绝大多数是小股东。他们人数虽多，但在股市价值总额中所占比重并不大，只有为数不多的富人，如大企业的高级主管，大银行、大金融公司的所有者，以及各种基金拥有者才是大股东。据一项统计，美国1%的最富有者持有全部股票的37%。这些大股东凭借他们掌握的大量股票，对企业施加影响，甚至对企业进行控制，从中获取巨额利润。小股东则不然，他们大多数的收入来源并不是股票，而是薪酬，而且由于他们是分散的，对企业的经营不可能有什么重大影响。

由此可见，说现在的资本主义已经变成股东资本主义，是有悖于实际的。这使人想起20世纪五六十年代西方曾流行一时的“人民资本主义”论。股东资本主义论不过是人民资本主义在当今时期的翻版。但是，也应该看到，股东持有者人数的如此增多，也不能不对发达资本主义国家经济和社会结构，乃至社会思潮，产生某种深刻的影响。对这种影响，应进行研究。此外，股东数目大增，对企业来说，也不是毫无意义的。尽管小股东对企业的经营决策不会有多大影响，但企业经营业绩的好坏，决定其股票市值的升降，而股票市值的变化，又决定着股民投资的去向。如果企业经营不善，业绩不佳，股值下跌，众多小股东把资金转投他处，则对企业也会产生巨大冲击。正因为如此，近些年来，西方企业喊出了“股东价值”的口号。企业主管要千方百计为股东谋求最大利益。这个口号究竟在多大程度上是真实的，另当别论，但它也反映了股东人数的增多对资本主义发展所起的作用，是不容忽视的。

我国有的学者也考虑，当今的资本主义是否已转变为“社会垄断资本主义”,其根据,同样也是看到股东人数的增多,已经真正遍于整个社会,资本社会化已达到很高程度。自从股份公司出现,其资本就已是股份制资本,也就是与资本家个人资本不同的资本家集体的资本,或者说,是社会资本。对此,马克思曾有过精辟的论述。在当时,股份制尚在发展的初期,通过股份制集中起来的社会资本并不多,涉及的社会面并不大。从那时到现在已近一个半世纪,今日发达国家的股份制与当初相比,有天壤之别。今天的大跨国公司的股东数以百万计,遍布于社会各阶层和各群体。大公司从证券市场直接吸纳的资本,确实是名副其实的社会资本。但是,即使社会资本如此扩大,也很难说资本主义已发展到了社会垄断资本主义阶段。因为第一,社会各阶级共同实行垄断;第二,社会资本由金融机构集中起来,交由大公司去运作,所获利润大部分由企业和金融机构的大股东和高层主管获得,他们才是真正的垄断者。从这两方面来看,有了社会资本,却不一定就等于进入社会垄断资本主义阶段。

除此之外,西方学者还提出了其他名目繁多的“资本主义”。如“新资本主义”论,说发达资本主义经济已是知识经济,而知识经济中的决定性生产要素是知识,只要有知识,人人都有可能成为资本家;有人以信息技术的大发展为依据,认为只要掌握了信息,就有可能成为资本家,因为信息人人都能从因特网上获得,所以人人都有可能成为资本家;此外,还有“超资本主义”、“涡轮资本主义”、“网络资本主义”等不再详加评述。

二、经济全球化时代资本主义新发展与生命力

20 世纪前半期,帝国主义发动了两次世界大战,发生了空前深重的大危机和大萧条,生产力遭到严重破坏,广大工人和劳动人民苦不堪言,阶级斗争、民族解放运动高涨,资产阶级的统治发生动摇。

第二次世界大战后,殖民体系瓦解,原殖民地半殖民地获得独立,有些国家,包括东方大国中国,在革命胜利的基础上,走上社会主义道路。这是对帝国主义的沉重打击。然而,战后迄今半个多世纪的事实表明,资本主义并没有停滞不前,相反,发达资本主义国家经济有了相当快的发展,其间虽然不断发生周期性危机或衰退,还发生过结构性危机(20 世纪 70 年代初到 80 年代的滞胀,就是结构性危机),发生过金融动荡和危机,但总体上看,资本主义在广度和深度上不断发展、不断前进。所谓广度,是指多数发展中国家,走上资本主义道路,而新兴工业化国家,资本主义已达到相当发达的程度;所谓深

度，是指资本主义随着生产力的迅速发展，经济结构和社会结构不断调整、不断升级，经济体制、政治体制不断改革，不断完善。

20 世纪 90 年代以来，发达资本主义国家以信息技术为核心的高新技术更是突飞猛进、一日千里。经济水平进一步提高，经济实力进一步加强，并从传统的工业经济转变到知识经济。这是继农业经济转变成工业经济之后，人类社会经济形态的又一次飞跃。这些事实说明，资本主义仍然富有活力和生命力。

帝国主义是垄断资本主义，而资本主义的垄断，也和其他任何垄断一样，必然产生腐朽和停滞的趋向。但是，资本主义的垄断和其他任何垄断，如封建制度的垄断，并不完全一样，对此，马克思曾有过论述，他在《哲学的贫困》一书中，援引了罗西的有关论述，认为"封建的垄断是人为的，即专横的；资产阶级的垄断则是自然的，即合理的"[1]。他又说："在实际生活中，我们不仅可以找到竞争、垄断和它们的对抗，而且可以找到它们的合题，这个合题并不是公式，而是运动。垄断产生着竞争，竞争产生着垄断。垄断者彼此竞争着，竞争者变成了垄断者……垄断只有不断投入竞争的斗争才能维持自己。"列宁在着重说明帝国主义的腐朽性和垂死性的同时，也多次指出，垄断绝不能全面地长久地排除世界市场上的竞争，垄断与竞争并存，因此会产生这种或那种的趋向，会发生各种变革。

资本主义垄断竞争是一种强大的机制和力量，它推动资本主义国家的科技、经济、社会、思想、文化不断创新、不断前进。虽然在这个过程中，会不断发生各种失衡、动荡和危机，但总的趋势是不断前进的。

资本主义世界市场上的激烈竞争，会导致各种失衡、失调、动荡、冲突和危机，必须由国家对经济进行干预和调节，这是对市场机制的缺陷和不足进行必要补充的另一种机制。这种机制从另一方面缓和了资本主义的固有矛盾，促进了科技加快进步，使资本主义经济相对稳定地发展，而资本主义的这些内在机制，是当代资本主义仍具有活力和生命力的原因。经济全球化时代的资本主义新发展主要表现在以下几方面：

第一，资本生产（包括直接投资和资本在全球金融市场上的套利行为）的真正全球化。正如前文所述，扩张是资本的本性，自从资本主义诞生的那一刻起，就没有停止过。但由于受地理界限、运输费用以及政治意识形态等人

---

[1] 《马克思恩格斯选集》第 1 卷，人民出版社 1995 年版，第 176 页。

为因素的限制，名副其实的全球化直到 20 世纪 90 年代以后，随着前苏联集团国家以及中国、印度等发展中大国加入西方主导下的世界市场经济体系，根本性的信息和通信技术进步(特别是因特网革命)，及其商业性普及使得全球经济循环中的交易成本急剧下降才真正到来[1]。这就使以追逐利润为本性的资本可以在世界各地进退自如。如今，已经控制对外直接投资 80% 的资本主义国家的跨国公司及其分公司遍及世界各国各地，其产品基本实现了在一国设计、多国生产，运回资本税率最低的国家组装，最后运往全球销售。据统计，1996 年，在德国西门子公司379 000名员工中，约有一半不是德国人，其三百多个生产场所分布在五十多个国家，当年该公司 942 亿马克的总营业额中有 61% 来自国外[2]。

与直接投资相比，在金融市场上投资获利对资本的诱惑力更大。20 世纪 90 年代以来，由于电脑的广泛应用，金融信息几乎能够在世界各地同步传递，加之各国政府对金融市场监管的放松，国际金融业务飞速增长，90 年代初期，全球每天的外汇交易额已超过6 000亿美元，而在 90 年代中期更是达到每天平均10 000亿美元[3]。外汇交易额与世界贸易额的比率也由 80 年代初的 10∶1 上升到今天的 60∶1 以上。各类金融衍生品的合同额从 80 年代初的10 000亿美元上升到 1997 年的250 000亿美元。这些在全球金融市场上套利的资金 90% 以上都来自于西欧、北美、日本这“三极”发达资本主义国家[4]。

只可惜，资本生产的全球化，并没有增加社会认同。因为，资本在全球追逐利益的同时，也通过公司间的内部贸易和价格转移、利用不同国家的税收政策利率差异，最大限度地逃避税收，减少所承担的社会责任。

第二，发达资本主义国家大公司股份占有结构由“两权分离”又回到“两权合一”。资本主义生产资料所有制或资本所有制，就其最一般的意义而言，是以货币资本与雇佣劳动相交换，以生产过程中资本家无偿占有雇佣劳动者

---

〔1〕 Amin, S. The Challenge of Globalization, Review of International Political Economy, New York: Oxford University Press, 1996, P. 178.

〔2〕 Annette Bernhardt & Thomas Bailey: “Improving Worker Welfare in the Age of Flexibility”, Challenge, September-October, 1998, P. 67.

〔3〕 Charles Oman, Globalization and Regionalization: The Challenge for Developing Countries, (OECD, 1994) P. 12.

〔4〕 See The Wall Street Journal, December 12th, 2001, A4.

创造的剩余价值为核心的所有制形式。但在特定的生产力发展阶段,资本所有制总是采取特定的存在形式,随着生产力的发展而变化,资本所有制形式也发生相应的变化。

自资本主义制度建立以来,资本所有制形式大致经历了以下三个阶段。第一阶段是个人或家族资本所有制。其特点是生产资料所有权和经营权(或者说是控制权)统一于资本家。这种所有制形式适应了简单而又低下的生产力发展水平。但这种所有制具有财产占有关系封闭性强、企业寿命短以及不利于企业扩张等缺点。随着生产力的发展,资本所有制发展到第二阶段,即私人股份资本所有制。这是一种私人资本家联合占有生产资料的所有制形式,其显著特点是资本所有权及经营权的分离,作为资本所有者的股东仅以股息形式得到一部分剩余价值,整个股份资本则由职业经理直接管理和控制。从 19 世纪后期一直到 20 世纪 90 年代以前,这是发达资本主义国家大公司最主要的资本所有制形式。它有利于集中资本进行大规模生产,有利于提高资本运作效率,但由于两权分离,经理权力得不到有效约束,容易出现管理者损害所有者利益以及企业内部资源得不到有效配置的情况。20 世纪 90 年代以来,资本所有制发展到了第三阶段,即法人资本所有制阶段〔1〕。这种所有制的特点是各类法人(包括公司法人和机构法人)取代个人或家族股东成为企业的主要出资人,企业的股票高度集中于少数法人股东之手,这些法人股东凭借集中化的控股权干预甚至直接参与公司决策,监督和制约经理阶层的经营行为,使公司资本的所有权和控制权重新趋于合一。

第三,资本主义摆脱了外部制度的竞争压力,回归到符合其本性的发展轨迹上去。国外有学者指出,“1949 年与 1990 年资本主义最大的差别是,1949 年时资本主义面对一个强大的敌人,而今天它全然无反对者”〔2〕。在 20 世纪初期,资本主义缺乏人性的竞争引发了严重的社会、经济危机,特别是作为资本主义意识形态替代物的共产主义意识形态产生并结出制度之果(苏联与东欧各国按照共产主义的意识形态建立了社会主义制度)时,资本主

〔1〕 有一点需要说明的是,资本所有制发展阶段的划分是根据某种形式是否占据主导地位,而不是指在该阶段它是资本所有制的唯一形式。参见何自力:《美国大公司股份资本占有结构的新变化》,《世界经济》1997 年第 4 期。

〔2〕 Paul M. Sweezy, “More(or Less) On Globalization”, Monthly Review, 1997(9):P. 1.

义便开始面临激烈的制度竞争。"它唯一的出路就是国家资本主义。"[1]于是，资本主义加强了国家干预，吸收了社会主义经济发展的优点并大量采用福利制度国家的形式。这在一定程度上起到了缓和经济矛盾和稳定社会的作用。可以肯定地说，如果没有遭到共产主义制度的威胁和压力，资本主义的福利国家制度及其内部旨在消解劳资矛盾的调整就不会发生。连前法国计划总署署长米歇尔·阿尔贝尔也不得不承认，"如果资本主义有进展，那也是在其对手——共产主义意识形态——的道德和政治压力下出现的某种倒退"[2]。但是随着苏联的解体与福利国家制度陷入困境，欧、美有许多人相信，美国式的自由竞争的市场资本主义获得了最终胜利。资本主义也因而摆脱了那种由不同制度竞争而造成的制度约束，回归到符合其本性的发展轨迹上去，奉行亲资本并大幅度削减社会福利的政策。以美国为首的"盎格鲁—撒克逊模式"的资本主义（指以美英为代表的说英语的发达资本主义国家）为自己的胜利而自豪，为自己以削减社会福利为代价创造的"有工作的贫困"（Working-poor）而骄傲。欧洲大陆国家为了在全球市场竞争中立足，也不得不亦步亦趋，以社会紧张和贫富分化加剧为代价，大幅度削减社会福利支出并在税收方面向富人倾斜。自20世纪90年代中期，西欧国家的大多数选民对于新自由主义"右派"所推行的"亲资本"并大幅度削减福利的政策已表现出强烈的不满，在大选中，出现欧洲社会民主党复兴的势头。但西欧各国的社会民主党长期在野后重新上台决不意味着20世纪70年代的社会民主党以及传统"福利国家"制度的回归。因为，"上了台的左翼政党所采取的政策和右翼政党几乎毫无二致"[3]。因为，全球化时代的欧洲资本主义已经深深地烙上美国式的政治和经济影响的印记。1997年10月，西欧10个国家的社会党理论和政策研究机构联合组成的"欧洲社会民主学者论坛"以"变革中的欧洲社会民主主义"为主题在德国举行了一次讨论会，在其后出版的该讨论会的论文集序言中就说：社会民主主义的传统范式即"以凯恩斯主义福利国家模式为基础，提倡充分就业，扩展社会公正，谋求资本与劳动之间的一种

---

[1] [埃及] 萨米尔·阿明：《不平等的发展：论外国资本主义的社会形态》，商务印书馆1990年版，第53页。

[2] [法] 米歇尔·阿尔贝尔：《资本主义反对资本主义》，社会科学文献出版社1999年版，第234页。

[3] [美] 莱斯特·瑟罗：《资本主义的未来》，中国社会科学出版社1998年版，第5页。

‘福利主义’平衡,那样的日子已经一去不复返了”[1]。

三、经济全球化时代资本主义新危机与腐朽性

但是,如果认为,当代资本主义已不产生、不存在任何腐朽和停滞的现象和趋势,也是片面的。在西方国家,无论在经济、政治、社会、文化等领域都存在着腐败现象。例如,西方国家的财团用金钱贿赂和收买政府高官和国会议员的丑闻,是普遍存在、司空见惯的;又如,大企业造假账,欺骗世人,坑害投资者,也是屡见不鲜的。最近被揭发的美国安然能源公司、世界通信公司和其他大公司以及一大批金融公司的财务欺诈行为,触目惊心,朝野震动。这些腐败现象,既是经济的,也是政治的,又是文化的,有着深厚的难以整治和消除的社会根源。然而,当代资本主义发展趋势中,占上风的仍然是其富有活力和创新精神的一面。对此,我们应予以充分估计。资本主义从早期的自由竞争资本主义、中期的垄断资本主义发展到现今的全球资本主义。然而全球化时代的资本主义在加速发展变化的同时,也面临着前所未有的新危机。主要表现在以下几方面:

第一,伴随更趋异化的财富分配而出现的愈益扩大的贫富鸿沟。从当今资本主义国家内部来看,全球化使得强资本和弱劳工的局面愈发突出。经济全球化的深入使得资本跨国流动愈来愈大,在与国家谈判关系中具有更强的讨价还价能力。因此,发达国家内部贫富差距的扩大难以避免。例如,美国从全球化和新经济中获利最多,但其内部的贫富差距雄居发达国家之首。据统计,1979~1997年,美国最上层五分之一家庭与最下层五分之一家庭的收入差距从9倍扩大到15倍。即使在收入较为均衡的犹他州,最富家庭与最穷家庭的收入之比也达到了7:1。2000年,美国的贫富差距继续拉大。统计显示,全国最富裕的20%的人口获得了全部收入的49.7%,比1999年提高了0.3个百分点,其中最富裕的5%的人口获得的收入占总收入的比重从21.5%上升到21.9%,而收入最低的20%的人口所得仍为总收入的3.6%。2001年1月,美国联邦储备银行对家庭财富积累的变化情况进行了一次调查,调查的数据表明,年收入在10 000美元以下的家庭在过去3年中家庭总财富量下降了6 600美元。

---

[1] [德]托马斯·迈尔:《社会民主主义的转型:走向二十一世纪的社会民主党》,北京大学出版社2001年版,第19~20页。

正如前文所述，为了缓解全球竞争的压力，连一向有“社会主义”传统的欧洲大陆国家也正在“盎格鲁—撒克逊”化，政策取向逐步向资本倾斜，致使劳动力的收入下降。1997 年，欧洲联盟内部 10% 最富有的居民的收入占欧洲联盟全部居民收入的 25%，而 10% 收入最低居民的收入只占欧洲联盟全体居民收入的 3%；在葡萄牙，这一比例更是扩大到 28% 与 2%〔1〕。如果从财产总量上看，西欧的贫富差距则更为明显。例如，在法国，51% 的财产为仅占 10% 的家庭所拥有，其中仅占 1% 的最富有家庭却占有近 20% 的财产。英国被看作是这一时期仅次于美国的全球化及“新经济”的受益者，但在 20 世纪之末，其贫富差距扩大到 40 年的最高点。

这种建立在剥削基础上的两极分化发展暗示着资本主义正孕育着严重的社会危机。因此，我们完全有理由说：物质财富的积累并没有也不可能填平劳资之间贫富分化的鸿沟，资本和劳动之间的矛盾不但没有随着资本主义的新发展而缓和，而且还有所加剧，从而以新的方式继续孕育着资本主义的敌对力量；资本主义在当今时代的发展并不意味着它的永生，反而可能意味着它未来的死亡。这一点正如列宁所言：“辩证发展过程在资本主义范围内确实就包含着新社会的因素；包含着它的物质因素和精神因素。”〔2〕甚至连“金融大鳄”索罗斯也不无忧虑地指出，开放社会当前的大敌对已经不再是共产主义，而是资本主义的威胁，因为全球资本主义体系已经造就了一个非常不公平的世界，贫富差距越来越大。这可能导致社会崩溃〔3〕。

第二，资本主义股份公司由“两权分离”向“两权合一”的转变使经理人难以协调资本和劳动之间的利益分配，资本和劳动之间的矛盾进一步激化。过去，公司的经理阶层有一定的灵活空间，在生产和分配过程中，不但考虑股东的利益，而且也考虑企业员工的利益，最大限度地实现二者利益的契合。现在，法人股东不得不要公司经理（或者说是执行官）设法使自己股票升值，而且升值的幅度也要尽可能地大。即使处于赢利状态，公司的管理层也不能认定自己的职位稳若泰山。因为投资者经常认为赢利还可以更好、手中股票的市值还可以更高。因此，为了保住自己的职位，公司管理层必须提心吊胆，不断重新定义他们与员工的关系并把股东的利益完全置于员工的利益之上，

---

〔1〕 参见张世鹏：《从新自由主义的全面渗透看西欧政治思潮的发展趋势》，《当代世界与社会主义》2000 年第 2 期，第 67 页。

〔2〕 《列宁全集》第 11 卷，人民出版社 1958 年版，第 371 页。

〔3〕 George Soros, “The Challenge of Capitalism”, Atlantic Monthly, February 1997.

员工薪金被压到最低限度，退休金、健康保险以及其他一些福利也被大幅度削减并极力精简人员。对此，美国第一国民银行首席经济学家安纳柏(James Annable)分析指出："为了改善赢利，美国高级管理层现在愈来愈舍得作些痛苦的决定，像是不顾传统企业文化，一口气解雇大批员工，而且经常是在公司猛赚钱的时候出此下策……对于他们来说，保住自己职位的最佳防御就是撑高股价并让赢利维持强劲增长。"〔1〕由于过于对股东利益的倾斜，其结果必然是，在股东及上层管理层获得巨利的同时，却也有更多的人因失去工作而陷入贫困。总之，全球化时代资本主义国家的经理人又成了名副其实的受雇者，而不是真正的"牧羊人"，因羊群不归他所有，一旦发现狼来了，就会丢弃羊群，自己逃命〔2〕。

第三，资本生产的全球化与资本主义国家管理民族性之间的矛盾日益凸显。维护公共利益曾经是国家的任务，但是，由于全球市场的扩张，国家按照本国人民的意志行使其职能的权力萎缩了。如上文所述，随着全球化的加速推进，商品、服务、资本、技术等突破民族国家的边界，在全球范围内加速流动，全球化最大的获利者——跨国公司的利润也越来越多地在全球范围内完成。但与此形成鲜明对比的是，资本主义国家的行政管理的权力并没有随着世界性生产、消费和投资的扩散而外化，也即是说，国家的管理职能依然只能在民族国家内部实现。二者之间的矛盾必然会随着资本在全球流动的加速而不断激化。

其一，开放的世界投资与生产市场侵蚀了民族国家的税源。税收既是一国行使管理职能的体现，也是国家行使管理职能的保障。但在全球化时代，资本、生产以及知识的迅速转移，使得税源流失。跨国公司把发达国家的资本和技术优势与低工资国家的成本费用优势有机地结合起来，把其生产过程分解到不同国家。这种全球生产网络的形成使得国家在与资本的对垒中越来越处于不利的地位，决策者不断丧失诸如利率控制和公共支出水平等关键经济管理领域的控制力。各国政府不仅无法利用提高资本利率的政策来支持公共管理职能所需要的费用，而且，为了鼓励投资，各国在国际金融市场上卷入了一场世界范围的为公司企业及资本所有者降低纳税标准的竞争，这无

---

〔1〕［美］理查德·隆沃思：《全球经济自由化的危机》，三联书店 2002 年版，第 56 页。

〔2〕［法］米歇尔·阿尔贝尔：《资本主义反对资本主义》，社会科学文献出版社 1999 年版，第 255 页。

疑侵蚀了一部分重要税源。据统计，在德国，1995 年资本公司的纳税款与上一个 10 年相比，几乎减少了 40%。德国股份公司的税收在全国税收收入中所占的份额由 1960 年的 95%，降到 1998 年的 38%，而工资收入税所占的比例则由 12% 上升到 12.8%〔1〕。在德国执政的社会民主党人曾试图通过法律修正以增加税收，有关的公司企业就威胁说要把成千上万的劳动岗位转移到国外。最后，因为担心资本的流出会增加本国的失业，施罗德政府不得不作出让步。

其二，资本活动范围与国家管理范围的不对称破坏了资本—国家—劳动之间的稳定关系。“福利国家”制度的维持依赖“福利主义”的生产方式。在主要为国内大众消费而进行的大规模生产中，资本需要大量、稳定而且有购买能力的劳动力。而国家对分配的控制，不仅缓和了劳资矛盾，确保了劳动力队伍的稳定，而且培养了消费者。这样，国家—资本—劳动之间的关系达到了稳定。这种稳定说明了国家管理的边界与市场边界也在很大程度上实现了契合，从而保证了国家—市场关系的稳定。但是一旦资本的流动性增强，单个国家进行社会管理的能力必然被削弱，这种契合也因此而被打破。因为国家和劳动力是相对静态的，国家的管理是有边界限制的。这种变化的直接后果是国家在“福利主义”的生产方式中保持的“中间人”地位动摇了。更为不幸的是，随着保守的经济、政治理论的得势，“政治权力和知识分子越来越成为垄断资本的奴仆……”〔2〕在当今发达资本主义国家，“政府和商界之间的联姻已成为自由和民主的最大威胁”〔3〕。

第四，全球化时代资本主义的民主危机。正如上文所述，所谓的全球化，其实质是当代资本主义特别是美国推行的经济自由主义的一种国际化。这种经济自由主义试图使经济超越政治和法律限制。它的一个重要特征就是在扩大经济“效益”的同时，将“私先于公、经济先于公民利益”绝对化，使“受控制的资本主义”失控，造成“社会的失效”。今天的经济自由主义是同“脱政治化、政治私有化、反民主”结合在一起的，使资本主义成为一部绞杀公众

---

〔1〕［美］丹尼·罗德瑞克：《全球化走得太远了吗？》，北京出版社 2000 年版，第 9 页。

〔2〕 Weber, M., The Political Economy of Policy Co-ordination: International Adjustment since 1945, Ithaca: Cornell University Press, 1995, P. 187.

〔3〕［美］乔治·索罗斯：《开放社会：改革全球资本主义》，商务印书馆 2001 年版，第 21 页。

利益和民主的绞肉机,其结果很可能是走向"民主法西斯主义"[1]。

现今,资本主义民主危机很重要的一个原因是伴随着政府政策的右转及其对市场控制能力的下降,资本主义国家的跨国公司的权力急剧膨胀,而劳动在与资本的对垒中却越来越处于不利的地位。美国学者杰里米·里夫金就精辟地指出,所谓的"全球公司"成为一种"准政治机构,通过对于信息和传播的控制,对人员和所在地行使着极大的权力"[2]。在资本主义国家,绝对不会出现如弗里德曼所说的,"经济自由是民主的孪生兄弟"的情况[3],而始终存在着经济自由与政治民主的矛盾。二者之间之所以能够保持最低限度的和谐,很重要的一个原因是政府一直习惯于积极地改变市场自由产生的消极后果,防止经济自由完全吞噬政治民主。如果没有这一点,二者之间的断裂早已引发了资本主义的大危机。由于资本主义失去了内外制度的竞争压力,市场恢复了以往的本性,而政府也不愿或不能控制市场权力的膨胀,资本主义民主正在失去这种调节力量,陷入深刻的危机。

总之,全球化使资本主义获得更广阔的发展空间,资本主义也失去了势均力敌的对手,摆脱了内外制度的竞争压力,这是一个无法回避的事实。但也正因为如此,它的内部正在孕育着深刻的危机,又变得很危险了。失去了内外制度的竞争和压力,资本主义的各种内在矛盾因此趋于激化。而更大的危险则是,资本主义一味沉浸在所谓"历史的终结"的梦幻中,并没有意识到这种危机的存在,更不用说意识到这种危机的严重程度(也许,这正是最大的危机之所在)。如果非但没有意识到资本主义的新危机,而且还为资本主义的新发展一路唱赞歌、为资本主义事业辩护,我想,这也正如弗郎索瓦·贝湖(Francois Perroux)所言,无异于在"兜里揣着死刑判决书"的法官面前讲话[4]。

当前,资本主义意识形态风头更劲,强化了唯我独大的心态,对自身问题缺少足够的清醒的认识。其实资本主义意识形态也是随时代变迁而发展变

---

[1] See Luttwak, E., Turbo-Capitalism: Winner & Losers in the Global Economy, Paperback, 2000。

[2] Rifkin, J., The End of Work: The Decline of the Global Labor Force and the Dawn of the Post-Market Era, Paperback, 1996, P. 124.

[3] [美] 米尔顿·弗里德曼:《资本主义与自由》,商务印书馆 1986 年版,第 9~23 页。

[4] [法] 米歇尔·阿尔贝尔:《资本主义反对资本主义》,社会科学文献出版社 1999 年版,第 234 页。

化的,而且每当生产力有大的飞跃时,必伴有适应生产力发展的意识形态的大变革。随着社会生产力的新发展,旧的制度出现了许多不适应的方面。资本主义的经济制度和政治制度都应该进行适应新时代的制度变迁。曾记否,古代埃及、罗马帝国以及中世纪的欧洲,它们的解体或崩溃,都不是因为存在外部的竞争者,而是因为社会占统治地位的意识形态不能适应生产力的变化〔1〕。在全球化时代,当资本主义不能通过多种制度的兼容来使自己的意识形态与当今迅速发展的、以科学技术为核心的生产力相适应的话,资本主义又能维持多长的时间呢?如果我们同意卡尔·波普尔在《开放社会及其敌人》一书中提出的,开放社会正在受到那些声称拥有终极真理的万能意识形态(universal ideologies)的威胁的观点,那么,全球化时代的资本主义则更多地受到来自于其自身非"和谐"发展的威胁。这种非和谐的发展一旦超过社会能够承受的限度,资本主义必将为之付出惨痛的代价。

第三节　经济全球化与世界社会主义

自从马克思、恩格斯号召全世界无产者联合起来,就开始了两种对立的全球化:资本主义和共产主义的全球化。资本主义的全球化具有二重性:一方面,它反映了社会生产力和国际分工协作高度发展的要求,表明商品、服务、资本和技术等生产要素在全球范围内流动和配置;另一方面,它反映了资本主义生产关系和社会制度向全球扩张的企图,表明垄断资产阶级要在全世界范围内追逐利润。"人类的整个经济、政治和精神生活在资本主义制度下就已经愈来愈国际化了。社会主义会把这三方面的生活完全国际化。"〔2〕资本主义全球化是社会主义、共产主义全球化的前阶,资本主义全球化最终趋向于世界社会主义。从资本主义全球化→资本主义与社会主义全球化→社会主义、共产主义全球化,是全球化的历史、现状和未来情景。

一、全球化与社会主义的历史联系

科学社会主义是关于无产阶级解放条件的学说。马克思、恩格斯认为,

---

〔1〕［美］莱斯特·瑟罗:《资本主义的未来》,中国社会科学出版社 1998 年版,第 4 页。
〔2〕《列宁全集》第 23 卷,人民出版社 1990 年版,第 332 页。

无产阶级只有解放全人类才能最后解放自己，全人类的解放是世界性的事业，全世界无产者必须联合起来。他们在探索无产阶级解放的条件时，一开始就是从世界的普遍联系出发的。他们关于无产阶级解放条件的逻辑是无产阶级以不同形式的革命夺取政权，上升为统治阶级，推翻资本主义制度，建立以生产资料社会占有为基础的社会主义（或称为共产主义）社会。这是无产阶级为实现自身和全人类解放所迈出的第一步，但这是决定性的一步、关键的一步。之后，无产阶级要创造各种条件，消除人—社会—自然之间的矛盾，实现人与社会、自然的和谐共生，社会全面进步，以及人的自由而全面的发展。在他们看来，社会主义革命在世界范围内的胜利，社会主义本质的实现，都是以世界的普遍联系为前提条件的。所以，社会主义与经济全球化趋势有着天然的联系。

首先，社会主义革命不可能是一种地域性的现象，而是一个世界性的历史进程。社会主义是在资本主义社会之后出现的一种新型社会形态，它必然是在资本主义所形成的条件的基础上实现的。资本主义发达的社会分工和商品经济使社会“形成普遍的物质交换，全面的关系，多方面的需求以及全面的能力体系”〔1〕。同时，资产阶级开拓了世界市场，使一切国家的物质生产和精神生产以及消费都成为世界性的了。过去那种地方的和民族的自给自足和闭关自守状态，被各民族的各方面的互相往来和互相依赖所代替了，一切民族甚至最野蛮的民族都被卷到文明中来了，民族的片面性和局限性日益成为不可能。“交往的任何扩大都会消灭地域性的共产主义。共产主义只有作为占统治地位的各民族‘立即’同时发生的行动才可能经验的，而这是以生产力的普遍发展和与此有关的世界交往的普遍发展为前提的。”〔2〕生产力和世界交往的普遍发展，把全球各国尤其是文明国家联系起来了，使他们在社会发展程度上、阶级斗争的情形上都大致相同，因而共产主义革命的发生及其进程应该是同时的。“共产主义革命将不是仅仅一个国家的革命，而是将在一切文明国家里，至少在英国、美国、法国、德国同时发生的革命。在这些国家的每一个国家中，共产主义革命发展得较快或较慢，要看这个国家是否有较发达的工业，较多财富的和比较大量的生产力……共产主义革命也会大大影响世界上其他国家，会完全改变并大大加速它们原来的发展进程。它是

〔1〕《马克思恩格斯全集》第46卷（上），人民出版社1979年版，第10页。

〔2〕《马克思恩格斯选集》第1卷，人民出版社1995年版，第86页。

世界性的革命,所以将有世界性的活动场所。”[1]马克思、恩格斯认为,无产阶级革命的任务无论在什么地方都不能在本国范围内完成。无产阶级革命应当在资本主义国家同时发动或至少在几个主要资本主义国家同时发动,才能取得胜利。这是因为,随着资本主义生产方式在世界范围内的扩展,资本日益具有国际性,无产阶级不仅受本国资产阶级剥削,也受外国资产阶级剥削,无产阶级与资产阶级的矛盾、冲突已经超出本国范围,成为国际现象。在这种情况下,一国无产阶级革命会遭到各国资产阶级的联合镇压。只有至少在几个主要资本主义国家同时发动,才能形成强大的革命力量,推翻资产阶级的统治。

列宁研究无产阶级革命的问题也是具有世界眼光的。他关于在资本主义世界经济体系中一国可以取得社会主义革命胜利的结论,就是分析19世纪末20世纪初资本主义世界经济、政治发展不平衡的规律得出的。至于在单独一个落后国家能否建成社会主义,他的思考也没有脱离国际帝国主义体系。他在生命的最后还在思考,在我国这种小农和极小农的生产条件下,在我国这种经济破坏的情况下,我们能不能支持到西欧资本主义国家发展到社会主义的那一天呢?列宁的想法是,苏维埃政权要在国际帝国主义的围攻下生存下来,既要抵挡住帝国主义的进攻,又要采取一切必要的策略和措施发展壮大自己,包括利用资本主义来建设社会主义。“一国胜利论”是列宁根据新的历史条件的独创,但是,在把社会主义置于世界体系的方法上,列宁与马克思、恩格斯的立场是一脉相承的。

其次,社会主义本质和价值目标的实现也是以世界的普遍联系为基本条件的。实现人的解放或人的自由而全面发展,这是马克思、恩格斯揭示的未来的社会主义社会的本质。只有当“地域性的个人为世界历史性的、经验上普遍的个人所代替”,成为“与世界历史直接相联系的各个人”的时候,才能实现人的自由而全面发展。共产主义社会能为人的发展提供一系列社会条件,其中生产力的充分发展是最根本的条件。“当人们还不能使自己的吃喝住穿的质和量的方面得到充分保障的时候,人们就根本不能获得解放。”生产力的普遍发展必然造成世界交往的普遍性,使“历史向世界历史转变”。马克思、恩格斯说:“只有随着生产力的这种普遍发展,人们的普遍交往才能建立起来。”“各个相互影响的活动范围在这个发展进程中越是扩大,各民族的原

---

〔1〕《马克思恩格斯选集》第1卷,人民出版社1995年版,第241页。

始封闭状态由于日益完善的生产方式、交往以及因交往而自然形成的不同民族之间的分工消灭得越是彻底,历史也就越是成为世界历史。""每一个单个人的解放的程度是与历史完全转变为世界历史的程度一致的。""只有这样,单个人才能摆脱种种民族局限和地域局限而同整个世界的生产(也同精神的生产)发生实际联系,才能获得利用全球的这种全面的生产(人们的创造)的能力。"[1]他们认为,普遍的世界性交往使各种不同的具有民族局限性和狭隘地域性的个人成为世界性的个人,才能成为全面发展的人。在资本主义文明阶段,资产阶级在本国和世界上形成的这种普遍的社会联系,为人类社会的全面发展创造了前所未有的条件。未来的社会主义由于废除了产生人与社会、人与自然对立的基础——资本主义生产方式以及与之相适应的整个社会制度,将真正把人从社会、自然以及人自身中解放出来,成为自由而全面发展的人。

此外,全球化与社会主义具有结果上的内在一致性。由于资本的趋势是赋予生产以科学的性质,建立现代化大工业,而大工业是社会主义确立的物质基础。因此,资本全球化与社会主义在发展前景上并不矛盾,前者是后者的前提和基础,没有高度发达的全球联系的社会化大工业和丰富的物质财富积累的社会,就还不是马克思主义所讲的真正的社会主义;后者是前者的必然结果,以私有资本为核心确立的资本主义最终随着资本的社会化和物质财富的社会占有而被更高级的社会主义所代替。由于社会化生产的本性要求生产资料必须由社会来占有,这就产生了资本主义的基本矛盾,并在资本主义生产方式运动过程中不断激化,其结果是对资本主义私有制为基础的经济和社会秩序的否定,即是对资本主义私有制的自我否定。在今天,随着经济全球化,资本主义基本矛盾也在向外转移,这虽然在一定时间和一定程度上缓解了西方发达资本主义国家的国内矛盾,却加剧了世界范围的不平等和矛盾。全球化既是社会生产力和劳动分工高度发展的必然结果和客观要求,也是资本在全世界范围内追逐利润、资本主义生产关系和社会制度向全球化扩张的历史进程。所以,今天的全球化实际上就是资本主义所主导的全球化,它力图把资本主义的生产关系扩展到全球,同时把资本主义的各种矛盾和弊病扩散到全球,从而造成种种社会冲突和危机。它在世界范围内激化生产与消费之间的矛盾、垄断资产阶级与无产阶级和广大劳动人民之间的矛盾、发

〔1〕《马克思恩格斯选集》第1卷,人民出版社1995年版,第86、87、74、86、88、89页。

达国家与发展中国家之间的矛盾以及发达国家之间的矛盾。伴随经济全球化的还有生态破坏的全球化、资源破坏的全球化,甚至犯罪、饥饿、堕落的全球化。所有这些严重阻碍了人类社会生产力的发展和社会的全面进步。它所造成的世界性生产体系、金融体系、知识体系和管理体系,为在全世界实现社会主义、共产主义准备了必要的条件。其源于现实资本主义经济运动的全球化,其结果和前景是反资本主义的,而社会主义是在全球范围对资本主义的扬弃和超越,是资本主义发展的必然结果。

总之,马克思、恩格斯的共产主义社会理想是建立在世界普遍联系的基础上的。经济全球化把一切国家卷入世界体系中,无疑为未来社会主义准备了更为现实的条件。社会主义将按照其历史逻辑不仅在更大范围内孕育、降生,而且内涵会得到发展。世界资本主义愈发展,则世界社会主义就愈发展。

二、经济全球化是社会主义最终胜利的"前阶"

当年,列宁曾作出论断:帝国主义是资本主义的最高阶段,是寄生的、腐朽的、垂死的资本主义,是社会主义的入口。我们认为其精神实质已经并正在经历着历史的检验。如今,作为人类科技进步和世界交往扩大与深化的必然产物,全球化在促进生产力的发展、劳动的社会化以及人类的普遍交往与能力的发展等方面,都具有历史的进步意义,为社会主义在全世界的最终胜利准备必要的前提条件。

首先,全球化为现代科学技术的迅速发展及其在全球范围的推广和运用提供了比较有利的条件。资本主义社会在进行全球扩张的过程中,不仅把科学技术及时、广泛地应用于生产过程,而且总是不断地推进世界的科学技术和生产组织形式的变革,以提高劳动生产率。早在18世纪下半叶,以蒸汽机的发明和应用为主要标志的第一次科技革命和工业革命,就把人类从农业社会带到工业社会,使其进入机器大生产时代。到19世纪下半叶,以电力和内燃机的发明为主要标志的第二次科技革命,又促进欧美国家工业的迅猛发展,把人类社会带入了电气化时代。战后20世纪50~60年代,以原子和电子技术为主要标志的新科技革命,又推动核能、半导体、合成化学、航空航天等行业的诞生和发展,把人类带入了原子和电子时代。到80年代后半期,西方国家再次掀起科技革命的新高潮,微电子技术、信息技术、生物工程、宇航技术、激光技术、新材料技术、新能源技术日新月异,以计算机和网络技术为核心的信息产业飞速发展,并成了新的主导产业,把人类带入信息化和全球化时代。现代高新技术的“渗透力”很强，将其应用于传统产业，则促进“夕阳工业”的改造；将其应用于金融业、商业、运输业，则提高这些服务业的效益。一般来说，现代科学技术的研究和开发，需要大量资金，也需要多种专业人才的分工协作，进而越来越需要超出个别企业甚至个别国家的限制，寻求广泛的国际交流与合作，实现科技研究与开发的全球化。反之，科技研究与开发的全球化，也推动科学技术高效、快速地发展，有利于科技成果在世界上的传播与运用。新科技革命正是借助于全球化浪潮，才不同程度地促进着世界各国的产业结构日益现代化和“高级化”，为社会生产力的发展和社会生产关系的变革提供了强大的动力。

其次，全球化有利于世界市场的进一步拓展，为自然资源、资金和劳动力在世界范围内的统一配置准备了条件。由于全球化推动商品生产和市场机制向全世界扩张，使市场经济日益成为世界各国实行的经济体制，这有利于国际分工协作的发展和商品、服务、资本、技术等生产要素在全球的流动，形成统一、开放的世界市场。在这种条件下，各国及其企业可以不受本国狭小市场的限制，而是根据全球大市场的需求，充分发挥各自的优势，扩大生产规模和生产能力，收到规模经济的效益。与此同时，世界市场的竞争机制也迫使各企业不断采用新的科学技术，改进经营管理，降低生产成本，提高产品质量，增强企业在国内外的竞争能力。20 世纪 80 年代以来，世界生产的增长和流通的扩大，生产社会化程度和世界资源配置的效率的提高，在一定程度上是全球化发挥积极作用的结果。此外，当代资本主义在对生产关系的实现形式和体制模式作相应调整的同时，也在产生合作社、股份制、经济计划、社会福利等促使“旧有生产方式解体的各种要素”，提供解决资本主义生产方式冲突的“线索”，创造扬弃资本主义的“新的经济制度因素”和“新的生产方式的物质基础”，全球化造成的世界性生产体系、金融体系、知识体系和管理体制，也为全世界实现社会主义和共产主义，准备必要的条件。

第三，全球化促进人们的世界性活动与交往，为最终形成人类普遍的物质交换、全面的关系、多方面的需求以及全面的能力的体系创造条件。资本主义摧毁封建专制、等级特权和人身依附关系，提倡自由、平等、博爱、民主和人权，把人类从封建专制和宗教神学的禁锢中解放出来，使之获得了以物的依赖性为基础的人的独立性。随着市场经济的全球性扩张，人的依赖关系逐渐被打破了，人们逐步摆脱了各种自然血缘关系和超经济的统治服从关系，并且超出各种地域界限和民族国家的范围，开始形成普遍的社会物质交换、全面的关系、多方面的需求以及全面的能力的体系。正如马克思所说:“以资本为基础的生产,一方面创造一个普遍的劳动体系——即剩余劳动,创造价值的劳动。”“另一方面也创造出一个普遍利用自然属性和人的属性的体系。”这种体系不仅要求人们探索整个自然界,以便不断发现自然物新的有用属性,而且培养社会的人的一切属性,使之成为具有尽可能丰富的属性和联系的人,具有尽可能广泛需要的人,“具有高度文明的人”。只有在全球化的进程中,“资本才创造出资产阶级社会,并创造出社会成员对自然界和社会联系的普遍占有。由此产生了资本的伟大的文明作用;它创造了这样一个社会阶段,与这个社会阶段相比,以前的一切社会阶段都只表现为人类的地方性发展和对自然的崇拜”。“资本按照自己的这种趋势,既要克服民族界限和民族偏见,又要克服把自然神化的现象,克服流传下来的、在一定界限内闭关自守地满足于现有需要和重复旧生活方式的状况。资本破坏这一切并使之不断革命化,摧毁一切阻碍发展生产力,扩大需要,使生产多样化,利用和交换自然力量和精神力量的限制。”〔1〕正因为“单个人随着自己的活动扩大为世界历史性的活动……受到日益扩大的、归根结底表现为世界市场的力量的支配……单个人才能摆脱种种民族局限和地域局限而同整个世界的生产(也同精神的生产)发生实际联系,才能获得利用全球的这种全面的生产(人们的创造)的能力”〔2〕。

三、经济全球化趋势下社会主义的前景与任务

经济全球化是市场经济和科学技术发展的产物。伴随着资本主义市场经济向全球的扩展,资本主义政治模式、文化模式和价值观念、生活方式等也在向全球渗透,似乎有把全球资本主义化的势头。那么,在全球化趋势下,社会主义的前景如何?

21 世纪是世界历史的转折时期,人类面临着诸多的问题。在新世纪到来的时候,我们看到:发达国家的资本正在向全球入侵,企图把资本主义国内的弊端转嫁到全球;强权政治和霸权主义还在全球各地肆虐,不公正的国际经济、政治秩序妨碍着广大发展中国家的发展;战争的阴影时常笼罩在一些地区人们的头上,威胁着人类的安全与和平;全球性的环境和生态危机还有

〔1〕 参见《马克思恩格斯全集》第 46 卷(上),人民出版社 1979 年版,第 104、392 ~ 393 页。
〔2〕《马克思恩格斯选集》第 1 卷,人民出版社 1995 年版,第 89 页。

蔓延之势，威胁着今人和后人的生存和发展；发达国家物质上的富有仍然消除不了人们精神上的空虚，科学技术的日新月异也让人们面临着新的异化的风险；如此等等。这些都是威胁、阻碍人类文明发展的因素。资本主义私有制和资产阶级个人主义价值观决定了资本主义世界解决不了这些问题。

这些问题只能由更先进的社会主义文明来解决。这是因为，社会主义是人类文明的一个崭新阶段。社会主义追求的价值目标是全人类的解放，这符合整个人类生存和发展的要求，符合人类社会发展的历史规律和客观趋势。因而，社会主义过去、现在、未来都是正义人们的向往。社会主义的价值取向决定了它必然要与一切有悖于人类文明的现象进行不妥协的斗争。没有强盛的社会主义文明的制约和推动，世界就不可能有一个美好的未来。20世纪社会主义制度尽管是在比较落后的国家建立的，但是已经展示了新型文明的曙光，为亿万被压迫被剥削、受苦受难的民族和阶级带来了希望和福音，极大地提升了全人类的精神境界，推进了世界和平和民主化的进程，也促进了资本主义文明的进步，为世界文明的发展作出了伟大贡献。如果说人类文明是一条波澜壮阔的河，后浪推前浪，绵延不息，那么，20世纪世界社会主义的兴起和发展，就是其中强劲的清流，给人类文明增添了生机与活力。

社会主义在21世纪仍然承载着促进和净化人类文明的使命。经济全球化的过程，不仅必然会凸显出社会主义的价值，而且要求社会主义成为促进全球化理性发展的重要力量。建立公正的国际经济政治秩序，合理地解决全球性问题，以矫正全球化缺陷，是新世纪的重大课题。各种社会主义流派从20世纪70年代起就不断地根据全球化的影响提出他们对世界发展的立场与政策，倡导平等参与全球化、确立对话机制、防止市场经济的消极后果、建立市场与社会的新平衡、保护落后国家、解决环保和可持续发展等全球性问题。因此，世界社会主义在21世纪的崛起和发展，才能使人类文明的进程成为一支汹涌澎湃的歌，而不至于变成一条浊浪翻涌的河。

放眼全球，作为社会制度和世界范围内的运动的社会主义经历了起伏，目前处于低潮，社会主义制度只是在一千多万平方公里的世界陆地面积上的几个国家里实践着。作为制度的社会主义，在21世纪的重振还有一个过程，它是否能在更大的范围内兴盛还难以预料。但是，作为理想和价值观念的社会主义仍然是一切进步人类的向往，民主、平等、自由、博爱、公正、和平、人道、富裕、福利等是人类永恒的追求，只要世界上还有压迫、剥削、贫穷、苦难，还有阶级对立，还有民族、国家之间的战争，社会主义就是人类的精神寄托和现实追求。作为学说和思潮的社会主义从西方到东方,有近500年的发展史,现在有各种流派,正在不断地发展,马克思、恩格斯的学说是科学的社会主义,这一理论仍然是各国共产党人实践社会主义的行动指南。作为实践形式的社会主义已经出现各种各样的模式(民主社会主义、市场社会主义、生态社会主义等)。作为发展趋势的社会主义因素正在发达资本主义社会里不断增长。

20世纪社会主义曾经逐渐成为与世界人民的利益和愿望紧密相连、磅礴于全球的历史潮流,就连在苏联解体、东欧剧变后断言社会主义"大失败"的资产阶级政论家也说,"20世纪变成一个以共产主义的崛起和影响为主的时代"。那么,伴随着经济全球化进程的21世纪社会主义将更具有吸引力,它在各个层面上都将得到大发展。在当今世界上,社会主义在与资本主义的力量对比中还处于弱势、守势。经济全球化趋势对于社会主义的发展既是机遇,更是挑战。现实社会主义要在这样的国际环境中生存和发展并承担起自己的历史使命,就必须在汲取正反两方面历史经验并吸收世界文明成果的基础上不断创新。

首先,必须在世界潮流中抓住机遇,利用"后发优势",实现生产力和科学技术的跳跃式发展,使社会主义赢得比较优势。面向新世纪,和平与发展已是时代的主导潮流,世界格局多极化已是一个不可逆转的趋势,经济全球化、知识化和新科技革命的浪潮汹涌而来,世界范围内各种思想文化相互激荡。这些预示着21世纪将是人类文明史上蔚为壮观的一个世纪。这样的世界潮流,为社会主义的发展孕育着历史机遇,也提出了严峻的挑战。我们必须认清世界潮流、跟上世界潮流,抓住机遇、加快发展。经济全球化潮流的主要特征是市场经济的全球化,经济全球化的根本动力是科学技术的创新及其日新月异的发展。社会主义国家要在经济全球化进程中立于不败之地,并且迎头赶超世界先进水平,必须加快建立和完善市场经济体制,把"科教兴国"战略真正落到实处,同时以积极的姿态"走出去",在"与狼共舞"中发展、壮大自己。

其次,必须探索适合本国实际的社会主义实践形式。经济全球化不是全球西方化,不仅应该反映所有民族国家的利益,而且应该体现各民族国家的特色。在全球化进程中,各个民族相继被纳入世界体系之中,成为世界的有机组成部分,遵循世界经济发展的规则。经济全球化加强了世界范围内经济、政治、文化、科技、社会各个领域的相互联系、相互依存。但是,世界各国在经济发展水平、社会文明程度、地理资源条件、历史文化传统等方面都存在着差异,这种差异决定了各个民族国家在社会发展模式上的差异性和多样性。一百多年前马克思就揭示了这一点。他明确反对把西欧资本主义的发展道路理解为:一切民族,不管他们所处的历史环境如何,都注定要走的道路。他不仅提出西方各国的道路可能不同,而且在晚年还预测了东方社会的发展道路。列宁也说过:一切民族都将走到社会主义,这是不可避免的,但是一切民族的走法不完全一样,每个民族都会有自己的特点。毛泽东在1956年曾经指出,社会主义革命和建设是差别性和共同性的统一。这些思想虽然不是针对经济全球化时代讲的,但至今仍能给我们启示。世界各国发展的历史和现实表明,不仅东西方的社会发展模式和现代化道路不同,而且西方或东方各国的社会发展模式和现代化道路也都各异,即使在一个国家的同一时期内,由于各地区条件的差异,发展模式也是不一样的。

再次,必须不断地总结和消化历史经验教训。20世纪社会主义经历了凯歌行进、曲折发展和失败挫折的不同时期,既作出了不可磨灭的贡献,又留下了一些悬而未决的问题,也积累了正反两方面的经验,最根本的一条经验,就是把马克思主义与本国实际相结合,建设切合本国实际的社会主义。这要求解放思想,实事求是,勇于探索,大胆创新。创新体制,创新理论,这是实现社会主义新生的关键。20世纪社会主义还有一条重要经验,就是要开放,同时要以自己的方式积极参与国际大分工。过去一个时期,社会主义与资本主义被看成是势不两立、互相隔绝的"两个平行市场"。这种理论和战略是冷战的产物,严重制约了社会主义的发展。这是苏联解体、东欧剧变的重要原因。当苏联和东欧国家因经济发展难以为继而开始改革开放的时候,又在经济模式、文化和社会价值上完全回归到西方,一时间造成经济危机和社会动荡。这个事实表明,任何国家都不能长期置身于经济全球化进程之外,同时,任何国家都必须以适合自己的发展模式融入全球化进程中,否则就会被吞没。

最后,必须善于吸收世界文明的优秀成果。社会主义本应是建立在继承资本主义社会的一切肯定成果基础上的更高层次的文明。社会主义文明既是资本主义文明的对立物、替代物,也是资本主义文明的继承者。现实是,资本主义文明与社会主义文明共存于一个世界上,资本主义和社会主义在经济上也形成了"你中有我,我中有你"的关系,二者之间的关系不是过去所理解的谁利用谁的关系。二者的发展都离不开人类文明大道,必须遵循人类社会发展的规律,相互吸收、借鉴,共同推进人类文明的发展。发达资本主义国家拥有当代科技革命的绝大多数最新成果,控制了世界财富、资金和世界市场的三分之二以上。现实社会主义是在经济文化较为落后的国家开始实践的,在生产社会化、市场化、现代化和社会运行机制等方面,总体上还落后于发达国家。社会主义还需要经过一个相当长时期的加速发展,才能在所有方面超过资本主义。因此,社会主义必须汲取以往人类文明的一切成果,特别是当代资本主义的文明成果,还包括适应社会化大生产的经营方式和管理经验以及精神文明和政治文明方面的优秀成果。融入全球化是社会主义的民族性与世界性、经济发展与政治发展、现实利益和长远利益相统一的客观要求。社会主义只有在批判地继承资本主义过去和现在创造的全部文明成果的同时不断地创新,才能建设社会主义文明大厦,为人类文明的发展作出新贡献。

展望新世纪,社会主义将在总结正反两方面历史经验的基础上,与资本主义文明共处,在竞争、斗争中相互吸收、借鉴的基础上,为实现理想的社会主义文明创造更多的条件。社会主义实践的范围将是更加广泛的,其形式将是更加多样的,其对人类文明的影响将是空前的。

四、经济全球化与中国特色社会主义建设〔1〕

发达资本主义国家尽管依然是全球化的主导者,但从根本上讲,国际垄断资产阶级不仅不是“全球化”的真正积极的推动力量,相反在一定意义上越来越成为这个进程的阻碍因素和破坏力量。当今世界在很大程度上并不取决于未来是什么,而取决于当代资本主义与现实社会主义之间为争夺未来而进行的全方位的斗争。

全球化的发展从本质上说是同资本主义制度相冲突的。第二次世界大战以来,世界经济在总量上的确增加了不少,但从中受益最大的是极少数发达资本主义国家,而越来越多的发展中国家日益陷入经济增长乏力、生态环境恶化、社会动荡不安、债务负担沉重、新老疾病肆虐等恶性循环的深渊。影响全球化进程顺利进行的不确定因素不断涌现,世界和平与发展事业的前景随之变得扑朔迷离。造成这种局面的原因固然是多方面的。但究其根本,恐怕还在于本性唯利是图的资本主义社会制度。冷酷的现实着实不容乐观,但值得庆幸的是,世界上已有越来越多的人认识到了这一面,美国经济学博士戴维·科顿认为:“当今的世界已经陷入了严重的状况之中:全球化资本主义

〔1〕 参见张西立:《全球化之中国社会主义历史意蕴》,《当代思潮》2002年第1期。

只关注创造金钱的能力，而世界的真正财富正在迅速地遭到破坏。”他进而得出结论：“在很多方面，新的市场经济必须转变方向，即向目前全球化资本主义正在推进的相反方向转变。”〔1〕撇开资本主义全球化的消极后果不谈，本质上不可逆转的全球化进程的充分展开，必将冲垮资本主义制度本身，把人类社会推向资本主义的反面。

现实中的社会主义虽然从产生到发展无不处于强大的资本主义的汪洋大海之中，但从“世界历史”的角度来看，社会主义之所以能够产生，正是资本主义基本矛盾即生产社会化与生产资料私人占有之间的矛盾尖锐对立和冲突的结果，正是资本主义政治、经济发展不平衡规律的产物，是自由竞争的资本主义走到它的穷途末路的历史替代物。

马克思说：“在资产阶级社会里发展的生产力，同时又创造着解决这种对抗的物质条件。”社会主义就是这种“物质条件”的集大成者，也是在此基础上进一步“创造”“解决”对抗的物质条件的现实出发点。从历史的宏观上讲，当前迅猛发展的全球化实际上是在为社会主义最终代替资本主义准备充分的物质基础和必要的阶级条件。从这一意义上讲，现实中的社会主义既不是什么“后资本主义”，也不是什么“超资本主义”，而是一种与日益走向没落的资本主义依然同处的、但又是在实质上作出反对资本主义并且高于资本主义的新型社会形态。在此，我们不妨把“一球两制”世界上的社会主义与资本主义看做是同处一个矛盾统一体的、在一定条件下既相互依赖而又相互对立矛盾着的两个方面。就目前情况看，新生的社会主义社会在总体上是相当弱小的，还处于矛盾的非主要方面，却因其旺盛的生命力和远大的发展前途，注定不管经过多少曲折，都将在学习、借鉴、利用资本主义的过程中由弱变强，逐渐发展壮大，转化成为矛盾的主要方面，成为决定整个全球化具有社会主义性质的力量；而陈旧的资本主义社会尽管可以说从俄国十月革命以后就走上了下坡路，但与新生的社会主义相比，在现今以至今后一个长时期内仍将保持强势地位，因而暂时处于矛盾的主要方面；却因其阻碍人类进步和世界和平的因素越来越多，破坏性作用越来越强，注定不管现今多么骄横跋扈、不可一世，不管国际垄断资产阶级愿意不愿意，都将在与社会主义的交往、相持、斗争过程中，由强到弱，逐渐远离矛盾的主要方面，变得不再有任何能力主导全球化的进程。由此看来，这其实是一个长期的历史过程，也是一个所

〔1〕 转引自李士昆：《论世界历史理论与全球化》，《北京大学学报》2001 年第 2 期。

有追求正义和自身解放的人必须坚持不懈地为之艰苦奋斗的过程。但从历史发展的已有规律来看,不管经过多少曲折和反复,社会主义作为引领劳苦大众走向自由幸福的人间正道已经被开辟出来,并将越走越宽阔。

改革开放30多年来,中国特色社会主义建设的实践过程正置身于全球化浪潮之中,当今乃至今后一个时期,我们尤其需要对以下几点给予高度关注并予以正确处理:

一是经济建设与政治、文化建设的关系。随着全球化进程的不断加快,以经济力、科技力、凝聚力为主要内容的国与国之间的综合国力的竞争日趋激烈,经济文化相对落后的社会主义国家要想在全球化进程中与资本主义一争高低,立于不败之地,根本上还是在于紧紧抓住经济建设这个中心不动摇,努力创造出比资本主义高的劳动生产率。这正如邓小平所说的:"中国能不能顶住霸权主义、强权政治的压力,坚持我们的社会主义制度,关键就看能不能争得较快的增长速度,实现我们的发展战略。"〔1〕

但这决非像有些人所理解的那样,只要经济搞上去了,"发展"问题就解决了。实际上,不管是从现有发达国家的已有发展历史来看,还是着眼于考察落后国家的现代化之路,纯粹的单方面的经济增长从来都是不可能的,也是不存在的。马克斯·韦伯所谓的"新教伦理与资本主义精神",事实上正是推动乃至支撑近代资本主义不断向前发展的深层精神动力。而当代资本主义国家在某种程度上之所以陷入社会发展后劲乏力的困境,不能不说又与一种能够与现代社会发展相适应的内在精神的严重缺失紧密相关。20世纪60年代左右产生于西方发达国家的后现代主义思潮,作为晚期资本主义的"文化逻辑",所表露出来的主体死亡、理想破灭、传统丧失、文化虚无、游戏人生等观念和心态,从一个侧面折射出了当代西方社会的理想危机、信仰危机和文化危机的现状〔2〕。20世纪下半叶以来,许多取得民族独立的落后国家,通过艰辛的探索,认识到集中精力进行经济建设从而发展社会生产力的重要性和紧迫性,也在不同程度上取得了一定的成绩,但由于种种原因而主要是由于缺乏一个能够始终代表本国最大多数人利益的执政党的坚强有力的领导,加上一开始就缺少一种科学的发展观,在一个时期内一味追求单纯的经济增长,把具有丰富内涵的现代化概念还原成了若干抽象的经济指标或数

〔1〕《邓小平文选》第3卷,人民出版社1993年版,第356页。

〔2〕参见赵光武主编:《后现代主义哲学述评》,西苑出版社2000年版,导言部分。

字，从而忽视了民主政治制度和民众精神文化方面的建设，致使贪污腐败、官僚主义、个人主义、拜金主义、享乐主义等消极腐败的东西泛滥成灾，一度销声匿迹的封建落后观念也沉渣泛起，整个社会被精神空虚、意志消沉的气氛所笼罩，影响政局不稳定的因素骤增，社会改革的阻力明显增加，经济发展陷入停滞状态。诸如此类的教训，在一定意义上对我们也不无启迪作用。

从一定意义上讲，无论是我们新民主主义革命的胜利，还是当前我们正在进行的改革开放和社会主义现代化建设，无不都是以一定的政治、文化因素为先导的。试想在20世纪上半叶，如果没有以马克思列宁主义武装起来的政治上、组织上、思想上完全巩固的中国共产党的坚强领导，就根本无法在各种反动势力气焰嚣张的恶劣环境中生存下来，“小米加步枪”的人民军队就不可能打败美式装备的国民党军队，新民主主义革命的最后胜利就不可想像。社会主义国家的建设是新民主主义革命的继续。此时此刻，我们的党和国家所面临的各种繁重的任务加起来一点都不比革命战争年代轻松。这其中最为艰巨的任务就是如何大力发展生产力，不断提高人民生活水平，在与资本主义的竞争中不断巩固新生的社会主义政权的问题。党和国家的中心工作由此转移到经济工作上来。但此时正如同革命战争年代一样，如果不注意发挥我们自身具有的政治和思想文化上的优势，试图单单凭借经济本身的力量，不仅这种经济建设搞不好，新生的社会主义政权也有被依然强大的资本主义吞没的危险。在建设社会主义市场经济的条件下，我们主动选择了要同资本主义在经济这个主战场上比一比高低，这是我们在全球化的时代条件下谋求生存和发展的唯一选择，但无形中对缺乏社会化大生产管理经验的我们来说，又是一个前所未有的巨大挑战。这必将是一个相当艰巨和长期的过程。在这种情况下，我们除了要制定正确的经济发展战略，积极运用和发挥国家政府在经济建设中的宏观调控等方面的主导作用以外，更为根本的：一是要立足于始终坚持党的领导地位不动摇，同时根据形势发展的要求，着力提高党在市场经济条件下的执政水平和领导能力，充分发挥党的总揽全局、协调各方的领导核心作用，不断加强和改进党的自身建设；二是要着眼于从根本上提高全民族的思想道德素质和科学文化素质，坚决摒弃一切与社会主义现代化建设事业相违背的思想观念，始终高扬爱国主义、社会主义、集体主义、英雄主义和民族精神，努力在全社会树立一种昂扬向上、拼搏进取的时代风尚，使物质文明、政治文明、精神文明、社会文明、生态文明、政党文明“六个文明”一起抓，“六个文明”协调发展。

总之,围绕每一个时期的中心工作,狠抓思想政治工作,特别是搞好党的自身建设,把党建设成为具有战斗力和凝聚力的坚强战斗堡垒,以及重视政治教育,用坚定正确的理想信念引领最广大的人民群众一道前进,可以说一直是我们的优势。对此,我们要有清醒的认识和坚定的立场。只有这样,我们才能有效地驾御和利用市场经济,保证中国现代化建设始终沿着积极、健康的轨道前进。由此可见,江泽民提出的"三个代表"重要思想、依法治国与以德治国相结合的治国方略,胡锦涛提出的科学发展观,其意义是多么重大而深远。

二是社会主义与资本主义的关系。从现实情况来看,社会主义与资本主义是两种具有本质区别的社会制度,社会主义经过长期发展终将扬弃和超越资本主义,取而代之,这是双方都很清楚的事情。正因为如此,现实中代表两种制度的国家之间的矛盾斗争错综复杂,有时又十分激烈。从历史上看,西方资本主义国家对坚持走社会主义道路的国家从来都是采取敌对的态度,从来都是以消灭社会主义为他们最主要的政治目标。如今,由于全球化趋势的加快发展,世界各国从来没有像现在这样相互依赖、不可分割,发达资本主义国家力图按自己的面貌来改造这个世界,从而实现他们再一次一统天下的霸权野心。这正如邓小平所说的:"整个帝国主义西方世界企图使社会主义各国都放弃社会主义道路,最终纳入国际垄断资本的统治,纳入资本主义的轨道。"〔1〕但是"中国搞现代化,只能靠社会主义,不能靠资本主义。历史上有人想在中国搞资本主义,总是行不通。"〔2〕正因为如此,作为经济文化相对落后的社会主义国家,要想在竞争日趋激烈的国际综合国力的较量中既能保全自身,又能赢得超过资本主义的竞争优势,我们就更要珍视和注意发挥我们的"最大的优势",即始终坚定不移地走中国特色社会主义道路,坚持四项基本原则不动摇。否则,我们在全球化大潮中是难以立足的。这一点远非为某些抱有偏见的人所认为的那样,是什么"意识形态情结",而的的确确是我们在现实中为了保全自身进而赢得进一步发展的客观需要。

与此同时,我们还要看到,在全球化加速发展的今天,闭关自守是没有出路的。发达资本主义国家在主导新一轮全球化进程的客观事实告诉我们这样一个近乎浅显的道理:社会主义与资本主义这两种相悖的社会制度将在一

〔1〕《邓小平文选》第3卷,人民出版社1993年版,第311页。

〔2〕《邓小平文选》第3卷,人民出版社1993年版,第229页。

个相当长的时期内共同生存、相互竞争，那种试图仅仅通过政治斗争和军事对抗，就意欲把对方置于死地的观念和做法是行不通的。在国际环境趋于缓和的大形势下，现实中的社会主义要想赢得与资本主义竞争的优势，我们就要学习和借鉴发达资本主义国家在发展经济、治理国家等方面的某些成功经验，充分吸收和利用资本主义创造的一切文明成果来发展壮大我们自己，因为只有当落后国家"看到怎样把现代工业的生产力作为社会财产来为整个社会服务的时候——只有到那个时候，这些落后的国家才能开始这种缩短的发展过程"[1]。

三是对外开放与独立自主的关系。在全球化条件下，各国的相互协调与合作越来越重要，我国应该抓住这个大好时机，以更加积极的态度走向世界，锐意改革，坚定不移地实行对外开放政策，加强区域性经济技术合作和交流，更加积极地推进全方位、多层次、宽领域的对外开放，充分利用国际国内两个市场、国际国内两种资源，保持清醒认识，始终坚持独立自主、自力更生为主的原则和方针，在更大的范围内和更深的程度上参与国际经济合作与竞争，只有这样才能稳步向前推进建设中国特色社会主义的伟大事业，同时不断增强自身抵御国际国内各种风险的能力，不仰赖国外，不受制于人，确保立于不败之地。

但是，世界各民族国家之间相互依存度不断增加的国际大环境同时也为某些西方大国干涉我国内部事务、削弱我国主权提供了机会。西方发达国家就是在利用各民族国家竞相开放、融入世界经济大潮的时机，力图用他们那一套政治、经济、文化制度和观念来同化、弱化、腐化这个世界，特别是那些处于弱势地位的广大发展中国家。他们在同这些弱小国家进行经济贸易往来时，往往是"兵马未动，粮草先行"，预先传播、散布某种论断、旨趣，营造有利于他们的舆论氛围，以期先声夺人，往往附带如人权、宗教等政治条件，以图干预、扰乱、颠覆直至完全控制这些国家的国内政局，为国际垄断资本的横行、谋取高额垄断利润扫除障碍。这显然并非像某些西方人士所鼓吹的那样，即全球化就是"全球政治、经济、文化一体化"，以往那种局限于各民族国家主权及有限领土之内的行为和观念已经过时，现在需要的是尽可能地让渡国家主权等。当全球化进程更多地表现出同质化与分裂化之二元对立的惨淡局面，也是对这种世界主义论调的莫大讽刺。就此而言，世界主义的全球

〔1〕《马克思恩格斯选集》第4卷，人民出版社1995年版，第443页。

化理论不是一种玄想,就是一种有目的、有预谋的意识形态圈套。事实上,随着新一轮全球化进程的加速发展,我们看到的根本不是什么民族国家即将消亡、国家主权有限等,而是在一定程度上民族国家主导作用的愈益凸显。这其实就是在提醒我们——"国家的主权、国家的安全要始终放在第一位"[1]。追求利润最大化的资本主义的一个不可移易的本性在于:它总是力求按照自己的本来面目来改造这个世界,即它们所要的是全球一体化,而非世界多极化。尽管当今世界早已不是资本主义独行天下的时代,但资本主义仍是全球化的主导力量,对新生的社会主义来说,既无法回避这一事实,又必须想方设法摆脱,弄不好就有可能陷入依附于人的危险处境。这大概是新生的社会主义中国置身于资本主义的汪洋大海,特别是在苏联解体、东欧剧变以后整个国际共产主义运动相对处于低潮的时期,为争取一个宽松的国际环境,从而谋求自身的发展壮大所面临的最为棘手的问题之一。中国社会主义要想在这个世界上站住脚,进而赢得最后胜利,必须立足国内,主要依靠本国人民的智慧和力量,艰苦奋斗,按照本国的实际情况,独立自主地干革命、搞建设。把中国的社会主义事业办好,就是对发展世界社会主义事业的贡献!因为中国社会主义经验为人们提供了许多关于社会主义问题的反思。中国正在首先改变自己、建设自己、发展自己的历史过程中影响着世界。

内容提要

全球化与反全球化是同一历史过程的两个方面,积极慎重地认识和处理好它们的关系对于中国社会主义和世界社会主义发展来说至关重要。

经济全球化时代,资本主义发展到了新的阶段,国家垄断资本主义虽然出现了许多新的情况,但当代资本主义仍处在国家垄断资本主义阶段,即私人垄断资本与国家政权相结合。关于国际垄断资本主义、社会垄断资本主义等观点值得商榷。经济全球化时代的资本主义在许多方面有了新的发展,表明当代资本主义仍然还有一定的应变能力和生命力,但同时也应看到它在诸多方面潜在着的危机和腐朽性。经济全球化拓展了资本主义生存和发展的空间,但同时资本主义也必将为此付出惨痛的代价。社会主义本质上是一种世界历史进程,全球化的历史过程同社会主义有着必然的联系。经济全球化

[1] 《邓小平文选》第3卷,人民出版社1993年版,第348页。

的发展必然为社会主义发展创造了条件，成为社会主义最终胜利的前阶。当然，经济全球化对于世界社会主义来说，既是挑战又是机遇，而且挑战大于机遇。经济全球化趋势下的世界社会主义前景光明，但任重道远。置身于全球化浪潮中的中国，应当处理好经济、政治、文化、社会、生态、政党建设或“六个文明”建设的关系，处理好社会主义与资本主义的关系，处理好对外开放与独立自主的关系，在推进中国社会主义事业和世界社会主义的总体发展中争取更大的作为。

关键概念

经济全球化　反全球化　全球治理　当代资本主义　国家垄断资本主义　资本主义基本矛盾　挑战与机遇　世界社会主义　21 世纪社会主义　中国特色社会主义　比较优势　经济自由　政治民主　开放社会　独立自主　社会全面进步发展　人类文明

复习思考题

1. 什么是全球化？全球化的特征有哪些？全球化的实质是什么？
2. 如何认识和理解反全球化？我们应该支持什么样的全球化？
3. 全球化与资本主义的关系怎样？
4. 全球化与社会主义的关系怎样？
5. 发展中国家和社会主义国家如何积极应对全球化问题？

参考文献

1. [埃及]萨米尔·阿明：《不平等的发展：论外国资本主义的社会形态》，商务印书馆 1990 年版。

2. [法]米歇尔·阿尔贝尔：《资本主义反对资本主义》，社会科学文献出版社 1999 年版。

3. [美]莱斯特·瑟罗：《资本主义的未来》，中国社会科学出版社 1998 年版。

4. [德]托马斯·迈尔：《社会民主主义的转型：走向二十一世纪的社会民主党》，北京大学出版社 2001 年版。

5. [美]丹尼·罗德瑞克:《全球化走得太远了吗?》,北京出版社 2000 年版。

6. [美]乔治·索罗斯:《开放社会:改革全球资本主义》,商务印书馆 2001 年版。

7.《邓小平文选》第 3 卷,人民出版社 1993 年版。

8. 乔耀章:《中国社会主义特色纵横谈》,苏州大学出版社 1996 年版。

9. 苑洁主编:《后社会主义》,中央编译出版社 2007 年版。

10. 李慎明主编:《世界社会主义跟踪研究报告(2008—2009)——且听低谷新潮声(之五)》,社会科学文献出版社 2009 年版。

附录一

当代社会主义流派简介

1848 年 2 月,《共产党宣言》的发表标志着科学社会主义的诞生,160 多年来,社会主义运动在曲折中获得了巨大的发展。而伴随着科学社会主义发展的,还有其他社会主义流派,它们的力量和影响有强有弱。分析和研究科学社会主义以外的社会主义流派,对科学社会主义自身的发展有着重要的意义。

社会主义流派和思潮是资本主义生产方式的伴生物,是作为资本主义的对立物而产生和存在的。社会主义流派和思潮影响比较大的从时间顺序上讲主要有空想社会主义、科学社会主义、民主社会主义、西方马克思主义的社会主义、欧洲共产主义、民族独立国家的社会主义、市场社会主义和生态社会主义等。这里主要着重介绍在社会主义历史上或现实社会主义运动中比较重要的几种社会主义流派。

重点问题

- 民主社会主义及其评价
- 市场社会主义及其主要模式理论
- 欧洲共产主义及其历史发展
- 生态社会主义及其基本观点

民主社会主义

民主社会主义首先作为一种思想理论体系,它是世界各国社会党、工党、社会民主党、社会民主工党的基本理论和基本政策的概括,即社会党国际的思想体系。民主社会主义作为一种发展模式,是以议会民主制国家为基础,逐步消除资本主义弊端,使政治、经济、社会和国际关系民主化,以保证每一个人都能在团结互助中获得公正并自由地发展自己的社会模式。

“民主社会主义”一词,最早可以追溯到1888年,当时德国社会民主党领袖威廉·李卜克纳西在《论社会民主党的政治立场,特别是对国会的政治立场》一文中用过这个概念,他说:“民主社会主义深信政治问题和社会问题有着密切的联系”,民主社会主义“力求为社会争取一个民主国家,以便在社会主义原则上组织社会”。他的名言是“没有民主的社会主义是臆想的社会主义,正如没有社会主义的民主是虚假的民主一样”。可见,威廉·李卜克纳西这里所说的民主社会主义是科学社会主义的同义词。1899年,伯恩施坦在《社会主义的前提和社会民主的任务》一书中,也提出了“民主社会主义”这个词,但是他已经改变了威廉·李卜克纳西的原意,他公开说要把社会民主党变成“民主社会主义改良的党”。显然,伯恩施坦的“民主社会主义”实质上就是社会改良,他把社会改良作为达到社会主义的主要途径。这种主张后来就成为社会民主党改良主义的基础。到1951年社会党国际的成立宣言《民主社会主义的目标和任务》中,就把“民主社会主义”作为社会党国际的官方意识形态。

一、民主社会主义的历史发展

从历史的角度来看,民主社会主义可以说同近代许多社会主义思潮一样,都是资本主义产生和发展的产物,是争取自由权利的近代资产阶级革命运动的必然结果,是资本主义制度下要求改变自己处境的工人运动的反映。民主社会主义是一种社会改良主义的思想体系和运动,它所主张的是所谓“第三条道路”,即既不同于资本主义又不同于共产主义的一条改良主义道路。一般来说,民主社会主义从其产生至今经历了四个发展阶段。

第一阶段(19世纪末~第二次世界大战结束):在这个阶段,社会民主党确立“和平长入社会主义”观念，开始接受伯恩施坦主义。第二国际时期的无产阶级政党一般都叫社会民主党，其党员也自称为社会民主主义者。最早成立的德国社会民主工党 1891 年改名为社会民主党，至今仍然沿用此名。1889 年，各国社会民主党联合成立了国际组织即第二国际，它成为传播科学社会主义、团结工人阶级、促进工人运动的国际组织。但是，1895 年恩格斯逝世以后，第二国际的右翼领导人站在社会沙文主义的立场上，支持本国资产阶级政府参加帝国主义战争，终于使第二国际破产，大多数社会民主党由主张社会革命的政党变为主张社会改良的政党。

从 1890 年“社会主义非常法”废除以后，工人阶级的合法斗争迅速发展，社会民主党依靠合法斗争赢得的选票也直线上升。当时，恩格斯感到非常高兴，他在 1890 年写道：目前的选举使德国各党派的地位发生了真正的革命，它真正开创了德国历史上的新时代。1892 年，他又在《德国的社会主义》中写道：这个党现在已处于这样的地位，它几乎能像数学那样准确地确定它取得政权的时间了。一个拥有 250 万张选票以上的强大政党能迫使任何一个政府投降。但是，恩格斯并没有忘记暴力革命的意义，在 1891 年他写给考茨基的信中指出要“痛击《前进报》那种和和平平的机会主义，痛击关于旧的污秽的东西活泼、温顺、愉快而自由地‘长入’‘社会主义社会’的论调”。1895 年恩格斯又指出，如果宣扬绝对放弃暴力行为，是决捞不到一点好处的。而伯恩施坦认为时代已经发生了变化，因而马克思主义认为资本主义必然崩溃的“正统”理论已经成为“过时的教条”而应当进行全面的修正。他对马克思主义的修正主要有：一是否定社会主义代替资本主义具有历史必然性，而强调社会的发展主要取决于人的精神和意志；二是否定社会主义代替资本主义要通过社会革命，而主张工人阶级同资产阶级之间的斗争“采取愈来愈文明的形式”，可以利用资产阶级共和国“平等的普选权”实现社会主义；三是否定生产资料社会化的必要性，认为社会化不一定意味着国有或以社会名义占有生产资料，可以把生产资料的私人管理权转到社会利益的各种机构手中，而不必改变所有权。德国的社会民主党人不顾恩格斯的警告，开始赞同伯恩施坦的主张，认为工人阶级和资产阶级的斗争可以采取“文明”的形式，认为资产阶级民主制度的进步使工人阶级获得“平等的普选权”就能够“和平长入”社会主义。他们认为可以通过合法的议会斗争的道路取得政权。

1917 年十月革命胜利以后，大多数社会民主党公开反对十月革命和苏维埃政权，民主社会主义同列宁主义的争论主要围绕两个方面展开：一是要不要建立一个以民主集中制为原则的党。列宁认为，在俄国专制制度下不可能建立以民主原则为基础的群众性政党，而必须建立一个以民主集中制为原则的由“职业革命家”组成的党。而列宁的这一建党原则一开始就遭到俄国内外民主社会主义者的攻击，而提出只要承认党纲和承担在党组织领导下为党纲工作的义务，都应被看作党员。他们还把党内民主摆到至高无上的地位，认为在党纲原则基础上，党内批评自由，成立派别自由，党员没有义务忠于共同的意识形态。二是社会主义国家要不要建立无产阶级专政。列宁认为，国家是阶级统治的工具，在资本主义国家中，国家是资本家的工具，议会民主也不能改变资本家专政的实质，因此，革命必须以无产阶级专政代替之。而民主社会主义者认为，“社会主义不会以专政作为它的政治组织基础。它不能试图以镇压民主作为自己的任务，相反它的任务倒是在于充分发挥这种民主”，而专政必然取消民主。1919 年 2 月，社会民主党的右翼在瑞士的伯尔尼召开国际代表会议，恢复了第二国际（被称为“伯尔尼国际”）。原第二国际的一部分中派社会民主党人于 1921 年 2 月在维也纳组织了社会党国际工人联合会（被称为“第二半国际”）。这两个国际都与新建立的各国共产党和 1919 年 3 月成立的第三国际直接对抗。在 1923 年，这两个组织又在德国汉堡召开了合并大会，建立了“社会主义工人国际”，继续在欧美工人运动中鼓吹改良主义。第二次世界大战期间，许多西欧社会民主党遭到纳粹法西斯的镇压，有一些人逃到了国外，多数社会民主党被迫转入地下，不少人参加了反法西斯抵抗运动。1940 年，社会主义工人国际总部所在地布鲁塞尔被德军占领，其总部迁到伦敦后便停止了活动。到 1944 年 9 月，英国工党积极倡导重建社会党的国际组织。1946 年 5 月，19 个社会党代表在英国举行了社会民主党二战后的第一次正式会议，决定重建国际社会党代表会议的常设机构。1947 年 11 月，欧洲 33 个社会党代表在比利时正式成立了国际社会党常设机构——国际社会党会议委员会。委员会经过 4 年的筹备，于 1951 年 3 月拟定出了纲领和章程，并于 1951 年 6 月在德国法兰克福召开了国际社会党第一次代表大会，有 34 个政党的 106 名代表参加，宣告了社会党国际的正式成立。

第二阶段（二战结束 ~20 世纪 70 年代中期）：在这个阶段，社会民主党确立了其基本理论和基本价值目标。社会民主党人全面接受伯恩施坦主义，放弃实现生产资料社会化目标，主张伦理社会主义抽象的“人性解放”和基本价值目标是这一阶段民主社会主义的基本特征。之所以出现这个变化，根据社会民主党人自己的说法，主要是总结了三条教训：一是在魏玛共和国时期社会民主党人由于不知道怎样实现生产资料社会化，而使他们对选民的许诺始终没有实现，结果失信于民，因此，他们决心不再许这样的诺言；二是二战时希特勒涂炭生灵，因而使“人道、人权”等这些关于“人”的问题突出出来；三是在社会民主党人看来，建立了社会主义公有制制度的苏联并没有从根本上改变劳动人民的依附地位。根据这样的认识，在1959年的《哥德斯堡纲领》中社会民主党宣布自己已经由“工人阶级的党”变为“人民党”，民主社会主义的目标是实现“自由、公正、团结”的基本价值。这样，传统的社会主义目标——消灭资本主义私有制、实现社会主义公有制就被社会民主党人完全改变了。而新目标的确立使社会民主党人解决了一个长期困扰他们的矛盾——改良主义的道路和革命的目标之间的矛盾。这样，实现社会主义对民主社会主义而言就成为一项永恒的改良任务。所以，以价值社会主义代替制度社会主义就成为民主社会主义最基本的最核心的变化。

第三阶段(20世纪70年代中期~80年代中期)：这个阶段的社会民主党总结执政的经验和教训，谋求其改良主义政策获得更多的支持和理解。在二战后的几十年中，许多社会民主党获得上台执政的机会。执政的社会民主党纷纷推出其改良主义政策，在多个国家取得了令人刮目相看的成绩。但是，到了1973年西方石油危机时，西方经济持续衰退，使执政的社会民主党也感到力不从心，特别是他们力主的社会福利政策和教育改革出现危机。在这种背景下，社会民主党人开始考虑时代的特点和国家的情况，分析了政权在握却不能顺利推行自己政策的原因，并提出了相应的对策。他们认为，国家、社会、经济之间的联系是复杂的，影响是相互的。在很大程度上按私营方式组织经济的社会中，社会民主党执政也难以一下子摆脱这种经济的制约，国家针对经济强权采取的行动必然要遇到强大的阻力。因此，“改良政策不能仅仅在议会中实现，只有通过人民中的广泛的改良运动，国家才能克服强大利益集团的反抗”。所以，必须得到大多数人民的信任和支持。

第四阶段(20世纪80年代中期~现在)：在科技飞速发展，经济全球化、一体化的背景下，社会民主党开始对政策和制度进行反思，对以往的政策和措施进行调整。这种调整主要体现在以下几个方面：第一，将生态保护纳入其基本价值中。民主社会主义一直认为工业的高度发展是社会主义实现的前提，工业化带来了就业机会、效率更高的生产方式和富裕的生活，这是进步的标志。但是，从20世纪70年代以后，世界上发生了诸如切尔诺贝利核电站的生态悲剧,工业化过程中破坏环境的现象和状态使人们日益感觉到保护环境和生态的迫切性。因此,社会民主党从80年代开始经过思考和党内的长久辩论,终于得出了结论,即价值观不变,但要补充对生态负责、对未来负责、谋求人与自然的和谐的内容。1989年,社会党国际召开的十八大通过的《原则声明》就指出"环境危机是一项世界规模的严重和带根本性的挑战",因此,"不能满足生态和社会需要的增长,是同进步背道而驰的"。另外,社会民主党正在放弃"以劳动为中心"、主要追求劳资经济平等、阶级平等等主张,代之以关注与个人因素相关的一切不平等,如年龄、性别、文化水平、生活环境和国别等。第二,调整关于社会福利制度的指导思想。实施社会福利制度一直是社会民主党的特点。但是,在实施的过程中,高福利只能由高税收来支撑。但在高税收的拖累下,经济增长又跟不上时代发展的步伐,各种矛盾就不可避免。面对这样的挑战,社会民主党人决心进行改革。改革的目的是实现社会公正和经济效率真正的统一。社会民主党的改革是多方面的,但是,最主要的是调整它的指导思想,这就是在坚持社会福利帮助是人们实现合法权利的前提下,强调从社会索取的权利和为社会尽义务的责任同时存在,强调团结互助的作用是通过提供帮助实现自助,强调各尽所能、人尽其责,国家不应该包办一切。之所以要改革指导思想、更新观念,社会民主党人认为其意义主要有三:一是可使懒人不再坐吃社会;二是不至于使公民由于国家的关心而丧失个人自由和主动性,变成国家"幸福的奴隶";三是可使社会保持活力,不会随着社会福利政策的制度化而僵化。第三,"第三条道路"新说。民主社会主义长期标榜自己走的是既不同于资本主义,又不同于共产主义的第三条道路。而"第三条道路"在现时代的"新"主要是认为面临的任务有新的侧重点。以往的第三条道路的重点是解决所谓的共产主义不民主、不公平的问题,而今天的第三条道路要更注重解决现代化问题。

二、民主社会主义的基本特征和理论体系

1951年6月,各国社会党在德国举行了国际社会党第八次代表会议,宣告社会党国际正式成立。会议通过了题为《民主社会主义的目标与任务》的原则声明(通称《法兰克福声明》),确认了民主社会主义为该国际的意识形态。1959年,德国社会民主党通过了《哥德斯堡纲领》。以《法兰克福声明》和《哥德斯堡纲领》为标志,民主社会主义形成了其理论体系。这个理论体系的基本特征和基本内容是什么?核心的要点是两条,即"以人为本的基本价

值观”和把民主作为一种生活方式的“完全民主观”。

1. 以人为本的基本价值观

民主社会主义历史悠久，政党众多，其理论也在不断地发展。但是，以“人”为中心、以“自由、公正、团结”为基本价值始终是一条主线。第一，抽象的“人”是民主社会主义理论的出发点和归宿。第二，自由、公正、团结的基本价值观。1969 年，德国社会民主党首先把“自由”、“公正”、“互助（团结）”等概念写入党纲，作为民主社会主义追求的基本价值。社会党国际也强调民主社会主义的原则是以自由、公正和团结的信念作为基础的，而且自由、公正和团结是互为条件、互相依存、地位相同的。这里所谓的“自由”，就是从人的尊严出发，每个人都有权在公正和团结的限度内发展个性，并能负责地参加政治、经济和文化生活。强调自由，是指每个人的自由，而不是少数人的自由；自由要与责任相联系；自由要有物质社会条件的保障。所谓“公正”，就是平等的自由和每个人享有同等生活机会的权利，其核心内容是平等，即在法律面前平等，参加政治和社会生活平等，享受社会保障机会平等，收入、财产和权力分配平等，受教育和增强文化素质机会平等。但是，强调平等并不是每个人都一个样子，也并不是平均主义，而是每个人都有发展个人爱好、发挥个人才能的可能性。所谓“互助（团结）”，就是乐于在法律义务之外承担义务的愿意。它是出自人内心的道德观念，不是强加的。没有互助、团结，就没有人道的社会。

2. 把民主作为一种生活方式的完全民主观

社会党人公开声明：“社会党人的奋斗目标，是以民主的方法建立一个自由的新社会。”民主，是社会民主党人的词汇中出现频率最高的一个词。在民主社会主义中，民主不只是一种理论和制度，而且是一种令人神往的生活方式。民主，是社会民主党人走向社会主义的唯一道路和方法。德国社会民主党一再表示，它忠实于民主，要“在平等的条件下和其他党派进行竞争，以赢得大多数人民支持，进而建立一个符合于民主社会主义基本要求的社会和国家”。社会民主党不仅把“民主”作为取得政权的唯一方法，而且在执政以后，都在不触动资本主义制度的范围内进行社会改革。如 1981 年法国社会党上台执政以后，就认为取得了政权，并认为这是合法革命或平静的革命，也就是在政治、经济、文化、社会等各个领域进行一系列改革的基础上，同资本主义决裂，并逐步达到社会主义的目标；并认为，这条道路就是对“继承特定的资产阶级社会，特定的工业状况，特定的国际政治与经济”的各个领域施加

"持续的压力",从而打开了通向社会主义的道路。瑞典的社会民主党也鼓吹"以民主社会主义为基础的和平的社会过渡是解放人类的唯一可行的途径"。

民主社会主义把民主作为目的,作为一种生活方式去追求,不仅表现在民主内涵由手段向目的的深化,还表现在其外延上。1951 年,社会党国际的《法兰克福声明》中就指出,社会主义是民主的最高形式,要使社会主义成为现实,就要实现民主,即政治民主、经济民主、社会民主和国际民主。

第一,政治民主。社会党人认为,"社会主义只有通过民主制才能完成,而民主制也只有通过社会主义才能完全得到实现"。所以,政治民主是实行社会主义变革的前提,是实现经济民主和社会民主的基础。什么是政治民主?社会党国际在《法兰克福声明》中指出:"民主制是民有、民治、民享的政府。"这个民主它必须保障:(1) 每个人有过私人生活的权利,保护其不受国家的任意侵犯;(2) 政治自由,如思想、言论、教育、结社和宗教信仰等自由;(3) 人民有普遍的、平等的与秘密的选举权,自由选举其代表;(4) 由多数派组织政府,同时尊重少数派的权利;(5) 所有公民不论出身、性别、语言、信仰和肤色如何,在法律面前一律平等;(6) 任何拥有自己语言的集团有权实行文化自治;(7) 建立独立的司法制度,人人有权在公正的法庭前通过一定的法律程序受到公开审判。除此以外,民主社会主义还认为必须实行议会民主和多党制,因为任何权力行使都不可避免那种在各因素影响下政权转而反对建立它的民主方式的危险。因此,"民主制要求不止一个政党有存在的权利和当反对派的权利"〔1〕。民主社会主义还宣称反对其政治民主是同工人阶级紧密相连的,"只有在工人的积极帮助下,民主才能得以维护,工人的命运有赖于民主的保护"〔2〕。

第二,经济民主。民主社会主义认为,社会主义是"用这样一种制度来代替资本主义。在这种制度下,公共利益优先于私人利润的利益"〔3〕。社会主义的目标是充分就业,增加生产,提高生活水平,实行社会保障和推行收入与财产的合理分配。因此,经济民主的重心是要改变"经济权力集中在少数人之手"的状况,要"对经济进行有效的民主监督"。所以,尽管各社会民主党人争取经济民主的手段不尽相同,但是民主社会主义的经济民主大致包括以下几个方面:

---

〔1〕《社会党国际文件集》,黑龙江人民出版社 1989 年版,第 4 页。

〔2〕〔3〕《社会党国际文件集》,黑龙江人民出版社 1989 年版,第 5 页。

一是经济参与决定。在《法兰克福声明》中社会党人指出:"工会以及生产者与消费者的组织是民主社会的必要因素,绝不能让它们蜕变为中央官僚机构的工具,或成为一个僵硬的社团性体系。这些经济组织,在不侵犯宪法承认的议会特权的情况下,应当参与制订总的经济政策。"[1]"所有公民均应通过他们的组织或出于个人的主动性,参与生产进程。"[2]在社会党十八大的《斯德哥尔摩原则声明》中提出了"不仅仅是由国家在形式上和法律上加以控制,而是要由工人自己以及工人团体有效地参与经济决策"。欧洲各社会党在自己的纲领中都对参与经济决定有所规定,并不同程度地付诸实践。

二是实行混合经济。在《法兰克福声明》中指出:应根据有关国家的本身结构来决定公有制的范围,在"重要生产领域内,如农业、手工业、零售业和中小型工业内私有制的存在是可以相容的"[3]。《斯德哥尔摩原则声明》明确提出,生产资料的私人占有制有权得到保护和促进,只要它不妨碍建立一个公正的社会制度。所以,民主社会主义只主张将对国民经济影响较大的部门、企业及垄断性企业收为国有,如银行、邮政、铁路等,其他允许私营。如瑞典社会民主党提出的职能社会主义,认为资产阶级经济具有决定意义的特点不是财产私人占有,而是主要社会生产资料所有权的管理职能操纵在少数人手中,所有制不是生产关系,它仅仅是由个别职能的堆积物。因此,民主社会主义的目的不在于废除私有制,改造社会生产关系可以不必实行生产资料的社会化,只要逐个剥夺资本家的职能,限制他们的经济权力,使之像国王一样有名无实,就能把资本主义和平地转变为社会主义。

三是计划民主化。社会党国际在它成立的时候就声明要实行计划民主化。《法兰克福声明》中指出:"生产必须是为人民的整体利益而计划的。"[4]在社会化大生产相当发达的今天,计划化在任何国家都是客观存在的。但是,民主社会主义的计划有着自己的特点,即"既同资本主义的计划,也同各种形式极权主义计划尖锐对立",民主社会主义的计划为"人民的整体利益而计划",而且这种计划是"要求对经济进行有效的民主监督",计划也"可以通过各种手段来达到。应根据有关国家的本身结构来决定公有制的范围和所要采用的计划化形式"。民主社会主义特别强调计划"不以所有生产资料的公有为先决条件"。

---

〔1〕〔2〕〔3〕《社会党国际文件集》,黑龙江人民出版社1989年版,第6页。

〔4〕《社会党国际文件集》,黑龙江人民出版社1989年版,第5页。

同时,在民主社会主义看来,市场具有双重作用。从积极的方面来看,市场意味着竞争,竞争意味着创新和效率。所以,社会民主党人主张发挥市场的作用。从市场的消极方面看,市场有它的自身弱点,它不能保证社会公正,而且它不能创造充分就业,也不能保护环境,利润原则还使它不能在提供基础设施方面满足社会的需求。所以,社会民主党人主张应用市场以外的力量来弥补市场的缺陷。

第三,社会民主。什么是社会民主?《法兰克福声明》中明确指出,社会民主就是满足人类的需要。"社会主义不仅意味着基本的政治权利,而且意味着经济和社会权利。后者包括:工作的权利;享受医疗保险和产期津贴的权利;休息的权利;因年老、丧失工作能力或失业而不能工作的公民有获得经济保障的权利;儿童有享受福利照顾的权利;青年有按照其才能接受教育的权利;得到足够住房的权利。"[1]英国工党把这一切认为是"按照需要而不是按照支付能力为一切人提供一流的社会照顾"。瑞典社会民主党人则把共产主义的分配口号移植过来,认为社会民主要实现的是"各尽所能、按需分配"。所以,从实践上看,民主社会主义搞的社会民主,实质上就是建立了一整套福利制度。

第四,国际民主。民主社会主义认为,"社会主义运动从一开始就是一个国际性的运动"。"民主社会主义是国际性的……因为它认为任何国家都不能孤立地解决它的全部经济和社会问题。"[2]所以,民主社会主义声明要使所有的人从各种形式的经济、精神和政治的束缚中解放出来。在社会民主党人看来,实行民主是解决国际问题的关键。它认为,要解决一些大国的强权政治、工业发达国家的富有与发展中国家的贫穷之间的不公正状况、各种形式的独裁等等问题,方法只有一个,即在世界范围内推行更广泛的民主。实现世界的和平与发展也是民主社会主义的国际民主目标之一,它提出,"世界上广大地区遭受极度贫困、文盲与疾病之苦"。"贫困是民主制发展的障碍。民主、繁荣与和平要求对世界财富重新分配和提高不发达地区的生产率。""民主社会主义者认为维护世界和平是我们当前时代的最高任务。"[3]

社会党国际在国际民主的实践中经历了一个发展变化的过程。在20世

---

〔1〕《社会党国际文件集》,黑龙江人民出版社1989年版,第7页。

〔2〕《社会党国际文件集》,黑龙江人民出版社1989年版,第8页。

〔3〕《社会党国际文件集》,黑龙江人民出版社1989年版,第8~9页。

纪 50 ~ 60 年代，其基本特征是迎合美国的冷战政策，认为共产党导致了东西方的对立。60 年代以后，特别是勃兰特当选为社会党国际主席以后，社会民主党在国际舞台上的独立性增强，参与国际事务的范围和程度明显扩大。在经济全球化、一体化的今天，社会党人主张国际民主的思想更趋强化。

三、民主社会主义的第三条道路

社会党国际一成立，它就“旗帜鲜明”地同资本主义和共产主义“划清界限”，提出了走一条同资本主义和共产主义不同的第三条道路。

第一，对资本主义和共产主义进行批判和攻击。

从抽象的“人”出发，民主社会主义认为在当今世界上，资本主义和共产主义是现代社会的主要压迫形式。在国家观上，民主社会主义认为，国家不是资产阶级理想主义说的那样是独立的超越于社会之上的仲裁人，而实际上资本主义国家有两种，一种是靠暴力维护统治的专制国家，如希特勒专政下的德国；一种是民主制国家，它具有双重的性质，一方面，虽然具有强制性，但它按照多数原则根据民意，取决于民意，另一方面，国家又受到各种社会集团的影响，那些经济力量雄厚的保守的利益集团通过有目的地影响舆论，最终可能扭曲人民的意愿。所以，从国家的双重性质中民主社会主义者得出结论：一方面必须对经济强权加以限制和监督；另一方面，全方位的民主改革不需要采取“正面进攻”的形式，而可以采取和平的、渐进的形式进行改革。

对共产主义（共产党）的攻击，民主社会主义“似乎”更为直接和“尖锐”，在它的《法兰克福声明》中首先指责说：“在俄国布尔什维克革命以后，共产主义造成了国际劳工运动的分裂，并使社会主义在许多国家中的实现推迟了几十年。”其次，它攻击共产主义是“新帝国主义的工具”。说共产主义“不论在什么地方，只要它获得政权，它就破坏自由与获得自由的机会”，并指责共产主义建立的基础是“军事官僚和警察恐怖之上”，“造成财富和特权的鲜明悬殊”，等等。

在与中国的关系上，民主社会主义也曾有反复。1981 年，勃兰特配合他的缓和政策提出要超越意识形态进行合作。1989 年后，勃兰特又在人权问题上多次攻击中国。但是，在社会党国际“二十大”以后，它注意到中国政治稳定、经济发展的现实，态度发生了变化，同中国开始积极接触。

第二，坚持进行社会改良运动。民主社会主义最大的特点或者说它最“得意”的所谓第三条道路就是实行社会改良。瑞典前首相帕尔梅曾经讲过，在社会的变革中，惟有改良主义的道路才是与基本价值协调一致的。民主社会主义改良主义的道路大致有以下几个方面的特点：

首先，是维护资本主义制度条件下的对体制的“改变”。在社会民主党的历史上虽然有过对资本主义制度、体制的维护还是改变的争论；但是总的来说，在任何情况下，民主社会主义者从来没有要“推翻”、“废除”资本主义制度，而所做的或所争论的都是在不改变资本主义制度范围内的改良。就如德国社会民主党人魏纳所言：难道社会民主党再也不打算推翻资本主义了吗？我回答说，它的确不打算做这件事，因为资本主义不是可以推翻的东西，而是对其变化应加以注意的东西。所以，在实践中，没有哪一个社会民主党把推翻资本主义作为自己的使命。而他们所谋求的是“改变”资本主义，即变革、改革资本主义。具体地讲：其一，“改变”不排斥一定程度和范围的维护资本主义。因为民主社会主义者认为，资本主义之所以不能废除，是因为它还有能力促进生产力的发展。而且，资本主义还有很多好的东西，如工业社会和市场经济。其二，“改变”是必要的。因为民主社会主义者认为，资本主义制度还存在着危机，它没有能力最终解决工业社会的问题。而且，资本主义的许多弊端同民主社会主义自由、公正、团结的价值观相抵触。其三，“改变”是改良，而不是突变。在维护资本主义制度的条件下的“改变”只能是渐进、量变，它同革命不同，革命是突变，是质变，这种突变会对社会经济生活和社会生存带来危害。

其次，改良的基本途径是妥协。民主社会主义的第三条道路的基本途径就是“妥协”。之所以选择妥协，社会民主党人认为：一是妥协是民主的本质。妥协同民主社会主义追求的基本价值是一致的，妥协就意味着主动忍让，意味着团结。妥协是根据力量的对比而取得的公正和平等。另外，民主社会主义者认为，妥协有利于和一切人就各种问题进行开诚布公的讨论，使民主得到发展。二是妥协是客观状况的要求。社会民主党不管是作为执政党还是反对党，要推行其改良主义的政策都是不容易的，而且其执政往往要依靠同其他政党联合执政。所以，没有妥协就可能意味着其理论、政策得不到实现。三是妥协在社会民主党人看来也是斗争。他们认为，妥协是斗争的方式、策略之一，而且妥协并不排斥在某种情况下采取强硬立场。

四、民主社会主义的当代特点和面临的现实课题

20 世纪 80 年代以来，西方社会民主党的理论和实践发生了重大变化，出

现了一些新的趋势和特点。这种变化主要表现在英国"新工党政策"、德国"新中派"党和意大利"自由社会主义"理论等,从而使"第三条道路"的思想得到进一步的发展。

首先,从"自由社会主义"向"社会自由主义"的思想转变。新社会民主党的主要特点是以社会发展的趋同模式为主要目标。这种模式反映社会主义思想和自由主义思想在世界经济、金融和文化全球化时代相互影响和渗透的世界趋势。是什么因素使得社会主义思想同自由主义思想结合在一起的?社会民主党人认为,民主社会主义党的群众基础发生了本质性的转变,新中间阶层(包括职员、技术员、官员等)人数出现了空前的增长,同时,传统的工人阶级的人数大大减少。而这种变化会影响到社会民主党广大党员和选民的形成,即由以前的单一的群众基础变得十分复杂。而新中间阶层的生活方式和利益就成为社会民主党的政治中心。所以,由于社会民主党的群众基础发生了改变,就决定了它的思想、理论必然发生改变。如以前社会民主党普遍采取的不断增加对社会领域的投资和补助,不断提高工资和扩大官僚机构等方式来实现社会"平等"的方法在现代社会民主党人看来已经成为社会经济发展的障碍,出现了通货膨胀和劳动生产率的下降。因此,现代社会民主党人在坚持民主社会主义的基本原则——自由、平等、公正和团结的基础上,强调要使上述原则有新意、有发展。如瑞典社会民主党 1996 年通过的政治指令中提出"不仅应该为维护社会权利而斗争,而且不允许出现依赖情绪。公民应当意识到自已对改善生活条件的责任"。既然知识和专长、教育和文化在社会发展中的作用越来越大,那么保障社会平等不仅取决于政治政策,而且在相当程度上取决于人自身的水平和个人的努力程度。在德国社会民主党的纲领中,"平等"原则作为独立的原则已经从它们的基本价值中去掉,而列入"公正"概念来表示机会平等。从 20 世纪 80 年代开始,在社会民主党人执政的一些西方国家,在经济领域采用了新自由主义的方针,削弱了政府对外汇业务和收入水平的监控,国有(公有)企业进一步私有化,资本逐渐自由化,取消外国资本投入国有企业的限制,取消资本投向外国债券和不动产领域的禁令等。

其次,关于"第三条道路"新说。

1998 年 9 月,英国首相、工党领袖布莱尔发表了题为《第三条道路——新世纪的新政治主张》小册子,他的指导教师吉登斯也发表了专著《第三条道路:社会民主主义的复兴》,从而提出了"第三条道路"新说。"新说"的主要内容是:一是强调面临的任务有新的侧重点。以往的第三条道路强调的重点是解决共产主义的不民主、嘲弄人权,资本主义把所有权置于人权之上、不公正等问题。而新的第三条道路应当更注重解决传统"左"、右两派所不能涵盖的问题。吉登斯说,它的总政治目标是帮助公民安然渡过现时代的主要革命,即全球化、个人生活的种种巨变、人类同自然的关系等。二是明确否定了解决上述任务的主体要有的特定的阶级内容。它认为,既然任务是非阶级性的,那么解决它们所必需的条件和联盟也就不一定以经济利益的划分为依据,而要以"相关利益者"为原则。三是"新说"以"不承担责任就没有权利"为准则。从上述三个方面可以看到,在改变改良主义对象、社会基础和竞争力上,民主社会主义是下了功夫的。但是,这并不意味着民主社会主义的基本价值发生了变化,吉登斯也明确讲过,社会民主主义想要复兴,就仍然必须是中间偏"左"的政策,社会公正和解放性政策仍然是它的核心。

第三,关于"新中派政策"。

"新中派政策"是德国社会民主党领袖施罗德为使社会民主党摆脱困境、赢得选举而提出的,实际上它是民主社会主义"第三条道路"在德国的版本。"新中派政策"最大的特点在于它具有务实性即实用主义。它试图摆脱意识形态的束缚,淡化"左"、右之分。施罗德所谓的"新中派"包括了德国的各行各业,约占德国总人口的70%,这样就构成了社会民主党的广泛的群众基础。"新中派"的另一个特点就是具体主张的妥协性。施罗德在讲到"第三条道路"的时候说,当代社会民主主义思潮的主流是试图找到回答因全球化而产生的一系列问题的答案。其中,最关键的是平衡,即如何保持社会现代化、经济现代化与社会保障间的平衡。这个思想使"新中派政策"具有如下的妥协性:一是兼顾供给与需求;二是兼顾公平与效率;三是强调权利与责任的一致性。

五、民主社会主义的评价

怎样认识和评价民主社会主义,这是一个必须严肃对待的问题。民主社会主义作为一种思潮,它已经存在了一个多世纪,并且影响了许多国家。作为一种社会改良主义的理论体系,其在实践上有它的"独到之处"。所以,无论是在理论上还是在实践上,我们都有必要对这个理论有一个清醒而又科学的认识。

第一,我们必须认识到,民主社会主义同科学社会主义有根本的区别。

首先,在指导思想和理论基础上有本质的区别。社会民主党一开始就认为在指导思想上应当充分体现民主和自由,而反对以统一的世界观和方法论作为党的指导思想。在社会党国际《法兰克福声明》中明确提出:"社会主义是一个国际性运动,它不要求对待事物的态度严格一律。不论社会党人把他们的信仰建立在马克思主义的或其他的分析社会的方法上,不论他们是受宗教原则还是受人道主义原则的启示,他们都是为共同的目标,即为一个社会公正、生活美好、自由与世界和平的制度而奋斗。"[1]德国社会民主党在它的纲领中也明确指出,社会民主党是一个思想自由的党,它是不同信仰和不同理想的人们的共同组织。现在东欧的一些社会民主党也都在指导思想多元化的口号下,不再提马克思主义作为他们的指导思想。所以,我们可以看到,民主社会主义的指导思想是一个各种学说和理论的拼凑。值得引起注意的是,他们虽然说"指导思想多元化",但实质上社会党是不允许把马克思主义作为其指导思想的,如日本社会党在20世纪80年代前由其党内左派控制的时候,因为自称信奉马克思主义,并一度同中共、苏共等共产党保持比较密切的关系,1965年,社会党国际执行局还专门通过了一个声明,明确规定"不允许社会党国际的成员与共产主义和其他形式的独裁统治的政策、目标和组织认同"。所以,社会党实质上是否定和反对马列主义的。而与社会党不同,共产党坚持以马列主义作为自己的指导思想和理论基础。其次,在奋斗目标上有本质的区别。在奋斗目标上,社会党人认为马克思提出的共产主义社会的思想已经不再适用,未来的社会即他们要实现的奋斗目标是"社会公正、生活美好、自由与世界和平"的目标。而共产党所追求的最高政治理想和奋斗目标非常明确,就是实现共产主义。再次,在斗争策略上有根本区别。民主社会主义认为,要实现其奋斗目标,可以通过民主、和平和议会的途径,而不赞成用暴力革命的方式夺取政权。1951年,社会党国际成立的时候,就把和平过渡作为重要的主张写入了自己的纲领,在《法兰克福声明》中宣称"社会党人的奋斗目标,是以民主的方法建立一个自由的新社会","社会主义只有通过民主制才能完成"[2]。德国社会民主党也一再表示,它"忠实于民主",要在平等的条件下和其他党派进行竞争。民主社会主义者不仅主张和平夺取政权,而且把"民主方式"夺取政权作为唯一的方法。社会党人之所以把民主作

〔1〕《社会党国际文件集》,黑龙江人民出版社1989年版,第3页。

〔2〕《社会党国际文件集》,黑龙江人民出版社1989年版,第4页。

为唯一的变革途径,是由于他们的超阶级的国家观造成的。因为,他们认为国家是超阶级的、正义的力量,而否定国家是阶级统治的工具。而共产党认为,无产阶级和资产阶级是根本对立的,国家是阶级统治的工具。所以,必须通过暴力革命打碎资产阶级国家机器,建立无产阶级专政,才能实现奋斗目标。其四,在组织原则上有本质区别。社会党人认为,在党内要实行完全的民主和自由,他们所奉行的是"权力扩散"原则,而不需要严格的纪律。因此,他们在党内允许各种利益集团的派别存在。也正是在这种组织原则指导下,社会党内派别林立、组织涣散。而共产党坚持"民主集中制"这一组织原则和领导制度,从而保证了党在思想上、组织上和行动上的统一,使党成为一个团结一致的有机整体。最后,在阶级属性上有本质区别。社会党认为,在发达的工业社会,阶级矛盾和阶级斗争正在逐步消失,因此,社会党已经不再是工人阶级的政党,而是全体人民的党。如德国社会民主党 1959 年就宣布,社会民主党已经从一个工人阶级的政党变为一个人民的政党。新建的波兰社会民主党也宣称,社会党将聚集一切赞同党纲的人们,而不管其世界观如何。而与社会党不同,共产党则公开声明自己是无产阶级政党,是工人阶级的先锋队。

总的来说,社会党和共产党有本质的区别,民主社会主义同科学社会主义有本质的区别。为此,我们决不能把科学社会主义同民主社会主义混为一谈,这是两种根本不同的世界观,民主社会主义仍然是资产阶级改良主义世界观的范畴。我们不能因为民主社会主义打着社会主义的旗号就看不清它同科学社会主义的区别,更不能以此来否定马克思主义的科学社会主义。我们必须保持清醒的头脑,旗帜鲜明地反对社会党所鼓吹的民主社会主义理论和主张,坚定不移地坚持马克思主义,坚定不移地走这个特色社会主义道路。

第二,对待民主社会主义,既要坚持原则的坚定性和一贯性,又要注意策略的灵活性和多样性。首先,要对民主社会主义进行必要的再认识。在列宁时代,资本主义已经发展到帝国主义阶段,在这种阶段,暴力革命是夺取政权、建立无产阶级专政的唯一途径。而民主社会主义反对无产阶级暴力革命和无产阶级专政,我们对社会党的主张和态度进行批判是必须的,是理所当然的。但是,后来斯大林把这种看法绝对化、固定化,甚至在需要遏制法西斯的年代反而把社会党称为社会法西斯主义加以打击,这对反法西斯统一战线的建立起了不良作用。特别是到了当代,如果还把列宁时代对社会党的认识和冷战思维完全套用到民主社会主义身上,就不是实事求是的态度。因为二战以后科学技术的发展使世界进入了一个相互依存的全新时代,对核扩散、生态、人口、贫困和恐怖主义等问题的忧患意识全球化,使人们有可能冲破意识形态的界限而要求同舟共济,以合作代替对抗,共同发展。所以,社会党人在20世纪60年代提出的主张缓和的新东方政策,70年代提出的和平与发展问题,客观地讲是值得称赞和正确的。所以,我们也有理由和必要放弃对民主社会主义的敌视政策而与之在这些方面进行合作,求同存异,共同发展。其次,从20世纪70年代以后,许多社会党、民主党和社会民主党也纷纷改变了传统的反共政策,出现了某些积极的和进步的因素。另外,不同的社会党也有不同的理论观点和策略主张,我们也要加以区别对待。特别是对许多在观点、主张上接近共产党的社会党、民主党,我们更应当同它们有更多的联系与合作。

总之,民主社会主义同科学社会主义有原则的区别,民主社会主义仍然属于资产阶级改良主义的范畴,我们必须保持高度的警惕和警觉。但是,共产党特别是发达国家的共产党也要加强同民主社会主义的联系与合作,在共同反对各种极右反动势力的斗争中,推动民主社会主义的政策朝着进步的方向发展、变化。

市场社会主义

一、市场社会主义的含义和历史发展

市场社会主义是世界社会主义运动中一种非常重要的思潮。它是对将近一个世纪以来探索社会主义与市场经济相结合的社会主义道路和模式的一种思潮和流派的说法和界定。但是,不同的学者对它的界定也是不同的或各有侧重的。1987年版的美国《新帕尔格雷夫经济学大辞典》的定义是:"市场社会主义是一种经济体制的理论概括(或模式),在这种经济体制中,生产资料公有或集体所有,而资源配置则遵循市场(包括产品市场、劳动市场和资本市场)规律。"美国著名经济学家保罗·格雷戈里按照所有制、决策机制、调节机制和激励机制四个要素,把市场社会主义定义为"生产要素的公共所有制为特征的经济体制,决策采取分权制并通过市场机制加以调节,兼用物质鼓励和精神鼓励来推动参与者实现这一体制的目标"。英国人索尔·埃斯特

林等则抓住市场这个手段与社会主义的目的之间的关系去下定义，认为“用市场来实现社会主义的目的，便是我们所指的市场社会主义”。所以，可以这样说，市场社会主义既不同于以美国为代表的市场资本主义，也区别于以前苏联为代表的计划社会主义，它具有生产资料公有或集体所有这一社会主义的主要特征，但又利用市场作为资源配置的手段。同时，对于市场社会主义，在不同的时期，社会主义与市场经济的不同结合方式，又产生了不同模式的市场社会主义，比如20世纪30年代产生的计划模拟市场的兰格模式，60~70年代的计划与市场并存决策分权的模式，80~90年代突出市场功能的“市场主导”的市场社会主义模式等。这些模式的特征和特点各不相同，并依据不同的历史阶段和不同的模式有相应的界定。

市场社会主义的理论源远流长。它的发展可以分成几个阶段。

第一阶段：19世纪与20世纪之交意大利经济学家帕累托的现代福利经济学是市场社会主义的理论基础。帕累托认为，市场机制和计划机制均能达到“帕累托最优状况”即“最有经济效率状态”，也就是说帕累托认为资源的有效配置并不取决于社会制度的性质。1908年，巴罗内发表了《集体主义国家的生产部》，第一次系统地论证了社会主义条件下资源最优配置的可行性。1929年，美国经济学家泰勒发表了《社会主义国家的生产指导》，首先阐述了计划模拟市场的“试错法”的思想。1933年，英国经济学家迪金森发表了《社会主义社会中价格的形成》，确定了测算社会主义经济达到一般均衡的价格的可能性。在探索市场社会主义的先驱者中，波兰著名经济学家、政治学家、外交家奥斯卡·兰格是佼佼者，他对市场社会主义理论和当代社会主义经济关系的研究形成了著名的“兰格模式”。

第二阶段：20世纪50~70年代末，市场社会主义在东西方各国分别确立，形成不同国家的不同理论流派和模式。60年代南斯拉夫的工人自治制度和匈牙利的经济体制被认为是市场社会主义的变体。而西方比较经济学派则明确提出“经济机制中性论”理论。

苏联、东欧的市场社会主义思潮，是以马克思主义基本理论为指导，根据社会主义国家改革的经验教训，形成了新的社会主义商品经济观，主张在计划经济的框架内充分发挥市场机制的作用。南斯拉夫市场社会主义就是其中的代表。这种自治社会主义是劳动者直接管理生产资料，制定企业生产计划和决定劳动成果的分配。自治计划也是间接协调计划，它主要靠自治协议、社会契约和价格手段对市场进行指导和调节。匈牙利在1968年进行经济体制改革,实行以金融调节和种种刺激作为中央计划的手段来代替行政命令和对生产商品进行实物分配的体制,形成了"分层决策的社会主义"。

而英、美等西方国家提出的市场社会主义思潮,则以新古典主义、凯恩斯主义和福利经济学为理论支柱,依据资本主义发展的经验,崇拜市场机制的自发作用。英国经济学家米德于 1968 年和 1972 年在《经济学家》杂志上发表的《新工业国是不可避免的吗?》和《工人管理企业理论和利润分享理论》两篇文章中,提出了"自由劳动模式"。在这个模式里,保留资本主义私有制,私人利益是经济发展的动力,自发市场机制对社会生产发挥调节作用。但经济合理运行需要国家干预,国家对国营经济部门进行管理。米德的"自由劳动模式"实际上是直接从国家垄断资本主义推断出来的市场社会主义,而且是完全照搬资本主义的调节机制。美国经济学家杨克于 1979 年出版的《自由市场中的社会主义》中,认为资本主义在反危机和宏观经济效率上同社会主义不分上下,但在收入分配上比社会主义差,因此,他提出了"实用社会主义模式",他假设存在形式上的公有制,由集体管理生产资料,从社会资本得到的收入作为社会分红,在全体社会成员之间公平分配。但是,经济运行机制同资本主义完全相同。

在上述两种市场社会主义模式之间,还有其他形式的市场社会主义模式理论。例如,1958 年美国的沃德提出了"市场工联主义模式"理论,这个理论主要有两个特点:一是作为人的主要动机的个人的物质利益的作用同资本主义自由放任不同,工人同时就是经理,他们对利润和工资感兴趣;二是把市场作为分配资源的手段。

第二阶段的市场社会主义发展的两个方向也有共同的特点,即提出"经济运行机制中性论"。这个理论是指在现实世界中,既没有完全的计划经济,又没有完全的市场经济,计划和市场不是划分社会主义和资本主义两种经济制度的标志。

第三阶段:20 世纪 70 年代末 ~80 年代末,市场社会主义理论进入大发展时期,在理论上实现了大的突破。20 世纪 80 年代开始,苏联、东欧相继进入了改革时期,经济体制的改革也必然被提了出来。围绕经济体制改革,市场社会主义理论在苏联、东欧得到了普遍的重视。西伯利亚学派的兴起就是市场社会主义思潮获得发展的标志之一,他们继承了 60 年代市场社会主义的思想,分析和批判了苏联的经济体制,认为商品、货币关系是高度分工的社会生产力的固有特征,市场是计划经济的必然属性,离开商品、货币关系和市场机制的社会主义是不可想像的,企业必须是独立的商品生产者,必然拥有高度自治权。西伯利亚学派的兴起逐渐成为苏联经济学的主流观点。但是,正是这个时候,苏联解体了,这个设想也就不可能实行。

80 年代英国的"市场联姻论"和"市场主导机制论"是市场社会主义理论发展中的重大理论突破。当时,英国工党在政治选举中连年失败,就开始对自身长期固守的传统经济理论进行重新审视,提出了市场主导的市场社会主义这个所谓理想的经济模式。这个理论由"市场联姻论"和"市场主导机制论"两块组成,其中"市场联姻论"处于理论基础地位。这个理论认为,资本主义完全脱离市场是不可能的,但市场彻底脱离资本主义是完全可能的。这样的情况就使市场同社会主义可能联姻在一起。"市场联姻论"清除了混淆社会主义目的和手段的传统理论的障碍。传统的社会主义认识把生产资料公有、资源配置的中央计划等手段看成目的本身。但他们认为社会主义的目的是防止强者对弱者的剥削,实现收入、福利、地位的平等。同时,"市场联姻论"的逻辑结果就是"市场主导机制论",因为他们认为,一从资源配置来看,如果将计划作为主要的经济机制,市场机制就会式微,中央计划体制必然会压制和破坏市场机制;二从物质文明来看,在一个希望采取社会主义目标的复杂的工业社会中,市场应成为交易机制的主导形式;三从社会制度来看,市场和计划关系是社会主义经济制度的普遍特征。因此,"市场主导机制论"是对市场和计划关系的新认识,是市场社会主义经济运行机制理论的大突破。

第四阶段: 20 世纪 90 年代以来美、英、法等西方发达国家进入大反思阶段,开始重新构建市场社会主义理论。苏联解体、东欧剧变以后,资产阶级从意识形态出发,批判社会主义,认为计划经济是非理性的。前苏联、东欧国家为了向所谓的自由市场经济转轨,一味地赞扬自由放任的市场机制,实行国有资产非国有化和私有化,劳动者遭受了通货膨胀和失业之苦。在这种情况下,市场社会主义开始在理论上把现代经济理论同真正的马克思主义理论相综合,批判新自由主义经济理论,充分肯定社会主义的优越性。

这个时期的市场社会主义出现了五种不同类型的模式理论,使先前的模式理论有了比较大的突破: 一是工人管理类型;二是工人所有制类型;三是经理管理企业类型;四是没有资本家的资本主义组织类型;五是混合经济类型。这些市场社会主义模式理论各有特点,反映了市场社会主义新的发展时期的新的动向和特点。

二、市场社会主义的基本理论观点和模式

市场社会主义作为一种关于经济体制的理论概念或模式,它的基本特征是把市场经济同社会主义结合在一起,并应用市场机制实现社会主义的价值目标。但是,如前对市场社会主义历史发展过程的阐述那样,在近百年的过程中,市场社会主义是由一系列模式理论及其发展、变化的理论观点所构成的。

第一,市场社会主义的几种主要模式理论。

兰格模式。"兰格模式"又叫"竞争解决社会主义",它的主要理论有:一是市场和公有制兼容。兰格认为,社会主义经济的资源配置是同资本主义纯粹的竞争市场上的实际行为完全不同,按边际成本价格决定生产规模,按最低成本组合生产要素。这就说明市场机制可以同所有制相分离的独立的中性的资源配置工具的观点,是对市场与社会主义不相容观点的否定。二是计划与市场相并存。兰格认为,社会主义经济是计划与市场相结合的经济,中央计划部门运用市场价格行使市场功能,中央银行模拟市场,负责投资,制定利率,分配资金。三是效率与平等相一致。兰格认为,社会主义取消私有制经济固有的分配方式,创造了比资本主义更公平的消费财富分配,从而保证社会主义比资本主义制度取得更大的效用。所以,兰格模式实际上是一个"模拟市场社会主义",带有计划经济的特征。

布鲁斯模式。弗·布鲁斯是波兰著名的经济学家,从第二次世界大战结束到 20 世纪 70 年代,他曾经担任华沙中央计划学院副教授、华沙大学教授、波兰社会科学院经济学部主席、波兰经济委员会副主席等职。1972 年移居英国。布鲁斯 1961 年的《社会主义经济运行问题》首次阐述了他的"分权的社会主义经济模式理论",他认为,社会经济活动的决策权可以划分为三个层次:第一层次是宏观经济活动的决策;第二层次是企业的生产经营决策;第三层次是有关消费和就业的决策。在他看来,比较理想的社会主义经济模式的决策权应该这样分配:第一层次的决策权归国家,第二层次的决策权归企业,第三层次的决策权归个人。布鲁斯把这种模式称为"分权模式"或"含有受控制的市场机制的中央计划经济模式"。布鲁斯的"分权模式"有两套决策机制:一套是支配个人和企业的市场机制,即个人和企业按效用或经济收益最大化的原则消费、择业和生产经营;另一套是国家实施的计划机制。计划机制是为了实现国家在国民经济发展方向、发展速度、消费与积累的比例、投资布局和价格调控等宏观经济决策方面的目标,主要采取税收、利率等经

济手段间接影响企业行为。布鲁斯模式是东欧经济学家提出的较早的系统批判斯大林模式的理论,它为 20 世纪 60 年代以后开始的社会主义改革提供了必要的理论准备。

锡克模式。奥塔·锡克是捷克斯洛伐克经济学家。1968 年担任政府副总理兼经济部长,是 1968 年捷克斯洛伐克改革的《行动纲领》的主要起草者。改革运动失败以后,锡克长期流亡国外,继续研究和探索社会主义经济改革理论。从 20 世纪 50 年代末开始,锡克对传统的斯大林模式进行反思和批判,并逐步建立了计划与市场相结合的社会主义经济思想。锡克既反对社会大部分生产资料归国家所有,也反对普遍实行生产资料私有制。他认为,大部分生产资料应当归社会所有,使这部分生产资料的实际使用权和获益权真正落实到作为劳动者自由联合体的企业身上。锡克模式运行机制的核心是市场机制,其目的是保证效率和微观平衡。市场机制的体现是实行市场价格即实行企业自主经营、自负盈亏、优胜劣汰。但是,为了克服企业的"唯利是图",锡克主张企业用"利润最佳化"原则代替"利润最大化"原则。为了避免企业自治、盲目的市场力量引起的消费膨胀和破坏经济的宏观平衡,锡克在他的模式中设计了"宏观经济分配计划",即国民经济的发展目标、工资标准、税收、分红与企业投资在利润中的比例、国家税收的使用方案等要通过国家民主立法程序来确立。

诺夫的"可行的社会主义"模式。亚力克·诺夫是出生于俄国后移居英国的经济学家,长期从事社会主义经济问题研究,是著名的东欧和苏联经济问题专家。1983 年出版《可行的社会主义经济学》,提出了"可行社会主义模式"。"可行社会主义"是一种多元所有制的模式,诺夫提出:国营企业包括银行、能源、通信和铁路等大型的或垄断的部门由中央集中管理;社会化企业包括大型的国有企业、公共事业单位则充分享有自治权,企业的管理层向工人负责。在诺夫设计的模式中,中央计划机制和市场机制并存,中央计划指导的范围包括宏观经济决策、国营企业的投资与经营以及国家为完善市场机制或克服自由市场的弊端而必须采取的各项措施。而在微观经济领域则由市场机制占主导地位。

罗默的"证券社会主义"模式。罗默 1945 年生于美国,是加州大学戴维斯学院经济学教授、"经济、正义与社会"研究中心负责人,是"分析的马克思主义经济学"流派的主要代表人物。他主要的研究领域是分配公正的经济学、马克思经济理论、最优化经济学和微观经济学。罗默关于市场社会主义的代表作是 1994 年出版的《社会主义的未来》，在其中他提出了著名的“证券社会主义”模式。罗默认为，社会主义者的首要目标是“在自我实现和福利方面的机会平等”，因此，在设计社会主义模式时应该选择最有利于实现上述目标的所有制形式和管理形式。同时，罗默认为，社会主义是关于平等的理论，民主的市场社会主义代表了获得平等的最大希望；苏联型计划经济的失败并没有使这种希望破灭。

罗默的“证券社会主义”模式中有四个“法人”行为者：成年公民、“公有公司”、共同基金和国库。每个成年公民从国库获得等量证券，他只能用这种证券购买共同基金的股票，而这种股票是不能用钱来购买的。成年公民可以自由地用手中的共同基金的股票换取证券，再到其他的共同基金投资。只有共同基金才能购买公有公司的股票。各共同基金和公有公司的股票的价格由证券来表示，随着股票的供求关系而波动。只有公有公司才能用证券从国库兑换钱，或者用钱从国库购买证券。公有公司的投资资金来自银行贷款，或通过证券交易从国库获得。银行利率和证券与国库资金的兑换率由供求关系决定。国库基金来自于税收。成年公民拥有共同基金的股票，就可以间接分享公有公司的税后利润。成年公民的证券和共同基金的股票不能卖钱，也不能转赠人。成年公民死后，其共同基金的股票必须卖掉，所得的证券交还国库。

罗默的“证券社会主义”模式是一种经理管理企业型的市场社会主义模式：一方面，这种模式由真正的竞争性市场机制定价，以保证资源配置的效率；另一方面，这种模式通过设计“证券”制度来保证公民在间接占有产权和分享企业利润上机会平等。

市场社会主义除了以上几种模式以外，到 20 世纪 90 年代的市场社会主义新模式中，比较有影响的还有：戴维·米勒的“合作制市场社会主义”，詹姆斯·扬克的“实用的市场社会主义”，戴维·施韦卡特的“经济民主的市场社会主义”，托马斯·韦斯科夫的“民主自治的市场社会主义”，等等。这些市场社会主义模式抓住的问题和角度各不相同，但是，比较多的集中讨论了以下几个方面的问题：一是认为企业是公共所有的，必须实行民主管理；二是要实行市场经济，企业要完全在市场上竞争，以追求利润最大化目标；三是效率问题；四是公平问题。

三、市场社会主义的评价

第一，关于市场社会主义的性质。市场社会主义到底是一种什么性质的社会主义思潮？国内外学者有着不同的看法。有的学者认为市场社会主义是一种“乌托邦”，是不可能实行的理论虚构；有的学者认为市场社会主义实质上就是资本主义；有的学者把市场社会主义同社会主义市场经济相比较以后，认为市场社会主义就是我们讲的社会主义市场经济；也有的学者认为在现阶段，只有市场社会主义才是真正意义上的社会主义；等等。我们认为，市场社会主义作为一种社会主义思潮，它有一个发展、变化的过程，在其变化过程中，同其他社会主义思潮的不同之处在于这种思潮至今还没有形成一个统一的看法，还没有统一的理论。而且，这种思潮仍然处于发展之中，对它进行准确的评价仍然为时过早。比如，市场社会主义的几种模式理论中，有原社会主义国家的学者提出的理论和主张，也有西方发达国家的学者在苏联解体、东欧剧变以后的困惑和对现行资本主义的不满中提出的理论和主张。但是，我们也认为，市场社会主义从本质上讲它不是马克思主义，也不是我国的社会主义市场经济，而是一种社会改良主义思潮。而且大多数学者认为它是属于社会民主主义的社会改良主义思潮，是主张通过从量变引起质变的改良来改变现存资本主义制度，实现民主社会主义的一种社会主义思潮。

第二，市场社会主义的作用。有的学者认为它是一种理论上的虚构。因为，它虽然为未来的社会主义设计了种种美好的图景，但是，它也始终没有对资本主义如何过渡到社会主义提出可行的论述。它只是在社会主义运动遭受挫折后，西方社会群众对共产主义的长远目标感到过于遥远而提出的克服资本主义一些弊端的措施而已。也有的学者认为市场社会主义对我国建设社会主义市场经济体制有积极的借鉴作用。比如认为社会主义市场经济同市场社会主义有联系，这种联系主要表现为：其一，西方市场社会主义和社会主义市场经济都认为社会主义可以而且能够搞市场经济。市场社会主义的核心理念是市场可以同所有制相分离，市场只是资源配置的一种手段和工具，是中性的。而这种观点和理念在中国建立社会主义市场经济体制过程中得到了同样的认可和吸收。事实证明，计划经济不等于社会主义，市场经济也不等于资本主义，计划和市场都是经济手段和运行机制。其二，西方市场社会主义理论的发展同中国社会主义市场经济体制的确立都经历了一个计划与市场不断较量而最终市场占据主导地位的过程。持这种观点的学者认为，西方市场社会主义理论从“兰格模式”到市场机制主导论的过程，也就是市场因素从无到有到占据主导地位的过程。而中国社会主义市场经济体制的确立，也经历了从“计划经济”、“计划经济为主、市场调节为辅”、“有计划的商品经济”到“社会主义市场经济”的认识和实践过程。而中国社会主义市场经济体制的建立同市场社会主义有这些“相似”之处,以至于有的外国学者在研究中国经济体制改革的时候,把实行市场经济的中国纳入市场社会主义的范畴。还有的学者认为,中国的社会主义市场经济是对市场社会主义的超越。他们认为,尽管中国的社会主义市场经济与市场社会主义有“相似”之处,但是,中国的社会主义市场经济同西方的市场社会主义有着本质的区别。这主要表现在我国的社会主义市场经济在克服了市场社会主义外部结论等局限的同时,又基于我国社会主义的性质和初级阶段的国情,在市场和公有制的结合形式上等方面进行了理论创新和超越。同时,他们也认为,西方市场社会主义过去实验的失败,也从反面启发我们:建立中国特色社会主义市场经济新体制,不是仅仅从理论上确认社会主义可以同市场机制相结合,简单地把社会主义同市场经济相拼凑;而是要进一步充分发挥和体现社会主义制度的优越性,充分发挥市场的积极作用,防止和消除市场机制的消极作用和影响,还要充分研究和探讨公有制的实现形式等社会主义市场经济体制中的实际问题。

欧洲共产主义

一、欧洲共产主义的形成和发展

欧洲共产主义是20世纪70年代中期,在国际共产主义运动中出现的一种社会主义思潮、派别和运动。这种社会主义思潮是一些发达国家的共产党冲破大党中心主义、单一道路、单一模式,试图通过民主道路和途径走向社会主义的社会主义力量。当时,信奉欧洲共产主义的有意大利共产党、法国共产党、西班牙共产党和英国共产党等14个欧洲共产党以及日本、澳大利亚、墨西哥等非欧洲国家共产党。在其鼎盛时期,全世界共有18个共产党和330万党员坚定不移地走欧洲共产主义的社会主义道路。

欧洲共产主义从20世纪20年代开始孕育,大致经历了萌芽时期、形成时期、发展时期等三个时期。

第一个时期:萌芽时期。20世纪20年代在西欧一些国家的革命失败以后,共产党人开始思考和探索一条符合本国国情的通向社会主义的道路。意大利共产党的创始人安东尼奥·葛兰西就是其中的一个。葛兰西认为,在发达资本主义国家,无产阶级不能采取一次突击的方式去夺取和打碎旧的国家机器,而必须发展一种破坏旧统治阶级在市民社会中的领导权的战略,才能赢得政权,这是一条和平走向社会主义的道路。这一思想孕育了欧洲共产主义思想的萌芽。

随着共产党情报局的解散和苏共二十大的召开,欧洲共产党获得了摆脱苏共控制的条件,加快了独立自主的步伐。50 年代末到 60 年代初,欧洲共产党人对过去一向被认为禁区的问题进行了全面的讨论。西共提出了"全国和解"政策,宣布在有利的国际形势下西班牙可以沿着议会道路进入社会主义;法共提出了走向社会主义的民主道路和民主社会主义的主张。这一切为欧洲共产主义的形成奠定了思想和理论基础。

第二个时期:形成时期。1968 年苏联出兵捷克,这一事件引起了欧洲共产党人的强烈不满,欧洲 17 国共产党发表联合声明,支持捷克的改革,谴责苏联干涉捷克的内政。这是欧洲共产党第一次公开谴责苏联的霸权主义,它标志着欧洲共产党自主路线的新发展,成为欧洲共产主义形成过程中的新起点。从此以后,西欧共产党越来越多地对重大的国际问题发表自己独立的见解。

进入 70 年代,欧洲共产主义逐渐发展成为一支独立的政治力量。各党经过认真讨论发表了一系列纲领性的文件。1972 年,法国共产党与社会党制定了被称为"开辟通往社会主义道路"的共同纲领;1973 年,意大利共产党与天民党实行"历史性的妥协",与除法西斯党之外的各党派建立了最广泛的联盟;1973 年,西班牙共产党提出了民主的多党制的社会主义模式。从 1975 年 7 月到 11 月,西欧各党连续进行了双边或多边会谈,在许多问题上达成了一致看法,并发表联合公报或联合声明。这样,以法共、意共、西共为代表的欧洲共产主义就正式形成了。1975 年 6 月 26 日,意大利记者首次使用了"欧洲共产主义"的概念。1976 年,29 个共产党在东柏林进行欧洲"共产党和工人党代表会议",意大利共产党领导人贝林格第一次公开打出了欧洲共产主义的旗帜。1977 年 3 月,贝林格和法共领导人马歇、西共领导人卡里略在马德里举行会晤,发表了称为"欧洲共产主义宣言"的联合声明,系统地阐述了欧洲共产主义的基本主张。1978 ~ 1979 年,意大利共产党、法国共产党、西班牙共产党分别把欧洲共产主义的理论和主张写进了自己的党纲和党的文件,使"欧洲共产主义"的理论和路线正式成为这些共产党全党必须遵守的、有约束力的纲领和路线。

第三个时期:探索与发展时期。20世纪80年代以后,特别是苏联解体、东欧剧变以后,西欧共产党进入了艰难的探索和发展时期。面对严峻的形势,西欧各党努力总结经验和教训,提出了一些新的观点和理论,对欧洲共产主义本身及其战略、策略等进行了修正。如意大利共产党提出了"争取社会主义斗争的第三条道路"的理论,认为苏联道路事实证明存在着许多矛盾和缺陷,社会党人的道路因为没有改变社会性质而不成功,因此要走第三条道路即适合西方特点的通向社会主义的新道路。法国共产党也提出了"新共产主义"的理论和主张。

二、欧洲共产主义的基本理论和发展

欧洲共产主义最基本的特点是什么?卡里略1977年10月27日在马德里"21世纪俱乐部"的一次讲话中作了概括,他说,欧洲共产主义是共产主义运动中现有倾向之外的一种倾向,其特点是主张搞民主和独立的社会主义,它主张对马克思主义提出适应我们大陆情况的自己的解释和看法。意大利共产党认为,欧洲共产主义应该包括两个主要内容,一个是不承认国际共产主义运动中有一个指导党,不承认有一个中心;二是主张向社会主义过渡的过程中始终必须坚持政治民主,放弃无产阶级专政。马歇1982年访问中国时说,我们的经验有两条:一是每个党都应该根据本国情况建设社会主义,不存在什么模式;二是每个党都是独立的,它只能对本国工人阶级和人民负责。

所以,欧洲共产主义的基本主张和观点是:在国内实行多党制,实行民主和广泛团结民众的政策,各国独立自主地选择符合本国国情的、通向民主的社会主义道路。在国际上,坚决反对各大军事集团,主张建立和平、民主、独立的欧洲。在国际工人运动中,主张独立自主、权利平等、互不干涉、互相尊重的原则。具体地说,欧洲共产主义的基本理论和政策如下:

第一,"欧洲共产主义"的阶级理论。

正确认识和分析发达资本主义国家的阶级结构的变化是"欧共"制定路线和政策的主要依据。欧共认为,在发达资本主义国家中仍然只有工人和资本家才构成阶级。但是,在这两大阶级中间存在着一些处于运动的"中间阶级"。对于工人阶级,欧共认为,随着科技革命的发展,工人阶级的人数不是减少了,而是增加了。如当时意大利的工人阶级就占了就业人口的65%,法国占了80%,日本占了63%。但是,工人阶级的新特点是构成成分日益复杂,传统的蓝领工人人数下降,而白领工人人数在上升,他们成为工人阶级的重要组成部分。对于资产阶级,欧共认为,随着国家垄断资本主义的发展,资产阶级的成分更加复杂。法共克洛德·坎把法国资产阶级分为大、中、小三部分。大资产阶级即垄断资本家阶级,包括大工业公司、跨国公司、金融企业的领导人等,这一阶层的人数不多,但是,他们掌握了全国的政治大权、经济命脉,是最顽固、最反动的剥削阶级,是革命打击的主要对象。中等资产阶级,即非垄断资本家阶级,如企业主、种植主、畜牧主等,他们也是剥削阶级,是资产阶级的中层。但是,他们受垄断资本家的排挤和掠夺,因此,同垄断资本家有矛盾,在一定条件下他们有可能参加反对大垄断资本家及其国家机器的社会斗争,因此他们是争取联合的间接力量。

对于中间阶级,欧共认为,随着科技的发展和生产力的提高,传统的中间阶层(主要是小商人、手工业者、小工业家、农民等)的人数日益减少,而职员、专业管理人员、工程技术专家构成的“新中间阶层”的人数却在大量增加。对于这部分人,欧共党有的把他们划入工人阶级之列,有的把他们中的上层划入小资产阶级。但是,欧共一般都认为,他们接近工人阶级,积极参加反对垄断资本家加强国家机器的民主斗争,是属于阶级联盟的重要组成部分。

对于知识分子,欧共认为,这个队伍随着科技革命的发展,在发达资本主义国家的人数越来越多,这些人包括科学家、工程师、教师、律师、各种专家和技术人员。在20世纪70年代末,发达国家的脑力劳动者达到了总劳动人数的50%以上,他们同工人阶级处于同等的地位,受雇于资本家,受资本家的剥削和压迫。因此,有的人把他们划入工人阶级,或把他们当作工人阶级的联盟对象。

总的来说,由于发达国家的阶级关系的新变化,欧洲共产主义提出了新的阶级联盟思想,即通过工人阶级的团结,把各阶层和民主党派团结在工人阶级周围,结成最广泛的联盟,与劳动者的主要敌人——垄断资本和跨国公司作斗争。

第二,和平走向社会主义的独特的民主道路。

和平走向社会主义的民主道路是欧洲共产主义理论的核心。他们认为,当今时代是资本主义向社会主义过渡的时代。由于第二次世界大战后国际形势发生了重大变化,发达国家的国情也有了许多新的变化,因此,发达国家通往社会主义的道路既不能再走俄国革命的道路,也不能走社会民主党的道路,而要走一条独特的民主道路,即第三条道路——和平夺取政权、和平改造和利用国家机器、实现社会主义的道路。而且,由于各国国情的不同,政治、经济、文化、社会状况的不同,因此各国走社会主义的道路也是各有特色的。欧洲共产主义之所以选择民主的方式实现社会主义,主要的依据是:其一,发达国家有民主传统。卡里略在他的阐述欧洲共产主义基本思想的著作《"欧洲共产主义"与国家》一书中指出,西方发达国家有深厚的民主传统,可以根据宪法走通过民主形式进行社会主义变革的道路。一般地说,西方国家特别是欧洲,由于其是两次世界大战的策源地,人民反对战争、害怕战争,珍惜和平,要民主自由,不愿意进行武装斗争和暴力革命,而希望对社会进行和平的民主的改革。同时,发达国家的议会民主制和宪法也为通过和平方式民主实现社会主义提供了条件。其二,发达国家的阶级结构发生了变化。发达国家科学技术和生产力的迅速发展,使社会阶级结构发生了巨大的变化。这种变化主要表现在:一是工人阶级的人数和素质有了很大的提高。在发达国家,工人人数占到全部就业人数的三分之二或五分之四,工人阶级也日趋知识化,白领工人成为工人阶级的主要组成部分。二是处于工人阶级和垄断资本家之间的传统"中间阶层"在减少,而"新中间阶层"即技术人员、管理人员、政府部门的职员等人数在不断增加。特别是知识分子在发达国家是一个人数众多的群体,人数占到经济活动人口的二分之一,他们在社会生活的各个领域中起了重要的作用。

独特的民主道路的主要内容包含三个方面。

一是和平取得政权而不是武装夺取政权。欧共认为,列宁领导的俄国革命,不使用革命的暴力就不可能产生伟大的十月社会主义革命。但是,在经济发达、民主制度健全的资本主义欧洲要实现社会主义,是有可能找到一条降低暴力作用的道路的,也就是说,在欧洲夺取社会主义的胜利,可以不通过工人武装斗争,不出现内战,不进行万里长征也可以实现社会主义的改造。法共认为,民主道路是除内战以外的各种形式的阶级斗争,法国走上经济与政治的决定性变革的道路,并非一定要经过夺取冬宫不可。欧共之所以不主张走武装夺取政权的道路,主要是他们认为:其一,西欧民主制度比较发达,有议会民主制可以利用。而且,人民对民主制抱有一定的希望,和平民主道路容易被人民所接受;其二,在核武器时代,暴力革命会导致核战争,而一旦爆发核战争,任何一种革命都无法取得胜利;其三,国家垄断资本主义的发展,生产社会性和资本家私人占有之间矛盾的加剧,为向社会主义过渡提供了更加成熟的经济基础;其四,工人阶级在社会中是大多数,这样为民主走向社会主义准备了社会政治力量；其五，二战以后，特别是70年代以后有利的国际环境，为和平民主道路创造了良好的国际环境。

二是改造和利用国家机器。欧共认为，民主道路的关键问题是夺取政权。但是，在发达国家可以用“结构改革”的办法代替打碎资产阶级国家机器，在民主改革的进程中逐步夺取政权。为什么可以利用“结构改革”来逐步夺取国家政权？欧共认为：其一，现代国家的职能扩大化了。他们认为，国家机器不再仅仅是资产阶级的管理机器，也不仅仅具有镇压职能，国家越来越明显地充当了社会经济、文化的管理职能，也起着保障社会和保证社会扩大再生产的职能。因此，社会主义一旦成功，共产党上台执政，就能够通过民主改革改变国家的镇压等部分职能，而对其他职能就没有必要另起炉灶。其二，国家的结构发生了变化。欧共认为，国家机器就其整体而言，仍然是阶级统治的工具。但是，工具已经不再是为整个资产阶级服务，而在为控制着大垄断集团的部分大资产阶级服务了。因此，现代国家越来越成为少数人的国家，社会与国家的矛盾越来越表现为国家机器内部的矛盾和危机，这样的国家就日益成为社会各阶级争夺领导权的重要阵地。当受大资产阶级及其国家之害的社会各阶级联合起来而形成一支广大的群众力量时，就有可能把国家机器中的“决策中心”、“重要阵地”从大资本家手中夺取过来，然后再从国家机器内部逐渐改造旧国家机器性质。其三，西方国家建立的民主制度依然有效。欧共认为，西方已经建立的政治制度如议会制度从根本上说是有效的，而如果它有一个社会主义的经济基础则会更加有效。因为民主自由既不完全是资产阶级的，也不完全是无产阶级的，民主既是资产阶级进行统治的工具，又是工人阶级用来反对资产阶级的斗争手段。因此，向社会主义过渡不必摈弃民主。

三是民主道路并不排除使用革命暴力的可能性。欧共认为，通过民主道路对国家机器进行改造可能会遇到资产阶级的暴力反抗，国家机器的质变可能不是完全和平的，因此，在某种情况下，必须用暴力去对付暴力的抵抗。而且，欧共认为，在法西斯专制统治的国家，暴力革命现在和将来都仍然是一条现实的道路。

实现走向社会主义民主道路的具体政策，欧共认为主要有三条：一是实行议会内斗争和议会外群众斗争相结合的政策；二是实行阶级联盟政策；三是实行民主革命政策。

第三，独立自主和新国际主义的理论。

独立自主和新国际主义是欧洲共产主义理论的重要组成部分，它突出地体现了欧共各党坚持独立自主、广泛团结一切进步力量，反对战争、维护和平的国际主义原则。欧共独立自主的思想主要有：一是坚持独立自主，反对大党中心主义。他们认为，没有国际中心，没有领导党，而只有共产主义和社会主义鼓舞下的各个政治组织的完全平等和自治。二是把马克思主义运用于本国实际，反对教条主义和照搬照套。他们认为，各党在制定自己的理论、路线时，都必须独立自主地进行，立足本国实际，探索适合自己国情的革命和建设的道路。三是坚持各国共产党之间的完全平等，互不干涉内部事务，反对外来控制。他们认为独立、平等、互不干涉内部事务是各党之间相互关系的准则，也是发展党与党之间关系的基本保证。四是独立自主是各党之间团结的基础。他们认为，没有各党的独立自主，就不可能真正实现国际主义团结。

欧共的新国际主义思想主要是以"新国际主义"代替"无产阶级国际主义"的主张。1979 年，意大利共产党领导人贝林格在意共十五大上说，新国际主义应当以承认各国共产党和各种革命进步力量的差异并尊重它们的自主为基础。1983 年，贝林格在北京总述了"新国际主义"的三原则：没有国际中心，没有领导党，没有老子党，所有的党都应当是平等的；要尊重各党之间的意见分歧，讨论这些分歧时应当互相尊重、以诚相待。新国际主义所指的，不仅有各国共产党，而且还应包括社会民主党、社会党以及第三世界的民族解放运动。因此，新国际主义有以下几个特点：一是坚持各党独立自主的原则，尊重各国的独立性；二是在国际共产主义运动中不存在领导中心，各党之间完全平等；三是新国际主义的团结形式是各国党在多样化中求团结；四是新国际主义是最广泛的左翼联合形式。

第四，欧洲共产主义的对外政策。

欧共各党奉行和平、民主、独立自主，反对帝国主义和霸权主义的对外政策。在重大国际问题上的立场主要是：一是反对帝国主义和霸权主义。欧共认为，帝国主义是国际局势紧张的主要根源，认为苏联是社会主义大国，是打击帝国主义的主要力量。但是，欧共同时也反对苏联的强权政治和大国沙文主义。二是反对一切战争，尤其反对核战争。主张维护世界和平，反对制造国际紧张局势，反对进行武力威胁和发生武装冲突，主张用谈判和政治解决国际争端，反对国际军事集团的对抗，主张对话与合作。三是主张各民族国家的独立自主，要求建立国际政治经济新秩序，缩小南北差距。四是赞成和平共处，拥护不结盟政策，主张逐步解除"北约"和"华约"两个军事集团，争取建立一个独立于苏美的、民主的、联合起来的欧洲。五是主张在整个欧洲地区建立“欧洲”左派力量联合的新战略。认为欧洲共产党和社会党联合起来，发展“欧洲左派”力量，这样有利于促进欧洲工人运动的统一，保卫欧洲和平，维护欧洲独立。

三、欧洲共产主义遭受重大挫折并进行新的探索

欧洲共产主义自20世纪70年代中期至80年代初发展得比较顺利。特别是意大利共产党等党在议会斗争中取得过一定的成绩，也拥有了比较稳定的选民基础，在人民群众的心中有一定的威望。如意大利共产党在1976年的议会选举中曾经赢得了34.4%的选票，成为议会中的第一大党，共产党人在意大利主要的一些城市市长选举中获得了成功。但是，从80年代初开始，欧共各党遭受了不同程度的困难和挫折，他们在议会选举中纷纷失利，党员人数开始下降。如意大利共产党在1987年的全国大选中得票率下降到26.6%，而且失掉了在首都罗马等城市的执政地位。法国共产党从70年代中期的立法选举中得票率从20%～25%之间迅速下降到1986年的9.7%。西班牙共产党从1979年全国大选的10%的得票率下降到1982年的3.8%。其他各党都呈现出这样的情况。80年代以后，欧共的党员人数也在不断下降，如意大利共产党党员的人数从1977年的180万下降到1990年的140万。法国共产党从1979年的71万下降到1990年的60万，西班牙共产党从1977年的24万下降到1990年的8万。

欧洲共产主义遭受挫折的主要原因是：

第一，当代资本主义仍具有的迅速发展和自我完善的能力。由于新的科技革命，推动了当代资本主义生产力的迅速发展，资本主义也进入了相对稳定发展的阶段。尤其是一些资本主义国家在国内实施了社会福利政策，使老百姓的生活水平有了比较大的提高。这一切都增加了欧共各党生存、斗争和发展的难度和困难。同时，发达国家阶级结构的变化也给欧共党的发展带来了一定的困难，这主要是传统工人阶级的整体人数不断减少，工人阶级日益白领化、知识化和阶层化，导致了工人阶级整体的阶级意识相对弱化。而欧共党对这些变化没有及时调整斗争策略，因此使党的社会阶级基础削弱，政治影响不断减弱。

第二，苏联的干涉和资产阶级敌对势力的干扰和破坏也是欧共党发展遭受困难的主要原因。由于欧共党采取和坚持独立自主的“新国际主义”，反对大党中心主义和霸权主义，主张抛弃苏联发展模式，所以，苏联就极力扼杀欧共党。而资产阶级敌对势力认为，如果在西欧出现共产党政府，就会危及资本主义势力，削弱西方世界的力量。因此，以美国为代表的敌对势力一直对欧共进行攻击和破坏。

第三，苏联解体和东欧剧变是欧共出现危机的最大原因。20 世纪 80 年代中期以后，欧共也曾经根据形势的变化在理论和策略上进行了一些调整。但是，由于苏联解体和东欧剧变，使欧共各党遭受了致命的打击。一些原共产党纷纷宣布放弃欧洲共产主义理想，改名为社会党或民主党。1991 年 1 月，意大利共产党二十大也决定放弃共产党的名称，改建为民主党。英国共产党也改名为民主党。随着苏联解体和东欧剧变，欧共党纷纷改名、解散或集体加入社会党、民主党。至此，欧洲共产主义实际上已经彻底解体。

苏联解体、东欧剧变以后，原欧共的许多成员纷纷改名易帜。但是，一些原欧共党或党的部分成员顶住逆流，坚持共产党的称号，坚持社会主义的方向，高举共产主义的旗帜，并开始了新的探索和实践。如法国共产党在 1990 年 12 月党的二十七大上庄严宣布，法国共产党大多数党员仍然选择了共产党的称号，法国共产党仍然坚持民主集中制，坚持社会主义方向。葡萄牙共产党经过大讨论，全党达成共识：苏联、东欧的变化只是一种社会主义模式的失败，并不意味着整个社会主义、共产主义事业的最后失败。1991 年 12 月，西班牙共产党十三大经过激烈辩论，否定了党内所谓的改革派要把党改名的主张，决定继续用共产党称号。1990 年 7 月，日本共产党十九大指出，日本共产党的名字是由 68 年的英勇斗争及其业绩贯穿起来的一个光荣名称，不能更改。也有一些欧共党在苏联、东欧变化中改了名称，但是又纷纷开始重建共产党，重新树立共产主义的旗帜。如 1991 年原意大利共产党中反对改名的一些人宣布成立意大利重建共产党。1993 年 12 月，从原英国共产党中分裂出来的“新英国共产党”通过了新的纲领，表示仍然坚持党的民主集中制，坚持党的工人阶级先锋队的性质。

在欧共党的变化中，一些原欧共党和重新组建的共产党还进行了新的探索。他们认识到，苏联解体和东欧剧变使世界社会主义运动面临着巨大的困难和挑战，但是，这些困难和挑战并不意味着社会主义运动的失败和消亡，也不能否认共产党人的丰功伟绩。在发达资本主义国家，劳动人民通过长期的革命斗争获得了生活水平的一些提高和改善。但是，资本主义的生产方式仍然是人类社会的威胁，只有社会主义才能真正保障人类的光明前途。当前的共产党人应当从苏联、东欧失败中汲取教训,独立自主地建设本国的社会主义,要重视社会生产力的发展,提高人民的生活水平,要建立一个充分民主、团结一致、完全平等、保障就业、没有环境破坏和没有战争威胁的社会主义。

生态社会主义

生态社会主义是西方生态运动、绿色运动中的一个派别,是生态运动各种派别中具有社会主义倾向的一种思潮。生态社会主义的目的是试图找到一条既能够消除资本主义国家的生态危机,又能使资本主义国家走向社会主义的道路。

一、生态社会主义产生的基本原因

第二次世界大战以后,随着新的科技革命的兴起和迅猛发展,随着西方资本主义国家生产关系的不断自我调整,西方发达资本主义国家的生产力得到了迅猛的发展。但是,在生产力获得迅速发展、垄断资产阶级获得极为丰厚的利润的同时,我们一方面应当看到它是西方发达国家在全球推行生态殖民主义、盘剥世界特别是落后国家的结果;另一方面应当看到随着经济的增长,资产阶级对自然的掠夺在战后达到了史无前例的程度。当代公认的“六大公害事件”大多发生在20世纪40年代末和50~60年代,如1948年美国的多诺拉烟雾事件、1952年英国的伦敦烟雾事件、1953~1956年日本的水俣病事件等。20世纪70年代以后,世界的生态环境进一步恶化,在许多国家土地资源日益枯竭,森林大量砍伐而造成水土流失,大气环境被严重污染等等。于是,生态问题开始受到人们的普遍关心和日益重视,人们认识到,科学技术的发展给人类会带来巨大的好处,使人们的生活水平有了飞速的提高。但是,人类社会的发展和要实现长久的发展,归根到底同人类生活了几千年、上万年的自然界有着根本的联系。而自然界是一个相互联系、互为依存的有机系统,人类在这个有机系统中通过改造自然、改变物质存在的方式来满足自身的需要。但是,人类的这种对自然的改变和自我需要的满足必须以尊重自然和自然规律为基本前提。反过来说,保持地球上基本的生态过程和生命维持系统是人类生存和发展所必需的。

在这种新的形势和对生态环境的认识的基础上,从20世纪60年代起,西方主要资本主义国家的人们开始注意到生态问题并开始去思考和寻找解决生态问题的途径和方法。他们成千上万地走上街头进行游行示威，要求政府采取有力的措施来治理和控制环境污染，保持生态；一些著名的社会人士不断发表文章，谴责掠夺自然的行为，呼吁政府要采取措施防止侵害生态的行为；各个领域的科学家也通过自身的研究揭露污染环境、破坏生态的事件；各种媒体也不断通过对破坏生态和环境的事件的报道影响人们对生态环境问题的关注；各种社会公民组织如"环境保护—绿色行动"、"未来—绿色行动"、"保护环境—绿色名单"等如雨后春笋般地涌现出来，成为西方"新社会运动"的重要组成部分。关于西方绿色运动产生的原因，西方的学者有多种分析，主要的观点有：(1) 认为是人们的价值观念及范式发生了变化；(2) 认为是享乐主义伦理观的崩溃；(3) 认为是福利社会本身的要求；(4) 认为应当到西方文化圈中去寻找原因。在这四种可能的原因中，一般认为第一种原因影响最大。按照这种观点，认为由于社会生产力的发展，物质财富的极大丰富，文化教育水平的普遍提高，人们的价值观念已经由原来的重物质转变为重动机、重意义的"后物质主义价值取向"。传统的价值观念中重产量、重效率、重成就、重个人财富等价值观已经由追求人与人之间的融洽、更多地参与决策、实现自我等价值观所取代。

二、生态社会主义的形成、发展阶段

生态社会主义的形成和发展，一般来说经过了三个阶段。

第一阶段：生态社会主义的理论准备阶段。20 世纪 60 ~ 70 年代是生态运动的出现和崛起时期，也是生态社会主义理论的准备阶段。当时的"罗马俱乐部"思潮虽然不属于生态社会主义的范畴，但是它提出了"全球生态危机"和"增长极限"的观点，第一次提出了人类自身生存的问题，揭示了资本主义制度下经济增长和技术进步的消极后果，使人们清醒地看到了自身所面临的严峻形势和问题。这些为生态社会主义的形成作了理论上的准备。

第二阶段：生态社会主义的形成阶段。到 20 世纪 80 年代左右，西方的绿色运动得到了蓬勃发展，如 1972 年当时的联邦德国已经成立了有 30 多万成员的"环境保护—全国自发组织联合会"，到 1985 年其追随者已经达到 150 万人。其他一些主要资本主义国家的绿色运动也大致有如此的发展。在当时的绿色出版物中，布洛赫、马尔库塞等人从不同的角度去认识生态和环境问题，形成了绿色运动中的各种派别，如绿党想像派、绿党生态派、绿党和平运动派等。但他们从各自的研究角度一致认为人类是生活在一个资源有限、相互依赖的全球体系之中,所以必须从以往的以民族利益、阶级利益和意识形态为基础的世界秩序转变为以人类利益和全球安全为基础的新秩序上来。世界上第一个绿党是20世纪60年代末成立的新西兰“价值党”,它提出的一些思想对后来的绿色运动和绿党组织产生了巨大的影响。进入80年代以后,主要的资本主义国家相继成立了绿党,绿党的成立使它们成为与共产党、社会民主党、资产阶级政党相对的“第三条道路党”,并适应了60年代兴起的生态运动。而且,绿党的成立和发展,很快在政治上也显示了它的作用,从1981年起,西欧许多国家如芬兰、比利时、联邦德国、奥地利、意大利等的绿党相继进入了议会。有的国家的绿党在议会中还占据了一定的席位,如联邦德国的绿党在1983年的大选中赢得了27个席位,成为议会中的第四大力量。而且,绿党的群众基础还十分广泛,他们不仅包括了要求实现生态平衡的环境保护主义者、反对战争的和平人士、为社会主义而奋斗的左翼激进人士,还包括了少数主张性自由和反对歧视同性恋的人。这种思潮实质上反映了人们对现实的不满,对工业化社会盲目增长的动机和意义的怀疑,也反映了有些人从理论上开始探索一种更加合理的新的社会制度。

正是在这种形势下,绿党组织中的一些共产党人、西方马克思主义者和一些左翼人士的数量也不断增长,为绿色运动和社会主义的结合奠定了基础。绿党组织中的共产党人、西方马克思主义者和一些左翼人士强调用生态学马克思主义去分析各国和世界所面临的各种问题,特别是生态环境问题。他们在人数上不占优势,但是他们同各级工会组织有比较密切的联系,他们的影响比较大,使得他们的一些主张在绿党组织中得到比较充分的体现。

第三阶段:生态社会主义新的发展时期。20世纪90年代以后,二战后形成的冷战局面结束,从而为绿色生态运动提供了更大的发展空间。同时,在苏联、东欧变化以后重新探讨社会主义的前途和命运的过程中,有一些人更多地把目光投入到绿色生态运动中去,使社会主义运动内部进一步分化和重新组合。

三、生态社会主义的基本观点和理论

第一,生态社会主义对资本主义的批判。生态社会主义者认为,自然界不是一个任人摆布的客体,它有自己非人的、自然的需要,也就是说,如果人类的要求超出了自然界本身的界限,自然界就要进行报复。而垄断资本主义

发展到今天，已经导致了两大严重的问题，一是过度生产，二是过度消费。以追逐利润为目的的过度生产使技术规模越来越庞大，能源需求越来越多，生产与人口越来越集中，职能越来越专业化；而过度消费使整个社会的消费越来越膨胀。这些都使自然界超出了它所能够承受的程度。所以，资本主义经济制度追求个人致富的理想和手段，对生态和环境却是一种灾难。而之所以造成这种灾难，首先是因为资本主义制度的私有制。因为私有制条件下资本主义生产的基本动力就是追逐利润，而且这种对利润的追求是不会考虑后果的，不会考虑长远利益的。另外，资本主义的生产在本质上是集中的垄断的，特别是在战后，生产的集中和垄断以前所未有的速度发展着，从而造成了过度生产和过度消费。而过度生产和过度消费的发展趋势必然加重自然界的负担，导致生态失衡和环境污染，从而引起生态危机。

同时，在生态社会主义者看来，当代资本主义社会是一个病态的社会，因为当代资本主义为了延缓经济危机而力图歪曲“满足需要”的本质，从而导致了“异化消费”。所谓的“异化消费”就是指人们为了补偿自己那种单调乏味的、非创造性的，而且是报酬不足的劳动而致力于获得商品的一种现象。具体表现为：(1) 人们得到这些商品的过程不是出于真正的需要，而是在市场机制的强大作用下诱使人们去购买，从而把追求消费当做真正的满足；(2) 人们在劳动中依附于庞大的经济体系，从事一种缺乏自由的、令人讨厌的劳动，为进行逃避，他们把消费作为补偿其艰辛劳动，作为自我安慰的唯一手段，从而形成一种为消费而消费的趋势；(3) 这种消费的前提是异化劳动，而它反过来刺激异化劳动，有助于异化生产的发展。因为这种“异化消费”，人和物的关系就完全颠倒过来了，人拜倒在物面前，成为了拜物主义者和消费主义者，把追求外在的物质欲的满足当做生活的全部内容。而这样一来，又得大量生产，从而引发生态危机。

生态社会主义者还批判了资本主义的工业文明和它的生活方式。生态社会主义者认为，资本主义的工业文明造成了劳动和闲暇的分离，即把人的存在分成了两部分：一是从事劳动，一是享受闲暇。而这里的劳动带有强制性，即为了生存而不得不进行劳动，也就是说它不是劳动者自觉自愿的，而是被动的，劳动的结果只能是劳动者自身的丧失。但是这种强制性有它的危害性，这种危害性在于从表面上看人们的劳动完全是出于个人的自愿，是人们为了消费而去劳动，使人感觉不到它的强制性。这里讲的闲暇，是指不劳动时间，即劳动以外的可以“消遣”的时间。就是由于人们在劳动中产生了厌恶,因而就到“闲暇”中或自由的不劳动中去寻找欢乐和发泄,甚至只根据消费的多少来衡量自己的幸福程度。这种闲暇二元论的生活方式显然是违背人的本性的。生态社会主义者要求人们在重新评价工业文明及其生活方式的同时,重新考虑满足需要的可能性,重新寻找满足自己的手段。他们认为,真正有意义的劳动应当完全出于劳动者的自觉自愿,应当是劳动者在劳动中不断地肯定自己、自由地发挥自己的生理和精神力量。

第二,生态社会主义对未来社会的构想。生态社会主义者对他们理想的未来社会进行了描述和勾画。首先,在政治上他们追求社会正义、基层民主和社会文化建设。生态社会主义者的社会政治主张主要有:(1)维护生态平衡。在生态社会主义那里,最基本的思想就是要维护生态平衡,他们认为,人以及我们的环境都是自然界的一部分,人的生活包含在生态系统的生活循环之中,我们不能破坏生态系统的稳定性。生态学马克思主义者也认为,人类必须尊重自然的界限,因为自然是一个有反抗的客体,自然并不服从于社会的意志,它有自己的客观规律和自身的需要。而如果人类不服从自然规律,人类的需要超出了自然本身的界限,自然就会报复我们。因此,人类要生存和发展,就要学会尊重自然规律。(2)主张社会正义。生态社会主义者提出“社会责任感”,其实质就是主张社会正义。所谓的社会正义,一是指要改变人与人之间的不平等关系。因为他们认为资本主义是一种等级制社会,大多数人处于被动的、受压迫的地位。因此,要进行社会变革,把属于人民的权利交还给人民,实现真正的个人解放;二是要在人与人之间实行自主的、创造性的交往。因为在资本主义社会中,人与人之间的关系是围绕市场购买来确定的,因而缺乏真正的交往。因此,他们主张在人与人之间、人与环境之间建立一种真正平等的、和谐的关系;三是要反对利己主义,强调集体利益和全社会的意识和责任。因为资本主义的市场经济是个人主义,长期生活在其中的人一般都有一种以自我为中心的心理。因此,他们主张要改变过去传统的价值观,提倡顾全集体、社会,这样才能协调好社会各方面的关系。(3)实行基层民主。生态社会主义者认为,资本主义的议会民主歪曲了人民的意志,是一种假民主。而真正的民主应当像民权运动、生态运动那样,到基层去寻找。而基层民主,一是指要实行“直接民主”,即应当由选举产生各种代表、领导机构;二是要把主要的权力都交给基层;三是强调分散化,不搞所谓的高度集中。(4)注重社会文化建设。关于社会文化建设,生态社会主义者的主张主要有:一是要树立和普及科学的世界观。他们认为要对培根、牛顿等一些现代科学家的贡献进行重新评价，要引导人们完整地认识我们也包含在自然之中，完整地认识一切现象的相互联系的特性，从而提高人们的整体意识；二是要改革传统教育。生态社会主义者认为，传统的教育是培养专家治国论者的制度，因此必须进行改革。必须加强包括精神的、智力的、社会的和伦理道德的教育，以培养学生的实践的、体力的特别是创造性的才能；三是反对文化工业，支持基层文化运动。生态社会主义者反对资本主义的文化工业，因为他们认为文化工业破坏了文化创造者和那些创造性表现形式的欣赏者之间的联系，而发展了纯粹的“文化消费”。生态社会主义者支持戏剧、舞蹈、音乐、艺术和文学方面的基层文化运动，要求典型的文化机构如博物馆、剧场、音乐厅、图书馆等要更加关心居民的要求和日常问题，并且更多地到郊区、农村去巡回演出。

第三，在经济上主张建立“稳态”的社会主义经济模式。生态社会主义的经济主张，其最基本的思想就是要建立一个“可以承受”的、“稳态”的社会主义经济模式。这里讲的“可以承受”，是指经济发展必须是自然环境以及人类自身可以承受的，它既不是由于盲目追求生产增长而造成社会和生态危机，也不是因自然资源耗竭而无法维持下去。这里的“稳态”是指要创造一个使每个人都在其中既可以满足自己的需要，又不损害生态系统；既可以同自然和谐一致又彼此平等交往的经济模式。也就是要建立一个既防止不合理的“过度生产”、“过度消费”，又能够防止异化的、分裂人的存在的社会。具体来说，“稳态”的社会主义经济模式主要有以下几个方面的要求和措施：(1) 节制增长。这就是反对盲目追求经济的数量增长，要把资源消耗限制在一种既维护而又能够有效利用的限度之内。经济增长的标准主要是一个，那就是是否有利于人民以及未来的几代人，是否有利于保护自然界和理智地使用自然资源，是否有利于把生态、经济和社会关心的问题统一起来。(2) 平等地分配财富。生态社会主义者主张，未来社会要特别重视缩小贫富之间的差距，要千方百计地使低收入的人和穷人的基本需要得到满足。(3) 小规模技术和分散化生产。生态社会主义者主张未来的社会应当用小规模的技术去取代高度集中的、大规模的技术，使生产过程分散化、民主化。他们认为，实现“稳态”的社会主义经济模式关键有两条，一是破除生产的集中化和官僚化，二是实行工人管理。因为资本主义制度既把生产过程的高度集中作为自己的出发点，又把它作为控制人的惯用手段，使人们依赖于高度集中的、官僚化的庞大生产体系。要改变这种状况，就必须利用既能够适应生态规律，又能够尊重人的中间技术和具有人性的小规模技术。(4)注重绿色工作道德。所谓的"绿色工作道德"是指一切工作要符合绿色运动的道德规范,它主要包括两个方面的含义:一是环境道德。要求在采用一项新技术和进行新投资之前必须要预先考虑环境保护和能源、原料的节约,尽量减少回到环境中的废物。二是劳动道德。生态社会主义者主张未来的社会应当使劳动成为一种自由和自主的活动,成为人们生活欢乐和人类生存的必要条件。(5)大力发展供选择项目。所谓"供选择项目",就是按照自己的主张确立的试验项目,给人们以选择的机会,使人们摆脱大规模的、抹杀个人自主性的经济体系。生态社会主义之所以要提供这样的项目,主要是因为这种项目是对各种垄断企业特别是对跨国大公司的挑战。同时,这些项目还代表了新的社会和经济发展的方向,会对就业、分配和人际关系进行深刻的调整和改革。

总的来说,生态社会主义在全世界掀起的绿色运动中树起了社会主义的旗帜,并在当代社会主义流派中独树一帜,积极地回应当代社会发展所面对的挑战,回答了一系列重大的实践问题,作出了若干重大的理论建树,无疑在多方面是有其价值和意义的。但是,生态社会主义也有它的局限性,甚至存在严重的缺陷,如它作为一种危机理论,把生态问题看得高于一切,就造成了自觉不自觉地用人与自然的矛盾去取代资本主义社会的阶级矛盾,从而必然导致否认资本主义社会中工人阶级和资产阶级之间的矛盾,进而取消社会变革;又如生态社会主义缺乏一种全球化的视野,它不理解"南北矛盾"、"南穷北富"现实而一味"关注"生态危机和环境问题;等等。而这些问题需要在它的发展中加以克服和纠正。所以,只要生态社会主义继续顺应世界潮流,继续坚持其反映资本主义世界人民的正义主张,并在探索中不断克服自身的局限性,进一步加强同其他左翼力量的联合,就一定能够有更大的发展。

参考文献

1. 《当代国外社会主义流派》,安徽人民出版社 2000 年版。
2. 《社会党国际文件集》,黑龙江人民出版社 1989 年版。
3. 徐觉哉:《社会主义流派史》,上海人民出版社 1999 年版。

附录二

“科学社会主义的理论与实践”教学要点

导　言

马克思主义是无产阶级和全人类解放的科学理论，建立在唯物史观和剩余价值理论基础之上的科学社会主义学说是整个马克思主义的核心，是指导我国社会主义建设和世界社会主义运动的一门极为重要的科学。

科学社会主义研究的是改变资本主义、帝国主义世界并建设社会主义、共产主义世界的一般规律。资本主义制度自 16 世纪在西欧一些国家产生，到 19 世纪已扩展为囊括全球的世界性体系。资本主义取代封建主义是人类社会发展的巨大进步。到 20 世纪，资本主义发展到帝国主义阶段，资本主义国家科学技术和社会生产力的空前发展，引起了社会结构、阶级结构、社会生活的全面变化。但是资本主义私有制与社会化大生产的矛盾、资产阶级与无产阶级两极分化的对立依然存在，而且愈益深化，大量社会问题亟待解决。资产阶级的压迫与剥削是无产阶级和广大人民群众获得解放的根本障碍。以生产资料社会公有制和人民大众当家作主为基本特征的社会主义社会代替资本主义社会，是人类社会发展的必然，是长期的历史发展过程和复杂的社会系统工程。这就需要从宏观、总体上研究这一发展进程的科学社会主义的指导。

社会主义作为资本主义的对立物和继起者，从产生到现在已经完成了两次历史性的飞跃：19 世纪 40 年代社会主义从空想到科学的飞跃；1917 年十月革命胜利后社会主义从理论到实践的飞跃。20 世纪 50 年代以来社会主义从单一模式到多种模式的发展，使它正处于第三次飞跃的过程中。每一次飞跃都使社会主义更符合时代发展的需要和各国国情，都使社会主义事业取得了更大的成就并壮大了实际力量，从而都加深并扩展了人们对社会主义的认识。当今世界社会主义正在总结历史经验，努力把科学社会主义基本原理同当今时代的发展和各国的国情相结合，探索各国走向社会主义的道路和各具民族特色的社会主义模式。这是现时代赋予工人阶级和劳动群众的使命。由于种种历史原因，迄今，社会主义都是在不发达国家取得胜利的，人们对社会主义的认识不可避免地存在着局限性。今后，随着社会主义在发达国家的实现，人们对社会主义将获得新的认识。

科学社会主义是世界近现代探索人类理想社会最有科学根据、最有生命力、最有群众影响的社会理论。掌握科学社会主义，为探索和实现人类理想社会而献身是人生的最大价值。学习科学社会主义，会增强我们对资本主义社会的分析能力，深化对社会主义的认识，提高执行党在社会主义初级阶段基本路线的自觉性，坚定社会主义必然在全世界胜利的信心，树立为无产阶级和全人类解放服务的世界观和人生观。

第一题　社会主义从空想到科学的发展

教学要求：引导学生了解空想社会主义的历史功绩和局限性，认识科学社会主义产生的历史必然性及其伟大历史意义，明确社会主义从空想到科学的发展是社会主义理论发展中的一次飞跃。

一、空想社会主义者对资本主义社会的揭露，对未来理想社会的追求

空想社会主义作为一种批判、否定资本主义的思潮，是随着资本主义的演变而发展起来的。16～17 世纪资本主义原始积累时期产生了莫尔、康帕内拉的早期空想社会主义，18 世纪工场手工业时期出现了摩莱里、马布里、巴贝夫的空想平均共产主义；19 世纪产业革命时期形成了圣西门、傅立叶、欧文的批判的空想社会主义和共产主义，这是空想社会主义发展的最高峰，三大空想社会主义者从政治、经济、文化道德等方面无情地批判和揭露了资本主义的弊端，把矛头对准资本主义私有制，诉说了无产阶级的苦难，对未来社会作出了许多天才的猜测，提出了许多有科学价值的积极主张，并为实现理想社会进行了种种艰难的试验。空想社会主义是早期无产阶级意愿、利益的

表现和先声，为科学社会主义的创立提供了直接的思想资料和有益借鉴，有不可磨灭的历史功绩。

二、科学社会主义产生的历史必然性和飞跃性

科学社会主义是无产阶级与资产阶级斗争的必然产物，是近代产业无产阶级解放运动的理论表现。18 世纪以来的欧洲产业革命推动了资本主义大工业的发展，加深了无产阶级和资产阶级的矛盾。19 世纪 30 ~ 40 年代，法、英、德三国工人运动的崛起，是资本主义矛盾激化的结果。这些工人运动提出了夺取政权、消灭阶级的主张，把斗争的矛头直接指向资本主义制度。但空想社会主义未能给无产阶级指出正确的斗争方向，而且日益走向反面。工人运动的发展迫切需要正确的理论指导，创立科学社会主义成为时代的需要。创立科学社会主义的客观条件也已具备：产业革命使资本主义生产社会化与生产资料资本家私人占有的矛盾日益明朗化，为人们认识和揭示资本主义必然灭亡、社会主义必然胜利的规律提供了客观物质前提；三大工人运动显示了无产阶级的伟大历史作用，使人们有可能认识无产阶级的历史地位和历史责任；19 世纪人类文明的发展及其在哲学、经济学、社会主义等领域取得的新成果，为新的科学理论的创立提供了思想材料。

科学社会主义创始人马克思、恩格斯，在参加阶级斗争和科学研究的实践中完成了阶级立场和世界观的转变，成为实践的唯物主义者和共产主义者。他们创立了唯物史观和剩余价值理论，批判地吸收了空想社会主义的合理因素，从而使社会主义由空想发展到科学。

社会主义从空想到科学的发展是人们对社会主义认识的一次巨大飞跃。这主要表现在：克服了空想社会主义者从理性原则来批判资本主义和从头脑中构思未来理想社会的唯心史观，从生产方式和交换方式的变革中去探求未来理想社会，从而把社会主义建立在对社会发展规律的科学认识上，使社会主义置于现实的基础之上，克服了空想社会主义者不了解阶级斗争是阶级社会发展的直接动力，期望通过阶级调和，依靠少数达官贵人的帮助，用示范、改良的方法实现理想社会的幻想，从而把社会主义看做是两个历史地产生的无产阶级和资产阶级间斗争的必然产物，提示了实现社会主义理想的正确道路；克服了空想社会主义仅把无产阶级看做是值得同情的受苦受难的阶级的观点，发现了无产阶级是社会先进生产力的代表，论证了无产阶级的解放同社会发展规律相一致，从而找到了实现社会主义的阶级力量。这样，科学社会主义就成为无产阶级改造旧世界、建设新世界的强大思想武器。

三、马克思、恩格斯的社会主义理论的科学性和开放性

1848年2月《共产党宣言》的问世,标志着科学社会主义的诞生。马克思、恩格斯热情支持、积极参加,并领导了无产阶级争取解放的斗争。他们认真总结了19世纪40～90年代的世界发展和国际工人运动、共产主义运动的经验,尤其是巴黎公社革命和资本主义和平年代合法与非法斗争经验,以及建党经验,写下了许多光辉著作,使科学社会主义理论不断地丰富和深化。威·李卜克内西、倍倍尔等无产阶级活动家,对科学社会主义理论的发展也作出了贡献。

马克思、恩格斯的科学社会主义理论的主要观点是:社会主义代替资本主义是社会发展的客观规律;无产阶级伟大的历史使命是变革资本主义旧制度,建设共产主义新制度;无产阶级要同其他劳动者结成联盟,建立统一战线;坚持无产阶级国际主义,号召全世界无产者联合起来,同被压迫民族和被压迫人民团结合作,互相支援;坚持共产主义政党正确领导,通过各种革命形式(暴力的或和平的)推翻资产阶级统治、建立无产阶级政权;依靠无产阶级政权实行生产资料社会公有制,逐步消灭阶级和阶级差别,最终建成共产主义。近一个半世纪的革命实践证明,这些理论观点是科学真理。

马克思、恩格斯关于未来社会主义、共产主义社会的主要预测和设想是无产阶级将首先要在西欧、北美几个最具备实现社会主义条件的发达国家取得胜利,然后带动东欧和亚非拉经济比较落后的国家,在全世界实现社会主义;无产阶级夺取政权后,要有一个从资本主义社会到共产主义社会的过渡时期,过渡时期实行无产阶级专政;过渡时期结束后的共产主义社会分为第一阶段和高级阶段,在第一阶段,国家逐步消亡,商品、货币和市场均不存在,但还有旧社会的各种痕迹,只能实行按劳分配,只有在高级阶段,生产力高度发展,才能实行"各尽所能,按需分配",共产主义社会是"自由人的联合体"。

科学社会主义理论是建立在实践的唯物主义基础之上的开放的思想体系。资本主义在不断变化,社会主义建设在不断前进,整个世界在日新月异地向前发展,科学社会主义也必然随着历史的发展变化,在总结实践经验的基础上不断地向前发展。科学社会主义不是封闭的体系,它继承人类优秀历史文化遗产而产生,还要继续汲取当代的各种文化成果而不断发展,只有发展才能永葆青春。

思考题

1. 如何认识空想社会主义的历史功绩及其局限性？为什么说社会主义从空想发展为科学是一次大飞跃？

2. 为什么说科学社会主义的产生是历史发展的必然？怎样认识科学社会主义是一门发展、开放的科学？

第二题 社会主义从理论到实践

教学要求：引导学生认识不发达国家取得社会主义革命胜利的历史必然性，全面评析苏联社会主义模式形成的历史条件及其利弊，明确社会主义从理论到欧亚十几国的实践是社会主义发展中的又一次飞跃，弄清社会主义从单一模式到多种模式是科学社会主义理论同各国社会主义建设的具体实践相结合的必然结果。

一、社会主义革命首先在不发达国家取得胜利的历史必然性

俄国十月革命的胜利，建立了人类历史上第一个社会主义国家，社会主义由理想开始变成现实。第二次世界大战末期和战后，欧亚两洲十几个国家先后建立了人民民主政权，走上社会主义道路，使社会主义越出一国范围，这是科学社会主义划时代的伟大胜利。

社会主义革命首先在不发达国家取得胜利，改变了马克思、恩格斯关于社会主义将首先在西欧、北美几个先进的资本主义国家同时进亍的预测，同时证实了列宁关于帝国主义时代社会主义将可能首先在一国或几国胜利等新的论断。

社会主义首先在不发达国家取得胜利，是帝国主义时代各国社会历史发展、阶级矛盾和阶级斗争的必然结果。社会矛盾的尖锐化，战争的严重破坏，使这些不发达国家的人民除了起来革命没有别的出路。不发达国家资本主义发展的不充分性、动摇性甚至叛卖性，使其不能成为民主革命和民族解放战争的领导者，因而这些国家不能沿着资本主义道路顺利发展。不发达国家工人阶级人数虽少，却有强烈的革命性，有农民同盟军，有各种群众革命运动与社会主义运动相配合，有经过长期革命斗争锻炼的马克思主义政党的领导，能够担负起由民主革命转变为社会主义革命的历史重任。

两次世界大战加速了这些国家的革命。苏军对一些国家的解放起了巨大的作用。但是这些国家革命的发生和胜利是当时错综复杂的社会矛盾（国际的、国内的、政治的、经济的等）交互作用的结果。战争和外援只是促进的因素，而不是革命取得胜利的根本原因。

二、俄国共产党人对建设社会主义道路的探索

不发达国家如何建设社会主义,是十月革命后提出的新课题。俄国共产党人是在经济文化比较落后的国家里,在资本主义国家的包围下,在没有现成的方案,没有经验可借鉴的历史条件下,探索建设社会主义道路的。

国内战争期间,布尔什维克党和苏维埃政权实行了战时共产主义政策和"极端集中制"。它既有巨大的历史功绩,也有重要的历史教训。1921 年开始,苏俄改行新经济政策,努力建设民主政治。正反两方面的经验使布尔什维克党"对社会主义的整个看法"发生了"根本改变"。列宁晚期对新的实践经验进行了总结和理论概括,主要内容有:经济文化不够发达的国家能够在一定历史条件下,首先夺取政权,然后在工农政权和苏维埃制度的基础上创造现代文明,赶上西方发达国家;必须把发展生产力作为工作重心和主要任务,"共产主义就是苏维埃政权加全国电气化",国家越落后,向社会主义过渡的时间就越长,任务也越艰巨,社会主义实现得如何,取决于苏维埃政权同资本主义最新的科技和进步的管理方法结合的程度;国有化不等于生产社会化,在一定时期内要允许多种经济成分并存;要通过合作社这个过渡到新制度的阶梯引导农民走上社会主义道路,实行商品生产和货币交换,坚持对农民的领导,维护工人阶级的政权,改革权力过于集中的政治体制,革新国家机关,反对官僚主义,把文化建设作为整个社会主义建设的基础,发展教育事业,空前提高人民教师的地位,等等。列宁这些思想是对科学社会主义新的重大发展,对各国社会主义建设有重要指导意义。

20 世纪 20 年代后半期至 30 年代,苏联实行社会主义工业化、农业集体化和国民经济计划化。1936 年,斯大林宣布苏联基本上建成社会主义。苏联在十多年时间内把一个落后国家变成社会主义工业国,证实并丰富了科学社会主义。苏联在进行集体化过程中的强迫命令、剥夺农民以及 30 年代开始的肃反斗争,为社会主义建设留下沉痛教训。这与斯大林关于阶级斗争越来越尖锐等错误理论密切相连,也同苏联高度集权的政治经济体制直接相关。布哈林、沃兹涅先斯等人就社会主义政治经济建设问题提出过不少正确观点。

三、苏联社会主义模式的基本特点和国际影响

苏联在 20 世纪 20 年代末到 30 年代逐渐形成了一整套经济、政治、文化和对外关系的体制,成为当时社会主义的唯一模式。

高度集权是苏联模式的基本特点。在经济上的表现是:经济发展战略强

调优先发展重工业,忽视农业和轻工业,生产资料公有制只采取全民所有制和集体所有制两种形式,严格限制乃至实际上消灭个体经济,限制商品生产和货币交换,力图直接从自然或半自然经济跃进到产品经济,决策权高度集中,排斥市场调节,以指令性计划作为经济机制运转的轴心,以行政手段作为主要管理方法。在政治上的表现是:党政不分,以党代政,中央过分集权,滥用任命制,缺乏监督制,个人专权。文化上的表现是:严格的集中控制,过多的行政干预和封闭性。

这种模式产生的客观原因主要是:苏联经济文化的落后,封建专制主义传统的影响,长期处于资本主义包围和战争威胁之下,对社会主义建设缺乏经验等,党的领导人主观指导上的错误,特别是斯大林对社会主义认识的许多偏差和错误,也是一个重要原因。

在一个相当长的时间内,由于第一个社会主义国家的威望,加上苏联领导集团推行大国主义、大党主义,以及在理论和认识上把苏联经验神圣化、绝对化等原因,苏联模式被当作唯一的、必须仿效的模式。

苏联模式在社会主义各国建立初期曾促进了工农政权的巩固,促进了国民经济的恢复和发展,推动了社会主义改造和建设。但随着各国社会主义建设的发展,这种模式的严重弊端越来越暴露出来,并酿成一系列的社会政治经济危机。20 世纪 30 年代苏联的大清洗,1956 年的波匈事件,1966 年开始的中国十年动乱,1980 年开始的波兰事件,等等,尽管原因不尽相同,性质也有差别,但都同高度集权的体制有直接关系。

四、社会主义模式的多样化

社会主义国家产生失误的原因是复杂的,从主观上说,主要是:党的领导集团未能正确认识落后国家实现社会主义的特殊规律,对封建主义的影响估计不足,缺乏自觉抵制和消除这种影响的措施;对资本主义缺乏全面分析,把社会主义与资本主义抽象地绝对地对立起来,不懂得利用资本主义国家的先进的科学技术、合理的管理经验和借鉴其民主法律形式;把社会主义理论绝对化、教条化,不能从本国实际出发对社会主义进行再认识,不断改革和完善社会主义各方面的体制,对实现共产主义的长期性缺乏认识,急于过渡。

社会主义各国从失误中不断总结教训,实行改革,探索新的发展道路。20 世纪 50 年代以来,社会主义国家政治经济改革有过三次浪潮。第一次浪潮:以 50 年代初南斯拉夫开始的改革为发端,经过苏共二十大,改革思潮和改革运动走向高潮,到 1956 年的波匈事件和 1958 年对南共联盟的批判,使改革受挫。第二次浪潮:60 年代初苏联、东欧国家再次掀起改革浪潮,1968 年捷克事件后改革又一次停滞下来。第三次浪潮:从 70 年代末 80 年代初开始,社会主义国家出现了广泛的、全面的改革潮流。

改革促使和推动社会主义由单一模式向多种模式发展。南、匈、波、保、中等许多社会主义国家开始形成区别于传统模式的,有本国特点的社会主义新模式。

社会主义模式的多样化即建设社会主义道路的多样化的过程,是逐步消除传统模式弊病的过程,也是科学社会主义理论同各国实践相结合并进一步丰富和发展的过程。它是社会主义事业蓬勃发展的生动表现,也是科学社会主义具有强大生命力的体现。

思考题

1. 怎样理解社会主义首先在不发达国家取得胜利的历史必然性?

2. 如何认识苏联社会主义模式产生的历史根源及其利弊?

3. 社会主义从理论到实践,从一国实践到多国实践,从一种模式到多种模式的意义何在?

第三题　社会主义国家改革的理论与实践

教学要求:引导学生在改革和建设的实践中重新认识社会主义,明确社会主义改革的成功将是科学社会主义的又一次飞跃,认清社会主义改革的性质、目的和基本内容,了解社会主义国家经济社会发展战略,进一步增强社会主义改革与建设必胜的信念。

一、社会主义国家的改革是世界性历史潮流

目前,改革已成为当代社会主义各国社会生活的主题。20 世纪 80 年代以来,东欧社会主义国家的改革又掀起了新的浪潮。从 1984 年 11 月到 1986 年 7 月,罗、匈、捷、保、民主德国、南、波等国的共产主义政党,先后举行代表大会,普遍强调要完善社会主义的经济机制,同时要改革政治体制。

苏联自 1985 年 3 月戈尔巴乔夫担任苏共中央总书记以来,加速了经济体制和政治体制改革。1986 年召开的苏共二十七大,提出了"根本改革"的方针。1987 年,戈尔巴乔夫在《改革与新思维》一书中,详细地阐发了苏联当前改革的根源和实质、措施和步骤、问题和前景。

我国从 1978 年党的十一届三中全会以来,社会主义的各项改革逐步深入发展,取得了显著成效,也提出了一系列有待解决的新问题。

社会主义国家的改革是不可阻挡的世界性历史潮流，改革的深刻根源是社会主义社会的基本矛盾运动。在社会主义社会发展的现阶段，这种基本矛盾集中表现为社会主义的根本制度与具体体制的矛盾。改革是解决这种矛盾的必由之路，当前改革的历史潮流具有鲜明的新特点：广泛性，改革的范围由以往几国波及到绝大多数社会主义国家；全面性，改革的领域包括经济、政治、教育、科技、文化、对外关系等各方面；深刻性，改革触及社会各层次、各方面的权益关系，引起社会生活的深刻变动；自主性，各国能够独立自主地探索本国改革之路，不再受别国的干预，同时在改革中互相学习、互相借鉴。坚持马克思主义基本原理同本国实际相结合的原则，通过全面改革，走出一条具有本国特点的社会主义道路，形成各具民族特色的社会主义模式，是这一历史潮流的共同趋势。

二、在改革与建设的实践中不断加深对社会主义的认识

随着改革和建设实践的发展，人们对社会主义正在获得新的认识。关于社会主义社会的基本特征，社会主义各国在长期实践中逐步认识到，社会主义社会的基本特征，不仅包括经济制度，而且包括民主政治制度、思想文化形态等。我们党近年来把社会主义社会的基本特征概括为：生产资料公有制，按劳分配，有计划的商品经济，社会主义民主政治，社会主义精神文明和发达的社会生产力。

关于社会主义社会的发展阶段。马克思、恩格斯没有提出过这个问题。列宁提出社会主义要经过若干发展阶段，但没有具体论述。斯大林于 1936 年宣布苏联基本建成社会主义，1939 年提出逐步过渡到共产主义。苏共二十大后，苏联对其社会所处的发展阶段的提出屡有变化：赫鲁晓夫 1961 年提出 20 年建成共产主义；勃列日涅夫 1967 年提出已建成发达社会主义；安德罗波夫 1983 年提出苏联处在发达社会主义的起点；戈尔巴乔夫提出要“完善社会主义”，苏联是“发展中的社会主义”。波兰党认为波兰现在处于从资本主义到社会主义过渡时期的最后阶段。我们党对社会主义社会发展阶段的认识，经历了曲折的过程，十一届三中全会以后，逐步确认我国现在处于社会主义初级阶段。

关于社会主义社会的基本矛盾与动力。列宁认为在社会主义制度下，对抗消失了，矛盾仍然存在。斯大林在相当长的时期内否认社会主义社会存在矛盾，把人民在政治上和道义上的一致看做社会主义社会发展的动力，但在实际上，又把阶级斗争看做社会的主要矛盾，犯了人为地制造阶级斗争的严

重错误。苏共二十七大提出，苏联社会存在着生产力与生产关系的矛盾，并认为这一矛盾的辩证发展是推动社会进步的动力。东欧各国的认识、表述不同，但观点类似。1956 年我们党曾提出中国社会的基本矛盾是生产力与生产关系、经济基础与上层建筑的矛盾，后来又认为基本矛盾的集中表现是两个阶段、两条道路的斗争，提出以阶级斗争为纲。十一届三中全会以后，党对我国社会的基本矛盾进行了科学分析，认为阶级斗争虽然在一定范围内将长期存在，但已不是社会的主要矛盾，主要矛盾是人民日益增长的物质文化需要同落后的社会生产之间的矛盾，改革是推动社会主义社会发展的重要动力。

此外，对社会主义社会的根本任务，社会主义社会的阶级、阶层关系，无产阶级专政的历史发展等问题，社会主义各国也都有了新的认识。

三、社会主义国家改革的性质、目的和基本内容

社会主义国家改革的性质，是社会主义制度的自我完善和发展，改革是在坚持社会主义根本制度的前提下改革生产关系和上层建筑领域中阻碍生产力发展的旧体制，更好地发展社会主义制度的优越性。改革是人民群众在党的领导下，有计划有步骤地对社会进行的深刻变革。

社会主义国家改革的目的，是改变旧的僵化的体制，建立具有本国特色的社会主义新体制，促进社会主义的繁荣。苏共提出，改革的目的是深刻革新国家生活的各个方面，使社会主义具有最现代化的社会组织形式，最充分体现我们制度在各方面的人道主义性质。我们党提出，改革的目的是改革长期形成的、僵化的旧体制，建立具有中国特色的、充满生机与活力的新体制，促进生产力的发展和一切工作的前进。

关于社会主义改革的基本内容，各国的认识大体一致，具体表述各有特色。在经济体制方面，是改革单一的所有制结构，发展以公有制为主体的多种经济形式；全民所有制企业实行所有权与经营权分离，扩大企业的自主权；实行计划调节与市场调节相结合，充分发挥价值规律的作用，管理以经济手段为主、行政手段为辅；实行以按劳分配为主体的多种分配形式等。在政治体制改革方面，是实行党政分开，改善党的领导；发展和完善社会主义民主制度和自治制度；国家权力实行合理配置，扩大地方和基层权力；加强人民群众对党和政府的监督机制；健全法制，依法治国；按照民主、平等、公开、竞争的原则改革干部人事制度等。在文化体制、教育体制和科技体制改革方面，各国也进行了有益的探索。

四、社会主义国家的经济社会发展战略

经济社会发展战略,是指导经济和社会发展的带全局性、长远性的总规划和总方针。社会主义国家制定和实施正确的经济社会发展战略,对于改革和建设社会主义,调动一切积极因素,保证和促进社会主义社会的持续、稳定、协调发展,具有重要意义。

制定社会主义经济社会发展战略的主要依据是:社会主义社会发展的客观规律,本国的基本国情(社会发展阶段、生产力发展水平、社会经济政治状况、本民族的文化传统和人民群众的素质等),国际环境。

社会主义各国经济社会发展战略由战略布局、战略目标、战略步骤、战略重点、战略措施等构成。

中国经济社会发展战略。

苏联经济社会发展战略。

东欧国家经济社会发展战略。

社会主义国家经济社会发展战略的比较。

思考题

1. 怎样认识改革是当代社会主义发展的世界性历史潮流?
2. 在改革和建设的实践中怎样重新认识社会主义?
3. 怎样认识社会主义国家改革的性质、目的和基本内容?
4. 社会主义国家经济社会发展战略的比较。

第四题　当代世界资本主义的新变化与社会主义思潮

教学要求: 引导学生正确认识当代世界资本主义的新发展和新变化,了解资本主义国家和第三世界国家社会主义思潮的发展状况,探索在新的条件下如何把科学社会主义推向前进。

一、世界资本主义的新变化向科学社会主义提出新课题

西方发达国家走向国家垄断资本主义的进程以及率先兴起的科技革命,使当代世界资本主义发生了新的变化。劳动生产率和国民生产总值增长较快,产业结构、就业结构、阶级结构变化显著。资本积累和生产社会化程度进一步提高,国际垄断的新发展进一步促进了生产和资本的国际化,无产阶级及其他劳动者收入相应增加,劳动条件和生活水平明显改善,社会生活出现非群体化和非集中化的趋势。

资本主义的这些新发展和新变化,从根本上说,是社会生产力发展和以无产阶级为主体的人民群众长期斗争的结果,是资产阶级为维护自身利益需要以及资本主义垄断集团之间激烈竞争的产物,也与世界社会主义力量的影响和推动有密切关系。

资本主义的新变化,在理论上向科学社会主义提出了新课题。例如:在新的历史条件下怎样研究和阐发资本主义必然灭亡、社会主义必然胜利的规律?工人阶级是否仍然是实现新社会的领导力量?工人阶级怎样才能实现自己的历史使命?发达资本主义国家通过何种道路实现社会主义?第三世界的民族主义国家的历史发展趋势是走向资本主义还是走向社会主义?等等。对此,科学社会主义应当在认真研究的基础上给予科学的回答。

二、发达资本主义国家的社会运动和社会主义思潮

由于资本主义固有矛盾的加深和社会弊病的加重,自60、70年代以来各种直接的和间接的反资本主义的社会运动接连不断,这些内容不同的社会运动主要有:争取和维护和平,保护生态平衡,保护妇女和儿童权益,改善劳动条件的生活待遇,维护和争取社会民主权利,提高劳动者的社会地位等。主要斗争形式是示威游行、罢工和劳资谈判。

与各种社会运动相伴随,出现了各种社会主义思潮。

面对当代资本主义的新变化和社会主义革命处于低潮的形势,西方发达国家的共产党人正在制定新的战略和策略,探索本国革命的道路。“欧洲共产主义”就是西欧共产党人变革资本主义的一种新探索。它强调西欧历史、政治、经济和文化传统的特点,主张通过和平民主的道路走向社会主义,但不排斥在资产阶级进行暴力镇压的情况下使用革命暴力,改造现存的资产阶级国家政权是渐进的、逐步的,通过军队民主化、治安力量民主化、政府职能民主化,一部分一部分地占领政权阵地。一般不提无产阶级专政,而代之以坚持工人阶级领导的民主社会主义国家政权的提法,强调党的领导作用,但主张实行多党联盟制,由多党联盟对国家、社会进行领导,逐步实行生产资料的社会化,经过相当长时间的公有经济与私营经济的并存阶段,把私人经济引向社会主义,最后实现完全的公有制。

“民主社会主义”是社会党(包括社会民主党和工党)的社会主义理论观点,也是发达资本主义国家中有重要影响的社会主义派别。“民主社会主义”的基本主张是:通过议会选举掌握政权,争得政治民主;运用政治民主改善工人的劳动条件、生活条件,增强社会福利,进而实行社会民主;把国有化作为

改造资本主义社会的一种方法，通过工人监督企业和参与企业管理实行经济民主。社会党认为，民主是其社会主义的基本原则和主要特征，也是实现社会主义的唯一途径，目的是建立一个自由、平等、团结、友爱的社会；这种社会主义是既不同于资本主义也不同于共产主义的第三种社会制度。民主社会主义在西方工人群众中有较大影响。

“西方马克思主义”是首先由一些共产党人对马列主义的某些观点提出疑议、继而由西方学者加以理论展开的世界性思潮。西方马克思主义者自称信奉马克思主义，但又认为马克思主义已经“过时”，需要“重新发现”和“重新创造”。西方马克思主义对传统的社会主义革命理论和现有的社会主义国家持批判态度。他们重视研究战后资本主义的发展和发达资本主义国家的情况，对其存在的许多问题进行了较为深刻的揭露和尖锐批判，并提出了总体革命的战略。西方马克思主义提出的许多问题和观点，对人们研究当代资本主义有一定的参考价值，但它离开历史唯物主义的基本观点，带有严重的资产阶级、小资产阶级倾向。

三、亚非拉民族解放运动和社会主义思潮

战后，原属资本主义殖民地和附属的亚非拉国家的民族解放运动蓬勃发展，帝国主义殖民体系彻底瓦解，上百个国家相继获得独立，形成了人口众多、幅员辽阔的第三世界。

这些国家的人民，由于过去长期受帝国主义、殖民主义的剥削和压迫，由于战后世界社会主义发展对亚非拉发展中国家产生的巨大影响，本能地向往没有资本剥削和阶级压迫的社会主义。除信奉科学社会主义的共产主义政党外，许多国家的民族主义政党（包括执政党），为顺应时代的潮流和民意，也纷纷宣称走社会主义道路。可以认为，在这样的历史条件下，亚非拉出现的各种社会主义思潮和流派，都直接或间接地反映了社会主义对第三世界广大人民的吸引力。从广泛的范围上说，它们也是当今世界社会主义运动的一个组成部分。信奉科学社会主义的第三世界各国共产党在总结历史经验，判定新的战略和策略，各自探索走向社会主义的道路，有的党仍在坚持武装斗争，有的党仍处于地下状态，进行秘密活动，有的党已争得合法地位，开展合法斗争并取得成效。

此外，在中东比较有影响的是阿拉伯社会主义，它包括复兴社会主义、埃及的社会主义、自治社会主义、伊斯兰社会主义、宪政社会主义等，其主要的共同点是：以伊斯兰教为基础，以阿拉伯统一为目标，借助社会主义复兴阿拉伯民族。在非洲,社会主义思潮更是纷繁多样,主张通过非洲存在的古老村社过渡到社会主义的非洲式社会主义;深受西欧民主社会主义影响,把黑人的传统文化和精神作为核心的非洲式民主社会主义;自称信奉科学社会主义,表示要以马克思列宁主义为指导的社会主义;等等。在亚洲则有缅甸纲领党的社会主义、斯里兰卡社会主义等。在拉美比较有影响的是智利人民联盟的社会主义、拉美的民主社会主义等。

在亚非拉出现的众多的社会主义思潮和流派,尽管都宣称要以实现社会主义为目的,但情况有很大不同。如有的承认或有条件地承认马克思主义,有的则明确表示不赞成或反对马克思主义;有的主张同共产党相互支持和合作,有的则反对乃至镇压共产党;有的是按自己的理解真诚地在探索社会主义,有的实际上宣扬的是资产阶级、小资产阶级的社会主义。

思考题

1. 怎样正确认识当代资本主义的新变化及其向科学社会主义提出的新课题?
2. 发达资本主义国家中社会主义思潮的发展说明了什么?
3. 怎样看待亚非拉发展中国家的社会主义思潮?

第五题　科学社会主义在当代世界的命运

教学要求:引导学生认识时代的新变化和世界社会主义的新战略,明确世界发展的大趋势和社会主义的前景,自觉承担起历史赋予我们这一代人的光荣使命。

一、时代的新变化和世界社会主义的新战略

现代科学技术和生产力的发展正在把人类社会推进到一个新时代。人类社会已经从资本主义时代、帝国主义时代发展到社会主义在十几个国家胜利并同世界资本主义和平共处、协作和竞争的时代。时代发展的趋势仍然是从资本主义向社会主义过渡,但是同战前相比,时代的特征发生了明显的变化,即从战争与革命转变为和平与发展。

适应时代的新变化,世界社会主义的战略应作相应的调整。各国共产党具体的战略会因国情不同而各有区别,但从世界全局上看,一些带有共同性的新的战略观念正在形成之中。主要是:经过全世界人民的斗争,新的世界战争并非不可避免。和平与发展是当代世界的主题,社会主义在全世界的实现是一个长期的、渐进的过程,两种不同社会制度和平共处是社会主义国家

长期的战略方针，社会主义国家的根本任务是大力发展社会生产力，搞好本国建设，不断增强社会主义制度的吸引力，发展广泛的合作关系，共同解决关系人类生存的全球性课题；等等。实践证明，战略思想正确与否，直接关系到社会主义在当代世界的命运。

二、世界社会主义与世界资本主义关系的新调整

战后世界社会主义和世界资本主义的关系有了重大变化。

从对立、对抗到对话、合作。战后初期两大阵营在政治、经济、军事、意识形态等方面互相对立和对抗。历史进程表明，在当代世界的具体条件下，社会主义和资本主义谁也摧毁不了谁，彼此只有选择对话与合作，才是现实和明智的态度。

从冷战共处到和平共处。战后苏美之间处于冷战状态，两大阵营的对立达到了剑拔弩张的程度。20 世纪 50 年代中期以后，随着和平共处五项原则的提出和实行，以及美、苏两国对外政策的调整，东西方关系出现了缓和。其间虽然有过反复，但总的趋势是"冷战共处"逐渐转变为"和平共处"。

由科技革命推动的世界经济的发展，促使各国间的经济联系、不同社会制度国家间的经济联系日益紧密。相互依赖和相互制约的世界市场体系的进一步扩大，更加使世界经济的有机性和整体性不断增强。适应世界经济发展的这一新情况和新特点，资本主义国家和社会主义国家都相应地调整了彼此之间的经济关系和政策。资本主义国家逐步放宽、程度不同地改变了对社会主义国家的经济封锁和禁运政策，社会主义国家也逐步克服了对自力更生的片面理解，实行对外开放政策，积极参加国际交换和国际竞争。东西南北之间经济关系的加强与合作，既有利于双方和世界经济的发展，也有利于世界和平。

上述新变化是历史发展的必然，只有顺应时代的潮流，社会主义才能不断壮大与发展，科学社会主义在当代世界的命运，很大程度上取决于社会主义国家能不能在两种社会制度的竞赛和竞争中，通过改革和建设，把社会主义的优越性进一步发挥出来，逐步缩短同发达资本主义国家在经济上的差距，为社会主义最终取代资本主义创造物质条件。

三、"全世界无产者联合起来"的历史经验、具体形式和发展趋势

全世界无产者的共同利益和历史使命使他们联合起来，"全世界无产者联合起来"和"全世界无产者被压迫民族联合起来"的战斗口号，充分表达了全世界无产阶级的共同要求和愿望，推动他们在共同斗争中结成强大的国际

联盟。历史证明,由于世界无产阶级的革命斗争都是在各自的国度里展开的,而各国的历史条件和具体状况又有所不同,因此必须正确处理国际主义和爱国主义的关系,反对大国沙文主义和民族利己主义。

在国际共产主义运动中,曾发生过不同形式的革命输出,也发生过在国际主义的旗号下推行霸权主义的行径,其结果都严重危害了世界无产阶级的革命事业。

无产阶级的国际联合和团结,在不同的历史时期曾有着不同的表现形式。三个"国际"的建立和解散或解体,都有着客观的历史必然性,也都与世界无产阶级的成熟状况有直接的关系。20 世纪 60 年代以来,国际共产主义运动出现了多样化的新局面,各国共产党之间的关系,应遵循独立自主、完全平等、互相尊重、互不干涉内部事务的准则,在争取实现社会主义的共同目标中从政治思想上和道义上互相支持。和平共处五项原则同样是处理社会主义国家间相互关系的准则。只有遵循这些准则,彻底消除大党大国主义和民族利己主义的流毒,各国无产阶级及其政党,各个社会主义国家才能增进团结、加强合作。

社会主义国家正在探索改革,创造各具本国特色的社会主义,发达资本主义国家和第三世界的广大人民正在探索符合本国国情、各具特点的走向社会主义的道路。实践需要科学社会主义的指导,时代要求科学社会主义理论有一个大发展。今后,以社会主义国家为主要基地,加上资本主义世界人民的多方努力,世界社会主义必将取得巨大发展和最终胜利。

思考题

1. 我们的时代发生了哪些重大变化?你对世界社会主义的前景作何估计?
2. 在两种制度共处和竞争的历史进程中,我们这一代人肩负着怎样的历史使命?